suhrkamp nova

Tuvia Tenenbom
ALLEIN UNTER JUDEN

Eine Entdeckungsreise durch Israel

Mit Fotos von Florian Krauss,
Jan Sulzer und Isi Tenenbom

Aus dem amerikanischen Englisch
von Michael Adrian

Suhrkamp

3. Auflage 2015

Erste Auflage 2014
suhrkamp taschenbuch 4530
Deutsche Erstausgabe
© Suhrkamp Verlag Berlin 2014
Copyright © by Tuvia Tenenbom 2014
Alle Rechte vorbehalten, insbesondere das
des öffentlichen Vortrags sowie der Übertragung
durch Rundfunk und Fernsehen, auch einzelner Teile.
Kein Teil des Werkes darf in irgendeiner Form
(durch Fotografie, Mikrofilm oder andere Verfahren)
ohne schriftliche Genehmigung des Verlages reproduziert
oder unter Verwendung elektronischer Systeme
verarbeitet, vervielfältigt oder verbreitet werden.
Druck und Bindung: CPI – Ebner & Spiegel, Ulm
Umschlaggestaltung: Regina Göllner und Hermann Michels
Umschlagfotos: Cover und linke Klappe: Jan Sulzer;
rechte Klappe und Rückseite: Isi Tenenbom
Printed in Germany
ISBN 978-3-518-46530-1

ALLEIN UNTER JUDEN

Dieses Buch ist meiner Frau und Partnerin Isi Tenenbom gewidmet, die mich stets furchtlos dorthin begleitete, wohin der Wind mich wehte, ob es dort sicher war oder nicht, und mir dabei ihre klügsten Gedanken und ihr schönstes Lächeln schenkte.

INHALT

Vorbemerkung 13

ABSCHIED UND WILLKOMMEN *Mit dem Augenzwinkern und Lächeln einer schönen türkischen Lady gerüstet, beginne ich meine Reise ins Heilige Land* 17

1. STATION *Was passiert, wenn die weibliche Seite Gottes, der Sohn Gottes und der Gesandte Gottes eine sexy junge Deutsche treffen, die den Arabern hilft, weil sie die Juden liebt?* 21

2. STATION *Wie wäre es mit einem islamischen Bierchen? Vielleicht ziehen Sie es aber auch vor, dass der Rabbi von Auschwitz Ihnen seinen Segen erteilt? Oder wäre Ihnen ein Date mit einer jüdischen Taliban-Lady lieber? Und woher in aller Welt soll ein Rabbiner wissen, wann seine Frau ihre Tage hat?* 45

3. STATION *Würden Sie gerne unter tausend toten Juden leben, die von einem deutschen Konvertiten bewacht werden?* 64

4. STATION *Die Fakten: Einen jüdischen Staat hat es hier nie gegeben. Palästina wurde vor 14 000 Jahren gegründet. Und: Die Juden müssen den Arabern fünf Jahre Musikunterricht bezahlen.* 74

5. STATION *Ein amerikanischer Jude liebt seine alte Mama so sehr, dass er sie heimatlos machen möchte* 92

6. STATION *Ein israelischer Soldat hält Präsident Obama auf* 95

7. STATION *Der kleine weiße Jude will keine kleine schwarze Jüdin heiraten. Deutsche Jugendliche hätten nichts dagegen, einer*

Steinigung von Juden beizuwohnen. Ein Soldat fährt neun
Stunden, um bei seinem toten Kameraden zu sein 100

8. STATION Eine amerikanische Jüdin entdeckt die jüdische
Libido, während sich eine israelische Bibelexpertin nicht an den
Propheten Jesaja erinnert 109

9. STATION Ein Mann, der drei Wörter erfunden hat –
»Na Nach Nachma« –, verändert das Land 112

10. STATION Gott ist nackt und schwul 118

11. STATION Was macht ein deutscher Minister unter
streunenden Hunden? Warum haben israelische Soldaten Angst,
wenn arabische Halbwüchsige Steine auf jüdische Ladys werfen?
Und warum gibt Katalonien Millionen für eine alte Dame
aus? 120

12. STATION Ein Jude entdeckt das »rassistische jüdische
Gen« 132

13. STATION Palästinenser entdecken »Unsere liebe Frau von
Palästina« sowie 368 000 zionistische Kolonialisten 138

14. STATION Deutsche im Heiligen Land: tot und lebendig 146

15. STATION Sie sind herzlich eingeladen zu drei Tagen voller
romantischer Tänze in Jordanien, vorgeführt von Deutschen,
die den Frieden und die Araber lieben 150

16. STATION Katzen, die UN und die auserwählten
Goldenen 163

17. STATION Mit Mitteln der Europäischen Kommission
kommen italienische Jugendliche ins Heilige Land, um heimatlose
Palästinenser zu fotografieren 170

18. STATION *Auf Gottes und der Engel Geheiß wird ein Rabbiner Sie davor bewahren, in eine Eselin verwandelt zu werden* 175

19. STATION *Die Europäische Kommission lädt Sie herzlich zu einer Informationsreise unter Leitung eines ehemaligen Juden ein, der Sie in das Holocaust-Museum in Jerusalem führen und Ihnen das wahre Gesicht der verlogenen, brutalen, mörderischen, syphilisverseuchten Juden zeigen wird, ob tot oder lebendig* 179

20. STATION *Lernen Sie den charismatischsten Mann Palästinas kennen, einen genialen Meisterspion, einen wütenden, liebenswürdigen, ernsten, witzigen, skrupellosen Anführer, und werden Sie Zeuge, wie sich Tobi der Deutsche in einen saudischen Prinzen verwandelt* 183

21. STATION *Heimatlose Palästinenser parken ihre Range Rovers vor ihren bewachten Villen* 195

22. STATION *Ein jüdischer Pilot mit einer Mission: Schnappt den Juden!* 200

23. STATION *Waffenschwingende Männer auf der Suche nach Süßigkeiten und Deutschen* 207

24. STATION *Die Universität an der Bushaltestelle blüht und gedeiht im Lande Israel* 212

25. STATION *Ich marschiere mit den Löwen Palästinas und schlecke ein Eis aus Solidarität mit Adolf Hitler seligen Angedenkens* 215

26. STATION *Abgeordnete: von der Enkelin eines Zionistenführers, der der Kollaboration mit den Nazis bezichtigt wurde, bis zur Enkelin eines verfolgten Models, das die Nazis überlebte* 225

27. STATION *Was tun humanistische Auslandsberichterstatter, wenn ein halbtoter syrischer Zivilist vor ihnen liegt?* 240

28. STATION *Wie wird man internationaler Menschenrechtsrabbiner? Und was mag eine christliche Zionistin lieber, Männer oder Trauben?* 245

29. STATION *Kann sich eine gebildete, schöne Araberin in einen Juden verlieben?* 253

30. STATION *Auf Anraten meiner streunenden Katzen fahre ich nach Norden, um zu sehen, wie sich die Menschen auf die neuesten Superkillerraketen aus den USA einstellen* 256

31. STATION *Fahrplan zum Frieden 1: Gewinne einen internationalen Menschenrechtswettbewerb, indem du ein Hakenkreuz malst* 271

32. STATION *Fahrplan zum Frieden 2: Werde eine europäische Diplomatin und schlage israelische Soldaten* 286

33. STATION *Gönnen wir uns etwas Entspannung mit den Ladys der Nacht oder den treuen Hausfrauen im Zoo* 298

34. STATION *Europäische Diplomaten eilen Beduinen zu Hilfe, die gerne deutsche Frauen nackt zwischen ihren Ziegen herumspringen sähen* 306

35. STATION *Friede und Vergewaltigung* 318

36. STATION *»Zum Glück hat Hitler keine deutschen Juden in die SS aufgenommen.« Jehuda, ein polnischer Jude, der Auschwitz überlebt hat* 322

37. STATION *Allein unter Beduinen: Was passiert, wenn man in den Verschlag eines Beduinen hineinspaziert und die attraktivste Hidschabträgerin dort tätschelt?* 327

38. STATION *Ärzte, die keine Grenzen kennen, und ein toter Rabbi, für den keine Züge fahren* 353

39. STATION *Warum geben die Europäer so viel Geld dafür aus, einem jüdischen Soldaten beim Pinkeln zuzusehen?* 357

40. STATION *Der EU-Botschafter erklärt Ihnen gerne alles* 372

41. STATION *Würden Sie die Olivenhaine Ihrer Nachbarn anzünden?* 376

42. STATION *Eine Eröffnungssitzung der Knesset* 383

43. STATION *Auf einem israelischen Kriegsschiff* 389

44. STATION *Juden sind Barbaren* 393

45. STATION *Ein Professor findet heraus, wer die wahren Juden sind: die Araber* 397

46. STATION *Raten Sie mal, welches Land am meisten Steuergelder für antiisraelische Kampagnen ausgibt?* 400

47. STATION *Wo Jesus Christus einst die Armen speiste, füttert heute ein deutscher Mönch den Besucher mit seinen tiefsten Gedanken über die Juden* 407

48. STATION *Jesus der Nazarener lebte hier, was heute aber kein Jude mehr darf* 409

49. STATION *Wer bin ich? Ein typischer Rechter oder ein linker Querulant?* 412

50. STATION *Eine Begegnung mit der Geschichte: Könige, Professoren und eine Toilette* 414

51. STATION *Eine Begegnung mit den guten Europäern* 423

52. STATION *Das Rechtssystem 1: Wer im israelischen Parlament am lautesten schreit, hat gewonnen* 424

53. STATION *Das Rechtssystem 2: Darf ein Mitglied der Knesset versuchen, Ihr iPhone zu demolieren?* 428

54. STATION *Vorhang auf: Journalisten finden sich mit Menschenrechtsaktivisten zu einer inszenierten Demonstration zusammen, bei der Brandsätze fliegen und zur Tötung der Juden aufgerufen wird* 439

55. STATION *Das Ende. Das Rote Kreuz gegen den jüdischen Staat: Wie weiße Vans mit kleinen roten Kreuzen auf einem Kreuzzug dieses Land durchkreuzen, um alle seine Juden zu vertreiben* 453

Epilog 470

Schlussbemerkung 472

VORBEMERKUNG

Mein Name ist Tuvia. Ich wurde in Israel geboren und wuchs dort in einer ultraorthodoxen, antizionistischen Familie im seinerzeit elitärsten ultraorthodoxen Umfeld auf. Mein Vater war Rabbiner, wie so viele der Väter unserer Nachbarn. Wir waren die Stellvertreter Gottes auf Erden. Mein Großvater hatte sich geweigert, nach Israel zu gehen, weil er nicht unter Zionisten leben wollte, wofür die Nationalsozialisten ihn und den Großteil seiner Familie damit belohnten, dass sie sie an Ort und Stelle umbrachten. Mein anderer Großvater war gerade noch rechtzeitig aus seinem Heimatland geflohen; von seinen zurückgebliebenen Angehörigen ward nie wieder einer gesehen.

Meine Mutter war eine Holocaust-Überlebende, mein Vater ein Flüchtling, ohne Adolf Hitler gäbe es mich also nicht. Ich entstamme einer Dynastie europäischer Rabbiner; meine Eltern taten alles dafür, dass auch ich ein Rabbiner würde. Ihr Plan ging anfangs auch auf: Ein paar Jahre lang übertrumpfte ich in jeder Hinsicht die Nichtgläubigen und brachte Tag und Nacht damit zu, Gottes Gesetze zu studieren und Ihn vor all Seinen ungläubigen Feinden auf Erden zu beschützen.

Dann aber geschah das, wovor mich meine ehemaligen Glaubensbrüder immer gewarnt hatten, und ich ging Satan in die Falle, indem ich beschloss, dass Gott auch gut ohne meine Hilfe auf sich aufpassen konnte. Vor 33 Jahren verließ ich Israel und zog in die Vereinigten Staaten, wo ich mich ganz der Wissenschaft und Kunst widmen wollte, was mir zuvor strikt verboten gewesen war. In den darauf folgenden 15 Jahren besuchte ich diverse Universitäten und studierte diverse Fächer, von Mathematik und Informatik bis hin zu Theater und Literatur. Vor nunmehr 20 Jahren gründete ich das Jewish Theater of New York, das ich bis zum heutigen Tage zusammen mit meiner Frau Isi leite.

Neben meiner Arbeit als Dramatiker bin ich auch als Journalist und Kolumnist für verschiedene Zeitungen in den USA und

Deutschland tätig. Im Dezember 2012 veröffentlichte der Suhrkamp Verlag mein Buch *Allein unter Deutschen*, einen Reisebericht über das heutige Deutschland, seine Menschen und ihre geheimsten Gedanken.

Mein Lektor bei Suhrkamp, Winfried Hörning, schlug mir im vergangenen Jahr vor, eine ähnliche Studie über Israel und seine Menschen anzufertigen. Die Aussicht auf einen sechsmonatigen Aufenthalt in Israel, in einem Land, dem ich vor so langer Zeit den Rücken gekehrt und danach nur noch sporadische Kurzbesuche abgestattet hatte, erschien mir als ebenso beängstigend wie aufregend. Ich fragte Winfried, wie viel Suhrkamp mir für diesen Auftrag bezahlen würde; er nannte mir eine Zahl, die mir nicht gefiel. Dann nannte er mir eine andere Zahl, und die gefiel mir.

Ich fahre nach Israel.

Abgesehen davon, dass ich mir ein Haus gesucht habe, das mir als Stützpunkt dienen wird, habe ich nichts geplant. Ich lasse mich treiben, wohin der Wind mich weht. Ich werde mein Möglichstes tun, um Fakten und Realitäten auf mich zukommen zu lassen und objektiv über das zu berichten, was mir begegnet. Ich werde über das berichten, was ich sehe, nicht über das, was mir lieb wäre. Aber ich werde Sie, meine Leserin, meinen Leser, in jedem Fall an dem teilhaben lassen, was ich denke und fühle.

Ich heiße, wie schon gesagt, Tuvia – aber das bleibt bitte unter uns. Tuvia ist ein hebräischer Name (»die Güte Gottes«), und ihn auszusprechen ist nicht immer ungefährlich. Um mich zu schützen, bediene ich mich deshalb gegenüber den von mir interviewten Personen gelegentlich einer anderen ›Form‹ meines Namens. Sie alle werden aber wissen, dass ich Autor und Journalist bin und dass das, was sie mir sagen, eines Tages veröffentlicht und somit verewigt werden könnte.

Bevor ich nach Israel aufbreche, in ein Land, das international als »Besatzungsmacht« bekannt ist, beschließe ich, ein paar Tage in einem anderen »besetzten Land« zu verbringen. Dann habe ich später eine Vergleichsmöglichkeit. Ich liebe die Berge – ihre schiere Größe macht mich demütig – und fahre nach Südtirol, ein Gebiet, das Italien 1918 besetzte und nie wieder herausrückte.

Südtirol ist wie Tirol selbst einer der schönsten Flecken auf Erden; seine Besetzung durch die Italiener nach dem 1. Weltkrieg war ein politisches Meisterstück: Kein Mensch merkte etwas von der Besetzung. Die Italiener schlossen wie wild Verträge und Abkommen und klärten jede nur denkbare juristische Frage. Sie räumten den Einwohnern sogar einige Sonderrechte ein, damit sie den Mund hielten, und binnen kurzem begannen die deutschsprachigen Südtiroler, sich als Italiener zu bezeichnen. Also alles Friede, Freude, Eierkuchen.

Wäre das nicht auch ein Modell für Israel?

Ich nehme mir die Zeit, mit einigen gebürtigen Tirolern essen zu gehen. Nach drei »Milch mit Wasser«, wie man hier auch zum Bier sagt, und zwei der köstlichsten Portionen »Hitlerschmarrn«, wie man hier in alten Zeiten zum Kaiserschmarrn sagte, erregen sie sich lautstark darüber, dass sie von den vermaledeiten Italienern betrogen wurden.

Eine Besatzung funktioniert wohl doch nicht.

Ich nehme meine Lederhose, stopfe sie für den Fall, dass ich eine Gedächtnisstütze brauche, in den Koffer und bin startklar.

ABSCHIED UND WILLKOMMEN *Mit dem Augenzwinkern und Lächeln einer schönen türkischen Lady gerüstet, beginne ich meine Reise ins Heilige Land*

Im Hamburger Flughafen sage ich Deutschland und seiner Kultur Lebewohl.

Ich stehe am Schalter der Turkish Airlines, wo ich gerade mit meinen Koffern aufgekreuzt bin. Welch Überraschung: mehr als zehn Kilo Übergewicht. Der reizenden Dame am Schalter, die ich noch nie gesehen habe und deren Namen ich nicht kenne, erzähle ich, dass ein berühmter türkischer Schauspieler namens Mehmet ein dicker Kumpel von mir ist.

»Kennen Sie ihn wirklich?«

Was für eine Frage. Ich bin sein Regisseur!

Sie schenkt mir ein herzliches türkisches Augenzwinkern und Lächeln und lässt mich ohne Extragebühr passieren.

»Versprechen Sie mir, niemandem zu verraten, dass ich Sie mit so viel Übergewicht durchgelassen habe ...!«

Versuchen Sie mal, zehn Kilo Übergewicht bei Air Berlin durchzuschmuggeln, indem Sie behaupten, Lady Merkel sei Ihre beste Freundin, und Sie werden sehen, was eine saure Miene ist.

Ja, ich bin vielleicht noch in Deutschland, aber schon auf dem Abflug.

Turkish Airlines ist übrigens eine ausgezeichnete Fluggesellschaft. Nicht wirklich pünktlich – aber wer ist das schon heutzutage –, ihre Flieger jedoch sind picobello, und das Essen, türkische Leckereien, ist eine Wucht. Kein Wunder, dass hier alle am Dauerlächeln sind, bis wir am Flughafen Istanbul-Atatürk eintreffen.

Und der ist eine echte Attraktion!

Man muss sich nur einmal umschauen: Zehn Damen in Nikabs widerstehen der Hitze unter ihrer Kleidung, indem sie köstliches türkisches Eis lecken. Das sieht hinreißend sinnlich aus. Die Männer, diese verrückten Geschöpfe der Natur, verziehen sich unterdessen in eine kleine Raucherzone namens »Terrasse«, wo sie unter ekstatischen Verrenkungen an ihren Glimmstängeln ziehen. Nichtraucher, mit und ohne Nikab, trinken Kaffee zu fünf Dollar den Becher, während unzählige Frauen mit Hidschabs in jeder erdenklichen Farbe Artikel kaufen, von denen sie gar nicht wussten, dass sie sie brauchen.

Zeit zum Einsteigen für den Flug nach Tel Aviv, aber nur rund zehn Menschen sitzen im Wartebereich. Ich meine in israelischen Zeitungen etwas über diese Situation gelesen zu haben: Da hieß es, dass die Israelis Turkish Airlines boykottierten, weil der türkische Staatschef Erdogan Israel seit einigen Jahren unentwegt kritisiere. Ich hätte nie geglaubt, dass Israelis jemals irgendetwas Türkisches boykottieren würden, aber jetzt sehe ich es mit eigenen Augen. Die israelischen Medien sind anscheinend bestens informiert.

Vor mir sehe ich drei Männer, die sich angeregt miteinander unterhalten, und setze mich zu ihnen. Ich denke mir: Wenn diese Jungs sich kennen, warum sollte ich sie nicht auch kennen?

Was soll ich in Israel als Allererstes tun, frage ich sie.

Michele, ein katholischer Architekt, der mit einer israelischen Jüdin verheiratet ist, ist ganz erpicht darauf, mir seine Meinung mitzuteilen: »Sie wollen wissen, was Sie als Erstes tun sollen, wenn Sie in Israel gelandet sind? Besorgen Sie sich ein Rückflugticket!«

Danke, aber ich muss dableiben. Worauf soll ich mich einstellen?

»Auf Hitze!«

Dann ist da Zaki, ein Bahai, der mir erklärt, dass seine Familie schon länger in Israel lebt, als es das Land überhaupt gibt. Seit 150 Jahren, um genau zu sein. Bahais, erklärt er mir, dürfen nicht in Israel leben, das verstößt gegen ihre Religion, aber seine Familie tut es trotzdem. Sein Ururgroßvater war Baha'ullahs Koch! Welch eine Ehre.

Der Dritte ist Hamudi, was auf Hebräisch ›Süßer‹ bedeutet, ein arabischer Israeli und Muslim. Hamudi, korrigiert er mich, steht nicht für ›süß‹. »Es ist eine Kurzform von Mohammed.« Vielleicht sollte auch ich mir einen kurzen Spitznamen zulegen. Wie wäre es zum Beispiel mit Tobi?

Ein Lautsprecher verkündet, dass das Gate gleich schließt. Ich gehe zum Gate, die drei Jungs aber rühren sich nicht vom Fleck. Seltsam: Am Gate steht auf einmal eine endlos lange Schlange. Wie haben sich all diese Juden bloß hier hereingeschlichen? Und was machen sie hier eigentlich in Istanbul, haben sie diese Stadt nicht eben noch boykottiert? Womöglich sind die israelischen Medien doch nicht so gut informiert.

An Bord habe ich den Eindruck, dass das Flugzeug vor lauter auserwähltem Volk aus allen Nähten platzt. Wusste gar nicht, dass es überhaupt so viele Juden auf der Welt gibt.

Bis auf ein paar Sitze ist der Flieger rappelvoll. Als gerade die Türen geschlossen werden, schlurfen die drei Musketiere aus dem Wartebereich herein. Neben mir ist ein freier Platz, hinter mir einer und vor mir ein weiterer. Wo also werden sich die drei hinsetzen? Sie schauen mich an, als wäre ich ein CIA-Agent, der die Sitzplatzbelegung dieses Flugzeugs bereits vorher kannte.

Da ich anscheinend ein so wichtiger Mann bin, sagt mir Hamudi: »Israel behandelt Muslime und Juden im Flughafen unterschiedlich. Muslime werden aufgehalten und befragt, wenn sie in Israel landen.« Er bereitet sich vermutlich innerlich darauf vor, nach der Landung zur Seite gebeten zu werden.

Wir landen kurz nach drei Uhr nachts, und das israelische Sicherheitspersonal hält nur einen Passagier für eine Befragung auf. Nicht den braunhäutigen Hamudi, sondern eine junge blonde Dame.

Hamudis und meine Blicke kreuzen sich, und ich sehe, dass er einigermaßen enttäuscht ist. Auf jede Frage der Sicherheitsleute war er vorbereitet, die aber interessieren sich bloß für eine junge Blondine.

Ich trete aus dem Flughafen. Es ist kühl hier draußen. Die Hitze, mit der ich gerechnet habe, hat sich genauso in Luft aufgelöst wie die blonde Lady.

Es ist schon ein komisches Gefühl, im Land seiner Geburt zu landen. Ich höre Hebräisch, kein Wort Deutsch oder Englisch, und vernehme die vertrauten Klänge meiner Kindheit. Schlagartig verwandle ich mich in ein Kleinkind und sehe mein Leben wie

19

in einem rasanten YouTube-Clip vor mir. Kleinkind, Junge, Jugendlicher; die Person, die ich einst war, und die Jahre, die vergangen sind, ziehen an mir vorüber.

Allmählich komme ich wieder zu mir und mache mich auf die Suche nach einem Taxi, das mich zu meinem Wohnsitz für die nächsten sechs Monate bringen wird. Mein Ziel: ein Templerhaus in der deutschen Kolonie in Jerusalem.

Ich hörte in New York von diesem Haus. Es wurde von deutschen Templern erbaut, die vor langer Zeit in der Hoffnung ins Heilige Land kamen, hier Jesus Christus persönlich begrüßen zu können. Solche Geschichten mag ich und mietete das Haus deshalb an.

Von Deutschland zur deutschen Kolonie. Wunderlich sind die Wege des Herrn.

In meinem neuen Zuhause angekommen, gönne ich mir eine kurze Ruhepause und breche anschließend auf, um auf den Straßen zu wandeln, die ich vor so vielen Jahren hinter mir gelassen habe.

An einer Mauer in einer nahe gelegenen Straße sehe ich folgenden Anschlag: »Entschuldigung: Ist Gott mit Ihrer Kleidung zufrieden?«

Woher soll ich das wissen?

Dann erblicke ich dieses Plakat: »Barmherziges Volk Israel, bitte betet für meinen Vater, dass er sich von seinem iPhone und dem Internet trennt und unsere Familie intakt bleibt.«

iPhone raus, das muss ich fotografieren.

Wir sind hier nicht in Hamburg oder in Istanbul; dies ist eine Heilige Stadt.

Ja, das hier ist Jerusalem. »Jeruschalajim«, wie die Juden die Stadt auf Hebräisch nennen, »Al-Quds«, wie die Araber sie auf Arabisch nennen, und »Jerusalem«, wie die meisten anderen sie nennen.

Als ich Israel vor über 30 Jahren verließ, war meine erste Station das Amsterdamer Rotlichtviertel. Bei meiner Rückkehr zieht es mich zuerst in die Altstadt.

1. STATION *Was passiert, wenn die weibliche Seite Gottes, der Sohn Gottes und der Gesandte Gottes eine sexy junge Deutsche treffen, die den Arabern hilft, weil sie die Juden liebt?*

»Don't Worry, Be Jewish« und »Free Palestine« steht auf zwei der vielen gegensätzlichen T-Shirts, die mir in einem Souvenir- und Klamottenladen auffallen, nachdem ich auf der anderen Seite jener Stadtmauer angekommen bin, die der osmanische Sultan Süleyman der Prächtige auf den zerstörten Mauern früherer Zeiten um die Altstadt herum errichten ließ.

Innerhalb der Mauern, dort wo ich herumspaziere, ist der Suk. Was ist ein Suk? Die meisten Wörterbücher definieren dieses Wort als Markt, aber nur deshalb, weil den Übersetzern eine lebhafte Vorstellungskraft abgeht. Eine bessere Übersetzung wäre »antike Shoppingmall«. Jawohl. Aber kommen Sie besser nicht hierher, wenn Sie auf der Suche nach einem pinken Bikini oder einem iPhone sind; für so etwas ist das hier nicht der richtige Ort. Man sollte hierherkommen, wenn man nach einer Jungfrau Maria aus nativem Olivenholz sucht – bitte fragen Sie mich nicht, was das ist – oder wenn man in der Stimmung ist, Gewürze zu riechen, die es sonst nur im Himmel gibt. Die Architektur dieses Suk wird Sie an Legenden und Mythen glauben lassen. Dieser Suk ist ziemlich düster, aus uralten heiligen Steinen erbaut, mit Gewölben und Bögen, wohin man schaut, und wenn die Händler nicht für alles, worauf das Auge fällt, Mondpreise verlangen würden, könnte man meinen, man sei im Paradies.

Wobei, ein Rotlichtviertel würde hier eigentlich sehr gut hinpassen. Ich jedenfalls kann es mir lebhaft vorstellen.

Ein paar Schritte vor mir steht eine Gruppe junger Männer und Frauen. Es scheinen Touristen zu sein, mit Fotoapparaten und Stadtplänen, und ich hänge mich an sie dran. Keine Ahnung, wo sie hinwollen, aber da sie offensichtlich an einer bezahlten Führung teilnehmen, lohnt es sich wahrscheinlich, und ich mische mich unter die Gruppe.

Bald wird mir ihr Ziel klar. Sie wollen sich den Klagemauer-

tunnel ansehen, der entlang der Westmauer führt, einem Über-
rest der heiligsten Stätte des Judentums. Auch unter dem Namen
Klagemauer bekannt, ist dies der Ort, an dem sich seit den letzten
2000 Jahren die Schechina befindet, die Gegenwart Gottes. Was
ist die göttliche Präsenz? Ganz klar ist das nicht, obwohl man sie
für gewöhnlich mit der weiblichen Seite Gottes in Verbindung
bringt. Einige Mystiker gehen noch einen Schritt weiter und behaupten, sie sei Gottes Frau.

Ein Mann, vermutlich der Touristenführer, bringt uns zu den
archäologischen Pfaden, die tief unter der Erde liegen. Wir sind
direkt neben dem Har haBait, dem Tempelberg, auf dem einst der
jüdische Tempel stand. Zweimal haben Feinde der Juden den
Tempel zerstört, sagt der Mann, aber erst möchte er uns etwas
über die Geschichte des Berges selbst erzählen, eine Geschichte,
die tausende Jahre vor der Tempelzeit liegt.

Nein, der Times Square ist das nicht, sagt mir meine geniale
Intuition. Ich bin in einer anderen Welt. Die Show, die hier gleich
geboten wird, hat mit einem Broadway-Musical nichts zu tun.

Der Mann erzählt: »Die ganze Schöpfung nahm hier ihren
Anfang. Das Universum wurde auf diesem Berg aus einem Felsen erschaffen, und hier prüfte Gott Abraham, indem er ihn aufforderte, seinen einzigen Sohn zu opfern.« Der biblische Garten
Eden befand sich hier, und hier streifte auch der erste Mensch,
Adam, umher, bis Gott ihn einschlafen ließ und aus einer seiner
Rippen eine Frau erschuf. Und so liefen hier denn auch Adam
und Eva nackt durch die Gegend, liebten sich Tag und Nacht und
begründeten die Menschheit. Auf diesem Heiligen Berg also wurden die Sexualhormone aktiv. Genauer betrachtet heißt das ja,
dass hier das erste Rotlichtviertel der Geschichte entstand.

Nein, im Ernst: Hier liegen die Anfänge Ihrer und meiner Kultur. Ganz gleich, ob Sie oder ich an Gott glauben oder nicht, ist
dieser Berg der Ort, an dem die Grundlagen unserer gemeinsamen Kultur entstanden. Ohne diesen Berg und ohne dieses Land
gäbe es kein Judentum, kein Christentum, keinen Islam, keine
europäische Kultur, keine amerikanische Kultur, keine ›westliche‹ Kultur, wie wir sie kennen, und keine ›östliche‹ Kultur, wie

sie heute praktiziert wird. Ohne diesen Berg und das, was auf und unter ihm stattfand, könnte immer noch Buddha auf die Welt gekommen sein, könnte es immer noch Kannibalen geben und könnten Sie und ich heute fanatische Anhänger des Elefanten, des Steins, des Winds oder der Sonne sein.

Wir sind am Anfang des Tunnels, und der Mann, der in der Tat ein Fremdenführer ist, bedient sich hölzerner Miniaturen, die er vor sich, und einer Videoanimation, die er hinter sich hat. Er erklärt uns alles, während Bilder des zerstörten Tempels auf dem Bildschirm und in Form eines Holzmodells auf dem Tisch vor ihm erscheinen. Er erzählt uns, dass der zweite Tempel, der im Jahr 70 von den Römern zerstört wurde, seinerseits auf den Ruinen des ersten Tempels errichtet worden war, den die Babylonier 586 v.Chr. zerstört hatten:

»Genau hier, wo wir stehen, wurde der Tempel bis auf die Grundfesten niedergebrannt.«

Auf dem Bildschirm sehen wir, wie loderndes Feuer den zweiten Tempel verzehrt.

»Der Tempel wurde von König Herodes erbaut, der eine unbekannte Zahl von Fachkräften beschäftigte, um dieses massive, prachtvolle, kolossale Bauwerk zu errichten.«

Langsam zerfällt der Videotempel in Stücke – bis auf eine Mauer. Der Fremdenführer nimmt ein kleines Holzgebilde in die Hand, eine Moschee, und stellt sie auf die Ruinen.

»Viele Jahre später errichteten die Muslime direkt auf dem zerstörten Tempel eine Moschee.«

In der Tat, das ist keine Broadway-Show. Wenn überhaupt, dann handelt es sich um eine Off-off-off-Broadway-Vorstellung. Eine Show aber ist es nicht. Die kleinen Bilder, mit denen dieser Reiseführer hantiert, haben schon Millionen von Menschen das Leben gekostet. Und es ist sehr wahrscheinlich, dass viele weitere Millionen diese Tradition auch in Zukunft fortsetzen werden.

Ein Mann in einem »Peace«-T-Shirt hört aufmerksam zu. Ein jugendlicher Tourist gähnt; vermutlich vermisst er seine Facebook-Freunde.

»Hat irgendjemand Fragen?«, fragt der Führer.

Als ich noch ein frommer Knirps war, habe ich mich immer über zwei biblische Statuen gewundert, die Cherubim, die sich in einem als »Allerheiligstes« bezeichneten Bereich des Tempels befanden: Wenn Statuen im jüdischen Glauben absolut verboten sind, warum gab es sie dann im Tempel, in Gottes ureigenem Haus?

Ich frage den Reiseleiter, der hier Holzmodelle 2000 Jahre alter Bauwerke einsetzt, ob er zufälligerweise nicht auch Miniaturmodelle der Cherubim hat.

Dem »Peace«-Touristen gefällt meine Frage.

»Woher kommen Sie?«, fragt er mich, als hätte er gerade den erstaunlichsten Menschen der Welt getroffen.

Aus Deutschland, sage ich.

Tut mir leid, aber ich habe nun mal diese seltsame Angewohnheit, dass ich gerne mit meiner Nationalität spiele. Durch eine Laune der Natur habe ich einen ›unbestimmbaren‹ Akzent, so dass man mir wunderlicherweise glaubt, wenn ich mich als Österreicher, Bulgare oder Chinese ausgebe, oder was mir sonst gerade in den Sinn kommt. Nun las ich aber unlängst von dieser internationalen Umfrage, der zufolge die Mehrheit der Befragten Deutschland für das tollste Land der Welt hält. Warum sollte ich also dieser Tage nicht ein Deutscher sein?

Mr. Peace aber mustert mich vollkommen enttäuscht. Er mag Deutschland nicht, das sehe ich und bin ein bisschen verschnupft.

Und Sie, woher kommen Sie?

»Aus Großbritannien«, sagt er mit stolzgeschwellter Brust und geht auf Abstand zu diesem hässlichen Deutschen.

Zu schade, dass wir Deutschen den Zweiten Weltkrieg verloren haben.

Okay, ich stamme nicht aus Deutschland, sondern aus Israel und interessiere mich für Cherubim. Von denen der Reiseleiter aber leider keine hat. Sorry. Vielleicht sind die Cherubim, die in der Bibel als geflügelte Wesen dargestellt werden, ja gerade ausgeflogen.

Der Reiseleiter führt uns nun durch das schier endlose Tunnelsystem und lässt sich dabei immer ausführlicher über die erstaunlichen Fertigkeiten aus, mit denen König Herodes diese Stätte errichtete. Er spricht von Herodes, als ob dieser noch lebte. »König Herodes beschließt« und »König Herodes baut« und »König Herodes will« – in der Gegenwartsform. König Herodes, lässt er uns darüber hinaus wissen, ist ein Genie in Geometrie und ein Größenwahnsinniger: Er will den spektakulärsten Tempel aller Zeiten bauen.

Während die Tunnel immer abgefahrener werden – kein Sonnenstrahl dringt hier herein, nicht einmal ein Starbucks- oder Jacobs-Kaffee ist hier erhältlich –, erfahren wir, dass Herodes auch ein sehr bösartiger Mensch ist. Er tötet fast alle Rabbiner in der Gegend. »Fast« bedeutet, dass er einen am Leben lässt, aber nicht, bevor er ihm die Augen ausgestochen hat.

Ein echter Sympathiebolzen.

Wir kommen an einem Abschnitt der Mauer vorbei, der aus einem einzigen Felsblock von 13,3 Metern Länge und 580 Tonnen Gewicht besteht. Kräne gab es damals noch nicht, und ich kann mir nicht im Traum vorstellen, wie König Herodes das hinbekommen hat.

Länge der Westmauer einschließlich der Abschnitte, die man nur von hier unten aus sehen kann: ein halber Kilometer.

Einfach erstaunlich.

Warum hat sich der Nichtjude König Herodes die Mühe gemacht, so einen riesigen Kasten hier hinzustellen?

»Er war Jude.«

Ist das der Grund, warum er alle Rabbis tötete, mit Ausnahme des einen, den er blendete?

»König Herodes trat zum jüdischen Glauben über.«

Das ist eine bedeutsame Antwort: Gebürtige Juden stechen einander nicht die Augen aus, das tun nur die Heiden.

Warum sollte ein Rabbinermörder und Augenausstecher einen Tempel errichten?

»Das ist eine lange Geschichte.«

Erzählen Sie sie mir!

Unser Führer lässt sich nicht zweimal bitten.

Nachdem König Herodes mit den Rabbinern fertig war, ver-

25

kleidete er sich als einfacher Mann und schlenderte an dem Rabbiner vorbei, den er mit größtem Vergnügen geblendet hatte, und stellte ihm eine Frage: Würde der Rabbi einem Einfaltspinsel wie ihm zustimmen, dass König Herodes ein schrecklicher Mensch ist und man ihm deshalb den Gehorsam verweigern solle? Der blinde Rabbi antwortete: König Herodes ist unser König, wir schulden ihm Gehorsam.

Beeindruckt und ergriffen, fragte er den Rabbi, was König Herodes denn tun müsse, um sich von den furchtbaren Dingen zu entsühnen, die er den Rabbinern angetan hatte. Der Rabbi erwiderte, dass dem König vergeben würde, wenn er den Tempel wiederaufbaute.

König Herodes ging unverzüglich ans Werk und errichtete den zweiten Tempel. 516 v.Chr. wurde er fertig.

Gute Geschichte, muss ich schon sagen.

Gegen Ende der Führung spreche ich mit Osnat, einer der Touristinnen.

Sagen Sie mir in einem Satz: Was ist »Israel«?

»Oh, das ist keine leichte Frage. Darüber muss ich nachdenken.«

Nicht nachdenken, sondern frei von der Leber weg!

»Die Israelis kümmern sich umeinander.«

Andere Völker, die Deutschen etwa, tun das nicht?

»Nein.«

Nur die Juden haben diese Eigenschaft?

»Ja.«

Bevor ich Deutschland verließ, gab mir ein berühmter Deutscher folgenden Tipp: »Die Israelis«, sagte er mir, »sind das einzige Volk auf Erden, das sich nicht um andere Menschen kümmert. Wenn Sie dort sind, versuchen Sie herauszufinden, warum das so ist.« Er und diese Frau ergäben ein perfektes Paar.

Oberhalb des Tunnels befindet sich die Klagemauer, die man von so vielen Bildern kennt: eine Mauer, an der Juden beten. Sie stehen da, voller Ehrfurcht vor der Schechina, und beten zu Gott. »Mögest Du den Tempel rasch wieder aufbauen, noch zu unseren Lebzeiten. Amen.« Hoffentlich muss dafür nicht erst jemand geblendet werden.

Andere, kultiviertere Menschen schreiben Notizen und stecken sie in die Ritzen zwischen den Steinen der Mauer. Wenn man einen Brief an Gott schicken möchte, ist das besser als die Post, weil Seine Schechina den Brief sofort erhält.

Auf dem Platz vor der Klagemauer geht eine Gruppe amerikanischer Juden an mir vorüber. Sie lieben es, Hebräisch zu sprechen, ihre Art von Hebräisch. Hören Sie den mal, wie er zu seinem Freund sagt: »Lass uns gestern Nacht treffen, okay?«

Die Klagemauer ist nur ein winziger Teil jener riesigen Anlage, die heute als Al-Aqsa bekannt ist und nach der Al-Aqsa-Moschee auf dem Al-haram asch-Scharif (dem jüdischen »Tempelberg«) benannt wurde. Am nächsten Tag besuche ich die (ungefähr) 679 als drittes Heiligtum des Islams errichtete Al-Aqsa-Moschee, um ihr meine Aufwartung zu machen. Immerhin fuhr der Gesandte Gottes, Prophet Mohammed, von diesem Ort aus in den Himmel empor, nachdem er auf einem himmlischen Tier aus Mekka hier angekommen war. Ich selbst komme mit dem Taxi.

Der Taxifahrer versucht, Hebräisch mit mir zu sprechen, weil er mich für einen Juden hält, woraufhin ich ihm bedeute, dass er völlig falsch liegt. Sofort wechselt er ins Arabische und fragt mich, ob ich an »dem Tor« aussteigen möchte. Ich habe keine Ahnung, von welchem Tor er spricht, frage aber nicht nach und sage einfach ja.

Binnen Minuten erreichen wir eine Straße in Ostjerusalem, und er sagt mir, wir seien da.

Wo ist das Tor? Allah weiß es gewiss, ich aber nicht.

Ich gehe die Straße entlang und versuche, so etwas wie ein Tor zu finden.

Warum hat der Taxifahrer mich nicht direkt vor dem Tor abgesetzt? Ich weiß es nicht. Was ich weiß, ist dies: Hier ist ein Tor. Und vor dem Tor stehen Polizisten. Israelische Polizisten.

»Sind Sie Muslim?«, fragt einer von ihnen.

Bin ich, antworte ich wie aus der Pistole geschossen.

»Kennen Sie den Koran?«

Aber selbstverständlich!

»Zeigen Sie's mir.«

Wie in aller Welt soll ich ihm das zeigen? Und warum? Allerdings hat er eine Waffe und ich nicht. Also sage ich: *Aschhadu an la ilaha illallah wa aschhadu anna Muhammad ar-rasul-lallah.* (Ich bezeuge, dass es keine Gottheit außer Allah gibt, und ich bezeuge, dass Mohammed Allahs Gesandter ist.) Das ist das Glaubensbekenntnis. Wenn jemand diesen Satz ausspricht, wird er nach islamischem Recht zu einem Muslim – falls er es nicht schon ist.

Dies sollte den Waffenbesitzer zufriedenstellen. Das Problem ist nur, dass Polizisten keine Imame und religiöse Gesetze nicht ihr Fachgebiet sind. »Sagen Sie die Fatiha!«, bellt er mich an wie einen jüdischen Hund.

Meine Islamstudien liegen lange zurück, und ich erinnere mich nicht mehr genau, nur noch an den Anfang.

Ich versuche es trotzdem. Und sage: *Bi-smi llahi r-rahmani r-rahim, al-hamdu li-llahi rabbi l-alamin* (Im Namen Allahs, des Erbarmers, des Barmherzigen! Lob sei Allah, dem Weltenherrn.)

Das sollte reichen, denke ich. Der Polizist aber sagt: »Weiter!«

Für wen hält er sich, für Allah? Warum sollte ich ausgerechnet ihn anbeten?

Das tue ich nicht, woraufhin er mit seinem Kollegen erörtert, warum ich mich so merkwürdig verhalte. Sie reden und reden und kommen schließlich zu der Entscheidung: »Sie sind Christ. Zutritt verboten.«

Aber ich möchte zu Allah beten!

Nun, sagen sie, wenn ich so sehr beten möchte, soll ich die Moschee durch den Eingang für Juden und Christen betreten. Aber der Eingang für Ungläubige, protestiere ich, schließt um elf Uhr, also in 55 Minuten.

Die Polizisten lässt das unbeeindruckt. Von hier aus sind es zu Fuß 29 Minuten, sagt einer von ihnen und zeigt mir, welche Straße ich nehmen muss.

Ich sehe den Namen der Straße. Via Dolorosa.

Ich soll den Weg dieses alten Juden gehen, den Leidensweg Christi.

Ich gehe. Gehe und gehe. Gehe 29 Minuten, doch ein Eingang für Ungläubige ist nirgends in Sicht.

Aber, ein paar Meter vor mir, ein anderer Eingang – nur für Muslime. Ich schwöre meine Treue zum Propheten so lautstark, dass sogar der israelische Ministerpräsident in Westjerusalem es hören kann, aber der Polizist am Eingang ist offensichtlich taub und bellt mich an: »Fatiha!«

Nicht schon wieder!

Ich versuche es noch einmal und rezitiere den Anfang der Fatiha im Eiltempo, so wie manche chassidischen Juden in ihren Synagogen Gebete rezitieren, wenn sie nur deren Anfang laut aufsagen – bloß kennt dieser Polizist keine chassidischen Juden, sondern fordert mich auf: »Nicht aufhören, weiter im Text!«

Ich starre ihn an, als hätte er gerade meine tiefsten religiösen Gefühle verletzt.

Er mustert mich und ist offensichtlich überfragt, mit was für einem Geschöpf er es hier zu tun hat. Das muss er erst einmal mit seinem Kollegen auf Hebräisch erörtern.

Sie diskutieren, was für einer ich wohl sein könnte, und kommen zu dem Schluss: halb Muslim, halb Christ.

Sie weisen mir den Weg: Via Dolorosa.

Aber ich bin ein Muslim, väter- wie mütterlicherseits! protestiere ich. Ich flehe gewissermaßen um mein Leben, so wie Jesus die römischen Machthaber um sein Leben angefleht haben muss.

»Zeigen Sie mir Ihren Pass«, sagt der Polizist versöhnlich.

Ich habe keinen Pass.

»Via Dolorosa!«

Da ich offensichtlich keine andere Wahl habe, nehme ich den Kreuzweg des alten Juden wieder auf, bis ich tatsächlich den Eingang der Ungläubigen erreiche. Endlich bin ich drin.

Ich mache eine kurze Verschnaufpause, um nachzudenken.

Südtirol ist das hier nicht, sage ich mir. Die Israelis sind keine Italiener und die Araber keine Tiroler. Hier diktieren die Besetzten, die Araber, den Besatzern, den Juden, dass sie, die Juden, sie, die Araber, vor ihren Brüdern, den anderen Juden, und vor den Christen beschützen müssen.

Ich bin auf dem Vorplatz der Moschee. Zu meiner Rechten erhebt sich ein silberner Bau und zu meiner Linken der mit der goldenen Kuppel. Ich wende mich an einen Muslim und frage ihn, auf Arabisch, welcher der beiden die Al-Aqsa-Moschee ist. Worauf er natürlich sofort mit der Frage reagiert, ob ich Muslim bin, was ich natürlich sofort bejahe. Russe? fragt er. Nein. Deutscher. Er strahlt mich an. Willkommen! Die Al-Aqsa ist das silberne Gebäude, das goldene ist der Felsendom. Am Fels unter dem Dom, so erzählte es uns doch gestern der jüdische Fremdenführer, da begann die Welt.

Ich gehe hierhin und dorthin und schaue mir den Platz und das ganze Drumherum an. Hier sieht es wirklich aus wie im Paradies. Alle paar Schritte stößt man auf ein Hinweisschild, mit dem die Gläubigen, freilich nur auf Arabisch, daran erinnert werden, dass Spucken hier verboten ist. Ich bin mir nicht sicher, warum man so viele Spucken-verboten-Schilder braucht, vermute aber mal, dass die Einheimischen eben gerne spucken. Ich weiß es natürlich nicht. Ehe ich's mich versehe, ist elf Uhr vorbei, und es gelingt mir, der israelischen Polizei zu entgehen, die um diese Zeit die Anlage schon von Nichtgläubigen geräumt hat. In aller Ruhe mache ich mich auf den Weg, um ein wenig für die Araber, die Christen und die Juden zu beten. Als ich am Dom ankomme, packt mich ein Araber am Arm. »Ihre Zeit ist um!«, blökt er mich an. »Raus hier!«

Und bevor nun auch dieser Kerl mich auffordert, die Fatiha zu rezitieren, mache ich auf dem Absatz kehrt. Das reicht für heute.

Ich verlasse die Anlage und schlendere durch die umliegenden Gassen, die von umwerfender Schönheit sind. Da nähere ich mich, ohne dass ich es gemerkt hätte, schon wieder einem Zugang zur Moschee. Ein vielleicht sechsjähriger arabischer Junge hält mich auf: »Sind Sie Muslim?«, will er wissen. Klar doch. Jetzt muss ich die Fatiha schon vor einem Kind aufsagen.

Troll dich und widme dich lieber deinen Facebook-Freunden, fluche ich insgeheim, sage aber kein Wort. Das hier ist eine heilige Stadt und dieses Bübchen am Ende noch ein Prophet. Und das ist das Letzte, was ich jetzt brauche, einen Streit mit einem Propheten.

Ich ziehe weiter, bis ich ein Café entdecke, das von hiesigen Muslimen frequentiert wird.

Auch ich bin von hier, ein deutscher Templer, der in der Heiligen Stadt auf die Ankunft des Messias wartet, wofür ich, bis es denn so weit ist, Kaffee brauche, um mich bei Kräften zu halten.

Ich trinke eine Tasse nach der anderen. Der arabische Kaffee, das dürfen Sie mir glauben, schlägt jeden Starbucks, Jacobs und auch jede beliebige italienische Sorte, die ich je probiert habe.

Ich trinke so viel Kaffee, dass ich irgendwann ein Bedürfnis verspüre.

Ich frage die Bedienung nach der Herrentoilette.

»Sind Sie Muslim?«, fragt er mich.

Ja, bin ich, bei Allah!

Ich bekenne mich heute öfter zum islamischen Glauben als der eiferndste Taliban in Afghanistan.

»Gehen Sie zur Al-Aqsa.«

Da war ich, aber die jüdische Polizei hält mich nur für einen halben Muslim. Die gehen mir auf die Nerven!

»Zeigen Sie ihnen Ihren Pass.«

Den habe ich nicht dabei.

»Dann müssen Sie zur jüdischen Mauer gehen.«

Ich gehe vom Café aus in Richtung jüdische Mauer und sehe arabische Graffiti auf einer arabischen Mauer neben dem Café: »Bald wird Al-Quds frei sein!«

»Al-Quds« (die Heilige) ist Jerusalem. »Frei« heißt frei von Juden.

Und ich frage mich: Wer wird die Moscheen vor Leuten wie mir beschützen, wenn die Juden erst einmal weg sind?

Weiß Allah.

Drei kleine, vielleicht fünfjährige Mädchen kreuzen meinen Weg. Schön sehen sie aus, wie kleine Engel, und tragen alle einen Hidschab. So jung noch, und schon sieht man in ihnen eine sexuelle Versuchung.

Ich brauche jetzt dringend eine Toilette und möchte keine Kirchen oder jüdischen und arabischen Mauern aufsuchen. Es muss hier doch irgendwo eine Toilette geben, es können doch nicht alle

Menschen in dieser Stadt in den Behausungen ihrer Götter pinkeln.

Ich bin wild entschlossen, ein nichtreligiöses Klo zu finden.

Ich gehe weiter, bis ich an einem Haus vorbeikomme, vor dem ein Mann sitzt, der so aussieht, als würde er es bewachen. Wenn er dieses Anwesen bewacht, denke ich mir, muss es schon ein ganz ordentliches Anwesen sein, mit einer ordentlichen Toilette darin.

Logisch, oder?

Ich hänge mich an einen Mann, der freundlich mit dem Wächter spricht, als gehörten der Mann und ich zu einer Familie, und bin drin.

Keine Toilette in Sicht, dafür aber ein Seminar.

Eine Tafel an der Wand verkündet, dass wir uns in der Al-Quds-Universität befinden. Eine Universität muss über eine Toilette verfügen, denke ich mir, kann aber leider niemanden fragen, weil alle einer Vorlesung lauschen.

Also muss ich wohl noch eine ganze Vorlesung lang durchhalten und setze mich dazu.

Die Vorlesung, Teil einer von Europäern finanzierten Reihe, ist ziemlich interessant. Hier erfahre ich etwas über die Intifada, über die Besatzung, über Würde, über die Erfahrung »der Verweigerung ihrer Grundrechte«, die die Palästinenser machen, das alles enthusiastisch vorgetragen von palästinensischen Experten aus Europa. Während einer kurzen Pause verrät mir einer der Vortragenden, ein Brite, dass er eigentlich Palästinenser ist und aus Galiläa stammt. Damit sind Sie eigentlich ein Israeli, oder? frage ich ihn. Nein, sagt er. Ein Brite? Auch nicht. Er lebt in Großbritannien, wird von Europäern bezahlt, und seine Mission ist es, Palästina zu befreien. Bevor er aber Palästina befreit, brauche ich eine Toilette.

Gibt es hier eine Toilette, Professor?

»Ja, gehen Sie eine Etage höher, sie sind nicht zu übersehen.«

Großartig. Ich gehe hoch.

Die Toilette ist sauber, und ich kann sie benutzen, ohne die Fatiha aufsagen oder mir eine Kippa aufsetzen zu müssen.

Anschließend kehre ich zur Vorlesung zurück.

Es gibt einige Professoren hier, dazu Essen und Getränke so viel man will, alles gütigst bezahlt von großzügigen Europäern.

Anzahl der Palästinenser, die die Vorlesung besuchen: zwei. Dies ist die einzige Universität der Welt, in der jeder Student eine ganze Handvoll Professoren für sich alleine hat.

An einer Wand hängt das Bild eines Olivenbaums mit der Aufschrift: »Wir bleiben hier.«

Ein Laptop und ein Projektor sind im Einsatz. Der Redner spricht Arabisch, projiziert seine Folien aber auf Englisch. Wie bei dem Führer an der Klagemauer kommt es auch hier auf die Technik an, um eine gute Geschichte zu erzählen. Auch eine Videokamera sehe ich, dem Anschein nach ein teures Modell, das aber heute nicht gebraucht wird. Morgen vielleicht.

Auf dem Platz neben mir sitzt niemand, sondern liegt nur ein Buch, ein juristisches Buch von Raja Shehadeh, veröffentlicht vom »Institute for Palestine Studies« in Washington, DC. Sein Titel: *Occupiers Law: Israel and the West Bank* (Besatzungsrecht. Israel und das Westjordanland).

Herausgegeben, heißt es da, wurde es von der Internationalen Juristenkommission in Genf.

Ein trockenes Lehrwerk, wie ich es erwartet hatte, ist das nicht, sondern ein echt deftiges Buch über die israelische Grausamkeit gegenüber den Palästinensern, die Misshandlung arabischer Häftlinge, die Schikanen gegen palästinensische Studenten, die Zerstörung von Häusern und alle möglichen anderen Dinge, die nicht gut zu Kaffee und Backwerk passen.

Auf dem nächsten leeren Stuhl liegt noch ein Buch: Der *Cambridge Companion to Hannah Arendt*.

Was macht die denn hier?

Nachdem es ja praktisch keine Studenten hier gibt, entzündet sich eine lebhafte Diskussion zwischen den Gastprofessoren, die sich miteinander unterhalten müssen, weil die beiden anwesenden Studenten sich für nichts interessieren, nicht für die Besatzung und nicht für das Leid. Sehr leidend schauen sie mir auch nicht aus, aber was weiß ich denn schon. Ich bin ja nur hier, weil ich pinkeln musste, und zufällig über diese gelehrten Männer und Frauen gestolpert.

Um die Diskussion der Damen und Herren Professoren optisch zu unterfüttern, wird ein Bild von Frauen im Hidschab und einem Mann an die Wand projiziert. Wenn ich die intellektuellen Ausführungen hier richtig verstehe, dann sind die hidschabverhüllten Ladies glühende Feministinnen.

Und ich bin ein Mormone.

Warum die Europäische Kommission, die diese Veranstaltung finanziert, europäische Professorinnen und Professoren nach Jerusalem einfliegt, um sie miteinander ins Gespräch zu bringen, statt sie in, sagen wir, Südtirol zu bewirten, ist mir ein echtes Rätsel.

Ich wende mich an das nächste Sekretariat, um herauszufinden, was für eine Art von Universität das hier ist, mit zwei Studenten pro Vorlesung.

Ein Mann sitzt an seinem Schreibtisch und beantwortet gerne alle meine Fragen.

»Die Besatzung«, erzählt er mir über die Israelis, »wirft die muslimischen Anwohner aus ihren Häusern in Ostjerusalem und gibt diese dann an Juden.«

Wann? Jetzt?

»Die ganze Zeit!«

Wie viele Häuser?

»Viele!«

Wie viele?

»Überall.«

Wie viele?

»30!«

30?

»30.«

Wie lange sind sie schon hier in der Gegend, die Besatzer? Ich meine, wenn wir von 1967 aus rechnen, dann –

»Nein, von 1948 aus!«

Er spricht von der Gründung des Staates Israel.

Also gut. 1948. 30 Häuser seit 1948 sind weniger als ein halbes Haus pro Jahr –

»Wir können unsere eigenen Häuser nicht renovieren, sie lassen uns nicht!«

Dieses Gebäude hier sieht ziemlich picobello aus und ziemlich renoviert.

»Schauen Sie da oben! Sehen Sie, wie die Farbe abblättert?«

Sehe ich. Auf der Fläche einer halben Buchseite. Können Sie das nicht überstreichen?

»Nein! Die Besatzer lassen uns nicht!«

In diesem Moment spaziert eine junge Blonde herein, und der Mann verliert das Interesse an mir. Schlagartig.

Die junge Schönheit aus der Schweiz erzählt mir, sie sei in diese Gegend gekommen, um Israelis wie Palästinensern zu helfen. Sie gehört zu einer christlichen Menschenrechtsorganisation namens »Ökumenisches Begleitprogramm in Palästina und Israel« (EAPPI) und wird hier die nächsten fünf Monate ihres Lebens ehrenamtlich Juden und Arabern helfen.

Was werden Sie in den fünf Monaten tun?

»Arabisch lernen.«

Die liebreizende Lady heißt Anna Maria und zahlt 800 US-Dollar für einen Arabisch-Intensivkurs. Sie hilft den Juden nicht nur, sondern gibt auch noch Geld für sie aus. Sollte Ihnen das nicht einleuchten – mir leuchtet auch nicht immer alles ein, was manche Schweizer so tun und sagen.

Ich habe Hunger, und Professor Asma, die Koordinatorin der Vorlesungsreihe, ist bereit, mit mir in das beste Restaurant des Viertels zu gehen und mich mit echtem palästinensischem Essen bekannt zu machen.

Auf dem Weg nach draußen fällt mir ein Aushang auf, mit Datum vom Vortag, der verkündet, dass die EU und die UN für ebendieses Gebäude 2,4 Millionen Euro spenden, »um das palästinensische Kulturerbe zu erhalten« und »das Kulturerbe in der Jerusalemer Altstadt zu sichern«. Und weiter: »Das Programm will zur Entwicklung und Sicherung des palästinensischen Kulturerbes beitragen«, wozu auch »Hammam Al-Ayn und Hammam Al-Shifa« gehören.

Was genau verbirgt sich hinter all diesen wundervollen Formulierungen, frage ich mich. Asma verspricht, mir später zu zeigen, was sich dahinter verbirgt.

Wir kehren in einem Restaurant namens Al-Buraq ein.

Wie jeder sehen kann, trägt Prof. Asma keinen Hidschab.

Wieso nicht?

»Zur Zeit des Propheten (Mohammed) wurden die Frauen von den Männern missbraucht, Mädchen wurden getötet, und deshalb riet der Koran den Frauen, den Hidschab zu tragen, ›zu eurem Schutz‹. Aber schauen Sie, was heute passiert: Habe ich einen Hidschab über dem Kopf, wenn ich einen israelischen Kontrollposten passiere, dann schikanieren sie mich. Wenn ich so unterwegs bin, tun sie es nicht.«

Wir studieren die Speisekarte, und sie erzählt mir:

»Mein Mann wollte zusätzlich zu mir eine weitere Frau heiraten. Ich sagte nein. Und jetzt bin ich geschieden.«

Die Karte sieht vielversprechend aus, und die Professorin fährt fort:

»Früher dachte ich, dass die israelischen Linksintellektuellen uns, die Palästinenser, akzeptieren würden, aber heute weiß ich, dass sie es nicht tun. Als ich in Deutschland war, spürte ich, dass sich die Deutschen leidenschaftlich für uns interessieren, dass wir ihnen etwas bedeuten.«

Warum, glauben Sie, unterstützen die Europäer Sie?

»Wenn Europäer hierherkommen, dann führen wir sie an die Orte, wo Jesus lebte und wo die Israelis ihn kreuzigten, und das ist der Grund, warum sie uns unterstützen.«

Die »Israelis« haben Jesus gekreuzigt? Wie kommen die Israelis in diese Geschichte, vor 2000 Jahren?

Ich schreibe auf, was sie gesagt hat, und lese es ihr vor, um sicherzugehen, dass ich sie richtig verstanden habe. Sie bestätigt es.

Wir lassen uns großartige Kebabs und arabischen Kaffee munden, und nachdem wir fertig gegessen haben, führt mich Prof. Asma zu dem Ort, an dem die 2,4 Millionen Euro ausgegeben werden sollen.

Ein Hammam.

Ja.

Vorhin hat man mir gesagt, dass die Israelis der Al-Quds-Universität nicht einmal gestatten, einen Flecken an der Decke zu überstreichen. Aber sie gestatten ihnen, für Millionen von Euro einen Hammam zu rekonstruieren.

Entweder sind die Israelis Idioten oder die Araber Lügner.

Wie auch immer, die interessantere Frage in diesem Zusammenhang ist das Motiv der Europäer. Warum ist es den Europäern so wichtig zu beweisen, dass hier einst Araber lebten, sodass sie bereit sind, Millionen für einen Hammam auszugeben? Hoffentlich werde ich irgendwann in den kommenden sechs Monaten eine Antwort auf diese Frage finden. Vielleicht – nur vielleicht – träumen Europäer von nackten Arabern und zahlen deshalb für ein islamisches Spa.

Unterdessen spazieren die Professorin und ich in dem Bad herum, durch ein Labyrinth schöner Räume des Hammams, das sich im Wiederaufbau befindet. Anschließend führt sie mich aufs Dach, von wo aus sie mir Häuser in der Nähe der Al-Aqsa zeigt, die von der israelischen Regierung beschlagnahmt wurden.

Ich bitte sie, mir mehr über Al-Aqsa zu erzählen. Das tut sie gerne.

»Von Qubbat as-Sachra (dem Felsendom) aus flog der Prophet Mohammed in den Himmel, wo er Gott traf und Gott ihn lehrte, was Muslime tun und was sie beten sollen.«

Sie spricht von der berühmten Nachtreise des Propheten Mohammed, bei der er von Mekka auf einem himmlischen Tier namens Al-Buraq zur »Masdschid al-Aqsa« flog und von dort dann in den Himmel, um Allah zu treffen.

Wie ich ihr so zuhöre, erinnere ich mich plötzlich wieder an alles. Einst wurde die Westmauer von der örtlichen arabischen Bevölkerung »Het al-Mabka« (Klagemauer) genannt, aus Achtung vor den Juden, die hier beim Anblick ihres zerstörten Tempels weinten. Mit dem Anbruch des Zionismus jedoch änderten die Araber den Namen der Mauer in Het al-Buraq ab, Al-Buraqs Mauer. Die Geschichte von den weinenden Juden wurde aus dem kollektiven Gedächtnis gelöscht und durch eine andere Geschichte ersetzt: Als Mohammed in den Himmel auffuhr, band er sein himmlisches Tier an genau dieser Mauer fest, damit es ihm nicht weglief.

Da erscheint ein weiterer Professor, Omar. Omar ist ein netter Typ, warmherzig, umgänglich und mitteilsam. Er ist ganz aufgeregt, erzählt er mir, weil er heute Besuch von einem Reporter der *Süddeutschen Zeitung* bekommt, der ihn interviewen will. Er ist sich sicher, dass der deutsche Journalist nur Gutes über ihn schreiben wird, und kann das Gespräch kaum erwarten. Er wird dem Deutschen die Wahrheit sagen, zum Nutzen der deutschen Leser, die sich für die hiesigen Belange interessieren. Was ist die Wahrheit? Er verrät sie mir: Die Israelis verhindern, dass er als Palästinenser ein Haus besitzen kann. Ich sage ihm, dass das in der Tat furchtbar ist, und bitte ihn, mir mehr über sich zu erzählen. Er findet Gefallen an mir und vertraut mir an, dass er nicht nur ein Mann des Geistes ist, sondern auch ein Mann mit Geld: Er besitzt ein Haus in Ostjerusalem und ein weiteres im Stadtteil Schuafat.

Es gibt Alkoholiker, und es gibt Ex-Alkoholiker, solche, die mit dem Trinken aufgehört haben. Ich für meinen Teil bin zufälligerweise ein Ex-Intellektueller und zehre von meinem früheren Selbst, um diesen Intellektuellen zu verstehen. Logisch ist es unmöglich, dass ein Mann, der nichts besitzt, zwei Häuser besitzt. Intellektuell aber kann man alles wegerklären.

Prof. Omar gefällt es, dass ich alles so hinnehme, wie er es sagt, und nicht nachfasse. Er fragt mich, ob ich Lust hätte, einen interessanten Film zu sehen, der in dem EU-renovierten Hammam der Al-Quds-Universität gezeigt wird.

Nichts lieber als das.

Der Professor und ich spazieren zum Hammam zurück, wo ich mich auf einen Stein setze. Neben mir sitzen ein paar deutsche Mädchen. Sie sind hier, berichten sie mir, weil sie dem palästinensischen Volk helfen wollen.

Ich plaudere mit einer der deutschen Freiwilligen.

Was hat Sie dazu gebracht, den Palästinensern Ihre Hilfe anzubieten?

»Vor drei Jahren war ich ehrenamtlich in Israel, und ich habe mich in das jüdische Volk verliebt.«

Und deshalb beschlossen Sie, zurückzukommen?

»Ja.«

Vor drei Jahren verliebten Sie sich in die Juden, und deshalb helfen Sie jetzt den Palästinensern?

Sie schaut mich ungläubig an, sichtlich verärgert: »Was wollen Sie damit sagen?«

Ich hätte von meinen Intellektuellenjahren zehren sollen, bevor ich diese Schönheit verärgere.

Gott sei Dank beginnt der Film.

Sein Titel: *Das Land spricht Arabisch.*

Mittels Archivaufnahmen und dem endlosen Begleitkommentar eines weiteren Professors versucht der Film den Nachweis zu erbringen, dass »Zionisten« ohne ersichtlichen Grund in diesen Teil der Welt kamen und zahllose Massaker an unschuldigen Palästinensern verübten, beispielsweise tausende von Zivilisten mitten in der Nacht im Schlaf abschlachteten. Wen sie nicht töteten, vertrieben sie.

Auf diese Weise wurde 1948 der jüdische Staat gegründet.

Als der Film zu Ende ist, erklärt uns ein Professor das Wesen des Zionismus – für den Fall, dass der Film an Deutlichkeit zu wünschen übrig ließ: »Der Zionismus ist eine kolonialistische, rassistische Ideologie. Anders kann man das nicht erklären.«

Dank der großzügigen Finanzierung der EU, die praktisch alles hier fördert, habe ich heute zweierlei gelernt: Die Israelis haben Jesus gekreuzigt, und die Juden sind brutale Kreaturen.

Morgen, beschließe ich auf der Stelle, schaue ich mir die Christen der Heiligen Stadt an, die geistigen Vorväter der Gründer des heutigen Europa.

Die Grabeskirche. Hier wurde Jesus Christus, Gottes Sohn, begraben, und hier ist er wieder auferstanden von den Toten.

14 Stationen durchlief Jesus in der Via Dolorosa, dem Leidensweg, und ich bin jetzt auf den letzten von ihnen; an den anderen kam ich während meiner Al-Aqsa-Odyssee vorbei.

Zahlreiche Bücher wurden über die Grabeskirche geschrieben, von denen viele die verschiedenen christlichen Konfessionen behandeln, die unablässig um die Kontrolle über dieses Areal streiten. Die Angehörigen dieser diversen Konfessionen, darunter einige Mönche, tragen verschiedenartige Gewänder, auch Kutten, aber ich kann sie nicht wirklich zuordnen, sondern lediglich nach dem modischen Design ihrer Gewänder und Kutten unterscheiden.

Ich laufe um die Grabeskirche herum, treppauf und treppab, und habe mich bald verirrt. Da sehe ich eine Tür, hinter der ein Mann in heiliger Tracht sitzt, und trete ein.

»Dies ist ein Büro«, wird mir von einem bärtigen Mann beschieden, der wie ein Bischof aussieht, in gebrochenem Englisch. Anders gesagt: Verdünnisieren Sie sich! Ich aber bin ein tumber Bursche und verstehe nicht, was er von mir will. Sprechen Sie Hebräisch? frage ich ihn.

»Nein.«

Sprechen Sie Arabisch?

»Nein.«

Sprechen Sie Spanisch?

»Nein.«

Glück gehabt, ich auch nicht.

Sprechen Sie –

»Spreche Griechisch. Ausschließlich.«

Mein Griechisch ist so gut wie mein Spanisch, also versuche ich es auf Englisch und Arabisch mit griechischem Akzent. Vielleicht versteht er irgendetwas.

Ich möchte ihn für die Zeitung interviewen, große Zeitung. Aus Deutschland.

Er lächelt.

Shu esmak (wie heißen Sie)?

»Asimo«, antwortet er.

Ein Bild von Ihnen?

»Nein.«

Ein Bild von Ihnen und mir beim Händedruck, à la Rabin und Arafat?

»Okay. Aber nur ein Bild!«

Ich gehe einen Gang entlang und setze mich in eine Ecke, nur um bald von Priestern gestört zu werden, die mit brennendem Weihrauch umherziehen. Einer kommt und entfernt sich geräuschlos wieder. Dann kommt ein anderer mit Glöckchen, bleibt an bestimmten Stellen stehen und schüttelt sie. Ich überlege, ob sich an diesen Stellen eine Art WLAN-Verbindung zu bestimmten himmlischen Entitäten befindet. Sicher bin ich mir aber nicht. Auch dieser Priester geht wieder ab, und ein Dritter taucht auf. Dieser hier veranstaltet mithilfe einer anderen Art von Glocken ein bisschen mehr Lärm.

Wenn ich es richtig verstanden habe, dann ist das hier der Ort, an dem ursprünglich das Mobiltelefon erfunden wurde, und jeder dieser Priester nutzt eine andere App.

Ich gehe wieder nach oben. Richtung Golgatha, wo Jesus gekreuzigt wurde. Das Neue Testament sagt, Jesus sei außerhalb der Stadtmauern gekreuzigt worden, aber wenn sich Prof. Omar Geschichten aus den Fingern saugen kann, warum dann nicht auch die Christen.

Ich möchte das Grab Jesu besichtigen.

Eine lange Schlange von Menschen, die ich auf eine Zahl zwischen einer und sechs Millionen schätze, steht an, um in die Grabstätte eingelassen zu werden, vielleicht in der Hoffnung, dass auch sie nach ihrem Tod zu neuem Leben erwachen.

Es gibt einen Zutritt an einer Seite des Grabes und einen kleinen Raum an der anderen.

In dem kleinen Raum verkaufen sie Papier an diejenigen, die persönliche Briefe an Jesus richten wollen, was viele hier tun. Wenn sie fertig geschrieben haben, lassen sie ihre Botschaften am Grab fallen, damit Jesus sie lesen kann. Ich weiß nicht, warum sie das tun, zumal Jesus schon vor langer Zeit von den Toten auferstanden ist, und Gott allein weiß, wo er sich heute aufhält. Die Juden, die Briefe an Gott schreiben, sind ein bisschen klüger, sie deponieren ihre Briefe bei Seiner Frau, nicht am leeren Grab Seines Sohnes.

Manche der Briefschreiber versehen ihre Briefe auch mit

Geldscheinen. Offensichtlich sind sie der Meinung, dass Jesus ein wenig Bares braucht. Mir ist nicht ganz klar, wie das Bare letztlich seinen Weg zu Jesus findet, aber wie ich sehe, sammeln die griechischen Mönche es gewissenhaft für ihn ein.

Doch gibt es hier neben Bargeld noch andere heilige Dinge.

Ein älterer Mönch nähert sich einer attraktiven Dame und sagt zu ihr, wobei er seinen Kopf und seinen Oberkörper berührt, dass er sehr glücklich ist, weil er Jesus in seinem Geist und in seinem Herzen hat. Weiter sagt er zu der Dame: »Wie ich sehe, ist Jesus auch in deinem Kopf und in deinem Herzen.« Er rückt näher an die Dame heran, presst seine Lippen auf ihr Gesicht und ihren Oberkörper, genau da, wo Jesus seinen Sitz hat, und küsst beides leidenschaftlich.

Genau in diesem Moment des Heiligen Pornos überkommt mich das Bedürfnis dazwischenzufunken. Dieser Mönch ist interessanter als der von vorhin, der wie ein Bischof aussah.

Sehen Sie Jesus auch in meinem Geist und in meinem Herzen? frage ich den Mönch.

»Ja.«

Sicher?

»Ja!«

Würde es Ihnen etwas ausmachen, mich auch zu küssen? Meinen Kopf und mein Herz, da wo Jesus ist?

Der Mönch wirft mir einen gehässigen Blick zu, aber ich bestehe darauf, dass er Jesus küsst. Er weigert sich. Ich erhebe meine Stimme gegen ihn, zu Ehren des Herrn, und schwöre ihm, dass ich nicht von hier weichen werde, bis er meinen Körper leidenschaftlich geküsst hat, »wie Sie es bei der Lady taten«.

Die Dame bekommt unseren Wortwechsel mit und verlangt umgehend von ihm, dass er mich küsst.

Er tut es. Mönche gehorchen Damen.

Die Frau, die sich als Olga vorstellt, lacht lauthals.

Ich fordere leidenschaftlichere Küsse, während Olga ihn mit strengem Blick fixiert.

Als der Mönch sich mit seinen Lippen meinem Kopf nähert, um mir einen heißen Kuss zu geben, kommt eine junge blonde

Frau vorbei. Noch während er mich küsst, wendet der Mönch seinen Kopf dem weiblichen Neuankömmling zu.

Ich kann mir schon denken, was dieser Mönch mit der Blonden machen würde, wenn er nicht damit beschäftigt wäre, mich auf Olgas Befehl zu küssen.

Die sexuellen Gelüste von Mönchen, die ein Grab bewachen, scheinen mir ein überaus interessantes Thema zu sein, das ich gerne weiter vertiefen würde. Ich mache mir eine geistige Notiz, dass ich auf meiner Reise durch dieses Heilige Land noch mehr Mönche treffen muss. Jetzt aber schwatze ich erst einmal mit ein paar von den Besuchern. Interessanterweise erzählt mir einer von ihnen, dass sich das echte Grab Jesu nicht hier befindet, sondern an einem Ort namens »Gartengrab«.

Ich verlasse die Altstadt und spaziere zum Gartengrab. Wie schön es hier ist! Ein richtiger Garten mit Bäumen und tadellos gepflegten Wegen empfängt mich. Mönche gibt es hier nicht, nur Anne, die für den Garten zuständig ist. Anne ist eine reizende Dame, deren Mann sie, als er seinen Glauben an Jesus verlor, vor die Wahl stellte: er oder Jesus. Sie entschied sich für Jesus.

Ist Jesus hier begraben?

»Jesus ist auferstanden und beim Vater.«

Wurde er hier begraben?

»Manche sagen, dass er im Heiligen Grab bestattet wurde, andere sagen, dass es hier geschah.«

Und was meinen Sie?

»Ich bitte Sie: Was macht das für einen Unterschied? Jesus lebt, nur darauf kommt es an. Er ist von den Toten auferstanden und ist im Himmel bei Gott. Alles andere ist unwichtig.«

Ich verlasse den Garten und betrachte die gegenüberliegende Altstadt. Die Christen haben ihren Sohn Gottes, die Muslime ihren Gesandten Gottes und die Juden ihre Frau/Präsenz Gottes. Der Sohn wurde hier begraben, der Gesandte fuhr von hier in den Himmel auf, und die Frau ist immer noch hier. Ist es da ein Wunder, dass sich die drei monotheistischen Religionen einen Kampf auf Leben und Tod um dieses Stück Land liefern? Ihr spirituelles Leben hängt ja unmittelbar an ein paar Steinen in der Heiligen Stadt, und jeder will den ganzen Kuchen für sich haben.

Ist das alles aber nur ein Glaubenskampf?

Wenn man bedenkt, wie sehr es die Europäer, von denen viele Atheisten sind, begeistert, hier einen Hammam zu restaurieren, liegt es nahe, dass Jerusalem auch die Hauptstadt der Gottlosen ist. Warum sonst sollten ihre politischen Führer auch nur einen Eurocent für einen Hammam ausgeben, der tausende Kilometer von ihrer eigenen Heimat entfernt ist?

Zum besseren Verständnis des säkularen Geistes beschließe ich, einige Atheisten, Agnostiker und was immer es an Zwischenformen gibt kennenzulernen. Glücklicherweise beginnt heute Abend das Jerusalem Film Festival (JFF). Israelische Schauspieler, Regisseure und Produzenten sind nicht als sonderlich gottesfürchtig bekannt; sie will ich kennenlernen.

Bevor ich aber zum Festival gehe, will ich mir etwas Israelisches zu essen besorgen und es in meiner Templerwohnung verputzen. Haben Sie jemals israelisches Essen probiert? Wenn Sie zu den Menschen gehören, die nicht nur essen, weil sie es müssen, sondern weil sie es genießen, dann steigen Sie in ein Flugzeug und kommen Sie her. Das Essen hier ist göttlich! Fangen Sie mit Labné an, einem Rahmjoghurt aus Ziegenmilch, aber Vorsicht: Sobald Sie einen Löffel davon in den Mund nehmen, könnte sich Ihre Seele in lauter Wohlgefallen auflösen. Hüttenkäse, schon mal gehört? Nur hier, im Heiligen Land, bekommen Sie das Original. Vergessen Sie jeden anderen Käse, den Sie je probiert haben; das sind alles nur billige Nachahmungen.

2. STATION *Wie wäre es mit einem islamischen Bierchen?*
Vielleicht ziehen Sie es aber auch vor, dass der Rabbi von
Auschwitz Ihnen seinen Segen erteilt? Oder wäre Ihnen ein Date
mit einer jüdischen Taliban-Lady lieber? Und woher in aller Welt
soll ein Rabbiner wissen, wann seine Frau ihre Tage hat?

Im Hinterhof meines Hauses, einer wirklich schönen Terrasse, die von einer Vielzahl von Bäumen in den unterschiedlichsten Farben umstanden ist, fallen mir einige streunende Katzen auf, die mich im Schutz der Baumstämme anstarren. Sie scheinen Angst vor mir zu haben. Irgendwie riechen sie, dass ich nicht von hier bin. Die herrenlosen Katzen des Heiligen Landes mögen anscheinend keine Europäer und Amerikaner. Trotzdem tut mir ihr Anblick weh, denn sie scheinen zu hungern. Womit könnte ich sie füttern? Knochen habe ich nicht, nur Käse und Milch. Koschere Ziegenmilch. Ob sie die wohl mögen würden?

So verbringe ich also meine Zeit im Heiligen Land: mit Gräbern und Katzen. Die hiesigen Käsesorten und die Milch aber, das versichere ich Ihnen, sind allein schon die Reise wert!

Die abendliche Eröffnungszeremonie des JFF, des Jerusalemer Filmfestivals, läuft darauf hinaus, dass man sich lange Reden anhören muss, bevor der erste Film gezeigt wird.

Ich sitze auf meinem Plastikstuhl und gebe mir Mühe zuzuhören.

Was soll ich sagen? Wenn das hier zur Beweisführung herangezogen werden kann, dann sind nichtreligiöse Menschen ziemlich bescheuert.

Endlich gehen die Lichter aus, und der Eröffnungsfilm beginnt. Er handelt von einer Gruppe alter Opas, die eine Bank ausrauben wollen.

Eine interessante Idee, aber als die Geschichte langsam in Fahrt kommt, wird klar, dass die wahren Räuber hier die Filmemacher sind. Sie stehlen mir meine Zeit.

Veranstaltet wird das Festival von der Jerusalemer Cinemathek, die über dem Gai Ben Hinnom, dem Ben Hinnom Tal, residiert, in dem die Leute in den alten Tagen ihre Kinder diversen Göttern opferten, nicht weit vom Berg des bösen Rates, auf dem der Beschluss fiel, Jesus zu verhaften. Dem Tal gegenüber liegt der Berg Zion, auf dem sich das Grab König Davids und die Dormitio-Kirche befinden, von der aus die Mutter Gottes in den Himmel auffuhr.

Ich hoffe, das JFF hat wenigstens einen oder zwei Filme zu bieten, die auch nur annähernd so faszinierend sind wie die Landschaft, in die diese Stadt eingebettet ist.

Ich sehe einen weiteren Film: *Der Held in uns – Eine Gebrauchsanleitung*, eine Dokumentation von Yoav Shamir.

Wieder gehen die Lichter aus, und die Bilder, die im dunklen Saal auf der Leinwand flimmern, zeigen Hamburg.

Nein, nicht das Hamburg mit seiner hübschen Turkish-Airlines-Lady, das ich erst vor wenigen Tagen verlassen habe. Nein. Das Hamburg, das wir hier sehen, ist das von 1936. Statt des strahlenden Fans eines Schauspielers namens Mehmet sehen wir hier Horden von Deutschen, die die Hand zum Hitlergruß erheben. Bald fährt die Kamera näher an die Salutierenden heran, und da, mitten unter den Horden, befindet sich ein Mann, der den Hitlergruß verweigert.

Ebenjener Mann, sagt uns eine Stimme, hat den Regisseur des Films, der zugleich seine Hauptfigur ist, dazu gebracht, sich zu fragen, was einen Einzelnen in einer riesigen Menschenmenge dazu bringt, sich dem Vorbild der anderen zu verweigern und damit höchstwahrscheinlich ein Risiko einzugehen. Kurz gesagt: Was macht einen Menschen zum Helden?

Auch in seinem weiteren Verlauf handelt der Film von Deutschen. Wir sehen zum Beispiel die Töchter von Georg Alexander Hansen, einem Mann, den die Nazis wegen seiner Beteiligung an dem Attentatsversuch auf Adolf Hitler hinrichteten. Sie heißen Dagmar und Frauke, die eine ist blond, die andere nicht. Sie versuchen Englisch zu sprechen, etwas gebrochen, aber die Geschichte, die sie dem Zuschauer erzählen, während ihnen Tränen die Wangen herunterlaufen, bedarf keiner Worte in irgendeiner Sprache.

Der Film zieht sich so hin, wirft hier und da Blicke in Welten, die kaum etwas miteinander zu tun haben, wartet aber am Ende mit einer Schlussfolgerung auf: wer der heldenhafte Anti-Hitler unserer Tage und wer das heutige Pendant zu den Nationalsozialisten ist.

Der Held ist Jonathan Shapira; der Name sagt mir rein gar nichts, aber der Film klärt mich auf. Jonathan stammt aus einer angesehenen israelischen Familie, war ein gefeierter, allseits beliebter Pilot in der israelischen Luftwaffe, der an irgendeinem Punkt in seinem erfolgreichen Leben beschloss, alles aufzugeben. Heute denkt er nur das Schlechteste von Israel und erklärt, das Land begehe Verbrechen gegen die Menschlichkeit. Und da es sich hier ja um einen Film handelt, bloße Worte also nicht genügen, bekommen wir die israelische Armee gezeigt, wie sie Tränengasgranaten auf scheinbar friedliche Demonstranten in der Nähe des Dorfes Bilin im Westjordanland abfeuert. Der Effekt des Gases ist, besonders in Großaufnahme, kein schöner Anblick. Jonathan presst die Tränengasszene den »letzten Tropfen Zionismus« heraus, den er noch in seinem Herzen hatte.

Und wer ist also der Hitler von heute? Natürlich die Israelischen Verteidigungsstreitkräfte, die IDF (Israeli Defense Forces).

Wäre dieser Film nicht in Israel entstanden, dann hätten viele den Filmemacher als Antisemiten bezeichnet. Dieser Film aber ist das Werk eines Israelis, eines Juden.

Im Abspann sehe ich, dass diese Dokumentation von Produktionsfirmen aus Ländern wie Deutschland und der Schweiz mitfinanziert wurde.

Das Gesicht eines Juden, der Geldbeutel des Deutschen: Wer erschafft wen?

Um mir ein besseres Bild von dem Film und den Leuten zu machen, die hinter ihm stecken, treffe ich mich mit Yoav.

Warum haben Deutsche und Schweizer diesen Film mitfinanziert?

»Wir leben in einer globalen Welt, in der internationale Fir-

47

men zusammenarbeiten. Man dreht einen Film hier (in Israel) und versucht, Partner zu finden, manchmal auch HBO-Partner.«

HBO ist ein amerikanischer Fernsehsender, und Yoav will mir zu verstehen geben, dass es nicht nur die »Deutschen« sind, die so etwas tun, sondern auch die Amerikaner. Und die Amerikaner sind, wie wir alle wissen, große Judenfreunde.

Wurden Sie in Ihrer Karriere schon einmal von HBO finanziert?

»Ich nicht, andere schon. In anderen Filmen von mir hatten wir Partnerschaften mit internationalen Gesellschaften wie dem ZDF.«

Das gute deutsche ZDF. Dieser Mann, die Deutschen und die Schweizer passen offensichtlich gut zusammen.

Ihr Film beginnt mit Nazis und endet mit der IDF.

»Die einen waren Soldaten, die anderen sind Soldaten. Die einen gehorchten Befehlen, die anderen gehorchen Befehlen.«

Das Bild, das Sie von Israel zeichnen, vermittelt den Eindruck, das Land sei am Tiefpunkt angelangt. Korrekt?

»Unterhalb des Tiefpunkts.«

Ich sage Yoav, dass ich Jonathan gerne interviewen und selbst auch gerne nach Bilin fahren würde. Ob er mir dabei helfen kann? Yoav antwortet, dass er gerne behilflich ist.

Prima.

Nach unserem Gespräch kehre ich in die Cinemathek zurück.

Wie üblich auf Festivals kommen hier Filmschaffende zusammen, um andere Filmschaffende zu treffen und ›Networking‹ zu betreiben. Neben mir steht ein Regisseur, dem es schwerfällt, eine Finanzierung für seinen nächsten Film zu finden. Ich frage ihn, warum er sich nicht an deutsche oder Schweizer Geldgeber wendet. Nun, sagt er, das sei nicht so einfach. »Wenn Sie für Ihren Film Gelder aus Deutschland oder der Schweiz wollen, müssen Sie Israel kritisieren, dann wird man Sie auch unterstützen.«

Ist das, nebenbei gefragt, das Thema dieses Festivals, politische Kritik an Israel? Falls ja, dann würde ich die Zeit, die ich für das JFF eingeplant hatte, lieber mit einigen Antizionisten aus dem wirklichen Leben verbringen, und zwar mit welchen von der nichtsäkularen Sorte. Die bekanntesten von ihnen leben nicht weit von hier, im charedischen (ultraorthodoxen) Viertel Me'a Sche'arim unmittelbar vor den Toren der historischen Altstadt.

Beim Schlendern durch das charedische Viertel springt mir die »Jeschiwa des Rabbiners von Auschwitz« ins Auge: ein rabbinisches Seminar des Rabbis von Auschwitz. Auschwitz? frage ich einige Chassidim, die am Eingang der Jeschiwa stehen. »Ja«, sagen sie, »warum nicht? Auschwitz war einmal eine jüdische Stadt.« Ich könne eintreten, schlagen sie vor, und der Rabbi von Auschwitz, der im Himmel bei König David ist, werde mir seinen Segen erteilen. Ich breche in schallendes Gelächter aus, weil ich das aus irgendeinem Grund für den coolsten Witz halte, den ich je gehört habe, und sie stimmen in mein Gelächter ein. Wir posieren zusammen für einige Fotos, nur so zum Spaß, und überlegen uns, wie wir diese Bilder Adolf Hitler in der Hölle zukommen lassen. Der soll schließlich auch was zu lachen haben.

Ich flaniere weiter durch die Straßen von Me'a Sche'arim, und mich beschleicht der Gedanke: Warum sind die Menschen hier so witzig und die säkularen Filmemacher solche Langweiler?

Wie auch immer dieser kleine Unterschied zu erklären ist, mich überkommt gerade die Sehnsucht nach einer Cola light auf

Eis. Es gibt ein Leben nach den Öfen von Auschwitz, und ich möchte leben. Das Problem ist nur, dass man in dieser Gegend zwar auf Schritt und Tritt religiöse Einrichtungen sieht, aber keine Läden oder Kioske, die Cola verkaufen. Da fällt mein Blick auf zwei auswärtige Arbeiter, und ich spreche sie an.

Wie heißen Sie?

»Jechezkiel«, sagt der eine.

Und Sie? frage ich den anderen.

»Israel.«

Mir sehen sie nicht nach Jechezkiel und Israel aus, zwei sehr jüdischen Namen.

Mich braucht ihr nicht zu veräppeln. Wie heißt ihr wirklich?

»Mohammed.«

Und du?

»Auch Mohammed.«

Nett, euch kennenzulernen. Ich heiße Tobi und bin Deutscher.

Sie müssten sehen, wie Jechezkiels und Israels Augen aufleuchten! Sie mögen diesen Deutschen und zeigen ihm gern den Weg zu einem Laden, der die schwarze Eismagie namens Cola verkauft.

Nachdem ich meinen Durst gelöscht habe, will ich zwei der bedeutendsten Rabbiner dieses Viertels aufsuchen.

Was nicht ganz einfach ist, glauben Sie mir.

Der erste Rabbiner, den ich treffen möchte, ist nicht da. Wo ist er? »In einem Hotel in Amerika«, sagen mir seine Schüler.

Der zweite Rabbiner, Überraschung, ist ebenfalls nicht da. Wo ist er? »In einem österreichischen Hotel.«

Die heiligen Männer sind im Urlaub. Sie machen keine Filme, ihr Leben ist ein Film: großartige Landschaften und köstliche Speisen. Die Menschen in diesem Viertel, die ausschließlich heilige Bücher lesen dürfen, haben keine richtigen Berufe; die meisten von ihnen sind sehr arm. Wie können sich da ihre Rabbis teure Hotels in Übersee leisten? frage ich einen der Anhänger, der zur Antwort gen Himmel deutet: »Er, der Himmel und Erde schuf, kann auch einem Rechtschaffenen zu einem Hotel verhelfen!«

Hätte Yoav auch nur den geringsten Sinn für Humor, würde er einen Film über diese Leute drehen.

Während die heiligen Männer an Orten wie dem Interalpen-Hotel Tyrol Urlaub machen, bleiben die kleinen Kinder ihrer Gemeinschaft zuhause in Me'a Sche'arim und lernen das Alphabet. Ihnen werde ich jetzt einen Besuch abstatten.

Wenn ich mich recht an meine Kinderjahre in der Welt der Chassidim erinnere, dann muss ein Mann, der so gekleidet ist wie ich, in ihren Augen ein Wesen aus dem örtlichen Zoo sein, ein verdammter Zionist, ein verfluchter Goj (Nichtjude) oder jemand, der aus der geschlossenen Anstalt geflohen ist.

Eine Gruppe von 20 bis 30 Kindern schart sich um diesen Fremden, kaum dass er in ihrer Schule aufgekreuzt ist, und überschüttet ihn mit Zuneigung. Sie entscheiden sich für die Zoo-Variante, das spüre ich: Sie halten mich für einen putzigen Bären.

»Wer bist du?«, fragen sie mich.

Ich antworte auf Jiddisch, eine Sprache, die sie einem Wesen wie mir nicht im Traum zugetraut hätten. Und wer seid ihr?

Sie lieben diesen Bären, ich muss wohl aus einem koscheren Zoo stammen.

Ihr Lehrer plaudert mit mir und sagt mir, er sei Antizionist »so wie Sie«.

Wie haben Sie das so schnell über mich herausgefunden?

»Sie würden uns nicht besuchen kommen, wenn Sie Zionist wären!«

Wir lachen. Und die Kinder lachen auch.

Sie alle versuchen mich anzufassen, einen niedlichen Bären auf zwei Beinen, während sie vor Vergnügen kreischen.

Der Lehrer und die Schüler sprechen Jiddisch miteinander, eine Sprache, die zu 80 Prozent aus Deutsch besteht, und er bringt ihnen die heilige Sprache bei, Hebräisch.

Ich setze mich zu ihnen und schaue zu, wie sie lernen, die Buchstaben auseinanderzuhalten. Ich fühle mich viele Jahre zurückversetzt, zu den Anfängen meines Wissens, und schließe die Augen.

Alef. Beis. Gimel. (A. B. C.)

Buchstaben sind Bilder: A sieht aus wie dies, B sieht aus wie das. Buchstaben sind seltsame Wesen ohne jede Ästhetik. Warum können Buchstaben nicht anschaulicher sein? Buchstaben sind kalte, spröde, altmodische Wesen, die irgendwie die Konzentrationslager überlebt haben. Buchstaben sind mächtig, grausam, manipulativ und sehr gerissen. Ich will sie kontrollieren; ich will nicht, dass sie mich kontrollieren.

Alef! Beis! Gimel!

Der Lehrer reißt mich aus meinem Tagtraum. »Möchten Sie sehen, wie diese engelsgleichen Wesen spielen?«, fragt er mich.

Es ist ein Wunder für Auge und Ohr.

Während sie spielen, bitte ich sie zu singen. Ich weiß nicht, wie sie meinen Wunsch aufnehmen werden, aber diese Kinder und ihr Lehrer halten das für eine höchst amüsante Idee und stimmen auch gleich ein Lied an.

Sie sehen aus und klingen wie Engel. Wie erhebend!

Was wird wohl aus diesen hinreißenden Geschöpfen werden, wenn sie erwachsen sind, frage ich mich.

Eine Ahnung davon bekomme ich, als ich wieder draußen bin.

»An die Frauen und Mädchen, die unser Viertel passieren«,

wendet sich dort ein großes Plakat: »Bitte passieren Sie unser Viertel nicht in unanständiger Kleidung.« Die Teile einer Frau, die nicht bedeckt werden müssen, sind: das Gesicht und die Finger. Manche Frauen hier, sehe ich und traue meinen Augen kaum, treiben den ›Anstand‹ noch einen Schritt weiter: Sie zeigen rein gar nichts von sich, nicht einmal ihre Augen, und sehen aus wie große schwarze Müllsäcke, die sich über die Straße bewegen. Sind das die jüdischen Taliban?

Zu meiner Zeit gab es solche Frauen nicht. Die Heilige Stadt ist anscheinend noch heiliger geworden.

Sollte ich es noch einmal mit dem JFF versuchen, nur für den Fall? Später vielleicht; jetzt brauche ich erst mal ein Bier.

Ich kehre Me'a Sche'arim den Rücken, um mich in Uganda niederzulassen.

In der Bar Uganda.

Man hat mir schon früher von diesem Uganda erzählt, und zwar mehr, als ich wissen wollte, heute aber soll es mir Zuflucht vor wandelnden Müllsäcken, jüdischen Nazis und alternden Bankräubern bieten.

In diesem Uganda, sagen die Kenner, kriegt man nämlich palästinensisches Bier und den besten Hummus überhaupt. Auf beides habe ich Lust.

Praktisch das Erste, was ich sehe, als ich das Uganda betrete, ist nicht eine Bierflasche mit ›Allah‹-Logo, sondern eine deutsche Bionade. Ich frage Jula, den Barkeeper, warum sie gerade diese Marke importieren.

Die Leute um mich herum merken sofort, dass ich das erste Mal hier bin, und erklären mir das Konzept dieses Ladens. Seinen Namen verdankt er Theodor Herzls Zustimmung zu dem britischen Vorschlag, die europäischen Juden in Afrika anzusiedeln, und die meisten Ausländer, die ihn aufsuchen, kommen aus Deutschland, vor allem aus Berlin.

Neben der Bionade fallen mir zwei weitere Dinge auf: ein Bild von Theodor Herzl an der linken Wand und eines von der Taybeh-Quelle an der rechten.

»Sie müssen Taybeh probieren«, rät mir ein älterer Gast. »Das ist ein palästinensisches Bier!«

Was heißt palästinensisch, wird es von einem Palästinenser gebraut oder von einem Palästinenser verkauft?

»Gebraut! Gebraut!«

Von was für einem Palästinenser, einem Muslim?

»Ja! Was denn sonst?«

Sicher?

»Hundertprozentig.«

Ist es Muslimen nicht verboten, Alkohol zu trinken?

»Ach so. Vielleicht ist er ja Christ.«

Ich setze mich, um ein Taybeh zu trinken, woraufhin mich Alon, ein Freund der Uganda-Besitzer und Stammgast hier, anspricht. »Ich bin kein Jude, ich bin Hebräer«, erklärt er mir, obwohl er durchaus noch nüchtern ist.

Darüber hinaus ist er »Musiker, und ich habe eine Band namens ›Mudschahedin‹ (Dschihad-Teilnehmer). Ich bin Postzionist. Nein, das nehme ich zurück. Ich bin Post-Postzionist. Ich verstehe mich als Israeliten, ich mag die Bibel. Ein Hebräer, kein Jude. Sie müssen verstehen: Das Judentum, wie wir es heute kennen, entwickelte sich erst vor rund 400 Jahren, und ich bin dagegen. Es gibt vielleicht zehn Menschen auf der Erde, die so denken wie ich, aber das ist mir egal. Für mich ist das heutige Judentum wie der Islam und das Christentum, die mir allesamt ziemlich schnuppe sind.«

Es gibt Leute, die Alon besonders mag, erzählt er mir. Und wer ist das, bitte? Die Deutschen. Und warum? »Von allen Europäern sind die Deutschen am angenehmsten.« Ich sage ihm, dass ich ein Deutscher aus Berlin bin, und er verliebt sich sofort in mich.

Wie leicht die Leute hier glücklich zu machen sind.

Ich gönne mir ein weiteres Bier, so als Deutscher, und genieße den ganzen Kuddelmuddel in diesem Land. Mit Bier in der Hand und im Magen betrachte ich sie etwas distanzierter: Sie sind Juden, ich bin Deutscher, und, tut mir leid, das sagen zu müssen, ich bin der bessere von uns beiden.

Ich stehe auf. Der Deutsche in mir beschließt, dieses Land mit echtem deutschem Stolz zu erobern. Nein, ich bin nicht aus dem Deutschland von einst, einer von denen, die darauf aus waren, die Länder anderer Völker mit Panzern zu erobern; ich bin ein neuer Deutscher, ein Deutscher von heute, ein Gutmensch. Ich werde dieses Land erobern, indem ich seinen Bewohnern beibringe, wie sie es besser machen können. Wer weiß, vielleicht lasse ich sogar den Ugandaplan wiederaufleben und erlöse die Palästinenser von ihrem ewigen Leid, indem ich den Juden erkläre, dass Uganda besser für sie wäre. Ich habe viel aus der Geschichte gelernt, meiner eigenen Geschichte, und das moralische Bewusstsein, das ich dabei entwickelt habe, wird diesem Teil der Welt eine neue Ordnung aufzwingen. Ich werde der Bote des Friedens und des Wandels sein, des Friedens und der Liebe.

Als ich aus Uganda gerade raus bin und mit meinem Feldzug

beginnen will, bekomme ich eine Nachricht von den Cinemathek-Leuten. Möchten Sie morgen, so ihre Frage, Yad Vashem besuchen? Diese Einladung, die sich auch an die anderen Festivalbesucher richtet, berührt meine neugewonnene deutsche Seele sehr tief und sehr persönlich. Yad Vashem ist Israels Holocaustmuseum, und man braucht kein Genie zu sein, um sich vorzustellen, auf was ich da stoßen würde: auf meine Großeltern. Das »Deutschland von einst« ist weit weg, Großeltern sind etwas Persönliches.

Es braucht lediglich diese eine kleine Nachricht von der Cinemathek, und meine moralische Überlegenheit versinkt im tiefsten Abgrund meines Seins. Deutsch zu sein, wie traurig, macht doch keinen Spaß.

Ich antworte, dass ich kommen werde. Meine Eroberung des Landes ist hiermit beendet.

Wieder zuhause, starren mich die streunenden Katzen im Hinterhof mit gehässigem Blick an. Sie mögen mich nicht. Ich weiß nicht, ob sie mich für einen Deutschen, einen Araber, einen Juden oder sonst was halten. Jedenfalls hassen sie mich. Aber ich bin fest entschlossen, mich nicht von dem ganzen Kuddelmuddel, den ich heute erlebt habe, herunterziehen zu lassen, und breche noch einmal auf, um mir etwas Süßes zu besorgen. In Israel haben sie dieses Gebäck namens »Rugelach«, von denen ich mir vier kaufe, und als ich in sie hineinbeiße und sie mir auf der Zunge zergehen lasse, weiß ich, dass auch ich ein gläubiger Mensch bin: ein Rugala-Anbeter, wobei Rugala die Einzahl von Rugelach ist. Ich glaube an Rugelach und werde jeden töten, der mir verbieten will, ihnen zu huldigen.

Yad Vashem.

Ein Vertreter des Museums begrüßt die Festivalbesucher und teilt uns Statistisches mit: Vor dem Ersten Weltkrieg gab es 18 Millionen Juden auf der Welt, heute sind es 13,5 Millionen.

Yad Vashem ist in Form eines Dreiecks angelegt, das für eine Hälfte des Davidsterns steht. Die andere Hälfte, die fehlende

Hälfte, ›steht für‹ die getöteten Juden. Sie sind nicht mehr, und das zweite Dreieck auch nicht.

Wir gehen an den entsetzlichen Bildern toter Juden vorbei, und alles, was ich denken kann, ist: Einige von diesen Menschen hier sind, waren, meine eigenen Verwandten, und so also endete ihr Leben.

Ich möchte das nicht sehen. Lieber schaue ich mir einen Film in der Cinemathek an.

Minuten später bin ich auf dem JFF in der Cinemathek.

Heute auf dem Programm: *Hitler's Madman – The Longest Journey: The Last Days of the Jews of Rhodes – Bureau 06* (die Spezialeinheit der Polizei, die für die Anklage gegen Adolf Eichmann ermittelte).

Dammich. Haben die nichts anderes im Angebot? Hey, Leute: Der Krieg ist vorbei! Aber siehe da, hier ist ein Nichtholocaustfilm: *The Gardener*, ein Film, der in den Bahai-Gärten von Haifa spielt. Den schau ich mir an.

Der Film setzt ein mit einer jungen, schönen weißen Frau, die sich in irgendwelchen Ritualen ergeht. Sie läuft umher, hopst zwischen grünen Bäumen sowie roten und gelben Blumen, frischem Gras und weißen Steinen herum und murmelt dabei Gebete, die von Liebe und Frieden handeln. Dann, nach der weißen Frau mit ihrer blassen Haut, ist es Zeit für den schwarzen Mann, den afrikanischen Gärtner. Er steckt nicht in zart fließenden Gewändern wie die weiße Dame, sondern in einer Arbeitskluft. Er ist rau und schmutzig, seine Rede aber ist voller Frieden. Liebevoll streicheln seine Hände die Blumen.

Dieser Film ist extrem langweilig. Über so etwas wie eine Handlung verfügt er nicht. Doch die Zuschauer um mich herum, säkulare Leute, sind völlig hingerissen. Wenn dieser Film die Essenz des Säkularen darstellt, sage ich mir, dann bin ich froh, ein Rugalagläubiger zu sein.

In einem Nebenraum der Cinemathek findet eine Pressekonferenz mit dem Regisseur des Films statt. Mohsen Makhmalbaf versucht, den Herzen der Juden Liebe zum Iran einzuflößen. »Die Iraner lieben die Israelis«, sagt er neben weiteren Komplimenten dieser Art. Zumindest westlichen Berichten zufolge wird sein Land bald strahlende Atombomben bauen können; das hält die Leute hier, darunter viele deutsche Journalisten, nicht davon ab, diesem Regisseur frenetisch zu applaudieren. Gott weiß warum.

Nach dem Ende der Pressekonferenz treffe ich mich mit Alesia Weston, der Geschäftsführerin des Festivals. Das bietet mir eine gute Gelegenheit, ein Rätsel zu lösen, bei dem ich alleine nicht weiterkomme.

Sagen Sie mir, Alesia, wie viele der Filme auf dem Festival entstanden unter deutscher Beteiligung?

Sie lässt sich Zeit, denkt nach, und antwortet schließlich: »Das ist eine interessante Frage. Ich verspreche Ihnen, dass ich darauf zurückkommen werde.«

Welcher Festivalfilm gefällt Ihnen am besten?

»*The Gardener*.«

Was an ihm spricht Sie an?

»Die unglaublich verspielte Art und Weise, wie er einige der schwierigsten Fragen unserer Zeit behandelt. Ich habe noch nie durch ein so dezentes und dabei zugleich eindringliches Prisma über das Zusammenspiel zwischen der Natur, den Menschen und der Religion nachgedacht – darüber, wie sie sich ineinander spiegeln und sich gegenseitig beeinflussen.«

Nennen Sie mir eine Stelle im Film, die am besten zum Ausdruck bringt, was Sie sagen.

»Einen Satz in ihm.«

Sagen Sie mir den Satz!

»Ich werde ihn umschreiben, wenn ich darf.«

Nur zu.

»Die Blume kann den Charakter eines Menschen beurteilen und auf ihn reagieren.«

Wow.

Ich brauche schon wieder religiöse Leutchen, um mir eine Pause von dieser verkopften, humorlosen säkularen Oberschicht zu gönnen. Wie ich höre, haben die Absolventen des Rabbinerseminars in einem anderen Teil der Stadt heute ihre Abschlussprüfungen. Vielleicht sollte ich mich mit einem oder zwei zukünftigen Rabbinern treffen. Könnte doch unterhaltsam sein.

Ich verlasse die Cinemathek und winke ein Taxi heran.

Mahmud, der Fahrer, fordert mich auf, den Sicherheitsgurt anzulegen. Ich sage ihm, dass Gurte gegen meinen Glauben verstoßen. Er gibt klein bei, und wir sprechen über Religion, dies und das, dann sage ich ihm, dass ich alles, aber auch wirklich alles über Al-Buraq, das himmlische Pferd des Propheten, wissen will.

Mahmud: »Nein, nein, Al-Buraq war kein Pferd.«

Kein Pferd?

»Nein. Kein Pferd.«

Was war es denn dann?

»Kamel.«

Normales Kamel?

»Himmlisches Kamel!«

Gut. Akzeptiert. Also der Prophet kam hier nach Al-Quds mit dem Kamel und dann, unmittelbar bevor er in den Himmel flog –

»Mit Engel Dschibril!«

Ja, natürlich. Was mich aber interessiert, ist das Kamel. Soweit

59

ich mich entsinne, band der Prophet das Kamel an dieser Mauer fest, der Al-Buraq-Mauer, derselben Mauer, die die Juden als Teil ihrer heiligen –

»Die Juden haben die Erde tiefer und tiefer durchwühlt, viele, viele Jahre lang, um zu beweisen, dass sie früher hier waren, und haben nichts gefunden!«

Die Juden waren nie hier, aber das Kamel schon?

»Ja.«

Davon abgesehen ist alles in Ordnung?

»Wo?«

In Jerusalem. Wie kommen Sie, die Araber und die Juden, miteinander zurecht?

»Gerade jetzt, heute, eben erst sind 200 Siedler in die Al-Aqsa gestürmt und haben die heilige Moschee entweiht.«

Wovon sprechen Sie?

»Es ist überall in den Nachrichten. Im Radio.«

Heute? Jetzt?

»Ja, ja! Die israelische Regierung hat sie geschickt!«

Ich schaue mir die Nachrichten auf meinem iPad an – auf amerikanischen, israelischen und europäischen Websites –, finde aber nichts über die Al-Aqsa. Der Mann muss träumen. So ganz ohne Alkohol kann ein Mann schon mal halluzinieren.

Ich steige aus dem Taxi aus und denke über die Kamelgeschichte nach. Die Wahrheit ist nach dem kanonischen Hadith Sahih Al-Buchari, dass Al-Buraq weder ein Pferd noch ein Kamel war. Als der Prophet sich einmal hinlegte, kam »plötzlich«, wie er gesagt haben soll, jemand zu ihm und schnitt seinen Körper von der Kehle bis zum Penis auf, nahm sein Herz heraus, wusch es und legte es wieder in seinen Leib zurück, »und ein weißes Tier, kleiner als ein Maultier und größer als ein Esel, wurde mir gebracht«.

Bingo.

Dessen ungeachtet gilt für die bildende Kunst im Islam, wie der Autor Timothy Insoll in seinem Buch *The Archeology of Islam* schreibt: »Die gängige Darstellung des Al-Buraq ist ein geflügeltes Pferd mit einem gekrönten Kopf, oft dem einer jungen Frau.«

Vor mir, direkt vor dem Eingang eines riesigen Kongresszentrums, liegt eine Reihe heiliger jüdischer Bücher auf Tischen. Die Bücher beschäftigen sich mit menstruierenden Frauen. Ich schlage eins auf: »Es ist Tradition bei den Töchtern Israels, dass sie ihre Vagina kontrollieren und dabei zwei Zeuginnen haben, eine für ihn und eine für sie. Die züchtigsten jüdischen Frauen nehmen noch eine dritte Zeugin hinzu. Sollte eine Frau zusammen mit ihrem Ehemann selbst prüfen, ob sie menstruiert? Nein. Er könnte es mit der Angst zu tun bekommen und nicht mehr mit ihr schlafen.«

Ehrlich, das ist zu tiefsinniges Material für einen Ex-Intellektuellen wie mich, der zumal noch unter dem Eindruck von Kamel und Penis steht.

Ich frage den Mann, der hier zuständig zu sein scheint: Dürfen wir mit dem Erscheinen nackter Frauen rechnen, um dieses Thema besser zu illustrieren?

»Woher kommen Sie?«

USA, Deutschland und Saudi-Arabien.

Ich weiß wirklich nicht, wie es geschah, dass diese Wörter über meine Lippen kamen, diesem Burschen aber scheinen sie zu gefallen, warum auch immer, und so unterrichtet er mich über Frauen, Menstruation, Blut, Sex und Vaginen. Nicht ganz in dieser Reihenfolge, aber fast. Frauen dürfen während ihrer Menstruation keinen Geschlechtsverkehr mit ihren Ehegatten haben, und diese Bücher widmen sich der großen Frage: Was ist die Menstruation? Wie stellt man sie fest? Woher weiß man ...?

Der Mann verwirrt mich. Diese besonders religiösen Juden erinnern mich zunehmend an das verkopfte säkulare Volk. Die Erlebnisse und Eindrücke, die mich bislang in diesem Land bestürmt haben, beginnen sich in meinem Kopf zu vermischen, sodass ich mich frage: Was wäre, wenn eine menstruierende Frau auf einem Kamel in die Bahai-Gärten ritte, wo 200 Siedler, fünf griechische Mönche und drei deutsche Taybeh-Trinker auf sie warteten – würde König Herodes dann aus einem einzigen riesigen Felsblock ein schönes Schloss für sie bauen?

Der beste Weg, diese Frage zu beantworten, ist wahrschein-

lich, selbst Rabbiner zu werden. Ich begebe mich zum Prüfungs-
raum, fest entschlossen, selbst den Test abzulegen und der große
Rabbi einer riesigen menstruierenden Gemeinde zu werden.

Ein Wachmann versperrt mir den Weg. Niemand kann die
Prüfung ablegen, solange er nicht die richtigen Papiere hat, und
er will meine sehen. Ich habe keine Papiere, nur ein iPad, und
ziehe unverrichteter Dinge wieder ab.

Ich laufe in Jerusalem herum, um einen gebildeten Menschen
zu finden, mit dem ich hochfliegende Themen wie rabbinische
Männer und menstruierende Frauen erörtern könnte, und lande
in einer Buchhandlung, wo man ja mit gebildeten Menschen
rechnen darf. Da ist Tirtsa, die hier die Geschäfte führt.

»Ich glaube«, sagt sie zu mir, bevor ich auch nur den Mund
aufmachen kann, »dass alle Faschisten sind: die Rechten, die Linken, alle.«

Was ist los mit ihr? Menstruiert sie?

Tirtsa ist eine säkulare Frau, sodass ich ihr diese Frage nicht
stellen kann. Stattdessen erzähle ich ihr, dass 200 Siedler, offensichtlich alles Faschisten, vor ein paar Stunden in die Al-Aqsa gestürmt sind. Sie sieht mich ungläubig an: »Ich habe vorhin Nachrichten gehört, da wurde nichts dergleichen erwähnt. Wenn so
etwas geschähe, wäre jede Nachrichtensendung voll davon.«

Das scheint mir einleuchtend, und so greife ich noch einmal
zu meinem iPhone, gehe auf die Seite von Al Jazeera, nicht die
englischsprachige, sondern die arabische, und sieh mal einer an,
da haben wir es doch. Spitzenmeldung. Dutzende von Siedlern,
heißt es hier ohne genauere Zahlenangabe, haben heute die Al-
Aqsa gestürmt. Es gibt sogar ein Foto von der Moschee mit fünf
dem Anschein nach nichtmuslimischen Männern im Vorder-
grund. Ich zeige es Tirtsa, die nicht sonderlich beeindruckt ist:
»Das sind fünf Personen«, zählt sie, »wo sind die Hunderte?«

Dieses Land ist echt zu heftig für mich. Bislang war ich nur in
Jerusalem, aber schon das ist heftiger als die gesamten Vereinigten Staaten von Amerika. Ich muss etwas essen, bevor ich zusam-
menklappe.

Ich folge der Empfehlung eines Reiseführers und gehe zum

Mahane Yehuda-Markt in ein Restaurant namens Machneyuda. Sehr kreativ sind die hier in ihrer Namensgebung. Ich setze mich und studiere die Speisekarte.

Da hätten wir ein Gericht namens Schikschukit. Was ist das, bitte, frage ich den Ober.

»Hackfleisch mit Tahina und Jogurt. Das ist gut für Ihre Gesundheit, gut für die Erlösung, heilt Krebs, gut dafür, männlichen Nachwuchs zu bekommen, und wird mit angebratenen Tomaten serviert.«

Ich finde, Al Jazeera sollte diesen Menschen als Chefkorrespondenten einstellen.

Ich probiere das Schikschukit. Hält nicht ganz, was es verspricht, aber immer noch besser als fliegende Kamele, menstruierende Rabbiner und die Liebe des Iran.

Was für ein Land. Was für Typen!

Jerusalem.

Hier entstand die Bibel, in dieser Stadt, die der Gott von Israel Zuhause nannte, und hier nahm das Judentum Gestalt an. Hier starb Jesus und erstand wieder auf, hier wurde das Christentum geboren. Von hier aus flog Mohammed zu Allahs Haus empor, direkt über mir, wo Allah ihn instruierte, dass Muslime fünfmal am Tag beten müssen. Und hier versuchen säkulare Filmemacher, uns mit deutscher und Schweizer Kofinanzierung einen vom Pferd zu erzählen, versagen dabei aber jämmerlich.

Zwischen dem Heiligen und dem Sakralen schwankend, kriege ich einen Riesenbrummschädel. Ich muss heim, schlafen. Hoffentlich beißen mich die Katzen nicht.

3. STATION *Würden Sie gerne unter tausend toten Juden leben, die von einem deutschen Konvertiten bewacht werden?*

Als ich am nächsten Morgen erwache, beschließe ich, mir weitere Filme zu ersparen. Ich brauche keine haarsträubenden Leinwandgeschichten und -figuren mehr, ich brauche die wirkliche Welt und lebende Menschen. Die Frage ist nur: Wo finde ich die allerlebendigsten Menschen? Da dies hier Jerusalem ist und nicht New York oder Hamburg, besuche ich heute einen Friedhof, um die lebendigsten Menschen überhaupt zu finden.

Der Ölberg.

Ehrlich gesagt ist heute nicht der beste Tag, um auf den Ölberg zu gehen. Heute ist der erste Freitag des Ramadan, was in Jerusalem so viel heißt wie »Tag des Zorns«: Unruhen, Steinewerfer, Kugelzischen und eine ganze Reihe ähnlicher möglicher Nettigkeiten sind da im Angebot. Ich gehe trotzdem, weil ich mir sage, dass niemand in einem Friedhof herumballern wird; dafür ist es dort zu spät.

Es ist allerdings gar nicht so leicht, auf den Ölberg zu gelangen, dem gegenüber die Al-Aqsa-Moschee liegt.

Einen vollen Monat lang fasten Menschen tagsüber, fressen sich nach Einbruch der Dunkelheit halbtot und gehen als absoluten Höhepunkt zum Beten in die Al-Aqsa. Wohin man auch blickt, wimmelt es von Polizisten und Grenzschützern; zu Hunderten, wenn nicht zu Tausenden säumen sie die Straßen, von denen viele für den Verkehr gesperrt sind. Etwas über eine Million

Muslime treiben jetzt durch die Straßen, am Firmament fliegt ein Zeppelin und beobachtet das Geschehen, auch Hubschrauber sind zu sehen, und jeder jüdische Polizist hier ist jetzt ziemlich angespannt. Ein besseres Timing hätte ich mir eigentlich gar nicht wünschen können: Wenn die Muslime zum Beten dorthin pilgern, wo Mohammed in den Himmel aufstieg, gehe ich zu einem Ort, an dem die Seelen aus dem Himmel bald zur Erde herabsteigen werden, um sich in den Gräbern wieder mit ihren toten Körpern zu vereinigen.

Sollten Sie der Meinung sein, ich hätte den Verstand verloren: Nein, habe ich nicht.

Wenn der Messias erscheint, dann wird er als Erstes hierherkommen, zum Ölberg. Er wird über den Berg laufen, auf dem eine unermesslich große Zahl von Toten begraben sind, und sie alle wieder zum Leben erwecken, einen nach dem anderen. Er wird alle Toten wieder zum Leben erwecken, zumindest die jüdischen, wo auch immer auf diesem Planeten sie begraben sind. Am Ölberg aber wird er den Anfang machen.

Wussten Sie das nicht?

Deshalb kostet eine Grabparzelle hier mehr als ein Herrenhaus in vielen anderen Weltgegenden. Seien wir ehrlich: Wenn man weiß, dass es da diesen Ort gibt, an dem man garantiert zu den ersten gehört, die aus ihrem Grab herauskommen, wer wollte denn nicht dort bestattet werden? Aus diesem Grund ruhen hier die reichsten und berühmtesten Juden. Dies ist der teuerste jüdische Friedhof aller Zeiten, ein Fünf-Sterne-Friedhof.

Nun ist es zwar den Reichen und Berühmten vorbehalten, an dieser heiligen Stätte begraben zu werden, in ihr zu leben aber ist eine ganz andere Geschichte. Und ja, es gibt Menschen, die unter den Toten leben; zwei Familien, um genau zu sein.

Ich besuche sie in ihrem Domizil.

Eine dieser Familien ist die von Tziporah und Rechavia Piltz, deren Hinterhof von Toten bevölkert ist. Mein Hinterhof ist von Katzen bevölkert, ihrer von Toten. Diese ziemlich lebendige Familie schätzt es, die Toten zu Nachbarn zu haben. Nur mit den Lebenden haben sie ein Problem. Auf der anderen Seite der Straße vor dem Friedhof liegt ein Viertel, dessen Bewohner zufälligerweise Muslime sind, die entschieden die Meinung vertreten, dass in dieser Gegend nur tote Juden zugelassen sein sollten. Die israelische Regierung wendet enorme Summen auf, um die Familie Piltz am Leben zu erhalten. Zusätzlich zu den staatlichen Sicherheitsbeamten beauftragt sie noch private Sicherheitsdienste, um dafür zu sorgen, dass die Familie Piltz nicht unter einem Grabstein endet.

Die Piltz' haben neun Kinder, die sie getreu ihrem Glauben benannten. Unter ihnen: Bat Zion (Tochter Zions), Sar Schalom (Friedensfürst), Tiferet (Herrlichkeit) und Geulah (Erlösung).

Vor ihrem Fenster, sagt Tziporah, liegt »die südöstliche Mauer des Tempelbergs. Man kann hier genauso gut beten wie an der Klagemauer. Diese Mauer stammt aus der Zeit des zweiten Tempels.«

Sie leben mitten auf einem Friedhof, die Gräber reichen bis an Ihr Haus. Sie befinden sich unter den Toten. Ist das nicht beängstigend?

»Gerade diese Woche habe ich etwas gehört, was mir wirklich gefallen hat: ›Wir sollten keine Angst vor den Toten haben, wir sollten Angst vor den Lebenden haben.‹«

Sehr hübsch, aber ist es nicht unheimlich, hier zu leben?

Sie führt mich zu einem anderen Fenster, dem ihres Schlafzimmers.

»Schauen Sie mal! Sehen Sie das Grab da drüben? Das ist Menachem Begin. Und hier sind Eliezer Ben-Jehuda, Samuel Agnon und Rabbi Sonnenfeld.« Also ein ehemaliger Ministerpräsident, der Schöpfer des modernen Hebräisch, ein Literaturnobelpreisträger und ein Jerusalemer Oberrabbiner.

Tziporah, warum hier?

»Ich habe es mir immer gewünscht, ich wollte in Ostjerusalem leben.«

Warum?

»Jerusalem ist die heiligste Stadt der Welt, und ich kann es nicht hinnehmen, dass die heiligste Stadt geteilt ist und in der einen Hälfte von Juden und in der anderen von Arabern bewohnt wird.«

Warum hier?

»Aryeh King, der für Irving Moskowitz arbeitet (einen amerikanischen Tycoon), erzählte mir von diesem Ort. Irving kauft Arabern Immobilien ab und verkauft sie an Juden, und Aryeh sagte mir, dass sie Mieter für dieses Haus suchen.«

Warum hier?

»Vor uns lebte hier eine arabische Familie. Die rissen Grabsteine aus jüdischen Gräbern im Friedhof heraus und machten sich daraus einen Boden. Wann immer etwas im Haus kaputtging, gingen sie nach draußen, rissen Grabsteine heraus und verwendeten sie hier.«

Leben Sie gerne hier?

»Sehr gerne sogar. Es ist ein Privileg, hier zu leben. Wenn ich hier wegziehe, wird jeder andere Ort ein Abstieg sein.«

Tziporah geht in die Küche, um zu kochen. In ein paar Stunden ist Sabbat, dann muss das Essen fertig sein – orthodoxe Juden kochen oder backen am Sabbat nicht. Elf Münder hat sie zu stopfen, da ist die Zubereitung der Mahlzeiten durchaus eine Aufgabe.

Die achtjährige Tiferet, eine absolute Schönheit, unterhält sich mit mir im Vorgarten, dem einzigen Ort, an dem Tziporahs Kinder aus Sicherheitsgründen alleine im Freien sein dürfen. Ich frage Tiferet, ob es ihr gefällt, zwischen den toten Juden und den lebenden Arabern zu leben. »Ich würde gerne woanders leben«, sagt sie mir, »wo es mehr Platz zum Herumstreifen gibt.«

Was willst du einmal werden, wenn du groß bist?

»Eine Schauspielerin.«

Der Klang von Applaus passt besser zu diesem Mädchen als der Ruf des Muezzins, der nun lautstark zu vernehmen ist, wahrscheinlich sogar von den Toten.

Ich versuche, mir Tiferet als Darstellerin in *The Gardener* vorzustellen: eine »Siedlerin« im Film eines iranischen Regisseurs. Würden die deutschen Journalisten dann immer noch klatschen?

Außerhalb des Friedhofs strömen gerade tausende von Muslimen, die vom Gebet in der Al-Aqsa-Moschee kommen, nach Hause. Um mir eine kleine Pause von den Toten zu gönnen, mische ich mich unter die fastenden Araber und mache 20 Minuten später in Gat Schmanim Halt, das im Griechischen zu »Gethsemane« wurde – dem Garten, in dem Jesus betete, bevor er gekreuzigt wurde. Ich trinke einen Schluck kaltes Wasser, und sofort schreit ein Mann mich an: »Ramadan! Nicht trinken!«

Was ist sein Problem?

»Hier weiß man nie«, sagt ein israelischer Polizist, der in der Nähe steht. »Jemand sagt etwas, oder wirft einen kleinen Stein, und schon ist das ganze Viertel in Aufruhr. So läuft das hier.«

Ich gehe weiter und rauche.

Obwohl ich den Friedhof verlassen habe, säumen tausende von Gräbern die Straße. Viele von ihnen sind nur mit unvollständigen Grabsteinen geschmückt, auf denen sich lediglich eine Zeile, ein Wort, ein Buchstabe findet. Ich betrachte die kaputten Gräber und frage mich: Wie viel Hass muss man wohl im Herzen tragen, oder wie arm muss man sein, um den Toten so etwas anzutun?

Ich kehre um und gehe zurück zu Tziporah. Sie möchte mir ihre Nachbarn vorstellen, ihre einzigen lebenden Nachbarn, und so brechen wir zur Familie Gans auf.

Gilad, Vater von sechs Kindern, lernt gerne neue Seelen kennen.

Wir trinken seinen deutschen »Jacobs Kaffee«, während der Mann erzählt. Zwar ist Deutsch seine Muttersprache, was gut zum Jacobs passt, aber er spricht auch Englisch und Hebräisch. In Hamburg aufgewachsen, hatte er immer das Gefühl, dass ihm etwas im Leben fehlte: Menschen, denen er vertrauen kann. »Tief in seinem Innern«, sagt er, »hat der Durchschnittsdeutsche den Antisemitismus nicht überwunden. Er ist sehr tief verwurzelt.« Mit einem jüdischen Vater und einer nichtjüdischen Mutter machte ihm dieses Gefühl das Leben in Deutschland nicht gerade leicht. So ging er eines Tages nach Israel.

Gilad und seine Familie lieben Israel, und sie lieben diesen Friedhof. Sie finden den Friedhof viel schöner als Hamburg. Ich bin nicht dieser Meinung, aber über Geschmack lässt sich nicht streiten. Sie bieten mir Kuchen an, aus rein natürlichen Zutaten, wie sie mir versichern, und ich nehme ein Stück. Dann noch eins. Und noch eins. Und noch eins. Ich weiß auch nicht warum, aber auf einem Friedhof Kuchen zu essen, das hat etwas.

Ein paar Gehminuten vom Friedhof entfernt liegt das palästinensische Viertel Ras al-Amud. Und genau dort, mitten in einer muslimischen Gemeinschaft, hat Irving Moskowitz Grundstücke von Arabern gekauft. Eine jüdische Stiftung lässt dort nun Wohnsiedlungen für Juden errichten: Maale Zeitim und Maalot David.

In Maale Zeitim lebt auch Aryeh King. Ich mag seinen Namen. Übersetzt bedeutet er »Löwenkönig« und erinnert mich an das Musical *Der König der Löwen*, das ich ausgerechnet in Hamburg gesehen habe.

Aryeh King macht Geschäfte mit jüdischen Magnaten, die nicht in ihrem eigenen Namen kaufen können, was sie wollen, nämlich arabischen Grundbesitz. Irving Moskowitz ist einer seiner zahlreichen Auftraggeber.

Trotz seiner noch jungen Jahre ist Aryeh King ziemlich bekannt in diesem Land: vor allem in bestimmten Kreisen, und es gibt viele, die ihn zur Hölle wünschen.

Ich sitze in seinem Wohnzimmer, und wir unterhalten uns.

Aryeh, was sollte die Welt über Sie wissen?

»So wenig wie möglich.«

Brillante Antwort! Aber ich bohre nach: Was sollte die Welt von Ihren Geschäften erfahren, wenn es nach Ihnen geht?

Aryeh wird jetzt ernst: »Ich tue alles, was ich kann, für Jerusalem, weil das jüdische Überleben von Jerusalems Zukunft abhängt.«

Warum dies?

»Seitdem die Juden aus Jerusalem vertrieben wurden, sind wir nicht mehr, was wir einmal waren.«

Was meinen Sie damit?

»Wir können Gott nicht mehr so anbeten, wie wir es einmal taten.«

Sie meinen durch Tierschlachtungen im Tempel? Ist es das, was Sie wollen?

Aryeh stößt sich an dem Wort »Schlachtungen« und korrigiert mich: »›Opfergaben‹ für Gott, wie es in der Thora (der jüdischen Bibel) heißt. Wir haben auch keinen Sanhedrin mehr.« (Der Sanhedrin war der höchste religiöse Gerichtshof zu Zeiten des Tempels.)

Israel hat einen Obersten Gerichtshof, genügt der Ihnen nicht?

»Das *ist* ja unser Problem! Der Oberste Gerichtshof basiert auf britischem Recht.«

In den guten alten Tagen des Sanhedrin wurde eine Frau, die ihren Mann betrogen hatte, gesteinigt. Ist es das, was Sie wollen?

»Der Sanhedrin wird das entscheiden, und was immer er entscheidet, akzeptiere ich.«

In den alten Tagen ging das Rechtssystem des Sanhedrin Hand in Hand mit dem System des Tempels. Planen Sie, den Tempel wieder aufzubauen?

»Ich tue mein Bestes.«

Was genau tun Sie?

»Ich versuche, so viele Leute wie möglich davon zu überzeugen, dass der Tempel sehr wichtig ist. Das ist der einzige Weg, um Frieden zu stiften. Wenn unsere Feinde das Gute sehen, das vom

Tempel ausgehen wird, dann werden sie ihn am Ende schätzen. Der Dritte Tempel wird ihnen Gelegenheit geben, Gott anzubeten, weil der Dritte Tempel eine Gebetsstätte für alle Völker sein wird, wie es in Jesaia 56,7 heißt: ›Denn mein Haus wird ein Bethaus genannt werden für alle Völker.‹ Unmittelbar davor sagt Gott: Ich werde sie zu meinem heiligen Berge bringen und sie erfreuen in meinem Bethaus. Ihre Brandopfer und Schlachtopfer sollen mir ein Wohlgefallen sein auf meinem Altar‹.«

Dieser Mann, der verschwiegenste Grundstücksmakler der Welt, ein Mann, dessen Leben ständig in Gefahr ist, kann sich überhaupt nicht mehr bremsen.

»Kennen Sie irgendeine andere Religion, die so etwas tut? Sie müssen nicht zu meinem Glauben übertreten, Sie können den Ihren behalten, und trotzdem werden Ihre Gebete von *meinem* Gott erhört. Dies ist die Botschaft des Tempels, dass Glück und Wohlstand allen Menschen zuteilwerden.«

Ich habe genug von diesem Bibelunterricht; ich will, dass der Makler in ihm zum Vorschein kommt.

Wie kaufen Sie (arabische) Grundstücke?

»Fast täglich landen ein bis drei Angebote von Arabern, in Jerusalem oder anderswo, auf meinem Schreibtisch.«

Was ist das Besondere daran, Grundstücke von Arabern zu erwerben, warum ist das so kompliziert?

»Vor 20 Jahren erließen israelisch-arabische Religionsführer eine Fatwa: ›Ein Araber, der dabei erwischt wird, dass er Land an Juden verkauft, wird getötet.‹«

Wie viele Tote gab es bislang?

»In den vergangenen 17 Jahren wurde niemand getötet.«

Wie das?

»Wir haben unsere Methoden, um die Identität des wahren Verkäufers zu verschleiern, oder wir konstruieren ihm ein gutes Alibi: dass er an einen anderen Araber verkauft hat und nicht an einen Juden. Manchmal bestechen wir Vertreter der palästinensischen Autonomiebehörde, auf allen Regierungsebenen, damit sie es nicht an die große Glocke hängen. In anderen Fällen müssen wir drei oder auch mal fünf Jahre lang warten, damit der Verkäufer die nötige Zeit hat, um sich Geschichten auszudenken, was mit seinem Land passiert ist.«

In wie viele Grundstücksgeschäfte waren Sie bislang involviert?

»In Jerusalem: dutzende. Im restlichen Israel: hunderte.«

Wann haben Sie mit diesem Geschäft angefangen?

»1997. Ras al-Amud war mein erstes.«

Aryeh hat eine gemütliche Wohnung, ein riesiges Apartment in einem Wohngebäude, das rund um die Uhr von Männern mit Maschinengewehren und Armeejeeps bewacht wird, die hier patrouillieren. Von seinem beeindruckend großen Balkon blickt man auf den Tempelberg, den die Muslime al-Haram asch-Scharif nennen, und die Al-Aqsa-Moschee sowie auf weitere Jerusalemer Schätze. Der Mann hat es gut. Gott kümmert sich um Seine Makler und sorgt für sie.

Was ist der Marktwert Ihres Apartments?

»Anderthalb Millionen Schekel. 2003 waren es 800 000.«

Wie lautet Ihr offizieller Titel?

»Gründer und Direktor des Israel Land Fund.«

Initiieren Sie selbst auch einige der Geschäfte?

»Ja! Ja!«

Geschäfte, solche Geschäfte jedenfalls, bedeuten, dass man Feinde hat. Sein erbittertster Feind, erzählt er mir, ist niemand anderes als der israelische Ministerpräsident, Benjamin (»Bibi«) Netanjahu.

»Die gegenwärtige israelische Regierung verfolgt in der Hauptstadt der jüdischen Nation eine antisemitische Politik. Seit viereinhalb Jahren dürfen Juden nicht mehr in Jerusalem bauen. Araber, muslimische wie christliche, dürfen. Das ist die Politik von Premier Benjamin Netanjahu.«

Davon einmal abgesehen läuft alles gut?

Nicht wirklich.

»Ich kann in den Vatikan gehen und meine heiligen jüdischen Schriften bei mir tragen, aber an meiner eigenen heiligen Stätte ist mir das verboten. Die Juden haben nur eine einzige heilige Stätte auf der Welt, den Tempelberg, und wenn man die israelischen Sicherheitskontrollen passiert, durchsuchen sie einen nach jüdischen heiligen Schriften. Wenn Sie eine dabei haben, nehmen sie sie Ihnen ab.«

Wer ist ein größerer Feind für Sie, Bibi oder Abu Mazen (Palästinenserpräsident Mahmud Abbas)?

»Was für eine Frage! Bibi natürlich!«

Tatsächlich, erzählt Aryeh mir, kommt er mit seinen arabischen Nachbarn besser aus als mit Bibi.

»Die Araber mögen mich, sie lieben mich. Sie nennen mich Assad (Löwe).«

Aryeh hat jede Menge Geschichten auf Lager, wobei mir nie klar ist, was davon stimmt und was nicht. Bevor ich mich verabschiede, möchte er mir noch eine letzte anvertrauen.

Aber bitte!

»Ein Deutscher, der Sohn eines Gerechten unter den Völkern (also eines Nichtjuden, der in der Nazizeit Juden geholfen hat), kam vor einigen Jahren hierher und beschloss, uns zu helfen. Er gründete eine Kirche – rein juristisch, auf dem Papier, nicht in Wirklichkeit –, über die er Grundstücke von Arabern kauft. Die Araber mögen die Deutschen, und wenn eine deutsche Kirche auf sie zugeht, dann verkaufen sie der ihre Grundstücke gern.«

Gehören die Grundstücke der Kirche oder –

»Wir bezahlen die Anwälte der Kirche.«

Was heißt das?

»Die Anwälte der Kirche sind eigentlich unsere Anwälte.«

Die israelischen Filmemacher haben ihre Deutschen und Aryeh hat seine.

Friedensaktivisten mühen sich ein Leben lang ab, um mit den Arabern ins Gespräch zu kommen, Aryeh hingegen lebt mitten unter ihnen.

Ich verabschiede mich von Aryeh und ziehe weiter, mische mich unter die arabischen Einwohner von Ras al-Amud.

Auf der anderen Seite des Berges, auf dem ich mich befinde, haben gerade zwei junge Palästinenser auf einen orthodoxen Juden eingestochen, der von der Klagemauer nach Hause ging. Von hier aus kann ich das natürlich nicht sehen, aber ich lese auf meinem iPad davon. Wie die Zeitung *Haaretz* berichtet, kam der Jude mit mittleren bis schweren Verletzungen ins Krankenhaus. In dem Artikel wird auch eine andere Messerstecherei erwähnt, die vergangenes Jahr genau hier stattfand, wo ich jetzt bin: in Ras al-Amud.

Aus der *New York Times* hingegen erfahre ich Folgendes: »Die Europäische Union erließ diese Woche Richtlinien, die erstmals die Finanzierung von und Kooperation mit israelischen Institutionen in den während des Kriegs von 1967 besetzten Gebieten verbieten.« 1967 ist jetzt 46 Jahre her. Was ist aktuell passiert, das die EU dazu bringt, sich mit dieser Sache zu befassen? Keine Ahnung. Weiter heißt es in dem Artikel: »Hanan Aschrawi, Mitglied des Exekutivkomitees der Palästinensischen Befreiungsorganisation (PLO), begrüßte die Entscheidung.«

Hanan Aschrawi. Die Dame möchte ich kennenlernen. Sie wäre ein prima Gegenstück zu Aryeh King.

Es ist Zeit, Jerusalem, den Sitz der israelischen Regierung, zu verlassen und nach Ramallah zu fahren, dem Sitz der palästinensischen Regierung.

4. STATION *Die Fakten: Einen jüdischen Staat hat es hier nie gegeben. Palästina wurde vor 14 000 Jahren gegründet. Und: Die Juden müssen den Arabern fünf Jahre Musikunterricht bezahlen.*

Hanan ist, und zwar seit vielen Jahren schon, das ›menschliche Gesicht‹ der PLO, die (mit Ausnahme Gazas) die palästinensische Regierung stellt. Auf ihrer Visitenkarte steht: Hanan Aschrawi, Mitglied des Exekutivkomitees der PLO, Abt. Kultur & Information.

Als ich in ihrem Büro im PLO-Hauptquartier in Ramallah eintreffe, ist sie noch nicht da. Ihre Sekretärin Maggie, eine bildhübsche blonde Palästinenserin, empfängt mich. Maggie erzählt mir, dass ihr deutscher Mann, der so »geradlinig, so genau« ist, für die

Deutsche Gesellschaft für Internationale Zusammenarbeit (GIZ) arbeitet und dass Deutschland große Summen in den Aufbau des palästinensischen Staates investiert.

Hinter ihrem Schreibtisch hängt eine Landkarte von »Palästina 1948« (das heißt ohne Israel). Maggie strahlt über beide Ohren und ist voller Energie. Sie bietet mir einen arabischen Kaffee an.

Wir sind hier nicht auf dem Friedhof, Jacobs Kaffee ist nirgends in Sicht, nur echter arabischer Kaffee von herrlicher Qualität und himmlischem Geschmack.

Glück gehabt, dass Maggie Christin ist. Sonst wäre ich im derzeitigen Ramadan nur mit einem Lächeln und einer Landkarte begrüßt worden.

Im PLO-Hauptquartier läuft der Fernseher. Gezeigt wird: eine Variante der *Sesamstraße*.

»Ach, das ist für den Kleinen. Seine Mutter hat ihr Baby mitgebracht«, sagt Maggie und zeigt auf eine andere Mitarbeiterin.

Während diese *Sesamstraße* läuft, ruft Al Jazeera, der mächtigste arabische Fernsehsender, in Hanans Büro an. Ob sie auf ein paar Minuten vorbeikommen und Hanan interviewen könnten? »Es wird nur fünf Minuten dauern«, verspricht Maggie mir.

Während ich auf Hanan warte, studiere ich Maggies »Kharta«.

Kharta bedeutet Landkarte auf Arabisch, während es im hebräischen Slang für gefälscht oder erfunden steht. Der hebräische Slangausdruck verdankt sich, glaube ich, ebendieser Landkarte hier, auf der nicht einmal die Stadt Tel Aviv eingezeichnet ist. Ich sage »glaube ich«, weil nicht viele Israelis Arabisch sprechen und es also nicht viele gibt, die man fragen könnte. Vor einigen Monaten beispielsweise hielt Benjamin Netanjahu eine Rede, in der er über die Einzigartigkeit Israels sprach. Er erwähnte das Wort »dugri«, das so etwas wie ›offen, geradlinig‹ bedeutet, und sagte, keine andere Kultur hätte so ein Wort, nur die hebräische. Die Israelis, so wollte er der Welt klarmachen, sind das geradlinigste Volk der Welt und haben aus diesem Grund ein besonderes Wort für gerade: dugri. Er oder seine Zuhörer scheinen nicht zu wissen, dass dugri aus dem Arabischen kommt, wo es, welch Überraschung, ›gerade‹ bedeutet.

Ich brauche eine Zigarette. Ich wollte eine rauchen, bevor ich im PLO-Hauptquartier eintraf, aber die Leute auf Ramallahs Straßen ließen mich nicht. Sobald ich mir eine ansteckte, wurde ich aufgefordert, sie sofort wieder auszumachen. »Es ist Ramadan!«, rief man mir zu. Ich informiere Maggie über mein Problem, und sie zeigt mir, wo ich heimlich rauchen kann. Ich gehe dorthin, qualme hastig drei Glimmstängel, bis Hanan auftaucht und mich empfängt.

Hanans Büro ist hübsch und adrett eingerichtet. Mitten auf ihrem Schreibtisch steht eine Schale mit kleingeschnittenem Obst und Gemüse in sämtlichen Farben des Regenbogens. Die Bilder an der Wand sind alle geschmackvoll, nur kann ich die sonst so allgegenwärtige Al-Aqsa-Moschee, das Symbol Palästinas, nirgendwo ausmachen. Hanan ist Christin, wurde mir gesagt, vielleicht will sie deshalb keine Moschee in ihrem Büro.

Wir schütteln uns die Hände, ich setze mich, und als ich gerade ausholen will, betritt das Al Jazeera-Team ihr Büro. Schon lange habe ich keine so professionelle Fernsehcrew mehr gesehen. Sie benötigen nicht einmal eine Minute, um ihre teure Technik aufzubauen, und sind im Handumdrehen einsatzbereit. Sie wissen, was Hanan denkt, brauchen aber ein knackiges Zitat von ihr.

Jeder interviewt Hanan, warum nicht auch Al Jazeera. Der Korrespondent lacht, gluckst und lächelt. Hanan ebenfalls. Man kennt und mag sich.

Schluss mit Lächeln, das Interview beginnt, ein ernster Gesichtsausdruck wird aufgesetzt. Die beiden erinnern mich an Schauspieler in der Garderobe vor dem Beginn der Vorstellung. Jetzt wird's ernst. Dann spricht Hanan, zusätzlich zur seriösen Erscheinung auch noch mit einem traurigen Gesicht, darüber, wie schlecht Israel ist, und schon ist das Interview im Kasten.

Mit Lichtgeschwindigkeit packt das Al Jazeera-Team zusammen und geht ab.

Jetzt kann ich Hanan meine Fragen stellen.

Wie würden Sie dem Rest der Welt das palästinensische Volk und sich selbst vorzugsweise darstellen?

»Als Volk sind wir wahrscheinlich wie jedes andere Volk auf der Welt. Wir haben die gleichen Sehnsüchte: Wir wollen in Frieden und in Würde und unter Achtung der Menschenrechte leben. Das Problem ist, dass unser Volk immer schon genau daran gehindert wurde. Obwohl wir also unter Umständen leben, die nur undeutlich wahrgenommen werden und in Wirklichkeit tragische Umstände von entweder Enteignung und Zerstreuung und Exil oder von einem Leben unter dem Stiefel der militärischen Besatzung sind, sozusagen – lieben wir es zu leben; wir lieben das Leben. Wir sind gerne kreativ. Wir lieben es zu schreiben, Gedichte zu lesen, zu malen und zu tanzen, Festivals in Palästina zu veranstalten. Man ist ständig hin und her gerissen, weil man einerseits Widerstand gegen die Besatzung leisten muss, weil man sich mit Problemen des Exils und der Zerstreuung auseinandersetzen muss, aber sich andererseits zugleich auch seine Menschlichkeit und seine Verpflichtung auf ein größeres Ziel bewahren muss, den Umstand, dass wir ein Teil der menschlichen Gemeinschaft sind. Für uns als Palästinenser hat es also ständig dieses Gefühl gegeben, ausgeschlossen zu sein. Wir sind von der menschlichen Gemeinschaft ausgeschlossen gewesen, weil wir von unseren Gegnern etikettiert, stereotypisiert und beschrieben wurden statt von uns selbst. Ich glaube also, dass wir auch ein Volk sind, das dem alten Seemann (aus Coleridges Gedicht) gleicht, wissen Sie, wir haben eine Geschichte zu erzählen, wir haben eine Erzählung, die wir der Welt mitteilen wollen. Diese Erzählung hat im Diskurs der Menschheit gefehlt, und wir arbeiten daran, dass man von ihr Notiz nimmt. Sie ist authentisch, es ist unsere Erzählung, und wir wollen nicht, dass der Rest der Welt uns durch die Wahrnehmung und den Diskurs und die Diktion, sagen wir, einer derartigen politischen Kontrolle filtert, wie sie die israelische Besatzung darstellt.«

Hanan überrascht mich. Wenn ich sie im Fernsehen sah oder etwas über sie las, hatte ich immer den Eindruck, sie sei eine strenge Person, jemand, der auf Distanz bleibt, als Frau eher unterkühlt. Aber jetzt, wo ich ihr gegenübersitze und die Wärme in ihrer Stimme spüre, berührt sie mich, beginne ich sie zu verstehen und respektiere ich sie, ob ich will oder nicht. Sie ist klug, höflich, redegewandt. Im Unterschied zu Aryeh King spricht sie in langen Sätzen, die einen reichen Wortschatz verraten. Sie ist, wie mir gerade klar wird, keine Maklerin. Würde sie versuchen, mir ein Haus zu verkaufen, während sie mit ihren langen Sätzen jede meiner Fragen beantwortet, dann würde ich sie wahrscheinlich zu Kaffee und Kuchen einladen und noch ein paar Jahre in meiner alten Wohnung bleiben.

Vielleicht sollte ich ihr präzisere Fragen stellen und dann sehen, ob sie mir kürzere Antworten geben kann.

Doch bevor ich das Wort ergreifen kann, lässt sie mich an weiteren Gedanken teilhaben.

»Für mich besteht die bestürzende Tatsache darin, dass die Palästinenser seit hunderten und tausenden von Jahren in ihrem Land leben und plötzlich gesagt bekommen, sie müssten den Großteil ihres Landes aufgeben, und ein anderer Staat würde geschaffen.«

Hunderte und tausende von Jahren sind etwas ganz Neues für mich, und ich lasse mich gerne aufklären.

»Israel wurde zum Opfer, nicht Israel selbst; die Juden in Europa wurden zum Opfer eines der schlimmsten Kapitel in der menschlichen Geschichte. Ich meine, wir sprechen vom Holocaust; das ist das Schlimmste, was der menschliche Geist an Grausamkeit ersinnen kann. In gewisser Weise fielen wir also denen zum Opfer, die dem europäischen Antisemitismus zum Opfer fielen.«

Sie redet und redet und redet, als gäbe sie eine Vorlesung vor hunderten von Studenten.

»Wir sind ein Volk des Landes. Wir fielen einem Mythos zum Opfer, dem Mythos eines Landes ohne Volk für ein Volk ohne Land, also versuchen wir unser Leben lang zu beweisen, dass wir existieren, dass wir das Volk dieses Landes sind.«

Ich unterbreche sie.

Sie sprachen von einer Kultur, die seit hunderten und tausenden von Jahren besteht, lange vor Israel. Vermitteln Sie mir einen Eindruck von Palästina vor –

»Palästina war immer schon pluralistisch und nie ausschließend. Ich als Christin sehe mich als Verkörperung der ältesten christlichen Tradition der Welt. Ich muss mich also niemandem beweisen.«

Hanan ist gebildet und belesen. Ich muss an meine Universitätstage denken und versuche, ihre Behauptung nach wissenschaftlichen Standards zu beurteilen. Sie versucht das Anrecht der Palästinenser auf dieses Land zu beweisen, indem sie anführt, diese seien ein Volk der »ältesten christlichen Tradition der Welt«. Dies wäre ein gutes Argument, entspräche es der Wirklichkeit, sprich: wären die Palästinenser mehrheitlich Christen. Das aber ist nicht der Fall. Als die israelischen Streitkräfte aus Ramallah abzogen, las ich irgendwo, dass die Christen 20 Prozent der Einwohner ausmachten. Darauf mache ich sie aufmerksam.

Wie viele Christen gibt es denn hier, 20 Prozent?

»Der Anteil sank aus einer Reihe von Gründen von 20 Prozent auf anderthalb.«

Oha! Das bedeutet, dass es nach Abzug der Israelis die Muslime waren, die die Christen verjagten, diese wahrsten aller Palästinenser. Das Argument gegen Israel, das sie konstruiert hat, bricht mit einem Schlag in sich zusammen. Ja, sie sagte »aus einer Reihe von Gründen«, die sie allerdings nicht ausgeführt hat. Ich frage nach.

Warum –

»Ich möchte nicht darüber –«

Sie fällt mir ins Wort. Meine Professorin beginnt, den Überblick zu verlieren. »Ist das unser Thema?«, murmelt sie, offensichtlich verärgert, dass ich diesen wunden Punkt angesprochen habe. Das sieht nämlich nicht gut aus, und sie weiß es, fängt sich aber gleich wieder. »Als erster Grund die Besatzung. Als zweiter die niedrige Geburtenrate. Als dritter Verbindungen zu Familien im Ausland.«

Die meisten haben aber das Land verlassen, oder?

»Ich denke schon. Für Ramallah kann man das so sagen.«

Von 20 Prozent auf anderthalb. In wie vielen Jahren?

Hanan zögert. Die Besorgnis steht ihr ins Gesicht geschrieben. Sie würde lieber über andere Themen sprechen, nicht über dieses. Aber da sie nun einmal ein Profi ist, fängt sie sich, laviert ein bisschen hier, ein bisschen da, und bemüht sich redlich, mein Vertrauen zurückzugewinnen.

»Wir sind das Resultat so vieler Kulturen und Stämme. Wahrscheinlich gibt es in meiner Vorgeschichte Juden.«

Und dann kommt sie mir mit diesem Satz:

»Palästina ist offen, tolerant.«

So tolerant, erwidere ich, dass man mich angebrüllt hat, als ich heute auf der Straße rauchte.

»Wirklich?«

Hanan die Gebildete weiß, was vor tausenden von Jahren hier los war, aber nicht, was heute hier los ist, jedenfalls macht sie diesen Eindruck auf mich, und so versuche ich, mit ihr über die Geschichte zu sprechen. Könnte sie mir das genaue Datum der Entstehung Palästinas nennen, nicht nur vor »hunderten und tausenden von Jahren«?

»Es gibt Leute, die sagen, dass wir schon hier waren, als (in biblischen Zeiten) die Juden kamen und die Palästinenser töteten.«

Dann schwächt sie diese ihre Behauptung gerade noch rechtzeitig ab, bevor ihr irgendjemand vorwerfen könnte, sie akzeptiere irgendeinen historischen jüdischen Anspruch auf dieses Land.

»Jüdische Stämme waren hier«, sagt sie, »aber es gab keinen, Sie wissen schon, Staat.«

Gab es hier einen jüdischen Tempel?

»Ich habe keine Ahnung. Ich bin keine Archäologin.«

Haben Sie jemals darüber nachgedacht?

»Darüber maße ich mir kein Urteil an. Wenn mir ein Archäologe sagt, dass es einen gab, gut. Wenn mir ein Archäologe sagt, dass es keinen gab, auch gut. Dieses Land ist keine Zwiebel; dieses Land hat so viele Schichten. Wenn Sie eine Zwiebel schälen, sind Sie irgendwann im Innern angelangt, und dann bleibt nichts mehr übrig.«

Zufälligerweise liebe ich Zwiebeln und glaube zu verstehen, was Hanan mir sagen will: Vor vielen tausend Jahren, obwohl sie kein genaues Datum nennt, gab es einen pluralistischen Staat mit Namen Palästina, bis jüdische Stämme kamen und seine kultivierten Bewohner abschlachteten. Das biblische Israel hat nie existiert, ganz gleich, was ihre christliche Bibel sagt, und es hat auch nie jemand bewiesen, dass es hier einen jüdischen Tempel gab. Zu dumm für Aryeh King, der von einem »dritten« Tempel spricht, als hätte es den ersten und den zweiten wirklich gegeben.

Dann sagt sie zu mir: »Auch wenn Ihr Gott Ihnen verkündet, dass Sie auserwählt sind, unser Gott hat das nicht getan.«

Hanan war eine der führenden Architektinnen verschiedener Friedensverhandlungen zwischen Israelis und Palästinensern. Darauf komme ich jetzt zu sprechen.

Wird es hier irgendwann zu unseren Lebzeiten Frieden geben?

»Ich weiß es nicht. Ich habe es meiner Tochter versprochen, als wir mit dem Friedensprozess begannen – und meine kleine Tochter sagte: ›Ich habe meine Mutter an den Frieden verliehen, den Friedensprozess, die Verhandlungen, damit sie Frieden schließen kann und dann mehr Zeit für mich hat‹, und nicht nur haben wir keinen Frieden geschlossen, sie hat ihre Kindheit verloren, ihre Jugendzeit, und jetzt, als Erwachsene, als Frau und als Mutter haben sie (Israel) ihr ihren Personalausweis abgenommen, sodass ich meine Enkelkinder nicht sehen kann.«

Ihr schnürt sich die Kehle zu, sie ringt mit den Tränen.

»Mein ganzes Leben lang habe ich um Frieden gerungen. Ich habe Versprechen gegeben, die ich nicht halten konnte. Also kann ich es Ihnen nicht sagen. Aber ich glaube, am Ende wird es Frieden geben müssen.«

Und jetzt weint Hanan und hält sich beide Hände vors Gesicht.

Wo lebt Ihre Tochter jetzt?

»In den Staaten.«

In welchem Teil der Staaten, New York?

»Nein.«

Komischerweise weigert sich Hanan hartnäckig, mir zu verraten, in welchem US-Bundesstaat ihre Tochter lebt.

Gut, wenn ich keine Auskunft über Hanans Tochter bekommen kann, dann vielleicht eine über Gottes Sohn.

Glauben Sie an Jesus?

»Glaube ich, dass es ihn gegeben hat? Ja, ich glaube, dass es ihn gegeben hat.«

Als eine Gottheit, als einen Gott?

»Nein.«

Glauben Sie an Gott?

»Darüber denke ich, ehrlich gesagt, nicht so viel nach.«

Sind Sie Atheistin?

»Haaaa. Ich etikettiere mich nicht selbst.«

Sind Sie Atheistin?

»Ich weiß es wirklich nicht. Ich weiß es wirklich nicht. Warum wollen Sie mir ein Etikett verpassen?«

Ich will ihr kein Etikett verpassen. Sie war es, die das palästinensische Anrecht auf dieses Land mit der Behauptung begründete, die Palästinenser entstammten der »ältesten christlichen Tradition der Welt«, und glaubt doch selbst nicht an den einen Punkt, um den sich das Christentum dreht: die Göttlichkeit von Jesus. Und sie, die Israel die Schuld an allen Missständen ihrer Gesellschaft gibt, würde mit keinem Finger auf die Muslime zeigen, die die Christen aus diesem Land verjagen. Hanan verfügt über dieselbe intellektuelle Gabe, Tatsachen umschiffen zu können, wie Professor Omar von der Al-Quds-Uni, nur dass sie es in poetischeren Worten tut.

Als ich mich von ihr verabschiede, weist sie ihre Mitarbeiterinnen an, mich mit anderen Palästinensern in Kontakt zu bringen, die für mich von Interesse sein könnten. Ich gehe davon aus, dass ihr Büro mich mit Menschen in Verbindung bringt, die sie stolz machen würden, nicht mit extremistischen Palästinensern, und bin sehr dankbar für diese Hilfe. Bevor ich gehe, fragt mich jemand aus ihrem Büro, ob ich gerne das Mausoleum von Rais (Präsident) Jassir Arafat besuchen würde. Der erste Palästinenserpräsident ist auf dem Mukataa-Gelände beigesetzt, seinem Amtssitz nicht weit von hier, und ich sage, dass es mir eine Ehre wäre.

Ich denke, dass ich mich ganz wacker schlage in diesem Teil der Welt, indem ich von einem Toten zum nächsten gehe: vom Friedhof auf dem Ölberg zu Arafats Grab.

Ein Mann kommt und führt mich von der *Sesamstraße* zu Rais Arafat, dem ich die letzte Ehre erweise.

Ich frage mich, was die Polizisten, die hier in Habachtstellung stehen, sagen, denken oder tun würden, wenn sie wüssten, wer ich bin. Ich für meinen Teil sage ihnen, dass ich Deutscher bin. »Willkommen in Palästina«, sagen sie zu diesem Deutschen und machen ein paar Fotos mit ihm, mir.

Nachdem die Fotos geknipst sind, spaziere ich durch die Straßen von Ramallah, einer traumhaft schönen und reichen Stadt, als mein Blick auf ein interessantes Haus fällt: das »Dar Zahran Heritage Building«.

Ich trete ein.

Zahran, der Gründer und Eigentümer dieses Privatmuseums, nutzt die Gelegenheit und führt mich durch eine Ausstellung über das palästinensische Leben in den letzten 200 Jahren.

Er schenkt mir einen Kaffee ein und erteilt mir Geschichtsunterricht.

»Jemand wollte den Nahen Osten von allen Christen säubern, um zu zeigen, dass die arabische Welt eine geschlossene Gemeinschaft ist, damit der Westen Palästina nicht länger unterstützt.«

Wer ist dieser jemand?

»Die Besatzung.«

Wer ist das?

»Israel.«

Wie hat Israel das gemacht?

»Sie haben Propaganda verbreitet und das Gerücht in Umlauf gebracht, dass die örtlichen Bewohner alle von der Regierung umgebracht würden. Die Leute haben das gehört, es mit der Angst bekommen und sind weggezogen.«

Das macht so richtig Sinn. Warum aber sind die Christen weggezogen und die Muslime geblieben? Die Muslime sind doch geblieben, oder?

Zahran wird richtig wütend auf mich, weil ich ihn das gefragt habe. Dieser Tage interviewte ihn ein Radiojournalist, erzählt er mir, und der stellte ihm keine solchen Fragen.

Woher kam der Journalist?

»Aus Deutschland. ARD.«

Ich kenne diesen Reporter nicht. Vielleicht ist es aber einer der deutschen Journalisten, die auf der Pressekonferenz von *The Gardener* applaudierten. Meine Fragen an Zahran sind Fragen, die nach den grundlegenden journalistischen Standards jeder Journalist stellen sollte. Was sie aber nicht tun.

Es wird langsam spät, und ich muss nach Jerusalem zurück. Von Ramallah nach Jerusalem ist es nicht weit, doch muss ich einen Grenzübergang passieren, um nach Israel einzureisen, was vielen Medienberichten zufolge Stunden dauern kann.

Als ich mich dem Grenzübergang nähere, sehe ich auf meinem iPad nach, wie spät es ist, um nachher eine genaue Stundenzahl zu haben.

Es dauert genau zwei Minuten und 14 Sekunden.

Ich komme nach Hause, lasse die Katzen Katzen sein und lege mich schlafen.

Dank der Hilfe von Hanans Büro werde ich an diesem Freitag den Regierungssprecher treffen sowie ein oder zwei weitere Interviewpartner.

Ich bin ihnen sehr verbunden.

An einem Freitag im Ramadan von Jerusalem nach Ramallah zu fahren, ist ein Erlebnis. Als ich am zentralen arabischen Busbahnhof am Bab Al-Amud ankomme, wie die Araber sagen, bzw. am Sha'ar Shechem, wie die Juden, oder am Damaskustor, wie die meisten anderen sagen, ist kein Bus da.

Wo sind die Busse? frage ich einige Passanten.

»Da oben.«

Der zentrale Busbahnhof ist für den Ramadan etwas höher die Straße hinauf verlegt worden.

Ich marschiere die Straße hoch. Ein Junge und sein Papa kreuzen meinen Weg. Der Kleine trägt ein riesiges Plastikgewehr. Geschenk von Papa, nehme ich an.

Ich marschiere weiter.

Ein anderer Junge, den sein Vater auf den Schultern trägt, hält eine Plastiktüte in der Hand, aus der eine Schrotflinte ragt, auch aus Plastik. Hoffe ich jedenfalls.

Ich marschiere weiter und sehe einen großen Stand, an dem ein Mann ungewöhnliche Feiertagsartikel verkauft: Abertausende von Gewehren, Schrotflinten und Pistolen aus Plastik.

Einige Augenblicke später schlängle ich mich durch einen endlosen Strom von Menschen und steige in einen Bus nach Ramallah.

Mit Allahs Hilfe erreiche ich Ramallah und treffe wohlbehalten im Büro von Dr. Ehab Bessaiso ein, dem »Regierungssprecher« im Informationsministerium, Staat Palästina. Nach einer Abstimmung in der Generalversammlung der Vereinten Nationen, die 2012 die palästinensische Staatlichkeit anerkannte, benannte sich die »Palästinenserbehörde« offiziell in »Staat Palästina« um, erklärt mir Dr. Ehab.

Dr. Ehab hat Unmengen von Informationen, die er mir mitteilen möchte.

Die Palästinenser sind wie jedes andere Volk auf der Welt, sagt er mir. Sie blicken auf eine tausendjährige Geschichte zurück.

Wann wurde Palästina gegründet?

Zur Zeit der Kanaaniter, lautet die Antwort.

Wann entwickelte sich sein Volk von Kanaanitern zu Palästinensern?

»Dazu müssen Sie Historiker befragen, Spezialisten der Frühgeschichte.«

Haben Sie einen Historiker hier?

»Nicht an einem Freitag.«

Ehab kennt sich vielleicht nicht so gut in Geschichte aus, dafür aber mit »Informationen«. Und an diesem Fastentag denkt der Regierungssprecher an Essen.

»Die Israelis haben Falafel und Hummus zu ihrer Spezialität gemacht. Gibt es Hummus in Polen? Die Israelis haben unser Essen geklaut und nennen es israelisches Essen!«

Bei Falafel muss ich an Kultur denken, warum auch immer. Ich bitte Dr. Ehab, der ein Professor war, bevor er in dieses Ministerium kam, die palästinensische Kultur für mich zu definieren.

»Toleranz und Zusammenhalt definieren die palästinensische Kultur.«

Ich frage ihn, wie es kommt, dass ein Christ wie ich in dieser toleranten Umgebung während des Ramadan nicht rauchen darf.

»Das hat etwas mit Respekt zu tun (der Christen gegenüber den Muslimen).«

Gab es diesen »Respekt« in Ramallah vor zehn oder 20 Jahren?

»Ja.«

Dr. Hanan Aschrawi, berichte ich ihm, die Ramallah besser kennt als wir beide zusammen, war sehr überrascht, als sie erfuhr, dass ich auf der Straße nicht rauchen durfte.

Das erschüttert ihn, weil es bedeutet, dass entweder er oder Hanan lügt.

Er hat keine Ahnung, wie er aus diesem kleinen Dilemma herauskommen soll, und verstrickt sich heillos. Er wird gereizt. Er wird aggressiv. Er ist verärgert, sehr verärgert. Er verfällt in endlose Monologe über Dinge, die nichts miteinander zu tun haben, und duldet keine Unterbrechung, und am Ende lässt er mich wissen, dass ich nichts weiß und dass der Westen nichts als ein Haufen arroganter Leute ist.

Gott sei Dank hat Hanans Büro für mich noch ein weiteres Treffen arrangiert, sonst wäre das heute ein völlig verlorener Tag.

Und so lerne ich kurz darauf in einem Café in der Nähe des Ministeriums eine berühmte palästinensische Sängerin kennen, die ich hier Nadia nennen werde. Sie sitzt dort mit einem guten Freund, nennen wir ihn Ibrahim, einem Lyriker aus Gaza, der sich zur Zeit in Ramallah aufhält.

Während des Fastenmonats sind in Ramallah ein paar Restaurants für die Ungläubigen geöffnet, von denen die meisten natürlich Touristen sind. Die Bedingung ist, dass sie ihre Mahlzeit im toten Winkel des öffentlichen Blicks einnehmen und dass der Eingang des Restaurants verschlossen wirkt. In einem solchen Café sitzen wir. Und Ibrahim doziert.

»Die Geschichte Palästinas beginnt vor 14 000 Jahren an einem Ort namens Tulilat Al-Rasul, der zwischen Jerusalem und Jericho liegt. Wenn Sie sagen, dass Moses 1200 v.Chr. hierherkam, dann sind das 11 000 Jahre vor Moses. Wer lebte in diesen 11 000 Jahren hier? Palästinenser! Joschua bin Nun besetzte Jericho 1200 v.Chr., und wer lebte damals dort? Palästinenser. Natürlich! In der Thora selbst ist von Kriegen zwischen Israeliten und Palästinensern die Rede, und dort finden wir auch, Buchstabe für Buchstabe, das Wort ›Palästinenser‹. Vor 1948 nannte die BBC dieses Land in jeder Nachrichtensendung Palästina und das Volk Palästinenser.«

Endlich kann mir einmal jemand genaue Daten zur palästinensischen Geschichte nennen.

Natürlich hat Ibrahim recht, wenn er sagt, dass »Palästina« kein neuer Name ist. Seine geschichtliche Darstellung ist trotzdem falsch. In der *Encyclopædia Britannica* heißt es dazu: »Im Jahr 132 beschloss Kaiser Hadrian, in Jerusalem eine römische Kolonie zu gründen, Aelia Capitolina [...]. Die Provinz Judaea wurde in Syria Palaestina (später einfach Palaestina) umbenannt. Von da an war es Eusebius von Caesarea zufolge (*Kirchengeschichte*, Buch IV, Kapitel 6) keinem Juden mehr erlaubt, einen Fuß in Jerusalem oder den umliegenden Bezirk hineinzusetzen.«

»Offiziell«, sagt Nadia, »meinem Ausweis nach, bin ich eine

israelische Palästinenserin, aber ich bezeichne mich als ›Palästinenserin aus den besetzten Gebieten von 1948‹.«

Für die israelische Regierung sind Sie eine arabische Israeli, richtig?

»Ja.«

Wie Nadia erzählt, hat sie einige Jahre an der Hebräischen Universität in Jerusalem studiert. Doch brach sie dieses Studium ab, gönnte sich eine Pause und studierte dann »fünf Jahre lang Musik an der Jerusalemer Akademie für Musik und Tanz, wo ich einen Abschluss in Musik mit dem Schwerpunkt Gesangsstimme machte«. Sie erzählt mir, dass ihre Musiklehrerin, eine deutschjüdische Frau, »meine Mutter« war, dass sie aber seit ihrem Studienabschluss keinen Kontakt mehr mit ihr hat.

Warum nicht?

»Sie ist eine Besatzerin.«

Nadias Fähigkeit, einer Frau, die sie fünf Jahre lang als »Mutter« bezeichnete, in dem Moment den Laufpass zu geben, in dem sie sie nicht mehr brauchte, ist frappierend.

Ich stelle ihr die wichtigste Frage, die ihr jemals jemand gestellt hat oder je stellen wird:

Haben Sie sich je in einen Israeli verliebt?

»Nein. Das könnte ich nicht.«

Warum nicht?

»Ich bin eine Palästinenserin. Das ist so, als würde sich eine Jüdin in einen deutschen Nazioffizier verlieben.«

Wäre es Ihnen recht, wenn Palästinenser und Israelis ihren Konflikt lösen, indem sie das Land in zwei Staaten aufteilen, Palästina und Israel?

»Nein. Zionismus ist Rassismus. Es ist gleichbedeutend damit, mir mein Land, meinen Grund und Boden zu stehlen und dann die Stirn zu haben, Ausreden dafür zu finden und mich mit allen Mitteln auszulöschen. Israel hat das Kleid meiner Mutter gestohlen; sie nennen dieses Kleid ›israelisch‹. Sie haben mir mein Essen gestohlen; sie nennen mein Essen ›israelisch‹.«

Was zum Teufel haben die heute nur alle mit ihren Falafeln?

Nadia, die in Jerusalem lebt, eine israelische Staatsbürgerin mit einem israelischen Pass, erzählt mir, dass das »Leben unter der Besatzung« furchtbar ist und dass die Juden »beinahe meine Tochter getötet haben«.

Was ist geschehen?

Nun, Folgendes ist geschehen. Neulich kam Nadia aus dem Westjordanland zurück, und die Besatzer hatten vor dem Übergang nach Israel eine Straßensperre errichtet. Sie war die Erste in einer ganzen Reihe von Autos, erinnert sie sich, an einem sehr heißen Tag im August. Sie hatte ihr Töchterchen dabei, und das Baby wollte gefüttert werden, gestillt werden genauer gesagt. Nadia bat die Soldaten, sie weiterfahren zu lassen, die aber sagten: »Nein, das ist eine Straßensperre.« Das Baby weinte, und ihr blieb nichts anderes übrig, als es im Auto zu stillen.

Wie man hieraus einen Mord oder Beinahe-Mord machen kann, übersteigt mein Vorstellungsvermögen.

Moment mal! Sie haben kostenlos für wer weiß wie viele Jahre studiert, oder? Als israelische Staatsbürgerin genießen Sie eine Gesundheitsversorgung, die Sie gar nichts oder bloß einen symbolischen Betrag kostet, Sie sind eine bekannte Sängerin –

»Besatzer müssen einen Preis für ihre Besatzung zahlen: Sie müssen für die Krankheitskosten, Ernährung und höhere Bildung aufkommen«, unterbricht sie mich.

Ich weiß nicht, welches Gesetzbuch vorschreibt, dass ein Staat egal welcher Art mehr als fünf Jahre Studium für alle seine nichtjüdischen Bürger zu finanzieren hat (denn Juden erhalten in Israel keine kostenlose Universitätsausbildung), aber wenn es das ist, was man Besatzung nennt, dann würde ich gerne für den Rest meines Lebens unter Besatzung leben.

Nadia, die Christin und mit einem Muslim verheiratet ist, wirft den Israelis noch etwas anderes vor. Ihre Kinder, erzählt sie mir, werden muslimisch erzogen, weil das israelische Gesetz es so will. Die Besatzer schreiben vor, dass eine christliche Frau, die mit einem Muslim verheiratet ist, ihre Kinder zu Muslimen erziehen muss.

Im Glauben, ich sei ein deutscher Journalist, füttert sie mich mit allem, von dem sie meint, ein Deutscher wie ich könnte es an diesem Fastentag schlucken, ohne dass es ihm hochkommt. Nur stamme ich von hier und nicht aus Deutschland. Was sie als israelisches Gesetz ausgibt, ist in Wirklichkeit islamisches Recht. Ich konfrontiere sie allerdings nicht damit. Sie ist den Umgang mit westlichen Journalisten gewöhnt und könnte womöglich an meinen arischen Wurzeln zweifeln, wenn ich bestreite, was sie sagt.

Ihr Hass auf die Israelis ist immens. Warum Hanan Aschrawis Büro mich mit Nadia und Dr. Ehab in Kontakt gebracht hat, ist mir ein Rätsel. Muss ich befürchten, dass die beiden in der palästinensischen Gesellschaft als ›moderat‹ gelten? Wenn das die Moderaten sind, frage ich mich, wer mögen dann die Extremisten sein?

Bald ist es Abend, und man darf essen. Ich frage Nadia nach einem netten palästinensischen Restaurant, und sie bringt mich in ihrem Auto ins Zentrum von Ramallah. Sie zeigt auf ein Haus gegenüber und sagt, im fünften Stock gebe es ein Restaurant, das ich ausprobieren solle.

Es ist ein »All you can eat«-Restaurant. Kostenpunkt? 89 Schekel, informiert mich der Ober. Ein sehr guter Preis, aber ich sage ihm, dass das für einen Mann wie mich viel zu teuer ist. Augenblicklich wird ihm klar, dass ich Palästinenser bin, und er geht auf 45 Schekel herunter.

Ich setze mich. Nach der Vorspeise, einer köstlichen kalten Hühnersuppe – ich wusste gar nicht, dass man Hühnersuppe auch kalt isst –, mache ich mich über die anderen Gerichte her. Wie jeder gute Muslim habe ich den ganzen Tag gefastet und will jetzt alles essen, was es auf dem Planeten gibt.

Und hier kriege ich es auch.

Der Laden ist brechend voll mit Männern, Frauen und Kindern. Manche Gäste, so auch einige ältere Damen im Hidschab, rauchen Schischa und Zigaretten, während ein Sänger bezaubernde arabische Lieder zum Besten gibt. Wenn er sich zu hohen Tönen emporschraubt, was häufig geschieht, bekunden ihm die speisenden Raucher lautstark ihre Begeisterung. Sie klatschen, singen mit, sie sind laut. Und wie laut sie sind!

Das ist einfach nur schön.

Wenn das die palästinensische Kultur ist, können sie verdammt stolz auf sich sein.

Nach diesem erlesenen Mahl fahre ich zurück nach Jerusalem.

In dem Transporter, der mich dorthin bringt, sind mehr Passagiere als Sitzplätze, aber keiner sagt etwas. Der Preis ist derselbe.

Auch zwei Palästinenserinnen in hinreißenden Hidschabs sitzen im Wagen. Ich mustere sie und wundere mich darüber, dass dieses Kleidungsstück Frauen so attraktiv machen kann. Ja, im Ernst: Diese Damen sind die reinsten Schönheiten.

Ich komme ins Grübeln: Ich mag die Palästinenser. Nein, das ist nicht das richtige Wort. Ich liebe die Palästinenser. Verdammt noch mal, es ist so. Ich stimme vielleicht nicht mit dem überein, was sie sagen, aber als Menschen liebe ich sie einfach. Ich sehe sie in diesem Transporter und bemerke, wie nahe sie sich sind, auch wenn sie sich gerade zum ersten Mal begegnen. Da ist eine Brüderlichkeit, Wärme, Freundschaft, ein Zusammengehörigkeitsgefühl. Und, bei Gott, der palästinensische Hidschab ist einfach bezaubernd. Wirklich, die türkischen Frauen sollten sich von den palästinensischen mal abgucken, wie schön so ein Hidschab sein kann.

Heute ist Freitag, also Sabbat – im jüdischen Kalender beginnt der Tag am Abend. Der öffentliche Nahverkehr ist eingestellt, die Geschäfte sind geschlossen.

Die Fahrt von der De-facto-Hauptstadt Palästinas zur De-facto-Hauptstadt Israels dauert nur Minuten, und doch handelt es sich um zwei getrennte Welten. Man spürt es sofort, wenn man von der einen in die andere wechselt. Es herrscht eine andere Atmosphäre. Ein anderer Geist. Eine andere Kultur. In dem einen Land möchte Gott nicht, dass man isst, in dem anderen Land möchte Er nicht, dass man etwas zu essen kauft. Und wenn Sie glauben, das sei doch keine Frage von Leben und Tod, dann nehmen Sie besser das nächste Flugzeug, das Sie hier rausbringt.

Es gibt da draußen einen weißen Mann namens John Kerry, Gatte von Teresa Heinz aus dem Ketchup-Imperium der H. J. Heinz Company und derzeit US-Außenminister. Soeben hat er angekündigt, dass Israelis und Palästinenser ihre Friedensgespräche in einer Woche in Washington wieder aufnähmen. Nach Washington wird er wieder hierherkommen und zwischen den beiden Nachbarn hin- und herpendeln, in einem Nobelhotel hüben und in einem Nobelhotel drüben nächtigen, an jedem Tag und zu jeder beliebigen Uhrzeit Essen verzehren oder kaufen können und nie erfahren, dass der Nahe Osten aus Aryeh und Nadia besteht und nicht aus Ketchup und Mayonnaise.

Kerry ist natürlich nicht der Einzige, der nach Frieden sucht. Auch Juden in den Vereinigten Staaten tun das. Manche von ihnen sind wie Irving Moskowitz, während andere auf der Gegenseite stehen. Zeit, ihre Bekanntschaft zu machen.

5. STATION *Ein amerikanischer Jude liebt seine alte Mama so sehr, dass er sie heimatlos machen möchte*

Toby, eine nette Großmutter, die in Amerika aufgewachsen ist und jetzt in der deutschen Kolonie lebt, lädt mich zum Sabbatmahl zu sich nach Hause ein. Zu Essen sage ich nie nein und nehme die Einladung an.

Toby ist die Mama eines amerikanischen Juden, der sich eifrig darum bemüht, Geld für Adalah (Gerechtigkeit) zu sammeln, eine palästinenserfreundliche Menschenrechtsorganisation. Mir würde es gefallen, wenn er auch Geld für mich sammeln würde, klar, aber das ist eher unwahrscheinlich. Er sammelt Geld nur für eine gute Sache. Was zum Kuckuck ist Adalah? Ich habe noch nie von Adalah gehört und wüsste es gerne. Wenn sie so gut sind, sollte ich vielleicht in ihrem Verwaltungsrat sitzen.

Ich versuche Toby dazu zu bringen, mir zu erklären, was Adalah ist, bekomme aber nicht viel aus ihr heraus.

Allein die Vorstellung, es könnte sich um eine Geheimorganisation handeln, macht mich ausgesprochen neugierig. Gott sei Dank hat Steve Jobs das magische iPad erfunden, das ich immer bei mir trage.

Ich suche in Steves Tablet nach Adalah und finde ein paar interessante Artikel über sie. *Haaretz*, der linkesten israelischen Tageszeitung zufolge umfassen die juristischen Zielsetzungen von Adalah: die Abschaffung der jüdischen Identität des Staates Israel, die Abschaffung des Rückkehrgesetzes (das es Diaspora-Juden erlaubt, nach Israel einzuwandern) sowie die Institutionalisierung des Rechts auf Rückkehr (das es »Diaspora-Palästinensern« erlaubt, einzuwandern und Land zu beanspruchen).

Kurzum: Millionen von Juden raus, Millionen von Palästinensern rein.

Nicht schlecht für einen amerikanischen Juden, der nichts Besseres zu tun hat. Das einzige Problem dabei: Wenn er Erfolg hat, ist seine geliebte Mama heimatlos.

Sollte ich Toby auf diesen Umstand hinweisen? Ich weiß noch nicht. Schauen wir erst mal, wie sich der Abend so anlässt.

Mit am Tisch: Tobys gute Freundin Renée. Beide halten den Sabbat, essen ausschließlich koscher, gehen in die Synagoge und beten täglich.

Was Toby auftischt, gehört leider in die Kategorie ›gesund‹: natürlich und fade. Normalerweise ist das für mich ein Zeichen, dass meine Gastgeberin eine Intellektuelle ist. Ist sie das? Wir werden sehen. Einstweilen bemühe ich mich nach Kräften, das Zeugs herunterzuwürgen. Meine Hinterhofkatzen würden mich krankenhausreif beißen, wenn ich ihnen so etwas auftischen würde.

Während ich mit dem Essen kämpfe, fragt Toby mich nach den Menschen, die ich bislang kennengelernt habe. Soll ich ihr von Aryeh erzählen? Von Tziporah? Nö. Ihr Kleiner liebt die Palästinenser, und so berichte ich ihr von den zwei Palästinensern, die ich gerade getroffen habe: Nadia und Ibrahim.

Sie möchte gerne hören, was sie mir erzählt haben.

Ich sage es ihr.

»Vielleicht hatten Sie es mit ungebildeten fanatischen Muslimen zu tun.«

Ich sage ihr, dass Nadia keine Muslimin ist und schon gar keine fanatische, und dass sie eine ganze Reihe von Jahren studiert hat.

»Das kann nicht sein. In Ramallah reden sie nicht so.«

Soll ich ihr verraten, dass Nadia in Wirklichkeit aus Jerusalem kommt und israelische Staatsbürgerin ist? Toby bekäme einen Herzinfarkt, also lasse ich diese Details weg.

Während ein weiterer Gang serviert wird, erfahre ich, dass beide Damen es akademisch weit gebracht haben, und mir wird klar, dass sie es nicht gewöhnt sind, wenn man ihre Meinungen in Frage stellt. Und als ich Toby schildere, was Dr. Ehab mir sagte, und sie wieder meint, »das kann nicht sein«, blaffe ich sie an:

Toby, Intellektuelle, die sich weigern, Tatsachen zur Kenntnis zu nehmen, sind schlimmer als Idioten.

Ich kann nicht glauben, dass mir gerade diese Worte über die Lippen gekommen sind. Toby kann es auch nicht glauben und erinnert mich daran, dass ich hier nur zu Gast bin.

Ich sollte den Wink verstehen und den Mund halten. Tue ich aber nicht.

Ich bin ein Ex-Intellektueller, ein trockener Intellektueller, Toby. Ich war wie Sie auf der Universität, und ich glaube, kein Gedanke oder Hinweis sollte außer Acht gelassen werden, bevor er nicht geäußert und untersucht wurde. Das ist es, was man uns in der akademischen Welt beigebracht hat, oder nicht?

»Was ist ein ›trockener Intellektueller‹?«

Toby steht auf dem Schlauch, aber Renée prustet vor Lachen. Auch sie hat den Ausdruck noch nie gehört, findet ihn aber großartig.

Toby steht immer noch auf dem Schlauch.

Renée versucht, es ihr zu erklären: »Es ist wie in ›trockener Alkoholiker‹.«

Toby: »In Ramallah reden die Leute nicht so! Was Sie sagen, ist eine Verallgemeinerung. Sie verallgemeinern!«

Dass die Aussage: »In Ramallah reden die Leute nicht so« keine Verallgemeinerung sein soll, entzieht sich meinem Verständnis. Mit dieser Frau zu diskutieren ist Zeitverschwendung. Eine letzte Frage aber kann ich mir nicht verkneifen.

Toby, wann waren Sie das letzte Mal in Ramallah?

»Noch nie.«

Auf dem Heimweg frage ich mich, ob es zu meiner Zeit Leute wie sie in Israel gab. Wieso nur kann ich mich nicht an sie erinnern?

6. STATION *Ein israelischer Soldat hält Präsident Obama auf*

Das Büro des israelischen Präsidenten, verrät mir mein iPad, hat gerade eine aufregende Mitteilung gemacht.

»Präsident Schimon Peres«, sagt das Büro, lädt in seine Residenz »zu einem Iftar-Essen zum Fastenbrechen am Ende des Ramadan. An dem Bankett nehmen führende muslimische Vertreter aus Israel teil, darunter Imame, Gruppensprecher, Botschafter, Gemeindevorsteher, Freiwillige Wehrdienstleistende und Menschenrechtsaktivisten.

Präsident Peres wird bei dieser Gelegenheit eine Ansprache halten, um den Muslimen in Israel und auf der ganzen Welt zum Ramadan seine Grüße zu entbieten. In seiner Rede wird Präsident Peres sich auch zur Wiederaufnahme der Friedensgespräche zwischen Israel und den Palästinensern äußern.«

Führende Muslime und ausländische Botschafter, da darf ein Mann wie ich nicht fehlen.

Ich breche so schnell wie möglich zur Residenz des Präsidenten auf.

Wenn man die Residenz des Präsidenten betritt und zur Einlasskontrolle geht, sieht man direkt unter der Klimaanlage Bilder von Obama und Peres an der Wand hängen. Man sieht, wie sie zusammen gehen, wie sie zusammen nach oben schauen und wie sie zusammen neben einem Auto stehen. Ich frage mich, ob Obama im Weißen Haus die gleichen Bilder hängen hat.

Ich absolviere die Einlasskontrolle und mache mich auf die Suche nach den anwesenden führenden Muslimen.

95

Das Fastenbrechen, unterrichtet ein Beamter die versammelten Pressevertreter, ist heute auf 19:41 Uhr angesetzt. Ich muss daran denken, wie die orthodoxen Juden die Sekunden zählen, bis sie an Jom Kippur das Fasten brechen. Natürlich ist das hier die Residenz des israelischen Präsidenten, und so sprechen wir vom Ramadan und nicht von Jom Kippur.

Für die Journalisten sind separate Sitzplätze reserviert. Alle anderen sind eingeladen, sich an den Tischen niederzulassen, um ein Präsidentendinner serviert zu bekommen.

Ich schaue mich um und frage mich, an welchen Tisch ich mich setzen könnte, ohne weggeschickt zu werden. Zu meiner Linken befindet sich ein Tisch mit älteren Herrschaften, zu meiner Rechten einer mit Armeekommandeuren – zumindest vermute ich das: eine Gruppe gesund aussehender Männer in Uniformen mit glänzenden kleinen Metallteilen an den Schultern.

Die Frage ist: Soll ich mich zu den muskulösen oder zu den weisen Männern setzen?

Ein echtes Dilemma.

Nein. Man frage mich nicht, warum ich Alter mit Weisheit gleichsetze; das habe ich als Kind so gelernt, und es hat sich in meinem Kopf festgesetzt.

Da unterbricht eine neue Entwicklung meinen Gedankengang. Ein Kadi verkündet, dass das Fastenbrechen in Jerusalem um 19:49 Uhr stattfindet. Wow.

Dieser Kadi muss aus Me'a Sche'arim kommen. Dort haben sie es gerne einen Tacken heiliger.

Um 19:49 Uhr, dem Zeitpunkt, an dem man zu essen beginnen darf, beschließe ich, dass ich mich zu den Kommandeuren geselle. Weise ist gut, mächtig ist besser.

Peres hält seine Rede auf Hebräisch.

»Dieses Haus ist auch Ihr Haus«, erklärt er.

Er ist reizend, dieser Mann mit seinen 90 Jahren, sage ich mir. Unermüdlich, immer mit einem Lächeln auf den Lippen.

Und dann kommt er zu den Friedensgesprächen:

»Ich weiß, dass es Menschen gibt, die sagen, dass dabei nichts herauskommen wird, aber ich sage, es wird etwas dabei heraus-

kommen. Die Terroristen, die uns schaden wollen, schaden sich selbst. Ich möchte die beiden Führer loben, die beschlossen haben, die Gespräche wieder aufzunehmen. Meinen Freund Mahmud Abbas ... und den israelischen Premierminister.«

Interessant, dass die Bezeichnung Freund dem Palästinenser vorbehalten bleibt.

»Wir alle hier sind erwachsen, und ich weiß, dass harte Zeiten auf uns zukommen ... wir haben aber keine andere Alternative« als den Frieden.

Was heißt hier »erwachsen«? Befehlsgewohnte Kommandeure sind wir!

»Wir alle wurden nach dem Ebenbild Elokims geschaffen.«

Interessanterweise bedient sich Peres der orthodoxen Weise, von Gott zu sprechen. Orthodoxen Juden ist es verboten, den Namen Gottes in den Mund zu nehmen. Da Gott auf Hebräisch Elohim heißt, ersetzen sie einfach das H durch ein K. Warum? Weiß Gott.

Peres fährt fort. Hier ist einer seiner kernigen Sätze: »Es gibt keine andere Wahrheit als die Wahrheit des Friedens.«

Die Leute um mich herum spachteln. Dies ist immerhin ein Präsidentendinner.

Ich unterhalte mich mit den hohen Tieren an meinem Tisch.

Zu meiner Linken, stelle ich fest, sitzt ein Arzt aus dem Hochsicherheitsgefängnis von Megido. Neben ihm der ›Bürgermeister‹ eines kleinen Dorfs. Die anderen sind so ziemlich von ähnlicher Kragenweite, und mit einer Ausnahme sitzen hier am Tisch nur Tscherkessen, keine Araber. Der eine Araber hier, ein Mann in Zivil, ist ein Experte für Computersicherheit.

Ich wechsle ein paar Worte mit ihm.

Kommen die Araber und die Juden in diesem Land miteinander aus?

»Auf keinen Fall.«

Er beliebt wohl zu scherzen. Es sind »führende Muslime« anwesend, wenn auch nicht an diesem Tisch, und wenn Araber und Juden nicht miteinander auskämen, warum wären sie dann hier?

Zu meiner Schande kann ich die bedeutenden Führungsfiguren nicht ausmachen und bitte diverse Gäste, mir die führenden Muslime und Botschafter zu zeigen. Meine Gesprächspartner sind allerdings genauso ratlos wie ich. Wenn es irgendwelche hochstehenden Muslime gibt, folgere ich bald, dann sind es die Tscherkessen an meinem Tisch.

Die Gäste auf dieser Veranstaltung, von denen viele miteinander bekannt sind, »führen« Gemeinschaften von der Größe von Tziporahs Haus auf dem Friedhof. Und selbst bei einer solchen Gruppengröße sind nicht alle Tische hier besetzt.

Ich mische mich unter die Leute. Es muss hier doch mehr geben als das, was man auf den ersten Blick vermutet. Ich wende mich an einen jungen Mann im Anzug und spreche ihn an.

Wie heißen Sie?

»Obama.«

Bitte?

»Ich kam, um Frieden zu stiften«, rügt er mich, »und wurde an einem Kontrollposten aufgehalten.«

Was für Leute lädt Präsident Peres nur zu seiner Party ein? Dieser Kerl leidet entweder an Wahnvorstellungen oder er ist ein Stand-up-Komiker, wobei sich beides ja nicht einmal ausschließt. Auf meine Nachfrage erklärt er mir, er sei »der einzige arabische Komiker« überhaupt.

Zurück an meinem Tisch spreche ich wieder mit dem Araber.
Ist das Leben hier wirklich so schlecht?

»Ich möchte darüber nicht reden, aber ja.«

Würden Sie diesem Land gerne den Rücken kehren?

»Auf keinen Fall! Sie (die Juden) wollen mich vertreiben, aber
ich werde nicht weggehen!«

Und wenn die Juden wollten, dass Sie blieben?

»Dann würde ich den ersten Flug ins Ausland nehmen!«

Er erzählt mir, dass er frei sein möchte, wie es die Europäer
sind, und von Land zu Land ziehen möchte, wie es die Europäer
tun. Ich frage ihn, ob er die Geschichte kennt und sich erinnert,
wie viele Ströme von Blut dort allein im vergangenen Jahrhundert
geflossen sind.

Ich sage ihm: Wenn ihr, die Menschen in dieser Gegend, so
viel Blut vergossen hättet wie die Europäer in ihrer jüngeren Vergangenheit, dann gäbe es heute im ganzen Nahen Osten kein einziges menschliches Lebewesen mehr. Er schaut mich völlig verblüfft an, während mich die anderen Muslime anstarren. Erinnern Sie sich, dass noch vor 1989 kein Zivilist von einer Hälfte
Berlins in die andere wechseln konnte?

An unserem Tisch herrscht jetzt Stille.

Scheinbar zögernd bricht der Computerspezialist das Schweigen.

»Darüber habe ich noch nie nachgedacht, aber Sie haben
recht.«

Ich gehe auf Schimon Peres zu und sage ihm, dass er eine
gute Rede gehalten hat. Was sonst soll ich sagen?

»Wo haben Sie so gut Hebräisch gelernt?«, fragt er mich.

Während ich aufbreche, denke ich: Selbst in dieser Woche, in
der Friedensgespräche stattfinden, konnte dieser international be-
wunderte Jude keine bedeutenderen arabischen Führer als »Obama« dazu bekommen, die Einladung zum Bankett des israelischen Staatspräsidenten anzunehmen.

Im Präsidentengarten ist das Bruchstück eines verzierten
Steins vom »Südeingang zum Tempelberg« ausgestellt, datiert
auf das »1. Jahrhundert v.Chr.«.

Dr. Hanan ist nicht hier, um es zu sehen, so wenig wie Dr. Ehab oder Ibrahim. Nur ›Obama‹.

Was ist in meiner Abwesenheit nur mit diesem Land passiert? Selbst sein Präsident gibt sich Selbsttäuschungen hin.

Da kommt mir eine Idee: Ich könnte Knochen von den Tellern für meine streunenden Katzen mitnehmen. Ich gehe zurück, um ein paar Knochen zu ergattern, aber die Tische sind alle schon abgeräumt.

7. STATION *Der kleine weiße Jude will keine kleine schwarze Jüdin heiraten. Deutsche Jugendliche hätten nichts dagegen, einer Steinigung von Juden beizuwohnen. Ein Soldat fährt neun Stunden, um bei seinem toten Kameraden zu sein*

Nachdem ich nun einen gewissen Vorgeschmack auf die israelische Politik bekommen habe, begebe ich mich in den Norden, nach Haifa und Umgebung.

Mein erster Stopp ist ein Jugenddorf für Waisen, Yemin Orde, nahe Haifa.

Die sind hoffentlich nicht so verblendet wie der israelische Präsident.

Als Erstes treffe ich Chaim Peri, den Präsidenten und Gründer der »Yemin Orde Educational Initiatives«. Chaims Vater und Mutter waren deutsche Juden, sogenannte »Jekkes«. Seine Mutter war 1941 im Zweiten Weltkrieg bei der Apfelernte auf den Feldern Palästinas im Einsatz; erst nach Chaims Geburt wurde ihr bewusst, was mit ihren Familien in Deutschland geschah. Daraufhin erlitt sie einen Nervenzusammenbruch, von dem sie sich nie wieder erholte.

Sollten Sie sich fragen, was ein Jekke ist, hier ein Beispiel: »Meine Großmutter väterlicherseits kam aus Berlin und wurde ›die blonde Schickse mit die lange Fiss‹ genannt. Sie baute sich Eselsbrücken im Deutschen, um sich die hebräischen Wörter zu merken. Zum Beispiel prägte sie sich ›Toda Raba‹, was danke auf Hebräisch heißt, als ›Toter Araber‹ ein.«

Yemin Orde ist ein ungewöhnliches Internat; es wirkt eher wie ein Dorf als wie eine Schule, aber es ist ein Internat. »Wir nennen es nicht ›Internat‹«, eine Bezeichnung, die an eine abgeschottete Welt denken lässt. »Wir ahmen hier« das echte, nichtinstitutionalisierte Leben nach, in dem ein Teil die Schule und ein anderer das Zuhause ist. Die Kinder lernen in der Schule und gehen dann ›nach Hause‹, wie es Kinder tun, die Eltern haben, und zu Hause können sie über die Schule sprechen oder gar über sie lästern. Die Kinder stammen überwiegend aus Äthiopien und Russland, Israels neusten Zuwanderergemeinschaften.

Chaim ist ein gläubiger Mensch, hat aber, wie man es von einem Sohn von Jekkes erwarten kann, seine eigene Sicht der Dinge. So sagt er etwa: »Am gottesfürchtigsten sind die Atheisten.« Man stelle sich vor.

Dieses Dorf ist eine großartige Idee. Frage an Sie: Wenn Sie nicht der Sohn von Jekkes wären, hätten Sie dann dieselben tollen Ideen und dieselbe Denkungsart, die Sie heute haben?

»Lassen Sie es mich so sagen: Alles, was in dieser Gesellschaft geschaffen wurde, wurde mit Hilfe deutscher Juden geschaffen.«

Racheli, eine junge Äthiopierin, die zum hiesigen Personal gehört, ist lebhaft und intelligent und schätzt das ›dugri‹ (offene) Wort. Auf meine Frage, ob es Rassismus in der israelischen Gesellschaft gibt, antwortet sie: »Ja, gibt es. Es ist nicht derselbe Rassismus wie der, mit dem die Amerikaner zu tun hatten, hier werden keine Schwarzen getötet, aber in unserer Gesellschaft existiert definitiv Rassismus.«

Wie gehen Sie damit um?

»Ich sage zu meinen Schülern: An unserer schwarzen Hautfarbe wird sich nichts ändern. An ihrer weißen Hautfarbe auch nicht. Wir unterscheiden uns im Aussehen. Was immer ihr tut, um einen Wandel in der Gesellschaft anzustoßen, die Farben werden bleiben. Lebt einfach damit.«

Und diese kleine Ansprache hilft?

»Ich sage meinen Schülern: Der Tag hat 24 Stunden. Niemand

wird euch mehr Stunden an einem Tag geben, und niemand wird euch irgendeine von ihnen wegnehmen. Diese 24 Stunden gehören euch, macht aus ihnen, was ihr könnt. Wenn ihr sie damit verbringen wollt, euch zu beklagen, dann werdet ihr den Preis dafür bezahlen. Ihr könnt alles aus euch machen, was ihr wollt, aber ihr müsst es auch tun.«

Ich lerne einen kleinen Jungen kennen, den Enkel eines der weißen freiwilligen Helfer hier, und spiele ein bisschen mit ihm. Wir sind uns sympathisch und albern herum. Nach einer Weile beginne ich, ihm dumme Fragen zu stellen. Eine von ihnen ist: Wenn du älter bist, würdest du gerne eine äthiopische Frau heiraten?

»Nein.«

Warum nicht?

»Nein.«

Warum nicht?

»Weil halt so.«

Was glaubst du, sind Schwarze gut?

»Nein.«

Was macht sie schlecht?

In diesem Moment erhascht der Kleine einen Blick von seinem älteren Bruder, der ihm bedeutet, den Mund zu halten. Was er dann auch tut.

Es verblüfft mich immer wieder, wie schwierig es für ein Volk ist, ein anderes nicht zu diskriminieren.

Zeit, um weiterzufahren, nach Haifa.

Der Film *The Gardener*, ein Film, der politisch so korrekt ist, wie es nur geht, setzt auf dieselben diskriminierenden Begriffe, mit denen ich gerade konfrontiert war: weiß und schwarz. Geboten wird in diesem Film, der von einem iranischen Freund Israels gedreht wurde, die weiße Softiefrau und der grobschlächtige schwarze Mann. Die Dreharbeiten fanden in den Bahai-Gärten in Haifa statt, meiner ersten Station in der Stadt.

Die Bahai-Gärten.

Ich spaziere durch die bezaubernden Gärten und steige dann die Treppen hoch, die zum Schrein führen. Der Schrein ist derzeit geschlossen, doch sitzen vier Jugendliche auf der Schwelle seines Tores. Es sind Mo, Selina, Birte und Marvin. Zwei von ihnen haben gerade Abitur gemacht, die anderen beiden ihren Fachhochschulabschluss, und alle kommen sie aus Deutschland.

Sie sind für zwei Wochen in Israel und waren schon in Tel Aviv und Jerusalem. In Jerusalem sahen sie, wie Araber in der Altstadt zwei Stunden lang Steine auf Juden schmissen, erinnern sie sich, bis schließlich die israelische Polizei »mit Pistolen und Pferden« einschritt. Das ist ein brutales Vorgehen der Israelis, sagen sie, die Polizei hätte nämlich »mit ihnen sprechen« sollen, statt gewaltsam vorzugehen. Interessanterweise kein einziges Wort der Kritik an den Steinewerfern.

Hat irgendeiner von euch seine Meinung über Israel geändert, jetzt, wo ihr hier seid?

Mo sagt mir, er habe »mehr Aggressivität auf jüdischer Seite« gesehen, als er erwartet hatte.

Von was genau sprichst du?

»Von jüdischen Soldaten mit Schusswaffen in Gebetsstätten.«

Was wäre mit den Juden passiert, wenn keine Polizei mit Pistolen aufgetaucht wäre?

»Weiß ich nicht.«

Was auch immer mit den Juden hätte geschehen können, ob sie verletzt oder getötet worden wären, sie sollten die Steine akzeptieren.

Wenigstens ist er ehrlich.

Selina hatte immer geglaubt, der Konflikt zwischen Arabern und Juden sei leichter zu lösen, sie hatte eine Schwarz-Weiß-Vorstellung von ihm, aber jetzt, wo sie hier ist, wird ihr klar, dass das alles nicht so einfach ist.

Birte glaubt: »Man kann nicht so einfach in ein Land kommen und die Menschen vertreiben.« Genau das aber haben die Juden getan, was sie fühlt, seitdem sie hier ist.

Ich vermute, sie spricht von der Gründung des jüdischen Staats im Jahr 1948, lange bevor sie geboren wurde und höchstwahrscheinlich bevor ihre Eltern geboren wurden. Wie schafft man es, das zu »fühlen«?

»Ich hatte eine gute Lehrerin in der Schule, die brachte uns alles darüber bei.«

Ich kam hierher, um Schwarz und Weiß zu sehen, und was kriege ich? Deutsche.

Die Universität von Haifa ist nur eine Taxifahrt von hier entfernt. Nichts wie hin.

Fania Oz-Salzberger, die Tochter des berühmten israelischen Schriftstellers Amos Oz, lehrt Geschichte an der rechtswissenschaftlichen Fakultät der Universität.

Fania, eine Frau mit einwandfreien Manieren, bestellt in der Uni-Cafeteria kalte Getränke für ihren Gast. Sobald wir uns eine angesteckt und den Rauch in unsere Lungen gesogen haben, beginnen wir mit der Erörterung extrem bedeutsamer Fragen. Wie etwa: Wer ist ein Jude?

Seit Jahrzehnten hat sich der israelische Gesetzgeber um eine Klärung dieser Frage bemüht, ist aber immer noch keinen Deut schlauer.

Im Unterschied zu Fania.

»Unsere, also die der Juden, ist keine Blutlinie, sondern eine Textlinie.«

Ist dies die wichtigste Definition dessen, was es heißt, jüdisch zu sein?

»Ja.«

Wie passen die Palästinenser in diese Gleichung?

Ich habe keine Ahnung, warum ich das frage. Das Wort »Palästinenser« wurde mir so viele Male eingetrichtert, seit ich hier bin, dass ich es bei irgendjemandem loswerden muss. Zu meiner Überraschung beantwortet Fania meine Frage, als wäre sie die logischste von der Welt.

»Gar nicht, sie sind wie jedes andere Volk.«

Fania ist stolz auf ihr Volk und ihre Kultur.

»Israel ist der größte Exporteur von Bedeutung auf der ganzen

Welt, und das ist unser Geschäft seit der Zeit Jesu. Dieses Land beweist, dass es nicht auf die Größe ankommt.«

Fania macht keinen Punkt, sondern einfach weiter:

»Dieser Ort funktioniert wie ein Magnet und ist zugleich radioaktiv, er strahlt. Nennen Sie es mystisch, ich weiß nicht, was es ist. Denken Sie an die Kreuzfahrer: Warum bestiegen die Ritter ihre Pferde und kamen hierher? Warum kam der Prophet Mohammed hierher, um von Jerusalem aus in den Himmel emporzufliegen? Warum kehrten die Juden wieder hierher zurück? Hier sind Kräfte am Werk, nennen Sie sie Magnetismus und Radioaktivität. Dieser Ort zieht Energie an und verströmt sie dann wieder.«

Ob man ihr zustimmt oder nicht, Fania überrascht mit ihren Ansichten, und ich lausche ihr einfach.

»Nirgendwo auf der Welt herrscht eine solche Wortdichte wie hier. Armageddon ist zehn Kilometer von hier entfernt. Jeder Fleck in diesem Land hat eine eingebaute Bibliothek. In dieser gedrängten Textualität liegt die Bedeutung dieser Gegend.

Juden und Araber töten einander. Araber und Araber töten einander. Juden und Juden aber töten einander nicht, sie schreien sich an. Weil Juden aus Wörtern gemacht sind, Wörtern, die in Büchern stehen und dies seit 2500 Jahren tun.«

So ganz stimmt das natürlich nicht. Der frühere Ministerpräsident Jitzchak Rabin starb durch die Kugel eines jüdischen Attentäters. Der Zionistenführer Chaim Arlosoroff starb höchstwahrscheinlich durch die Hände jüdischer Mörder. Der Journalist Rabbi Jacob Israël de Haan wurde im Auftrag der Hagana ermordet, einer paramilitärischen jüdischen Untergrundorganisation in der Zeit vor der Staatsgründung. Und dann gab es natürlich die Altalena-Affäre, bei der 19 Juden von Juden erschossen wurden.

Im Vergleich mit anderen Nationen sind das indes vernachlässigenswerte Zahlen.

Und Fania eröffnet mir noch etwas.

»Ich mag einige griechische Bücher aus der Antike mehr als die meisten jüdischen Bücher. Aber kein anderes Volk außer den Juden hat je seine Kinder dazu genötigt, mit drei Jahren in die Schule zu gehen.«

Darüber habe ich noch nie nachgedacht, obwohl ich es hätte tun sollen. Als Fania das sagt, fühle ich mich auf magische Weise in meine frühe Kindheit zurückversetzt. Ich begann im zarten Alter von drei Jahren, Judaismus zu studieren.

Ich verabschiede mich von Fania, einer der wenigen Intellektuellen in meinem Leben, die mich nachdenklich gestimmt haben. Ich laufe durch die Straßen von Haifa, einer Stadt, in der Araber und Juden friedlich zusammenleben. Mein Eindruck von Haifa ist der einer entspannten Stadt, einer angenehmen und ruhigen Stadt, in der es nur viel zu heiß ist. Ich vermisse das Wetter in Jerusalem, nein, nicht vermisse, ich brauche es. Also besteige ich einen Bus in die Hauptstadt – der Juden oder der Araber – und nehme den einzigen freien Sitzplatz, neben einem Soldaten mit Maschinenpistole.

Ich stelle mich ihm als ein Mann namens Tuvia vor. Der Name gefällt ihm, und er öffnet sich.

Er hat anderthalb Tage Urlaub bekommen und ist auf dem Heimweg nach Jerusalem, wo Mama und Papa es kaum erwarten können, ihn zu sehen und zu verwöhnen. Er ist an der libanesischen Grenze stationiert und nun schon geraume Zeit unterwegs. Um genau zu sein: seit neun Stunden. Zieht man Hin- und Rückweg und Zeit zum Schlafen ab, dann schnurren seine anderthalb Tage auf ein paar Stunden zusammen.

Bevor er an die Grenze zum Libanon kam, war er in Hebron stationiert.

Ich frage ihn, ob sich seine politischen Ansichten geändert haben, seitdem er in Hebron oder an der libanesischen Grenze war.

»Ja. Ich bin eher zu einem Rechten geworden. An einem Kontrollpunkt zu stehen, ist keine leichte Aufgabe. Man weiß nie, was als nächstes geschieht. Jeden Tag, fast jeden Tag drängen sie« – die Palästinenser – »ihre zehnjährigen Kinder, manchmal sogar noch jüngere, dazu, sich dem Kontrollpunkt zu nähern und mit Steinen auf uns zu werfen. Was macht man mit einem Kind? Kinder kann man nicht bekämpfen. Die Eltern leiten ihre Kinder an, und manchmal konnte ich sogar aus der nahe gelegenen Schule mit anhören, wie ihnen im Unterricht beigebracht wird, Juden zu hassen. Es ist nicht die Schuld der Kinder, aber sie sind es, die die Steine werfen. Ich habe zugehört und hingesehen, und jetzt bin ich nach rechts gerückt. Wenn man an einem Kontrollposten steht, ändert man früher oder später seine Ansichten, wenn man ein Linker war. Man erlebt den Hass und weiß, dass es keine Chance auf Frieden gibt.«

Ich nehme an, Sie sind ein stolzer Zionist –

»Ich bin kein Zionist. Wenn ich mit dem Wehrdienst fertig bin, werde ich Israel womöglich verlassen und nach Brooklyn gehen. Ich habe Verwandte in Amerika.«

Warum dienen Sie dann in der Armee?

»Als ich ein Kind war und in Israel aufwuchs, hat mich jemand da draußen beschützt. Jetzt bin ich an der Reihe, die Kinder zu beschützen.«

Wie ist das Leben an der Grenze?

»Langweilig. Gefährlich.«

Schlafen Sie in Zelten?

»Zelten?? Wenn wir in Zelten lebten, wären wir längst tot.«

Beschreiben Sie Ihre Lebensumstände –

»Wir leben in einer Festung, die nicht ein einziges Fenster hat. Es ist heiß. Heiß. Heiß. Ich habe drei Ventilatoren laufen, nur um einen kleinen Luftzug abzukriegen.«

Was machen Sie, wenn Sie nicht in der Festung sind?

»Ich weiß nicht, ob ich mit Ihnen darüber sprechen darf.«

Ja, dürfen Sie ...!

Er hält inne. Denkt nach. Ich lächle ihn an, und er fährt fort:

»An der Grenze. Wir behalten sie im Auge, sie behalten uns im Auge, und nichts passiert. Manchmal vermisse ich Hebron, weil da immer etwas los war, immer, auch wenn es keine schöne Erfahrung war. Die arabischen Kinder mit den Steinen, und die erwachsenen Linken. Auch sie kommen und verwünschen die Soldaten. Einige sind Juden, andere nicht. Aber wenigstens haben wir uns nicht im Dunkeln versteckt, ohne zu wissen, was passiert und ob etwas passiert. Ja, gewiss; auch das ist eine Erfahrung.

Menschen aus allen Gesellschaftsschichten sind in der Festung, teilen sich Zimmer. Ich habe in der Armee Freunde gefunden, die ich sonst nicht gefunden hätte. Äthiopier, Russen, alles. Reich und arm, gebildet oder nicht. Wir lernen uns unter sehr schwierigen Umständen kennen und werden Brüder. In der Armee zu dienen lehrt uns, dass wir alle gleich sind. Darüber bin ich sehr glücklich.«

Wie viel verdienen Sie in der Armee?

»Ich bin in einer Kampfeinheit, wir bekommen mehr als andere.«

Alles in allem verdient er 150 Euro im Monat.

Diesen »Mehr als andere«-Bombenverdienst gibt er für Alkohol und Zigaretten aus. »Wenn ich einen Tag frei habe, gehe ich aus und trinke. Nur um den Kopf freizukriegen. Anders geht das kaum.«

Als der Bus in Jerusalem eintrifft, höre ich, wie er mit einem Freund oder Familienmitglied telefoniert: »Ich gehe morgen früh auf den Friedhof.« Nach Beendigung seines Gesprächs frage ich ihn, wer gestorben sei. Ein Kamerad aus seiner Einheit. Er schweigt für eine Minute, schaut mir dann unverwandt ins Gesicht und sagt: »Ich weiß wirklich nicht, ob ich dieses Land verlassen werde. Ich glaube eher nicht.«

Erzählt hat er mir von einem Kneipenabend. Hätte ich dieses Handygespräch nicht mitbekommen, dann hätte ich von dem Toten kein Wort erfahren. Er hat den ganzen Weg zurückgelegt, um seinem toten Freund die letzte Ehre zu erweisen. Er heißt Ariel. Und Ariel wird seinen toten Kameraden nie zurücklassen. Einen Friedhof kann man nicht mitnehmen.

8. STATION
Eine amerikanische Jüdin entdeckt die jüdische Libido, während sich eine israelische Bibelexpertin nicht an den Propheten Jesaja erinnert

Jetzt, wo ich die eigentlichen Hauptstädte Israels und Palästinas hinter mir gelassen habe und bis nach Haifa vorgedrungen bin, kann ich mich auch gleich nach Tel Aviv wagen, Israels kultureller Hauptstadt.

Vor meinem Hotel liegt der Strand. Überdimensionale Schilder verkünden, dass es hier keine Rettungsschwimmer gibt und Schwimmen oder Baden verboten ist. Hunderte von Menschen am Strand geben sich alle Mühe, das Verbot zu ignorieren.

Ich aber bin mit Ran Rahav verabredet, Israels bekanntestem PR-Mann, der die Reichen und Berühmten des Landes vertritt und selbst ein Fernsehstar ist. Er residiert in einem Prunkbüro, dessen Wände mit teuren Gemälden und dessen Böden mit wahren Kunstwerken von Teppichen geschmückt sind. Dort treffen wir uns auf einen Schwatz. Ran sagt mir, was die treibende Kraft des israelischen Volkes ist: »Zu überleben.«

Ran, der nebenher als »Honorarkonsul der Marshallinseln in Israel« amtiert, kennt sein Volk besser als viele andere.

Zu überleben.

Mit diesem einen Ziel im Kopf pflanzten die Juden in diesem Land Bäume in der Wüste, errichteten Wolkenkratzer in Sumpfgebieten und bauten aus dem Nichts eine der stärksten Armeen der Welt auf. Diese Gegend, ob man sie nun Israel oder Palästina nennt, war eine Mischung aus Wüste und Sümpfen, bevor die »Muselmänner« aus Auschwitz-Birkenau an ihren Gestaden auftauchten. Israels Juden, deren Zuhause ein Konzentrationslager war, haben es bis ins 49. Stockwerk eines Luxusapartments in Tel Aviv gebracht. Diese Leute, die überlebten, indem sie in Treblinka einen Becher schmutziges Wasser am Tag tranken, schlecken heute bei Sonnenuntergang die köstlichste Eiscreme. Diese Leute, die einst die Bibel schrieben, schreiben heute die modernste Software überhaupt.

Als ich mich aber am Abend mit einer amerikanischen Jüdin zum Essen treffe, lerne ich eine ganz andere, verborgene Bedeutung Israels kennen. Worum geht es in diesem Land? Um Sex. Ja! Ihr ist aufgefallen, berichtet sie mir, dass, wo auch immer sie hingeht, eine »sexuelle Spannung« in der Luft liegt. Sicher bin ich mir nicht, aber ich vermute mal, ein israelischer Mann hat mit ihr geflirtet, und jetzt ist sie scharf.

Da will ich nicht hintanstehen und begebe mich auf die Pirsch nach Tel Avivs sexy Geschöpfen.

Ich gehe zum Rothschild Boulevard, wo die aschkenasischen liberalen Reichen speisen, sich vergnügen und arbeiten. Hier findet man Restaurants, die gesunde Getränke nach dem Geschmack und der Philosophie jüdischer Friedensfreunde anbieten, in der Regel zu gesalzenen Preisen. Interessanterweise scheinen die Linken in diesem Land mit seinen Reichen identisch zu sein. Wie das funktioniert, und warum, ist mir ein Rätsel.

Als ich noch in diesem Land lebte, war Prof. Jeschajahu Leibowitz, ein orthodoxer Jude, der in Berlin und Basel studiert hatte und an der Hebräischen Universität Jerusalem lehrte, der linkeste Linke, den ich kannte und dessen Vorträge ich besuchte. Er war äußerst scharfzüngig und schlicht brillant, und ich wüsste gerne, ob die israelischen Linken von heute auch so sind.

Am nächsten Abend treffe ich mich mit einer Reihe Linksintellektueller, Universitätsprofessoren und dergleichen, in einem ziemlich teuren Restaurant zum Abendessen und unterhalte mich mit der Hübschesten aus dem Haufen, einer »politischen Psychologin«. Das Erste, was sie zu mir sagt, ist: »Ich bin eine Liberale, superliberal, und Atheistin.« Als der Kellner kommt, bestellt sie einen Caffè Latte, aber als Intellektuelle kann sie nicht einfach einen Latte bestellen, ohne ihm auch noch jeden Geschmack auszutreiben. Ihr Latte, sagt sie dem Kellner, soll mit entkoffeiniertem Kaffee und fettloser Milch gemacht und in einem durchsichtigen Glas serviert werden.

Ihr Spezialgebiet, klärt sie mich auf, sind religiöse Extremisten, vor allem Siedler. Die Siedler, verkündet sie mit größter Selbstsicherheit, sind Idioten. Ich frage sie, ob sie irgendwelche von ihren Schriften gelesen hat, nur um sicherzugehen, dass es sich wirklich um ›erwiesene Hohlköpfe‹ handelt. Das, bekomme ich zur Antwort, müsse sie nicht tun, weil sie viele ihrer Gegner gelesen hat, die sie zitieren, und das sei mehr als genug.

Abgesehen von ihrer Siedler-Expertise ist sie ihren eigenen Worten zufolge auch noch eine Expertin für den jüdischen Glauben, den sie als eine »heidnische Religion« einstuft. Ich frage sie, ob sie je Judaismus studiert hat, woraufhin sie verärgert ihre Stimme hebt. Jahr um Jahr um Jahr, blafft sie diesen Versündiger an ihrem hohen Rang an, hat sie den Judaismus rauf und runter und rauf und runter und rauf und runter studiert. Können Sie mir dann sagen, was die »Vision Jesajas« ist? Das ist die grundlegendste Frage, die man stellen kann, und jeder Student eines Bibeleinführungskurses könnte sie im Schlaf beantworten, nur diese gelehrte Lady hat keinen Schimmer. Was für eine Vision? Welcher Jesaja?

Mich verwirrt ihre komplette Ahnungslosigkeit, aber für jeden am Tisch hier steht zweifellos fest, dass mir die geistigen Fähigkeiten abgehen, um höhere Begriffe zu verstehen. Sie feuern jetzt Breitseite um Breitseite supergescheiter, leider aber bedeutungsloser Wörter auf mich ab. Während ich an meinem Chivas Regal nippe, denke ich an einen meiner Lieblingsrabbiner aus den alten Tagen zurück, der zweifellos ein Genie war: »Wer da seine These nicht in einfachen Worten erläutern kann, der hat keine These.«

Tja. Diese Professoren sind keine Jeschajahu Leibowitze; sie würden nicht einmal zu seinen Dienstboten taugen.

9. STATION *Ein Mann, der drei Wörter erfunden hat –* *»Na Nach Nachma« –, verändert das Land*

Es gibt allerdings Menschen in diesem Land, die das Buch des Propheten Jesaja sowie viele andere Bücher kennen. Am Morgen des folgenden Tages beschließe ich, einige Stunden bei ihnen zu verbringen. Es sind die ultraorthodoxen Einwohner einer Stadt namens Bet Schemesch, die Rechtschaffensten unter den auserwählten Paaren, wie man mir sagt. Ihre Frauen werden auch als »Taliban« bezeichnet, weil sie ›züchtigere‹ Kleidung tragen als die gottesfürchtigsten Saudiladys. Die Damen im ›Müllsack‹, die ich in Me'a Sche'arim sah, leben in Wirklichkeit hier, heißt es.

Ich bin schneller dort als der Mond.

Auf der, wie mir scheint, Hauptstraße von Bet Schemesch treffe ich auf eine Gruppe Chassidim, die alle ziemlich gelangweilt aus der Wäsche gucken.

Sind Sie verheiratet, frage ich einen von ihnen.

»Ja.«

Ist Ihre Frau eine tolle Frau?

»O ja.«

Können Sie mir zwei schlechte Charakterzüge an ihr nennen, die Ihnen wirklich gegen den Strich gehen?

»Meine Frau ist die Tugend in Person.«

Wie steht es mit Ihrer Frau, frage ich einen anderen Mann aus der Gruppe, als ob mich das irgendetwas anginge.

»Die hat nur eine schlechte Eigenschaft: Sie besitzt nicht eine gute Eigenschaft.«

Ich muss laut lachen.

Wie kommt es, dass diese Juden so viel Sinn für Humor haben, während der Rest der israelischen Gesellschaft vergleichsweise humorlos ist?

Ich gehe weiter und treffe auf Joel, einen Anhänger einer Sekte namens Reb-Ahrelach (Anhänger von Rabbi Ahron), der den einzigartigen silbernen Mantel seiner Gemeinschaft trägt, und führe mit ihm einen Plausch über die aktuelle Politik.

Was halten Sie von den gegenwärtigen Friedensgesprächen zwischen Arabern und Juden?

»Da müssen Sie die Rabbiner fragen, ich habe dazu keine Meinung.«

Ich frage nicht nach einem religiösen Schiedsspruch, ich frage danach, was Sie denken.

»Was ich denke? Was gibt es da zu denken? Nach jüdischem Gesetz sollen Juden nicht gegen Heiden kämpfen. Wir sollten nicht gegen die Araber kämpfen! Aber Frieden? Es wird nie Frieden geben. Die Heiden mögen uns nicht und werden es nie tun. Was für einen Frieden? Der Frieden ist ein Traum.«

Ich möchte Sie etwas anderes fragen. Ich bin hierhergekommen, um die jüdischen Taliban zu sehen, aber ich sehe keine. Leben sie nun hier oder nicht?

»Hier haben wir nur rund 20 von ihnen. Sie leben nicht alle am selben Ort, aber sie treffen sich und machen, was sie wollen. Die Rabbiner haben sie verurteilt.«

Wegen der Burka oder dem Nikab?

»Nein, nein. Wenn Sie sich komplett schwarz verhüllen wollen, dann lass sie; das ist nicht das Problem. Das Problem ist, dass sie für sich selbst entscheiden, was erlaubt und was verboten ist, und ihren Männern nicht gehorchen. Ein Ehemann ist für sie nur ein ›Ding‹, und das verstößt gegen den jüdischen Glauben. Frauen sollen ihren Männern gehorchen.«

Dieser Herr, der eben noch einen auf bescheiden machte, ist in Wirklichkeit ein Lehrer in der hiesigen Gemeinschaft.

Vielleicht, denke ich mir, kriege ich ihn ja dazu, mir ein oder zwei Dinge beizubringen. Es gibt etwas, das ich mich schon die

113

ganze Zeit frage, etwas, das es nur in Israel gibt, eine Besonderheit, die ich noch in keinem anderen Land gesehen habe und auch aus dem Israel meiner Vergangenheit nicht kenne. In ganz Israel, und ich meine in *ganz* Israel, finden sich an jeder freien Mauer diese hebräischen Zeichen: Na Nach Nachma Nachman, was sich auf Rabbi Nachman aus Breslau bezieht, der vor rund 200 Jahren das Zeitliche segnete.

»Die Nachnachs sind keine echten Chassiden, das sind doch bloß Meschuggene. Das sind Faulpelze, die nichts lernen wollen. Stattdessen verbringen sie Tag und Nacht damit, den Leuten zu erzählen, sie sollten glücklich sein und den lieben Tag lang tanzen. Das ist nicht normal, das hat nichts mit der Wirklichkeit zu tun.«

»Nachnachs« ist ein Wort, das ich zum ersten Mal höre, »Meschuggene« ist Hebräisch/Jiddisch für Idioten.

Wie fing diese Nachnachs-Bewegung an?

»Das wissen Sie nicht?«

Nein.

»Das ging vor vielen Jahren, vielleicht vor 30 Jahren, von einem guten Kerl aus, der nicht wie die Nachnachs war. Er hatte ein Problem: Er war krank, immerzu traurig, niemand konnte ihm helfen. Eines Tages beschloss einer seiner Freunde, etwas dagegen zu tun. Er nahm ein Stück Papier und schrieb darauf: ›Wer die Worte *Na Nach Nachma Nachman Meuman* sagt, wird glücklich und gesund.‹ Dann schrieb er noch dazu: ›Dieses Papier ist vom Himmel gefallen.‹ Er legte den Zettel in ein Buch, von dem er wusste, dass der Kranke es las, und ging. Als der traurige kranke Mann später das Buch aufschlug und die Notiz fand, glaubte er wirklich, sie sei ihm vom Himmel gesandt. Er befolgte den Rat des Himmels, sagte den ganzen Tag dieses Nachnach und lebte von nun an gesund und glücklich. Das ist die ganze Geschichte.«

Die Amerikaner erfinden McDonald's und Coca-Cola, die Israelis erfinden Computerchips und Nachnachs. Wundert es irgendjemand, dass diese beiden Länder gut miteinander können?

Wenn ich an einem mir unbekannten Ort bin, probiere ich normalerweise als Erstes das Essen. Dies würde ich auch jetzt am liebsten tun, allerdings stellt mich das vor ein Problem: Es gibt hier keine Restaurants. Die charedischen Juden von Bet Schemesch glauben, dass Restaurants ein Werkzeug des Teufels sind. Schließlich können in Restaurants Männer und Frauen zusammentreffen, woraufhin die Männer, was Gott verhüte, eine Erektion bekommen könnten, wenn sie in ein Hühnerbein beißen, während sie eine Taliban betrachten.

Außer ihrer Antirestaurant-Politik haben diese Leute ihre eigenen Busse, in denen die Männer vorne und die Frauen hinten sitzen. Durch diese Art der Aufteilung, so hat Gott es ihnen offensichtlich offenbart, starren die Männer nicht auf die verführerischen Geschöpfe namens Frauen und geben sich keinen sündigen Gedanken hin.

Egged, Israels größte Busgesellschaft, die fast das ganze Land bedient, ist auch in dieser Stadt vertreten, unterteilt ihre Busse aber nicht in Männer- und Frauenbereiche.

Ich laufe gerade auf der Suche nach etwas Süßem umher, wenn es schon keine gescheite Mahlzeit gibt, als ich auf der Straße vor mir ein Polizeiauto sehe, das den Verkehr blockiert.

Was ist passiert, frage ich einen chassidischen Mann.

»Das da? Auf der gegenüberliegenden Straßenseite wurde ein Egged-Bus mit Steinen beworfen.«

Warum?

»Das passiert halt manchmal.«

Von Palästinensern?

»Nein. Wir haben keine Araber in Bet Schemesch. Hier gibt es nur Juden.«

Warum wurde der Bus mit Steinen beworfen?

»Weil der Bus, der nicht unser koscherer Bus ist, der zionistischen Regierung gehört«, antwortet er, als ergäbe das irgendeinen Sinn. Das klingt so merkwürdig für mich, dass ich zu dem Polizeifahrzeug hinübergehe, in dem Polizisten sitzen, Kaffee trinken und mit ihren Smartphones spielen. Sie fordern mich auf, weiterzugehen, ich zeige ihnen meinen Presseausweis. Ein Polizist namens Liran ist nicht beeindruckt. »Ich bin Ihnen zu nichts verpflichtet, ich werde Ihnen nichts sagen. Verschwinden Sie, verdammt noch mal.«

115

Ist das der Stil, in dem Sie mit der Presse reden sollen?

»Was? Was habe ich gesagt? Ich habe nichts gesagt.«

Ganz schön unverschämt, denke ich mir, da wendet sich eine chassidische Passantin an mich: »Schreiben Sie das! Die Leute sollen wissen, wie zionistische Polizisten reden und auftreten. Die Leute wissen das nicht. Sie demütigen uns die ganze Zeit. Stundenlang wird es keine Busse mehr in diesem Viertel geben. Sie bestrafen uns für die Tat eines Verrückten. Schreiben Sie das!«

Ich rufe Hauptkommissar Micky Rosenfeld an, den Auslandspressesprecher der israelischen Polizei, und frage ihn, ob das hier das normale Verhalten ist. Ganz professioneller Sprecher, geht der Mann prompt in die Luft: »Sie lassen niemanden ausreden! Sie hören nur auf sich selbst! Warum können Sie anderen nicht zuhören?!«

Ich habe nicht die geringste Ahnung, was der Grund für seine Verärgerung ist, doch fährt er fort: »Woher kommen Sie?«

Ich wurde in diesem Land geboren, wenn Sie es genau wissen wollen.

»Nein, nein, nein. Woher kommen Sie?«

Offensichtlich will er den Namen eines anderen Landes hören, also gebe ich ihm einen.

Aus Deutschland.

»Das merkt man!«

Ich recherchiere mit meinem iPad, vielleicht weiß es ja besser als ich, was sich direkt vor meiner Nase abspielt. Steves Maschine verrät mir: In dem Egged-Bus sprach ein religiöser Mann eine Frau an, die im vorderen Teil saß, und forderte sie auf, sich nach hinten zu setzen. Sie weigerte sich. Es kam zu einer Auseinandersetzung, die gewalttätig wurde und sich ausweitete, sodass am Ende drei Busse von Strenggläubigen mit Steinen beworfen wurden.

Von geilen Juden, scheint mir. Sie sehen eine Frau, die keine Taliban ist, riechen ihr verführerisches Fleisch und werden gewalttätig.

Eine verrückte Sippschaft.

Glücklicherweise gibt es auch kultivierte Menschen in diesem Land, die auf eine 14 000-jährige Kultur zurückblicken und nicht fanatisch sind, sondern tolerant. Vorausgesetzt natürlich, man zündet sich im Ramadan keine Fluppe an.

Es ist heiß heute, wie nicht anders zu erwarten mitten im Sommer. Ich frage einen Chassiden in Pelzmütze, schwerem schwarzem Mantel und wollenen Zizit (Fransen), wie er es bei dieser glühenden Hitze in seiner Kleidung aushält. Er blickt mich an, sieht mein verschwitztes Gesicht und antwortet: »Sie schwitzen, wie man sieht, und tragen weder Mantel noch Hut. Was wollen *Sie* dagegen unternehmen, werden Sie Ihr Gesicht ablegen? Nein. Und in meinem Fall ist es nicht anders. Meine Kleidung ist eine jüdische Uniform, an die ich mich sehr gewöhnt habe, sie ist Teil meines Körpers. Im Sommer ist es immer heiß, für Sie und für mich. Sie werden Ihr Gesicht nicht gegen ein anderes austauschen, nicht wahr? Meine Kleidung, diese Uniform, bewahrt mich davor, Sünden zu begehen. In dieser Kleidung würde mich kein Mädchen wollen. Das ist gut so, weil es einfacher ist, der Versuchung zu widerstehen, wenn die Frauen einen nicht wollen. Verstehen Sie?«

Gut gebrüllt, Löwe. Würden Sie sich aber in der Geschichte auskennen oder die alten jüdischen Texte lesen, dann wüssten Sie, dass Ihre Kleidung nichts genuin Jüdisches hat. Kein talmudischer Rabbiner hat sie je getragen. Sie ist europäisch, alteuropäisch, und so wenig jüdisch wie Ihre Obsession mit verführerischen Frauen. Die ist nämlich katholisch, mein Bester. Wollen Sie etwa auch die Jungfrau Maria verehren? Und was Ihre »jüdische« Uniform angeht: Sie ist eine Mischung aus Kleidungsstücken, die Österreicher, Kosaken, Ungarn, Polen und so weiter trugen, als Sie, die Juden, unter ihnen und ihrer Herrschaft lebten. Als sie in Ihre Gemeinschaften kamen, um Sie zu töten, weil Sie Juden waren, sahen Sie ihre Kleidung und wurden neidisch. Als sie wieder abzogen, kopierten Sie ihre Art und ihren Geschmack, wenn Sie zu den Glücklichen gehörten, die überlebt hatten.

Dies hätte ich ihm gerne genauso gesagt, allein: Es ist sinnlos, mit einem Fanatiker zu diskutieren, wie es auch sinnlos wäre, mit einem Intellektuellen zu diskutieren. »Intellektuell« klingt nur netter als fanatisch.

10. STATION *Gott ist nackt und schwul*

Nicht jeder mag im Sommer Pelze. Die Schwulen zum Beispiel folgen nicht dem Grundsatz: Je mehr Kleidung, desto besser.

In nur wenigen Stunden werden sie einen Marsch durch die Straßen von Jerusalem veranstalten. Sie sammeln sich im Unabhängigkeitspark für ihre Schwulenparade, und ich möchte mich ihnen anschließen. Schwulenparaden pflegen von tuntigen halbnackten Monosexisten bevölkert zu sein, und nach meiner Zeit bei den hautverbergenden Juden habe ich mir ein paar nackte Juden verdient.

Nachdem Liran und sein Trupp die Straße wieder für den Verkehr freigegeben haben, fahre ich zu den nackten Juden.

»Gay Pride« ist nicht gerade das, woran man bei Jerusalem als Erstes denkt, aber ein Mann, den ich auf einen kurzen Schwatz anspreche, erzählt mir, Israels früherer Oberrabbiner »ist ein Homo«.

Woher wissen Sie das?

»Wollen Sie mich veräppeln? Das weiß doch jeder! Es gibt viele Schwule in der charedischen Gemeinschaft. Wussten Sie das nicht?«

Ah, vielleicht war ja der Mann, der die Frau in den hinteren Teil des Busses scheuchen wollte, in Wirklichkeit schwul und einfach nur sauer, weil die Frau seine Sicht auf die anderen Männer verdeckte!

Ich verweile im Park, höre mir die Reden über die Probleme der Homosexuellen an, dies und das, bis schließlich die rund 4000 Paradeteilnehmer mit ihrem Marsch beginnen. Wirkliche Nudisten sind leider keine zu sehen: weder Frauen, die ihre blanken Brüste, noch Männer, die ihre blanken Hintern zeigen, nur viele nackte Plakate. An der Spitze der Parade verkündet ein großes Plakat auf Hebräisch, Arabisch und Englisch: »Jerusalem-Marsch für Stolz und Toleranz«. Ich sehe amerikanische und israelische Schwule, kann aber keinen einzigen arabischen entdecken.

Obwohl sie nicht nackt sind, zeigen sie wenigstens ein bisschen Haut. Und die meisten scheinen mir Atheisten zu sein. Was nach Bet Schemesch eine Erholung ist.

Nach ungefähr einer halben Stunde schmeißt jemand vom Dach eines Hauses, an dem wir vorbeimarschieren, eine Stinkbombe auf uns. Es stinkt wirklich sehr. Ein chassidischer Homo, vermute ich mal, ist geil geworden und wusste nicht mehr, wie er sein Verlangen zügeln soll.

Die Parade führt überwiegend durch unbebaute Straßen, wie von den örtlichen Behörden genehmigt. Die Bewohner dieser Heiligen Stadt würden in ihren Gefühlen verletzt – oder zu geil werden –, wenn ein Schwuler durch ihre Straßen ginge. Viele der Mitmarschierenden sind Mann/Frau-Paare.

Jerusalem ist nicht Tel Aviv, das unlängst zur schwulsten Stadt der Welt gekürt wurde. So jedenfalls erzählt es mir ein Paar, ein Schwuler und eine Lesbe, die eine Wohngemeinschaft bilden. Wie sie ebenfalls sagen, sind ein Drittel der Einwohner Tel Avivs schwul.

Ein interessantes Einsprengsel in dieser Parade ist eine Gruppe orthodoxer Juden, die glücklich trällern: »Aj ja ja, der König Messias, ja, ja, ja« und »Gott im Himmel, wir lieben dich!« Wenn ich sie richtig verstehe, halten sie Gott für einen nackten Mann. Schwul natürlich, und das ist auch der Grund, warum Er keinen Sohn hat.

Sie sind laut.

Wäre schön, wenn jetzt auch noch ein paar Taliban-Lesben hier auftauchten.

Dies ist Israel, ein Land der Gegensätze, in dem durch irgendeine merkwürdige Naturgewalt keine zwei Menschen gedanklich zueinanderfinden dürfen. Ja, Anhänger und Herden gibt es in Hülle und Fülle, aber auch sie spalten sich in so viele Grüppchen und Untergrüppchen, dass sie einfach nicht mehr zu zählen sind. Wer sind diese Leute, die Juden? Wie sind sie entstanden? Vielleicht ist es an der Zeit, dass ich den ersten Juden besuche, der seit Jahrhunderten in einer uralten Höhle darauf wartet, dass sein verlorener Sohn, ich, ihm seine Aufwartung macht.

Als am nächsten Morgen die Sonne über dem Heiligen Land aufgeht, fahre ich nach Hebron.

11. STATION *Was macht ein deutscher Minister unter streunenden Hunden? Warum haben israelische Soldaten Angst, wenn arabische Halbwüchsige Steine auf jüdische Ladys werfen? Und warum gibt Katalonien Millionen für eine alte Dame aus?*

Ja, Hebron. So heißt es in diesem Teil des Universums üblicherweise, ob auf Deutsch oder auf Englisch. Im Hebräischen heißt es Hevron, im Arabischen Al-Halil.

Hebron, die Stadt, über die Heerscharen von Journalisten und Autoren geschrieben und geredet haben; das berühmte Hebron, wo eine Handvoll jüdischer Siedler inmitten von einer halben Million Araber leben und die ganze Stadt mit Terror überziehen. Hier in Hebron befindet sich der für Juden zweitheiligste und für Muslime viertheiligste Gebäudekomplex. Und ja, wie seine berühmte Schwester in Jerusalem wurde der Bau zuerst von Juden geweiht, dann kamen die Christen und veranstalteten ein großes Durcheinander, bis schließlich die Muslime eine heilige Stätte obendrauf setzten. Wie man sich vorstellen kann, ist nicht jeder mit dieser kurzen Zusammenfassung einverstanden. Was für den einen Tag ist, ist für den anderen Nacht.

Ich komme in brütender Tageshitze in Hebron an und verspüre vom ersten Moment an die Macht der Halluzination. Vielleicht liegt es an der unerbittlichen Sonne, die mir das Gehirn verbrutzelt, vielleicht an der Menge von Soldaten, die hier ständig auf Achse sind, vielleicht an der Stille, die auf den Straßen herrscht, vielleicht an dem ohrenbetäubenden Lärm diverser Gebete und, ja, vielleicht auch einfach daran, dass es mich nach der unter dem Namen Cola bekannten Flüssigkeit dürstet.

Hebron ist eine biblische Stadt. Hier sind die Urväter des Judentums mit ihren Gattinnen begraben: Abraham, Isaak, Jakob, Lea und Rebekka. Die Juden nennen die Begräbnisstätte Me'arat HaMachpela (Höhle der Patriarchen), die Muslime Al-Haram Al-Ibrahimi (Abrahamsmoschee). Die Juden beanspruchen die Toten für sich, die Muslime beanspruchen die Toten für sich. Europäische und amerikanische Linke, die nicht einmal glauben, dass es Abraham & Co. je wirklich gegeben hat, schlagen sich auf die Seite der Muslime. Während die Rechten in diesen Ländern, deren Glaube zufolge alle Juden, die nicht Jesus folgen, bei der Wiederkunft Christi zum Tode verurteilt sind, standhaft die jüdische Seite verteidigen.

Hebron war auch der Schauplatz zweier Massaker. 1929 verfielen die Araber in einen Wutrausch gegen die Juden und schlachteten 67 von ihnen ab. Einfach so. 1994 betrat ein jüdischer Arzt namens Baruch Goldstein die heilige Stätte und massakrierte 29 Muslime. Einfach so.

Ein freudvoller Ort, zweifellos. Nicht wirklich Norwegen, obwohl sich Norwegen stark für ihn interessiert. Schließlich ist es eine Norwegerin, Christine Fossen, die eine interessante internationale Beobachtungsmission hier leitet. Die Fahrzeuge der TIPH (Temporäre Internationale Präsenz in der Stadt Hebron) patrouillieren im jüdischen Teil der Stadt, offenkundig auf der Suche nach Juden, die sich danebenbenehmen.

Juden dürfen nur in einem Teil der Stadt leben, so haben es Politiker vor langer Zeit entschieden. Wie groß ist dieser Teil? Sehr klein, er umfasst drei Prozent des Stadtgebiets. Ich weiß das, weil sich auf den Straßen Schilder befinden, die dem Besucher diese Information mitteilen. Die drei Prozent sind aus einem ganz einfachen Grund eine wichtige Zahl: Auf Befehl der israelischen Armee dürfen die Juden das ihnen zugewiesene Areal nicht verlassen. Für das Wie und Warum in dieser Stadt bräuchte man einen Doktortitel in Politik und einen in Psychologie. Für diejenigen, die keine Lust haben, sich zehn Jahre lang an einer Universität abzurackern, nur um die komplexen Formeln zu verstehen, die in diesem Ort gelten, fasse ich im Folgenden kurz zusammen, was man einfach durch Herumlaufen herausfinden kann: An irgendeinem Punkt vor einigen Jahren, als jeder dahin ziehen konnte, wohin er wollte, und es noch keine Zäune gab, entwickelten die arabischen Einwohner die Angewohnheit, Juden, die hier lebten und auch unter der Bezeichnung »Siedler« bekannt sind, zu erschießen. Wahrscheinlich weil sie die Lage nicht in den Griff bekam, schloss daraufhin die israelische Armee die arabischen Geschäfte in diesem Viertel und zwang so die meisten Inhaber, ihre Läden in die restlichen 97 Prozent der Stadt zu verlegen. Dann errichtete sie Zäune um die Juden. Um die Aufteilung in arabische und jüdische Wohnviertel nachzuvollziehen, braucht es vermutlich Doktortitel in Mystik, Philosophie, Ingenieurswesen und vielleicht auch Hinduismus. Sie hat ein Labyrinth geschaffen. Absperrungen aus Zement oder Stacheldraht sowie alle anderen denkbaren Formen von Barrieren trennen beide Seiten. Wenn ich es richtig sehe, sind mitunter sogar einzelne Häuser zweigeteilt, ein Teil hüben und ein Teil drüben.

Rund um diese komplexen Grenzen, von denen die eine von Israel und die andere von den Palästinensern kontrolliert wird, herrschen Verwahrlosung und Zerstörung. Ein Teil des Mülls, der hier herumliegt, wurde von Arabern hinterlassen, ein anderer von Juden. Die israelische Armee vertrieb sowohl Araber als auch Juden aus verschiedenen Arealen, und die Zwangsgeräumten kümmerten und kümmern sich nicht darum, wie es hier aussieht.

Ich bin in Hebron, um den Schabbat (Sabbat) mit den Juden zu verbringen.

Die erste Menschenseele, der ich begegne, ist ein Mann namens Eldat, der mir verkündet: »Wir sind ein Mikrokosmos der israelischen Gesellschaft. 500 Juden unter 170 000 Arabern. Genau wie Israel selbst: ein paar Millionen Juden, die von Milliarden Muslimen umgeben sind.«

Ich schaue mir das Stadtmuseum an, ein altes Haus mit alten Bildern, die Hebrons jüdisches Leben in vorzionistischen Zeiten zeigen. Aus reinem Zufall macht auch eine Jerusalemerin namens Hana, eine 89-jährige Dame, die in Hebron lebte, lange bevor Israel gegründet wurde, einen Rundgang durch das kleine Museum. Sie schaut sich die Fotos aus jener Zeit an und zeigt auf ein kleines Mädchen auf einem der Bilder. Das ist sie, 1927.

Sie erinnert sich an Ereignisse von 1929, als sie fünf Jahre alt war.

»Sie schrien ›Haskel! Haskel!‹« (»Sie« waren die Araber und Haskel ihr Vater.) »Haskel war damals nicht zuhause, sondern in Jerusalem, und so versuchten sie, unsere Haustür aufzubrechen, die abgeschlossen war, und dann kam die britische Armee und evakuierte die Familie aus dem Haus. Sie schickten uns nach Jerusalem.«

Es dürfte ihr damals nicht bewusst gewesen sein, was für ein Glück sie hatte. Wäre ihre Familie in jenen Jahren in Europa gewesen, dann hätte sie schon bald der Asche meiner Zigarette geglichen.

Ich gehe zu einem der vielen Kontrollpunkte in dieser Gegend.

Die Grenzpolizisten am Kontrollpunkt, ein Sicherheitsapparat, der sich aus Polizei- und Armeeeinheiten zusammensetzt, fragen mich, ob ich Israeli bin, in welchem Fall sie mich nicht durchlassen würden. Ich verneine. Sie fragen mich, ob ich Jude bin. Ich frage zurück, ob ich meine Hose für sie herunterlassen soll, um es ihnen zu zeigen. Sie wiederholen ihre Frage: Sind Sie Jude? Nein, sage ich; ich bin ein gläubiger christlicher Anhänger des Messias. Verstehen Sie Hebräisch, fragen sie mich. Ich antworte: Und auch Arabisch. Sie wollen meinen Pass sehen. Ich sage ihnen, dass ich ihn nicht dabeihabe. Sie beschließen, dass ich ein Jude bin. Da werde ich sehr, sehr garstig mit ihnen. Ich bin Deutscher, schreie ich sie an. Sehen Sie das denn nicht, Himmelherrgottnochmal! Oh, befinden sie jetzt, Sie sind von B'Tselem (einer propalästinensischen israelischen NGO). Das ist so dämlich, fahre ich sie an, wie soll ein Deutscher wie ich ein jüdisch-israelischer Linker sein?

Ziemlich überzeugende deutsche Logik, weshalb ein Grenzschützer jetzt seine Kommandozentrale anfunkt, damit sie ihm aus diesem Dilemma heraushilft: Hier ist ein Typ, gibt er durch, der nicht jüdisch aussieht, einen Presseausweis, aber keinen Pass bei sich hat und Hebräisch zu verstehen scheint. Ist dieses Geschöpf ein Jude oder nicht? Ich lausche diesem bizarren Austausch und sage dem jungen Mann, dass er zu »shater« für mich ist. Er kontert: Sie sprechen *wirklich* Hebräisch, Sie haben mich gerade »shoter« genannt (Polizist)! Ein Araber, der gerade vorbeikommt, sagt zu dem Grenzschützer: Nein, nein, er hat nicht »shoter« gesagt, sondern »shater« (›klug‹ auf Arabisch). Wie tröstlich: Ein Araber verteidigt mich, ein Jude macht mir Vorwürfe. Auf welche Seite soll ich mich da schlagen? Ich weiß es nicht. Was ich weiß, ist dies: Die Sicherheitsleute führen über Funk gerade eine absurde Diskussion, nur um herauszufinden, was für ein Wesen ich bin: Jude oder Deutscher?

Vielleicht sollte Fania Oz herbeieilen, um ihnen zu helfen.

Das braucht seine Zeit. Palästinensische Bewohner dieses jüdischen Ghettos, die nach Belieben kommen und gehen, verfolgen das Ganze erstaunt und können sich das Lachen nicht verkneifen. Schließlich aber fällt eine Entscheidung: Ich bin kein Jude und kann nach Palästina einreisen. »Aber wenn die Araber Sie töten«, sagt mir ein russischstämmiger Soldat beim Grenzübertritt, »dann kommen Sie nicht zurück und beschweren sich, dass wir Sie durchgelassen haben«. Er gehört zu der etwas mehr als einen Million Russen, die nach dem Fall des Eisernen Vorhangs nach Israel einwanderten, und weiß sicher das eine oder andere über Grenzen.

Idriss, ein Araber, der Minuten zuvor mit den israelischen Soldaten lachte und lächelte, als wäre er ihr bester Freund, passiert die Grenze mit mir und schlägt sofort einen ganz anderen Ton an, als wir auf der palästinensischen Seite sind. Er öffnet den Mund, nimmt seine untere Gebisshälfte heraus und erzählt mir: »Das haben die Juden mit mir gemacht. Sie haben mich in meiner eigenen Wohnung zusammengeschlagen, weil sie mich vertreiben wollten. Ich wollte aber nicht gehen. Ich werde mein Zuhause nie verlassen.«

Ich zünde mir eine Zigarette an, doch Idriss rät mir dringend davon ab, mich im Ramadan mit einer Zigarette auf der Straße blicken zu lassen. »Hebron ist nicht Ramallah. Wenn Sie hier rauchen, wird die Polizei Sie ins Gefängnis werfen.«

Auf der arabischen Seite ist Hebron voller Leben. Überall Geschäfte, reizende Straßenzüge und Bauwerke, Jung und Alt drängen sich auf den Straßen.

Ich versuche, es mit der jüdischen Seite zu vergleichen, aus der ich gerade komme. Kein Vergleich. Die jüdische Seite ist nicht nur winzig, sondern wie ausgestorben. Voller Müll, voller Zerstörung und leerstehender Häuser.

Bin ich auf demselben Planeten? Ich kehre zurück auf die jüdische Seite, nur um mich zu vergewissern, dass ich mir diesen Teil nicht zusammenfantasiert habe. Nein. Habe ich nicht.

Die Juden hier leben inmitten von Zerstörung, aber noch schlimmer ist: Sie leben in einem Ghetto. Sie können diesen Schandfleck nicht verlassen. Sie sind in ihm eingeschlossen. Kein Weg führt nach draußen, wenn sie diese Gegend nicht mit dem Auto oder einem Bus ganz verlassen. Ihre unmittelbare Umgebung aber, von der sie eingekesselt sind, ist ihnen versperrt. Ich spreche einige der wenigen Passanten hier an und bitte sie, mir diese Geisterstadt zu erklären, die sie ihr Zuhause nennen. »Das war einmal eine sehr schöne Gegend«, sagen sie mir. »Wir konnten kommen und gehen, wohin wir wollten. Wir kauften in den arabischen Geschäften ein, und die Araber kamen hierher. Es war eine Stadt, und wir liebten sie. Aber dann war alles mit einem Mal vorbei.«

Was ist passiert?

»Der Frieden brach aus.«

Bitte was?

»Der Oslo-Friedensprozess hat unser Zusammenleben zerstört, die Stadt zerstört.«

Dass »der Frieden ausbricht«, habe ich noch nie zuvor gehört. Der Krieg bricht aus, aber der Frieden?

In Hebron ist genau das geschehen.

Eine jüdische Familie, religiös wie alle hier, hat mich zu einem Sabbatmahl eingeladen, der ersten von drei Mahlzeiten, die gläubige Familien in den kommenden 24 Stunden an jedem Sabbat feierlich zusammen einnehmen.

Und wir unterhalten uns. Eltern, Kinder und Freunde von Kindern.

Ich möchte, dass sie mir erklären, was es heißt, jüdisch zu sein. Ich frage das, weil ich mich gerade erst binnen weniger Minuten vom Juden in einen Nichtjuden verwandelt habe, oder umgekehrt.

Sie erklären mir, dass ein Jude ein einzigartiges Lebewesen ist, ein bevorzugtes Lebewesen, ein auserwähltes Lebewesen, ein Lebewesen, das mit einer »jüdischen Seele« geboren wurde.

Steht das nicht mehr oder weniger in Einklang mit Adolf Hitlers Vorstellung von einem Deutschen?

Was auch immer »Jude« bedeutet, man setzt einen Juden nicht mit Hitler gleich und rechnet dann mit seiner Zustimmung. Die Menschen, die an diesem Sabbattisch sitzen, müssen denken, dass ich den Verstand verloren habe oder, besser noch, ein linker Psychopath bin.

In Wirklichkeit gibt es einen riesigen Unterschied zwischen ihnen und Adolf. Hätte ich zu Adolf Hitler gesagt, er sei wie die Siedler in Hebron, ein rechter Jude, dann hätte er mir kaum weiter zu futtern gegeben. Adolf hätte mich an die Tiere verfüttert, während hier ich mit so manchem Tier gefüttert werde: einem exzellenten Hühnchen beispielsweise. Ich esse ihr Hühnchen, während ich meine Gastgeber in den Wahnsinn treibe, und sie fordern mich auf, noch einen Nachschlag zu nehmen.

Das ist wirklich ein Unterschied.

Aber ich lasse nicht locker und bohre weiter nach. Ich will Antworten.

Der Jude, befinden sie schließlich als Antwort auf meine Frage, hat kein anderes Blut, wie Hitler das von seinen arischen Freunden behauptete, sondern eine andere Seele.

Wovon zum Kuckuck reden Sie?

»Jeder Mensch hat eine Seele. Wissen Sie das denn nicht?«

Jüdische wie nichtjüdische?

»Ja, natürlich.«

Und die nichtjüdische Seele ist wie die eines Tiers, sagen wir eines Hundes, während die jüdische Seele göttlich ist, oder?

»Das haben wir nicht gesagt. Wir haben gesagt, dass die Juden aus göttlicher Absicht über eine andere Seele verfügen.«

Sorry. Was bedeutet das?

»Wenn Sie nicht wissen, was eine Seele ist, dann gibt es nichts, worüber wir sprechen können.«

Nun ja, Sie könnten es mir ja vielleicht erklären.

»Eine Seele, Sie wissen nicht, was das ist?«

Ehrlich, ich weiß es nicht.

Diese Bemerkung führt zu einer neuen Diskussion, die voller esoterischer Begriffe, absurder Gedanken und mir völlig unverständlich ist. Wörter schwirren durch die Luft, von deren Bedeutung ich keinen Schimmer habe. Kurzum: Ich bin raus.

Ich sage zu ihnen: Könnten Sie bitte aufhören, über den Dingen zu schweben, und mit den Mitteln der menschlichen Kommunikation mit mir kommunizieren?

»Probieren Sie den Schokoladenkuchen«, schlagen sie vor.

Der Schokoladenkuchen ist köstlich.

»Das ist das beste Sabbatmahl, das wir je hatten«, verkündet der Sohn meiner Gäste der versammelten Gesellschaft, und dankt mir vielmals dafür, sie herausgefordert zu haben. »Wir werden diesen Abend in Erinnerung behalten. Er wird uns zweifellos zum Nachdenken anregen«, erklärt er und schüttelt mir die Hand.

Das ist eine Seite von Hebron, die ich dadurch kennenlerne, dass ich mit Leuten von hier zusammen bin. Mit ihnen zusammen esse, statt mir von einem Fremdenführer etwas über sie erzählen zu lassen. Wenn man hier durch die Straßen läuft, dann sieht und hört man allenthalben die Fremdenführer. Zum überwiegenden Teil sind es linke Aktivisten, die sich zum Ziel gesetzt haben, der Welt zu zeigen, dass die hier lebenden Juden gnadenlose Besatzer sind. Sie müssen, um es in der Terminologie der hiesigen Juden zu sagen, über eine »linke Seele« verfügen.

Indem ich mit ortsansässigen Juden zusammen bin, wenn auch nur für einen Tag, wird mir klar, dass ihr Leben hier dem Untergang geweiht ist. In ihrer Drei-Prozent-Zone dürfen sie keine neuen Häuser bauen und keines der vorhandenen ausbauen. Araber hingegen, und es gibt Araber innerhalb der drei Prozent, können bauen und ausbauen, so viel sie wollen. Ich schaue mir diese arabischen Häuser an und sehe etwas Merkwürdiges: Die arabischen Häuser, die hier offensichtlich für viele Millionen Euro renoviert oder neu errichtet werden, werden nicht von den Arabern selbst finanziert. Weit gefehlt. Araber, also Palästinenser, drücken keinen Cent ab. Ihnen wird alles bezahlt. Ich weiß das, weil ich lesen kann. Tafeln an den Mauern von Villen, ja Villen, geben an, wer für ihre Existenz verantwortlich ist, wer sie bauen ließ.

Wer sind die guten Onkel und Tanten, die hier Villen bauen?

Europäer. Ein prachtvolles Haus, an dem ich gerade vorbeigehe, wurde etwa mit Mitteln der Katalanen erbaut. Ich klopfe an seine Tür, weil ich gerne wissen möchte, wer hier lebt.

»Ich lebe hier«, sagt eine alte arabische Dame, die mich in ihr schönes Domizil hineinbittet. »Meine Tochter, die ist in Deutschland.« Wo in Deutschland? »Ich weiß es nicht. Sie ist in Deutschland, mehr weiß ich nicht.« Das verschafft ihr ein gutes Gefühl, sagt sie mir, weil ihre Tochter bei Freunden ist. Keine Frage.

Weiter unten auf der Straße, nahe einem alten Friedhof, bricht plötzlich Lärm aus, und ich gehe hin, um nachzusehen, was da los ist.

Szene:

Jüdische Mädchen auf der Straße.

Zwei arabische Jungen bewerfen sie mit Steinen.

Soldaten und Polizisten treffen ein.

Eine Gruppe arabischer Jungen wird im Friedhof festgenommen.

Ein Soldat in einem Wachturm auf der anderen Straßenseite wird gebeten, die Steinewerfer unter ihnen zu identifizieren.

Der Soldat identifiziert zwei, einen in einem grünen und einen in einem roten T-Shirt.

Ein Araber erscheint auf dem Schauplatz, gibt sich als Vater der Jungen zu erkennen und bestreitet, dass seine Kinder irgendetwas Unrechtes getan hätten.

Eine Frau taucht auf und gibt sich als Mutter der Jungen zu erkennen. Auch sie streitet ab, dass ihre Kinder irgendetwas Unrechtes getan hätten.

Der Soldat im Wachturm wird aufgefordert, herüberzukommen und die Täter persönlich zu identifizieren.

Auftritt Soldat.

Mittlerweile sind rund 15 Soldaten und Grenzpolizisten an Ort und Stelle.

Der Soldat identifiziert die Jungen persönlich.

Der Vater versetzt den Kindern ziemlich heftige Ohrfeigen.

Ein Soldat fordert ihn auf, damit aufzuhören. Ein anderer Soldat sagt zu dem ersten Soldaten, dass es besser ist, wenn der Vater seine Kinder ohrfeigt als irgendeinen der Soldaten.

Von irgendwoher aus dem Friedhof tauchen ein Mann und eine Frau mit einer Videokamera auf.

Ein Soldat macht die anderen Soldaten auf die Kamera aufmerksam.

Die Soldaten gehen mit den Jungen an den Rand des Friedhofs.

Soldaten und Eltern reden in zwei verschiedenen Sprachen aufeinander ein, Arabisch und Hebräisch, und es wird deutlich, dass keine der beiden Seiten versteht, was die andere sagt.

Der Videokameraträger kommt näher. Die Soldaten verlassen den Friedhof mit den Kindern und wechseln in die jüdische Zone, die die Videofilmer nicht betreten dürfen.

Weitere Polizisten werden herbeigerufen.

Ein anderer Mann, ein Araber von außerhalb des jüdischen Ghettos, taucht im Friedhof auf. Er klettert auf dessen Mauer und springt herunter, verboten oder nicht. Er behauptet, er sei der Vater.

Ein ranghoher Polizeioffizier taucht auf und signalisiert mir, ich solle verschwinden. Er sagt »Schalom, Chaver« zu mir – »der Friede sei mit dir, mein Freund« –, jene Worte, mit denen sich Präsident Bill Clinton in seiner Trauerrede von Premierminister

Rabin verabschiedete und die daraufhin zu einem Erkennungsmerkmal der Linken wurden. Das heißt, er hält mich für einen
linken Querulanten, den er loswerden will.

Ich bleibe.

Soldaten und Polizei werden angewiesen, die Kinder freizulas-
sen und das Feld zu räumen.

Der Friedhof und seine Umgebung werden von Arabern und
Juden geräumt.

Zurück bleiben die Toten und die streunenden Hunde. Viele
streunende Hunde.

Wenn ich daran denke, wie der Mann und die Frau aus einem
Friedhof heraus mit einer Videokamera erschienen und zwischen
den Gräbern entlangliefen, während sie filmten, fange ich noch
an zu glauben, dass Jesus wirklich von den Toten auferstand und
Mohammed wahrhaftig in den Himmel aufstieg. In diesem Land
ist alles möglich.

Nur die Juden haben bislang für ihren Glauben noch nichts
ähnlich Beweiskräftiges zu bieten.

Armeejeeps und bis an die Zähne bewaffnete Soldaten fahren
und marschieren hier ständig in der Gegend herum, um in diesem Teil Hebrons eine eindrucksvolle Machtdemonstration zu
veranstalten. Sie ist aber nur Blendwerk, wie ich jetzt sehe; ein
eindrucksvolles Blendwerk, das vor dem Nichts dahinter ablenkt.
Mit einer einzigen Videokamera schlägt man sie alle in die Flucht.

Die beiden mit der Videokamera waren, zumindest dem Hidschab nach, den die Frau trug, Araber. In meiner Zeit waren die
Palästinenser noch nicht mit Videokameras ausgestattet. Wann
hat das angefangen? Irgendjemand da draußen, so mein Ver-
dacht, könnte dahinterstecken. Aber wer?

Das werde ich herausfinden müssen.

Jetzt, wo die Menschen abgezogen sind, tauchen immer mehr
Hunde auf. Sie sind außer Rand und Band und bellen wie wild,
oh, wie sie bellen! Ich habe noch nie so viele Hunde auf einem
Haufen gesehen und weiß nicht, worauf sie warten. Vielleicht auf
ein paar verletzte Mädchen oder frische Gräber.

Ich denke an die herrenlosen Katzen in meinem Hinterhof. Die sind viel netter. Ich sollte mich besser um sie kümmern, geht mir durch den Kopf.

Während ich dies schreibe, sehe ich einen der echten Machthaber hier: ein Fahrzeug der TIPH, das in der Gegend patrouilliert. Sie scheinen die wahren Könige zu sein. Sie fahren hier herum, als sei das alles ihres.

Auf meinem iPad lese ich mehr über die TIPH. »Dirk Niebel, Bundesminister für wirtschaftliche Zusammenarbeit und Entwicklung, besucht Hebron«, verkündet die TIPH stolz. Ich sehe so oft Deutsche in diesem Heiligen Land und weiß doch gar nicht, wer sie sind. Nun, jetzt weiß ich es jedenfalls bei einem von ihnen.

Ich besteige einen Bus und verabschiede mich von dieser heiligen Stadt.

Allah ist der größte, ruft mir der Muezzin zu, als wir abfahren, und Mohammed ist sein Prophet.

Die nichtgläubigen Europäer investieren Millionen, um die Botschaft des Propheten Mohammed in dieser Stadt lebendig zu halten. Ich zahle dem Busfahrer zehn Schekel, um aus ihr herauszukommen.

Mir tun die Juden von Hebron leid, die ihre eigenen Gefangenen und die Gefangenen ihres eigenen Staates sind. Ja, ich weiß, bislang habe ich nur eine Seite gehört, und es wäre nur fair, wenn ich einen ihrer Gegner träfe, vielleicht gleich ihren größten Gegner. Wer könnte das sein? Mir fällt ein Name ein: Gideon Levy. Gideon ist ein Kolumnist der Zeitung *Haaretz*, der seine Zeit und seine Texte seit Jahren der Verteidigung der Palästinenser widmet und die israelische Rechte, die israelische Regierung, die israelische Armee sowie die Siedler angreift, seine erbittertsten Feinde.

Allah ist der größte und Gideon mein Mann.

12. STATION *Ein Jude entdeckt das »rassistische jüdische Gen«*

An Tel Aviv muss ich mich erst gewöhnen. Die Stadt ist wesentlich schneller gewachsen als ich. Früher hatte es eine ganze Reihe von Synagogen gegeben, und die Große Synagoge mit ihren 500 Sitzplätzen war ein begehrter Ort für die Gläubigen gewesen. Heute aber verlieren sich gerade einmal 15 Seelen in ihr, und die Gebetshäuser sind Modehäusern, Kunstgalerien und Luxusgeschäften gewichen. Tel Aviv war nie eine wirklich religiöse Stadt, nur ist sie es heute noch viel weniger. In manchen Straßen findet man mehr Boutiquen, Schuhläden und sonstige Modegeschäfte als Menschen. Na, fast. Ganz zu schweigen von Cafés, Restaurants und Imbissständen jeglicher Art.

Ich treffe Gideon in seinem Redaktionsbüro, um ihn zu interviewen.

Sein Vater, sagt er mir, stammt aus dem Sudetenland, als Kind sprach Gideon Deutsch.

Gideon aber interessiert sich nicht für das Sudetenland, er interessiert sich für »die Besatzung«. Das war nicht immer so, doch als er für die *Haaretz* zu arbeiten begann, stellte er fest: »Je klarer mir wurde, dass die Besatzung brutal, kriminell ist, desto radikaler wurde ich.«

Glauben Sie, dass das israelische Volk von Natur aus brutal ist?

»Nein, absolut nicht. Andere sind genauso. Einen Unterschied zu anderen Völkern gibt es aber, nämlich ein Gen in der israelischen Mentalität, die Überzeugung, das auserwählte Volk zu sein, was eine rassistische Vorstellung ist. Und das ist sehr tief in der DNS des Israelis, des Juden verankert, dass wir besser sind als alle anderen, dass uns alles zusteht, die Art von Überzeugung, die Golda Meir hatte, dass Juden tun und lassen können, was sie wollen, ergänzt um den Gedanken, dass wir die größten Opfer der Geschichte sind. Das sind genau die Vorstellungen, die uns zu der Überzeugung bringen, dass wir Rechte haben, die andere nicht haben, und deshalb alles tun können. Daher kommt die Dämonisierung der Palästinenser.«

Könnte man sagen, dass Israelis und Nazis ein und dasselbe sind?

»Nein.«

Warum nicht?

»Man könnte einen Vergleich mit den Nazis in den dreißiger Jahren anstellen. Aber das ist das Äußerste, was ginge, mehr nicht. Hier gibt es keine Pläne, andere Völker auszurotten, keine Weltherrschaftspläne, keine Konzentrationslager. Ich würde Israel eher mit Südafrika während der Apartheid vergleichen.«

Wird sich jemals etwas ändern?

»Nur wenn Israel einen Preis dafür zahlt. Nur unter Druck auf die Israelis, sei es unter wirtschaftlichem Druck oder durch Blutvergießen, was Gott verhüte.«

Glauben Sie, dass die Juden schon immer so waren, mit diesem rassistischen Gen?

»Gewiss.«

Warum, frage ich ihn, packt er dann nicht einfach seine Koffer, springt in ein Flugzeug und kehrt diesem Land den Rücken?

»Ich bin ein israelischer Patriot«, lautet seine Antwort. Israel ist ihm sehr wichtig, dies ist sein Land, und abgesehen davon, fragt er rhetorisch: »Was sollte ich anderswo tun? Über Tourismus schreiben?«

Im Allgemeinen schlägt sich Europa eher auf die Seite der Palästinenser, während sich die Vereinigten Staaten eher auf die Seite Israels schlagen. Woran liegt das Ihrer Meinung nach?

»Europa ist ideologischer, komplexer, intellektueller. Amerika ist oberflächlich, alles nur schwarz und weiß und gehirnmanipuliert.«

Nach dem Verallgemeinerungsgrundsatz der Intellektuellen sollte man Gideon das Recht entziehen, sich öffentlich zu äußern. Dies wird natürlich nie geschehen, weil Gideon Levy praktisch die beste Informationsquelle für all diejenigen Intellektuellen ist, die auch nur das geringste Interesse an Israel haben.

Warum, glauben Sie, sind die Europäer so sehr an diesem Land interessiert?

»Das ist sehr komplex. Zum einen kann man die Vergangenheit nicht ignorieren. In manchen europäischen Ländern, bin ich mir sicher, und ich spreche jetzt über zutiefst unbewusste Gefühle, gibt es diesen Gedanken: ›Wenn unsere Opfer entsetzliche Untaten begehen, dann ist es vielleicht nicht so schlimm, was wir ihnen angetan haben.‹ Dadurch fühlen sich die Europäer besser, weil es ihre Schuldgefühle vermindert. Es trifft aber auch zu, dass Europa im Allgemeinen sensibler für Menschenrechtsverletzungen ist als Amerika.«

Wir unterhalten uns weiter, und Gideon sagt mir, dass er kein Arabisch spricht. Ich frage ihn, wie er permanent über die schrecklichen Dinge schreiben kann, die Israel den Palästinensern antut, wenn er die Sprache seiner Interviewpartner nicht versteht.

Gideon erwidert, dass in seinem Team einige auch Arabisch mit den Interviewpartnern sprechen, die weder Englisch noch Hebräisch können. Ich mache ihn darauf aufmerksam, dass die Menschen hier zwei Sprachen sprechen, eine untereinander und eine mit Ausländern, und dass sie einem Lügengeschichten erzählen, wenn man ihre Muttersprache nicht beherrscht. Selbst Al Jazeera verbreitet zwei sehr unterschiedliche Ansichten: eine für die ›Brüder‹ auf Arabisch und eine für das westliche Publikum auf Englisch. Gideon aber, der überhaupt kein Arabisch versteht, streitet dies ab. Und als ich ihn frage, ob er auch über palästinensische Menschenrechtsverletzungen berichtet, erwidert er, was die Palästinenser täten, sei nicht seine Sache.

Ich habe keinen Schimmer, wie er über Verstöße der einen Seite berichten kann, wenn ihn die der anderen Seite nicht im Geringsten interessieren. Gewalt hat schließlich in vielen Fällen die Form einer Spirale: Einer schießt, und ein anderer schießt zurück, wenn man aber die erste Kugel unterschlägt und nur über die zweite berichtet, dann verwandelt sich der zweite Schütze schlichtweg in einen Mörder, allerdings durch einen Federstrich und nicht, weil er wirklich einer ist.

Wie denkt er über die Siedler in Hebron?

»Das sind zweifellos die schlimmsten.«

Sein Thema sind aber nicht nur die Siedler.

»Ich glaube«, sagt er, »dass sich der durchschnittliche Palästinenser stärker nach Frieden sehnt als der durchschnittliche Israeli. Daran habe ich keinen Zweifel.« Doch trotz seiner Liebe zu den Palästinensern kennt er sie nicht wirklich. Was er auch zugibt: »Mein gesamter Freundeskreis besteht aus Israelis. Ich habe nicht einen einzigen palästinensischen Freund.«

Das ist traurig. Seit so vielen Jahren vertritt Gideon die palästinensische Sache, und nicht ein Palästinenser hat sich mit ihm angefreundet oder er sich mit einem von ihnen. Offensichtlich geht es ihm trotz des gegenteiligen Anscheins, den seine Artikel erwecken, gar nicht um die Palästinenser, sondern um die Juden. Er ist ein israelischer Patriot, wie er mir sagt. Er möchte, dass seine Israelis, seine Juden, Übermenschen sind und eine Kugel mit einem Kuss erwidern. Kurzum: Er möchte, dass alle Juden Jesus werden und am Kreuz sterben. Es kann nur einen Grund geben, warum er einen Jesus in ihnen sehen möchte: Tief in seinem Herzen, in seinen dunkelsten Winkeln, nährt Gideon einen extremen jüdischen Rassismus. Da Juden nun einmal Übermenschen sind, müssen sie sich auch wie solche verhalten. Und solange sie sich nicht wie eine Jesus-Herrenrasse verhalten, hasst er sie. Das ist der bizarrste jüdische Selbsthass weit und breit.

Wir reden noch eine Weile, über dies und das, und als sich das Interview dem Ende zuneigt, stelle ich ihm eine letzte Frage: Hätten Sie etwas dagegen, wenn ich Sie bei Ihrer nächsten Exkursion nach Palästina begleite?

Er hat nichts dagegen, antwortet er, und schlägt vor, dass wir wegen der Details in Kontakt bleiben.

Ich bin gespannt auf nächste Woche. Gideon bricht einmal in der Woche auf, um leidende Araber zu treffen, seit Jahren schon. Ich werde also einen gebürtigen Sprecher des Deutschen erleben, einen superrassistischen Juden, der mit Arabern auf Hebräisch kommuniziert. Wenn das kein großes Theater ist, dann weiß ich nicht, was sonst.

Noch in Tel Aviv, Israels linker Stadt, treffe ich mich mit Udi Aloni. Udi stellt sich mir als Filmemacher und Autor vor, der einen Preis auf der Berlinale gewonnen hat, überreicht von Dirk Niebel. Dirk schon wieder, immer eifrig um Entwicklung bemüht.

Udi, der sehr stolz auf seine Berlinale-Auszeichnung ist, verrät mir freilich nicht, dass sein Preis kein normaler Berlinale-Preis ist, aber ich spreche ihn nicht darauf an.

Udi ist der Sohn der ehemaligen Knesset-Abgeordneten Schulamit Aloni, der Matriarchin der israelischen Linken. Sein Film *Art/Violence* wird bald in vielen Kinos in Deutschland zu sehen sein. Schulamit, die inzwischen an Demenz erkrankt ist und von ihrem Sohn gepflegt wird, war eine starke Wortführerin, an die ich mich noch deutlich erinnere. »Sie war die beste«, sagt Udi über sie, und ich stimme ihm zu.

Während wir in einem von Tel Avivs unzähligen Cafés zusammensitzen, erinnert sich Udo nostalgisch an einen anderen Ort. »Ich habe ein Jahr in Dschenin gelebt und zwei Jahre in Ramallah.« Seine Augen strahlen, als hätte er gerade von zwei Traumfrauen gesprochen.

Udi ist ein leuchtendes Beispiel für Israels neue Linke: eine radikale Linke. Das ist eine Linke, die mir fremd ist, eine Linke, linker geht's nicht. Gideon ist keineswegs der einzige. Udi, Gideon und die »politische Psychologin«, die ich kürzlich kennengelernt habe, gehören einem neuen Club an. »Die Leute in Tel Aviv glauben nicht an Gott, glauben aber, dass Gott ihnen das Land versprochen hat«, charakterisiert Udi die nichtradikale Linke. Seine Linke ist anders. Er steht in der ersten Reihe der Kampagne zum Boykott Israels und israelischer Produkte, lässt er mich mit ekstatischer Freude wissen.

Wenn seine Boykottkampagne Erfolg hat, dann wird er, als Israeli, erheblich darunter leiden. Wenn Israel seine Produkte nicht nach Übersee verkaufen kann und keine andere Nation ihre Produkte an Israel, dann wird das Land untergehen, werden seine Bewohner verhungern. Ist es das, was er will?

In gewisser Weise, ja.

»Am Ende sollte es hier einen Staat geben, in dem jeder Einwohner eine Stimme hat«, lautet seine Umschreibung.

In diesem Fall würde der jüdische Staat aufhören zu existieren, da die Palästinenser wahrscheinlich die Mehrheit in diesem einen Staat bilden würden, korrekt?

»Davon träume ich!«

Abgesehen von diesem Traum hat Udi auch Alpträume.

»Für mich ist der Gedanke, dass ich eines Tages aufwachen könnte und nicht mehr von Palästinensern umgeben wäre, ein Alptraum.«

Sprechen Sie Arabisch?

»Nein.«

Es macht mich ganz kirre, dass Menschen, die sagen, sie liebten die Palästinenser so sehr, und ihr Leben dem Ziel widmen, die palästinensische Identität und Kultur zu bewahren, nicht einmal auf den Gedanken kommen, diese Kultur kennenzulernen. Sie kennen Kant, sie kennen Nietzsche, sie kennen Sartre, sie kennen Aristoteles. Aber vom Koran, den Hadithen und dem Arabischen haben sie keinen blassen Schimmer.

Ich habe den Koran, die Hadithe und Arabisch studiert. Udi ist ein Araberfreund. Was bin dann ich?

Udi scheint mir kein sich selbst hassender Jude zu sein wie Gideon Levy. Udi ist kein »patriotischer« Israeli; er will kein »Jesus«-Israel, er will gar kein Israel. Udi ist ein normaler Selbsthasser. Er liebt die Palästinenser nicht für das, was sie sind, da er sie gar nicht richtig kennt, sondern für das, was sie nicht sind: Sie sind keine Juden, sondern die Feinde der Juden, und deshalb sind sie einfach klasse.

Ein paar Stunden darauf besuche ich ein georgisches Restaurant, in dem ich mit einer israelischen Wissenschaftlerin verabredet bin. Sie ist durch und durch links und liebt die Palästinenser. Dauernd erzählt sie mir – in nicht einmal einer Stunde bereits zum zehnten Mal –, dass sie jahrelang mit einem Palästinenser geschlafen hat. Sie waren kein Paar, nicht wirklich, aber sie hatten Sex. Einen linken Intellektuellen, der bei uns sitzt, freut das ungemein und veranlasst ihn zu folgender Bemerkung: »Ich freue mich, das zu hören; jetzt weiß ich, dass du ok bist.« Sie weiß nada über die Kultur der Palästinenser, hat aber ihr Bett mit einem von ihnen geteilt. Das ist Respekt, oder?

137

Ehrlich, bei solchen Juden vermisse ich die Palästinenser. Vielleicht sollte ich ihnen einen Besuch abstatten, nur um mal wieder einen klaren Kopf zu kriegen.

Bethlehem, der Geburtsort Jesu, wäre nett. Da bin ich seit Jahrzehnten nicht mehr gewesen. Nichts wie hin!

13. STATION *Palästinenser entdecken »Unsere liebe Frau von Palästina« sowie 368 000 zionistische Kolonialisten*

Ich habe allerdings ein Problem. Wen – oder was – suche ich in Bethlehem auf, einer Stadt, in der ich keine Menschenseele kenne?

Nun, ich könnte mich zum Beispiel mit Rula Maaya treffen, der palästinensischen Ministerin für Tourismus und Altertümer; sie muss Menschen, Orte, Schätze und viele Geschichten kennen.

Sie besuche ich.

Am Eingang zu ihrem Ministerium steht, wie an Dr. Ehabs, »Staat Palästina«.

»Ich wurde in Jerusalem geboren, habe mein ganzes Leben in Ramallah gelebt und bin nach meiner Heirat nach Bethlehem gezogen«, erzählt sie mir, als ich mich in ihrem Büro niederlasse. Rula, eine überaus charmante Frau, ist Christin. Ich sehe das daran, dass sie an einer Wand ein Bild von »Unserer Lieben Frau von Palästina« aufgehängt hat. Ich wusste gar nicht, dass es eine Liebe Frau von Palästina gibt, aber ich kenne ja auch viele andere christliche Marien und Heilige nicht.

Wie viele Christen leben in dieser Stadt?

»Die gesamte christliche Bevölkerung in Palästina beträgt 1,5 Prozent.«

Warum so wenig?

»Die Christen sind im Jahr 2000 weggegangen.«

Warum?

»Ich glaube, weil die meisten Christen der Mittelschicht angehören, und sie zogen wegen der Besatzung weg.«

Wie viele Menschen wohnen in dieser Stadt und in den angrenzenden Gebieten?

»Im Großraum Bethlehem leben 180 000 Menschen, von denen 3500 Christen sind.«

Ich bin nicht in der Stimmung, das Thema christlicher Exodus aus Palästina noch einmal zu erörtern. Ich habe das bereits mit Hanan Aschrawi getan und weiß, dass es völlig unabhängig von den Fakten immer die »Besatzung« sein wird, die man dafür verantwortlich macht. Ich schneide ein anderes Thema an.

Was würden Sie empfinden, wenn Gideon Levy hier wäre? Ein Mann, der für die Rechte der Palästinenser kämpft?

»Ich glaube, er liebt uns nicht. Er ist ein Linker, der gegen seine Regierung kämpft, nicht für uns.«

Ist der Frieden, über den Israelis und Palästinenser derzeit verhandeln, ein guter Frieden?

»Meine Großmutter lebte in Jaffa und baute sich dort ein Haus. Ich finde es nicht fair, dass man gezwungen wird, sein Land zu verlassen. Und selbst wenn wir ein Abkommen mit Israel haben, ist es nicht fair.«

Sie spricht von 1948. Sie spricht von der – nach ihrer Ansicht – ›Ungerechtigkeit‹, dass hier überhaupt irgendwo Juden leben. Ich versuche, ihr Genaueres zu entlocken.

Wollen Sie damit nahelegen, die Juden sollten hier rausfliegen?

Dieser Tretmine weicht sie aus. »Wir führen gerade Friedensverhandlungen«, sagt sie trocken.

Wäre es Ihnen aber lieber, dass die Juden weggehen?

»Wir führen Friedensverhandlungen.«

Wäre es Ihnen lieber, dass die hier lebenden Juden verschwinden?

Sie will diese Frage nicht beantworten und wiederholt ihre vorherige Erklärung.

Ich rücke näher an sie heran und klopfe ihr leicht an die Stirn, wie man an eine Tür klopfen würde, während ich ihr goldene Worte ins Ohr flüstere: Ich bin ein Engel. Sie liegen schlafend im Bett. Und ich komme zu Ihnen, klopfe an ihre Stirn und sage: Rula, Rula, Rula. Was soll ich mit den Israelis machen? Sag mir deinen Wunsch, und er wird in Erfüllung gehen. Was immer du willst, ich werde es tun. Rede mit mir, sprich mit deinem Engel. Sag mir: Möchtest du, dass ich all die Juden nach Europa zurückschicke?

Rula kann sich nicht beherrschen und prustet los.

Und sagt, nachdem sie sich beruhigt hat: »Sie sind kein Journalist, sie sind ein Politiker.«

Nein, ich bin ein Engel! Ein echter Engel. Sprich mit mir, Rula, und du hast einen Wunsch frei.

Sie lacht von neuem. Sie sieht mich an, ihre Lippen zucken bereits, aber dann kommt doch kein Sterbenswörtchen über sie.

Was ist, Rula?

»Ich bin Ministerin, ich kann das nicht beantworten.«

Bitten Sie ihren Engel, was Sie wollen, in Ihren eigenen Worten.

»Was ich sagen kann, ist dies: Es gibt keine faire Lösung.« Sie wirft mir ein Lächeln zu, ein wissendes Lächeln, bei dem sie auch mit den Augen lächelt, und ergänzt: »Sie werden das zu interpretieren wissen, Sie wissen, was ich denke.«

Ja, ich kann es mir vorstellen. Wenn ich sie recht verstehe, will sie die Juden loswerden, Gideon und Udi eingeschlossen. Vielleicht wird Jaffa ja eines Tages judenfrei. Aber niemand kann vorhersagen, ob sie als Christin dann noch ein Haus bekommt.

Wir unterhalten uns gut miteinander, Rula und ich, und lachen viel. Sie mag Deutsche wie mich, Herrn Tobias, und ich mag sie. Hier habe ich mich für Tobias anstelle von Tobi entschieden, weil ich dachte, das könnte sexyer klingen für die Ladys, und es scheint auch wirklich zu funktionieren. Aber die Zeit rast, und ich muss aufbrechen. Ich möchte mir die Stadt ansehen. Rula beauftragt eine Dame namens Sachar, mich zu begleiten.

Das Wichtigste zuerst. Wir fahren in die Innenstadt. Dort befindet sich, zwischen der Geburtskirche und der Omar-Moschee, am Mangarplatz ein Gebäude, in dem sich das »Bethlehem-Friedenszentrum« befindet. Ich gehe hinein. Ich liebe Frieden.

Drinnen gibt es, wie man sich denken kann, »Friedensinformationen«. Beispielsweise diese: Die Israelis oder, wie sie hier genannt werden, »Aschkenasen«, sind gar keine richtigen Juden. Sie sind vielmehr eine Spezies, die vor ein paar hundert Jahren in einer Massenkonversion zum Judentum übertrat. Um sicherzustellen, dass jeder in den Besitz dieser Information kommt, wird sie in verschiedenen Sprachen vorgehalten.

Nur für den Fall, dass Sie diese wichtige Information, die Ihnen kostenlos vom Staat Palästina zur Verfügung gestellt wird, übersehen haben sollten, gibt es draußen noch mehr Wissenswertes über die Israelis.

Ja. Draußen, in der Mitte des Platzes, findet sich eine große Schautafel mit »Touristeninformationen über die Besatzung«. In gedruckter Form habe ich sie schon im Friedenszentrum mitgenommen und setze mich nun hin, um sie mir anzuschauen, weil Sachar möchte, dass ich alles erfahre. Die Broschüre stellt fest, dass bis zum Ende des Zweiten Weltkriegs »368 000 Zionisten nach Palästina eingewandert waren«, Palästinenser massakrierten und »schnellwachsende Pinien pflanzten«, um die Spuren ihrer Verbrechen zu verwischen.

Es wird hier sogar eine Liste der Quellen aufgeführt; einige der hervorragendsten sind entweder rein jüdisch oder von Juden finanziert worden.

Es lohnt sich festzuhalten, dass jene Juden, die Urenkel von Muselmännern, beliebten, ihre vor den Verbrennungsöfen des europäischen Rassismus geflohenen Großeltern als einen Haufen wilder Tiere darzustellen.

Ich will mich da jetzt nicht hineinsteigern, sondern weiterziehen.

An den Mauern, die diesen Platz einfassen, entdecke ich Poster, die Schahids preisen und rühmen. Die Schahids, Märtyrer, sind mit Sturmgewehren abgebildet. Im Allgemeinen sind Schahids Personen, die getötet wurden, nachdem sie »Pinienpflanzer« getötet haben.

Ich werde zu Jesus beten.

Am Eingang der Geburtskirche steht die Tourismuspolizei. Ich weiß nicht genau, was ihr Zweck und Auftrag ist, sehe aber, dass sie mit Block und Stift statt mit Gewehr und Kugel ausgerüstet ist.

Eine Gruppe Touristen will gerade die Kirche betreten, wird aber von einem Tourismuspolizisten aufgehalten.

Die Tourismuspolizei, erklärt mir Sachar, ist hier, um Statistiken zu erstellen.

»Woher kommen Sie, und zu wievielt sind Sie?«, fragt ein Polizist.

»Wir kommen aus Japan und sind zu siebt«, antwortet einer aus der Gruppe.

»Ok. Marhaban. Willkommen.«

Ein Mann aus meiner Gruppe geht auf den Polizisten zu und spricht ihn an.

»Ich gehöre zu den Japanern«, sagt er, »bin selbst aber Schweizer. Ist das ok?«

Ich schaue ihn an und denke, das ist der größte Beweis für die Existenz Gottes: Wer sonst könnte einen solchen Deppen erschaffen wie diesen Schweizer? Der Urknall jedenfalls nicht.

Der Polizist, für den das nicht der erste Schweizer seines Lebens ist, zwinkert mir zu und lächelt.

Die Geburtskirche ist, falls es Sie interessiert, in einen griechisch-orthodoxen, einen armenischen und einen katholischen Bereich aufgeteilt.

Wie jeder gute Christ knie ich im Untergeschoss vor der Geburtsgrotte nieder, in der Jesus geboren wurde. Einen halben Meter hinter mir steht die Krippe. Diese beiden winzigen Teilbereiche der Kirche, erfahre ich, gehören zwei unterschiedlichen Konfessionen. Wehe dir, und der Fluch des Herrn komme über dein Haupt, wenn du einer der Konfessionen angehörst und in der Sektion der anderen zu beten versuchst.

So ist dieses Land. Aufgeladen in jedem einzelnen Quadratmeter.

Da reden wir vom Konflikt zwischen Arabern und Juden ...

Hier streiten zwei Christen um eine Fläche von einem Viertelquadratmeter in einem Kampf, der gelegentlich gewalttätig wird, und doch gibt es da draußen einen Kerry, der glaubt, er könne Frieden zwischen den Völkern stiften.

Ein Mönch geht rasch an mir vorüber, in der Hand eine Schale mit Dollarnoten. Hat der ein Glück, dass Jesus tot ist. Wäre Jesus am Leben, dann hätten dieser Mönch und seine Kirche keinen einzigen Dollar.

Nach dem Gebet führt mich Sachar zur Milchgrottenkirche, einer weißen Felsenkirche. Heute, scheint mir, möchte mich die palästinensische Regierung zum Gebet anhalten. Die Milchgrotte heißt so, weil die Muttergottes hier ihr Baby Jesus stillte, wobei sie einen Tropfen Milch verlor. Daraufhin färbten sich die Felsen weiß.

Am Eingang der Kirche steht eine Statue von König David. »König David war ein Palästinenser«, erzählt Sachar mir, während sie neben dem König in Pose geht, damit ich die Ähnlichkeiten zwischen ihnen sehen kann. »Er wurde in meinem Dorf geboren. König David war mein Ur-Urahn.«

Sie gleichen sich wie zwei siamesische Zwillinge. Dieselbe Größe und dasselbe Alter.

Hat diese Kirche sonst noch eine Besonderheit?

»Mütter, die Kinder haben wollen, kommen hierher, selbst Muslimas. Sie vermischen Staub von den Felsen mit Wasser und trinken es, weil es ihrer Fruchtbarkeit hilft.«

Ich dachte, zu diesem Zweck isst man Schikschukit im Restaurant Machneyuda in Jerusalem. Wie man sich doch täuschen kann.

Wir gehen zurück zum Bethlehemer Friedenszentrum. Jetzt, wo wir gebetet haben, können wir den wahren Frieden finden.

Dort treffen wir Maryiam, die in dem Zentrum arbeitet. Freundlicherweise erlaubt sie mir, in ihrem Büro zu rauchen.

»Draußen können Sie nicht rauchen, die Muslime lassen das

nicht zu. Bis zum Jahr 2000 machten Christen 95 Prozent der Einwohner Bethlehems aus, heute sind es nur noch 1,5 Prozent.«

Warum sind die Christen weggegangen?

»Die Christen sind weg, weil es hier kein Geld gibt.«

Warum sind die Muslime nicht gegangen?

»Die kriegen Geld von den Saudis.«

Die Christen nicht?

»Saudis unterstützen nur Muslime.«

Nach meiner Zigarette beziehungsweise deren zwei oder drei brechen wir zu einem Spaziergang durch die Straßen von Bethlehem auf.

Hier ist ein Laden, in dem sie unter anderem Jesus und Maria aus heiligem Holz verkaufen. Jack, der Inhaber, sagt über seine kleinen Holzgötter: »Amerikanern ist die Größe wichtig, nicht die Qualität. Deutschen ist die Qualität wichtig, nicht die Größe. Palästinenser achten auf die Farbe.«

Bethlehems Altstadt, ein Wunder an Schönheit und ein Augenschmaus, wird dieser Tage von Entwicklungsfonds ›gewaschen‹. Fast jedes Haus, an dem ich vorbeikomme, wird durch gütige und liebevolle Länder aus Übersee renoviert. Norwegen, Italien, Belgien und Schweden sind nur einige der Namen, die dem Betrachter ins Auge springen.

Zwischen den Prachthäusern finden sich in den Prachtstraßen dieser Altstadt Dutzende von Geschäften, die allerdings zumeist geschlossen sind. Ich frage Sachar nach dem Grund, und natürlich sind die Israelis schuld. »Besatzung«, »Israelis« und »Juden« sind die automatischen Erklärungen für alles Schlechte. Die Israelis haben Bethlehem vor Jahrzehnten verlassen, aber warum nicht ihnen die Schuld in die Schuhe schieben?

Ich bekomme eine andere Antwort, als ich eine Anwohnerin frage, warum die Geschäfte in ihrem Viertel geschlossen sind. »Das (palästinensische) Tourismusministerium will nicht, dass die Touristenbusse bei den Geschäften halten. Wenn die Busse hier hielten, dann würden die Touristen auf dem Weg zur Kirche zu Fuß durch diese Straßen gehen, und die Läden wären gerammelt voll. Aber die Regierungsvertreter wollen das nicht.«

Warum nicht?

»Ich habe keine Ahnung.«

Ich gehe in eins der Häuser. Es verfügt über fünf Zimmer, zwei Badezimmer, ein Wohnzimmer, eine Küche, alles aus Fels und Marmor. Ein Palast, ermöglicht durch europäische Großzügigkeit.

Finanzieren die Europäer auch jüdische Projekte?

Um eine Antwort auf diese Frage zu finden, fahre ich nach Jerusalem und treffe mich mit Irene Pollak-Rein von der Jerusalem Foundation, einer der wohlhabendsten Stiftungen Israels. Irene leitet die Abteilung für die deutschsprachigen Länder in der Stiftung. Wie sie mir erzählt, beunruhigen sie die diversen Boykottaktionen gegen Israel, die in Europa eingeleitet wurden. »BDS (Boykott, Desinvestition und Sanktionen) ist das Resultat von vielen, vielen Jahren antiisraelischen Wirkens. In den deutschsprachigen Ländern sind es die Deutschen, die den meisten Druck in diese Richtung machen. Im Allgemeinen spenden deutsche Stiftungen und deutsche Regierungen nur für Projekte, die auf Juden und Araber zusammen ausgerichtet sind, oder für Projekte, die nur für Araber sind. Die Deutschen werden kein Projekt finanzieren, das ausschließlich für die jüdische Gemeinschaft gedacht ist.«

Ich habe keine Lust mehr, noch irgendetwas über die Deutschen zu hören, und bin außerdem am Verhungern. Ich suche mir ein nettes Restaurant. Schon beim Betreten fällt mir eine Gruppe deutscher Journalisten ins Auge. Gott allein weiß, warum all diese Deutschen hier gelandet sind. Ich weiß es nicht.

Nun gut, anscheinend kann man ihnen nicht entfliehen. Wenn man nicht gegen den Strom schwimmen kann, dann schwimmt man halt mit. Also setze ich mich und bestelle mir ein Menü, das den Engeln munden würde, und verputze es in einem Zug. Was soll ich sagen, dieses Land strotzt nur so vor köstlichen Speisen.

Durchs Fenster sehe ich einen Aufkleber an einem Wagen:

»Ich bin ein Jekke-Fahrer.« Ich gehe raus und fotografiere ihn. Da kommen zwei junge Palästinenser auf mich zu und wollen wissen, warum ich ein Foto von einem alten Auto mache. Kennt ihr diesen Jekke-Juden, frage ich sie. Sie lachen laut. Der Wagen, antworten sie mir, gehört ihrem Freund, der im Restaurant in der Küche arbeitet.

Der alte deutschjüdische Bankier, der mir vor Augen stand, ist in Wirklichkeit ein palästinensischer Tellerwäscher.

Was für ein Land.

Irgendwie muss ich an ›meinen‹ Deutschen, Gideon Levy, denken, und schreibe ihm eine E-Mail wegen unseres gemeinsamen Ausflugs nach Palästina. Er antwortet ziemlich schnell: »Lieber Tuvia. Wir machen das, sobald ich aus dem Ausland zurück bin. Gideon.«

Kein Problem.

14. STATION *Deutsche im Heiligen Land: tot und lebendig*

Ein paar Blocks von meinem Haus in der deutschen Kolonie entfernt liegt der Friedhof der früheren Bewohner dieses Viertels, der deutschen Templer. Der Templerfriedhof, sonst meist geschlossen, ist heute geöffnet. Soll ich ihn mir anschauen? Einer der Toten hier, kommt mir in den Sinn, hat das Haus gebaut, in dem ich wohne. Vielleicht sollte ich ihm meine Aufwartung machen. Ich spähe hinein und sehe, dass die Gräber hier gut erhalten sind, anders als die auf dem Ölberg.

Ich gehe hinein.

Es fühlt sich komisch an, wie eine Begegnung mit der Geschichte, mit einem Ort und einem Volk, das einst hier lebte. Eine der Grabinschriften lautet: »Hier ruht Gottlob Bäuerle, geb. den 17. April 1881. Gest. den 12. Juni 1881. Auf Wiedersehen!«

Was für ein kurzes Leben ... Und was für ein anmutiger, anrührender Abschluss eines Grabsteins: Auf Wiedersehen!

Christoph Paulus, der 82 Jahre alt wurde, hat Folgendes auf seinem Grabstein stehen: »Ja, ich komme bald!«

Religiöse, romantische Leutchen, die ihre Familien und Adolf Hitler liebten. Im späten 19. Jahrhundert kamen sie in der Hoffnung ins Heilige Land, sie könnten hier Jesus bei seiner Wiederkunft begrüßen. Jesus kam nicht, dafür kam im 20. Jahrhundert Hitler, und so warteten sie auf den. Die Briten, die damals das Land beherrschten, nahmen sie gefangen und deportierten sie später.

Sie lebten hier, schwitzten hier, bauten hier und starben hier.

Sie sind nicht mehr, doch nehmen andere Deutsche im Heiligen Land ihren Platz ein. Ich sehe eine Reihe von ihnen vor dem King David Hotel, nicht weit vom Friedhof. Wer sind sie?

Es sind deutsche Journalisten, die hier zusammengekommen sind, um an einem Pressegespräch mit dem deutschen Außenminister Guido Westerwelle teilzunehmen. Es handelt sich dabei nicht wirklich um eine Pressekonferenz, sondern eher um einen Versuch des Außenministers, sich bei den Medien lieb Kind zu machen, nach dem Motto: Ich bin nett zu euch und opfere euch meine Zeit, dafür seid ihr nett zu mir.

»Die Gespräche mit Livni waren sehr gut«, sagt Guido. Die Rede ist von Ministerin Tzipi Livni, die die israelische Delegation bei den Friedensverhandlungen mit den Palästinensern leitet. Guido spricht über die politischen Angelegenheiten in diesem Teil der Welt, als wären sie seine eigenen. Er möchte, dass die beiden Unruhestifter, der Araber und der Jude, sich die Hand geben und gute Freunde werden.

Orangensaft, Haselnüsse und Schokoladenkekse werden der versammelten Gesellschaft hier gereicht, und ich gönne mir ein paar von letzteren. Eine Falafel wäre mir lieber, aber ich will mich nicht beklagen. Süßigkeiten passen, offen gestanden, gut zu einer Ansprache von Guido. Nach seiner Stellungnahme beginnt eine Frage-Antwort-Runde.

Wie denkt er angesichts der Geschichte zwischen Deutschen und Juden, frage ich ihn, dass ihn die Juden und die Araber wahrnehmen? Ist diese Geschichte Teil seiner Motivation, sich mit einem Konflikt zu befassen, der nicht seiner ist?

In seiner weitausholenden Antwort behauptet er, dass fast alle deutschen Jugendlichen Israel als die einzige Demokratie in der Region betrachten. Es wird mehr als Haselnüsse und Schokokekse brauchen, um mich von dieser Absurdität zu überzeugen, aber als ich gerade Luft hole, um eine Anschlussfrage zu stellen, fragt er mich, ob ich ihn aufnehme. Ich sage, dass ich das in der Tat tue. Er weist mich darauf hin, dass dieses Treffen nicht aufgezeichnet werden darf.

Ups. Das bedeutet, dass ich ihn nicht direkt zitieren, sondern nur »allgemein« schreiben kann, was er sagt.

Was ist es, das uns Euer Ehren wissen lassen möchte, ohne dass es direkt zitiert werden darf?

Er erzählt uns beispielsweise von einem Abstecher nach Gaza und den kleinen Kindern, die er dort traf. Sie waren so süß, und er war so tief berührt. Was auch immer er in dieser Gegend tut, er vermittelt uns den Eindruck, dass er es für diese Kinder tut.

Er spricht auch über Irans Nuklearprogramm, in dem er eine Gefahr nicht nur für Israel, sondern auch für den Rest der Welt sieht. Sollte Iran über Nuklearwaffen verfügen, sagt er, dann würden sich sechs weitere Länder auch welche verschaffen.

Ich habe nicht all seine öffentlichen Erklärungen verfolgt, und es kann sein, dass er dieselben Dinge schon früher öffentlich gesagt hat. Es macht aber einen guten Eindruck, wenn »wir zusammen« hier sitzen und reden.

Der deutsche Botschafter, der zu Guidos Rechten sitzt, wirkt ein wenig gelangweilt. Einmal holt er sogar sein Smartphone heraus und beschäftigt sich mit ihm.

Auf Wiedersehen!

Der deutsche Außenminister ist nicht der einzige Deutsche, der sich in diesem Land für den Frieden einsetzt. Auch die Konrad Adenauer Stiftung (KAS) arbeitet unermüdlich am Frieden, den sie in die Herzen der Araber und der Juden einpflanzen möchte. Die Araber und Juden, die sie dabei im Sinn haben, sind keine Journalisten, sondern Lehrer, Menschen, denen mehr an Kindern als an Haselnüssen liegt. Die Frage ist, wie sich das mit dem Einpflanzen bewerkstelligen lässt. Die KAS ist zu diesem Zweck auf eine wunderbare Idee verfallen: Man führe Begegnungen zwischen den beiden Widersachern herbei, sorge dafür, dass sie sich ineinander verlieben oder wenigstens gute Freunde werden, und im Gegenzug werden sie ihre neuentdeckte Liebe oder ihr gegenseitiges Verständnis in die Herzen der Kinder einflößen, die sie unterrichten.

Da die Zielpersonen der KAS sowohl Araber als auch Juden sind, kann die Versöhnung, die sie für sie plant, nicht auf einem Territorium stattfinden, um das beide Seiten kämpfen. Es gilt, ein neutrales Terrain zu finden, ein Land, das keine der Lehrkräfte als seines oder ihres beansprucht wird, und einen Ort, an dem die KAS eine mehrtägige Friedenskonferenz organisieren kann, um ihr Gastgeber zu sein. Gott sei Dank gibt es Jordanien, wo die KAS ein Hotel zu diesem Zweck anmietet.

Wollen wir mal schauen, was passiert, wenn sich beide Seiten begegnen.

15. STATION *Sie sind herzlich eingeladen zu drei Tagen voller romantischer Tänze in Jordanien, vorgeführt von Deutschen, die den Frieden und die Araber lieben*

Die israelische Zweigstelle der KAS hat ihren Sitz in Jerusalem. Von dort ist es eine vergnügliche Fahrt von einer halben Stunde nach Jordanien, wenn man die Allenby-Brücke/König Hussein-Brücke nimmt. Das würde alles sehr erleichtern, aber der Nahe Osten ist nicht gerade für seine Erleichterungen bekannt. Die Jordanier, um eine lange Geschichte kurz zu machen, gestatten den Israelis nicht, über diese Brücke nach Jordanien einzureisen. Stattdessen zwingen sie sie dazu, eine andere Brücke weit oben im Norden zu nehmen. Was bedeutet, dass wir den ganzen Weg in den Norden Israels zurücklegen, dort nach Jordanien einreisen und dann auf jordanischer Seite den ganzen Weg zurück in den Süden machen müssen. Fahrtdauer: neun Stunden statt einer halben.

Die KAS hat einen bequemen Bus für diese Exkursion angemietet, und ich bin bester Dinge. Ich schwatze mit diesem und jenem Teilnehmer, als plötzlich das Handy der KAS-Konferenzleiterin klingelt. Eine der Teilnehmerinnen, tatsächlich sogar die Hauptrednerin dieses Friedensevents, sagt ab. Ihre palästinensische katholische Schule hat ihr untersagt, teilzunehmen; sie wollen nicht, dass sie sich mit Juden trifft, und kümmern sich nicht um die deutschen Friedensbemühungen. Ich lausche diesem Gespräch heimlich und frage mich, ob auch die anderen über den reizenden Grund für diese Absage informiert werden. Werden sie nicht.

Auf einer unserer Erholungspausen frage ich einen israelischen Lehrer, der wie ich Raucher ist, warum er hier ist und was ihn motiviert. Er sagt mir, wie dumm ich bin, nicht von selbst darauf gekommen zu sein, dass die Palästinenser dieses Land zu Recht für sich beanspruchen, weil sie vor den Juden hier lebten. Er möchte sie treffen, um sie an seinen Gedanken teilhaben zu lassen. Auch ist er sehr aufgeregt darüber, ein arabisches Land wie Jordanien zu besuchen, etwas, das er noch nie in seinem Leben getan hat.

Dieser Mensch hat die Palästinenser längst in sein Herz geschlossen, sodass ich mich frage, was der Sinn seines Hierseins ist. Ich teile ihm meine Verwunderung mit, woraufhin er sich über meine Verwunderung verwundert.

»Alle Israelis hier sind wie ich. Warum sonst sollten wir teilnehmen, wenn wir nicht so dächten?«

Er hat Recht, wenn ich es mir genauer überlege. Nur dass ich jetzt nicht mehr verstehe, wozu die Konferenz eigentlich gut sein soll.

Vielleicht will man Palästinenser dazu bringen, Juden zu mögen.

Könnte doch sein, oder?

Die Veranstaltungsleiterin ist eine Deutsche, die zum ersten Mal von einem israelischen Freund ihrer Eltern etwas über Israel erfuhr und von ihm auch in das Land eingeladen wurde. Die junge Frau hatte nichts Besseres vor und besuchte den jüdischen Staat, verliebte sich in ihn und auch in einen netten Araber. Sie wohnen heute in einer Gegend, in der keine Juden leben und kein Araber einem Juden eine Wohnung vermieten oder verkaufen würde. Eine so anrührende Liebesgeschichte hätte Eugène Ionesco zweifellos zu schätzen gewusst.

Endlich erreichen wir die jordanische Seite der Grenze.

Einer der Israelis in unserer Gruppe, fällt mir auf, hat neben seinem israelischen auch einen ungarischen Pass. In diesem Reisepass ist kein einziger Stempel, und er benutzt ihn eigentlich auch nicht. Er hat ihn sich nur für den Fall der Fälle besorgt. Wenn Israel von der Landkarte verschwindet, dann möchte er einen Ort haben, an dem er leben kann. Viele Israelis, sagt er mir, beschaffen sich europäische Pässe für den Fall der Fälle.

Der Frieden ist der Gott dieses Mannes, aber mir scheint er ein Atheist zu sein.

Wir warten stundenlang an der Grenze. Das muss ein stark frequentierter Grenzübergang sein, sage ich mir, und mache mich daran, die Autos zu zählen, die hier ein- oder ausreisen, ei-

151

nes nach dem anderen. Gesamtzahl der aus Jordanien ausreisenden Fahrzeuge: zwei. Und nun zähle ich die Busse, die nach Jordanien einreisen. Einer. Asiatische Touristen. Wow.

Im Warteraum geht ein Grenzbeamter die Namensliste der KAS-Teilnehmer durch, die in dieses Königreich gekommen sind, um Frieden zu stiften, und streicht mit einem blauen Kuli jeden jüdischen Namen durch. Er zählt die Juden, mit todernstem Gesicht. Er geht weg, kommt wieder, und die Visa werden ausgestellt. Die Israelis, die Juden unter ihnen, erhalten ein Gruppenvisum, was bedeutet, dass keiner von ihnen irgendwo alleine hingehen kann. Ich kriege ein normales Visum; ich bin kein Jude.

Und unmittelbar bevor wir wieder in den Bus einsteigen, der uns auf der jordanischen Seite den ganzen Weg zurück nach Süden fahren wird, teilt man uns mit, dass es unterwegs keinen Halt geben wird wie auf der israelischen Seite. Keine Eiscreme, keine Cola und keine Toilette. Gehen Sie jetzt auf die Toilette, wird uns angeraten, da es bis zur nächsten einige Zeit dauern wird. Juden sind in einem arabischen Land nicht sicher, aber niemand will das hören, am wenigsten die Juden selbst. Wir sind auf einer Friedensmission, nicht auf einer Uriniermission.

Es ist interessant, die Leute in diesem Bus zu sehen, großartige Lehrer der Führer von morgen: Die Araber bleiben unter sich, die Juden bleiben unter sich.

Das ist der erste Schritt, um Frieden zu stiften, im deutschen Stil.

Ich sollte sie aber nicht schlechtmachen. In Wirklichkeit ist der KAS hier ein Kunststück gelungen: Die Deutschen zahlen für diesen Ausflug; die Reiseagentur, bei der die Fahrt gebucht wurde, ist jüdisch; der Reiseorganisator und der Busfahrer sind Palästinenser; die Toiletten sind leer, und das Hotel, in dem wir bald eintreffen, ist jordanisch.

Bis jetzt hat nicht einmal Präsident Barack Obama ein solches Wunder zustande gebracht.

Wir fahren durch jordanische Städte und Dörfer. Auf dem Großteil unserer Fahrt sehe ich halb fertiggestellte Häuser, König Abdullahs Gesicht auf unzähligen Plakaten und eine bedrückende, zum Himmel schreiende Armut. Die meisten Menschen hier sind Palästinenser, und ich frage mich, warum Katalonien nicht auch hier weiße Prachtvillen errichtet. Wäre echt eine große Hilfe.

Spät am Abend treffen wir im jordanischen Dead Sea Spa Hotel ein. Die Eröffnungssitzung findet glücklicherweise erst morgen statt. Auch die echten Friedensgespräche zwischen Arabern und Juden, die der amerikanische Außenminister John Kerry organisiert und die mit unseren Bemühungen hier natürlich nichts zu tun haben, beginnen morgen. Zur Einführung in Kerrys Friedensgespräche wurde eine Rakete auf die Stadt Eilat abgeschossen, aber von dem israelischen Raketenabwehrsystem »Eiserne Kuppel« abgefangen.

Pünktlich finden wir uns alle zu unserer ersten Sitzung ein. Auf unseren Stühlen liegt ein gedrucktes Programm, welches uns nebenbei darüber informiert, dass dieses Projekt von der Europäischen Union unterstützt wird.

Die Veranstaltung findet in englischer Sprache statt. Ein jüdischer Redner stottert sich einen in schlechtem Englisch ab, ein arabischer äußert sich klar auf Englisch und Arabisch, und wir haben auch einen Gast aus Norwegen. Der spricht das beste Englisch von allen und verrät uns, dass er auf eigene Rechnung hier ist, was bedeutet, dass er von niemandem dafür bezahlt wird. Ein rechtschaffener Mann, wie gut, dass er es publik macht. Da er im Übrigen schon einmal hier und ein so guter Typ ist, wird er als unser Hauptredner einspringen. Es gibt aber natürlich ein Problem: Die meisten Anwesenden verstehen kein Englisch. Wenn ich mich auf Englisch an jemanden wende und zum Beispiel frage, woher kommen Sie?, dann kriege ich eine Antwort, die nicht auf Englisch ist und »guten Morgen« bedeutet. Die KAS, nehme ich an, möchte sich ›international‹ geben, und da ist Englisch natürlich ganz toll. Vermutlich ist es auch eine tolle Idee, Leute zusammenzubringen, die sich gegenseitig nicht verstehen, und auf diese Weise sicherzustellen, dass sie nicht miteinander sprechen

153

können. Ich werde dieses tiefsinnige Konzept in einem vielbändigen Werk erörtern, das ich darüber zu schreiben gedenke.

Die Reden sind abgehakt, jedenfalls für den Moment, und die erste Session beginnt.

Eine israelische Friedensaktivistin fordert uns auf, die Stühle beiseite- und uns in einem Kreis aufzustellen. Wir sollen uns nicht an den Händen fassen, sagt sie. Jetzt erklingt arabische Musik, und wir sollen uns vorstellen, dass wir in einer Küche sind und kochen.

Im nächsten Schritt, nachdem wir das Essen füreinander ›zubereitet‹ haben, sollen wir uns einander zuwenden und miteinander sprechen. Ich reiche meine Hand einer jordanischen Lady im Hidschab neben mir, eine klare Regelverletzung, aber sie sagt, sie gebe keinem Mann die Hand. Ein Jordanier, der nun meine Hand schüttelt, fragt mich, ob ich ein »Jude« bin. Ich sage ihm, dass ich mich nicht mehr daran erinnere, wer ich bin, aber, wenn ich mich nicht irre, weder Jude noch Araber bin. Er widerspricht mir und sagt, ich müsse entweder das eine oder das andere sein. Ich sage, ich bin Deutscher. Willkommen im Land Seiner Exzellenz König Abdullahs.

Weiter im Takt: Aus den Lautsprechern ertönt nun westliche Musik, und wir sollen tanzen. Ich betrachte die stocksteifen Tänzer, von denen sich keiner irgendwie anmutig zu bewegen vermag, und denke für einen Moment, dass ich in einem Irrenhaus gelandet bin. So bizarr es aber auch wirkt, scheinen sich die Leute hier prächtig zu amüsieren. Vielleicht ist es eine Art Sport für sie, überlege ich. Kalorien im Fitnessstudio zu verbrennen geht schließlich auch ohne Rhythmus.

Das Ganze ist ein einziges Gemurkse. Eine deutsche Dame hat ein Einsehen und schlägt eine Kaffeepause vor. Der Mangel an Beinkoordination muss eine Qual für sie gewesen sein.

In der Kaffeepause lerne ich einige Jordanier aus der Stadt Zarka und einige Palästinenser aus Jerusalem kennen, kann aber keinen Palästinenser aus dem Westjordanland ausfindig machen.

Man sagt mir, eine Delegation aus Ramallah sei hier, aber wo? Jemand erklärt sich bereit, mich zu der Delegation zu führen. Er findet nur keine. Das bedeutet aber nicht, dass sie nicht hier sind, sie sind sehr wohl hier. Nur wo? Auf Toilette, sagt er. Die Leute aus Ramallah pinkeln offensichtlich alle gleichzeitig.

Die Zeit verstreicht, doch dann entdeckt er einen der Pipimacher. Da drüben, sagt er, ist die Ramallah-Gruppe, und zeigt auf einen einzelnen Mann. Den spreche ich an. Er kommt aus Ramallah, sagt er, das ist richtig. In welcher Schule in Ramallah unterrichtet er? Oh nein, er unterrichtet in Jerusalem. Und wo sind seine Freunde, die anderen Gäste aus Ramallah? Die sind natürlich in Ramallah. Nicht hier? Nein, nicht hier. In Ramallah.

Ramallah ist besser, cooler.

Es macht einen großen Unterschied, ob man in diesem Hotel Gäste aus Ramallah oder Gäste aus Jerusalem hat. Jerusalem gehört zu Israel, und seine arabischen Einwohner müssen nicht nach Jordanien kommen, um auf Juden zu treffen. In Ramallah aber, dem Sitz der palästinensischen Regierung, gibt es keine Juden, und wenn es dazu kommt, dass seine arabischen Einwohner Juden begegnen, dann könnte sich die KAS als große Kupplerin preisen. Nur dass die Delegation aus Ramallah entweder irgendwo in Jordanien in eine Toilette pinkelt oder vergnügt in Ramallah in eine Falafel beißt.

Was denkt sich die KAS eigentlich?

Diese deutsche Friedensveranstaltung kostet rund 200 000 Schekel, also etwa 45 000 Euro, sagte mir ein Verantwortlicher. Damit ist sie wenigstens preisgünstiger als der Hammam der Al-Quds-Universität.

Ich schaue mir die versammelten Leute an und sehe einen auffälligen Unterschied zwischen Arabern und Juden. Die Juden sind eifrig bemüht, sich lieb Kind zu machen, während die Araber erhobenen Hauptes einherstolzieren. Und während die Juden versuchen, ihre Kultur zu verbergen, und niemand irgendein typisch israelisches oder jüdisches Symbol zur Schau trägt, zeigen die Araber ihre Symbole voller Selbstbewusstsein.

Nach der Kaffeepause werden die Teilnehmer in drei Gruppen

aufgeteilt, von denen jede ein eigenes Zimmer bekommt: Palästinenser, zu denen auch Ausländer gehören, die an palästinensischen Schulen unterrichten, Jordanier und Israelis. Wenn man die Leute lehren will, einander liebzuhaben, muss man sie offensichtlich voneinander trennen. Es gibt eine interessante Regel: Die Gruppen sollen nicht über Politik sprechen.

Ich will mich der »palästinensischen« Gruppe anschließen, darf aber nicht mit hinein. Also warte ich, bis alle herausgefunden haben, wer sie sind. Eine Blonde, eine Brünette, noch eine Brünette und ein paar Jerusalemer kommen heraus und unterhalten sich alle auf Englisch.

Ich nehme mir die Zeit für einen Plausch mit einem Briten namens Warwick, dem Geschäftsführer des Dead Sea Hotels.

Seine Frau, sagt er mir, ist eine Palästinenserin aus Bethlehem. Muslimin?

»Christin. Anglikanische Kirche.«

Wann ist sie aus Bethlehem weggegangen?

»1950, als die Israelis die Stadt besetzten.«

Moment mal: Israelis in den Fünfzigern in Bethlehem?

»Moment, ich schaue nach.«

Er greift zu seinem Smartphone und schaut nach.

»1967«, korrigiert er sich.

Gut, dass er Google hat, um herauszufinden, wann seine Frau aus Bethlehem wegging. Solche Briten habe ich gern.

Ich gehe zurück zu der KAS-Veranstaltung.

Als ich den Konferenzsaal betrete, reiche ich einem der Araber meine Hand. Er reagiert mit der Frage: »Sind Sie Jude?« Nein, sage ich, halb Amerikaner und halb Deutscher. Er schüttelt mir die Hand.

Abendprogramm. Nach dem Abendessen sitzen wir draußen vor dem Hotel und hören uns laute arabische Musik von einer lokalen Band an. Ich biete einem der Israelis, der zum ersten Mal in einem arabischen Land ist, an, ihm Amman zu zeigen. Amman ist schön, sage ich ihm, und es würde mir nichts ausmachen, mit Ihnen in die Hauptstadt zu fahren. Er würde Amman liebend gerne besichtigen, sagt er, darf aber das Hotel nicht verlassen.

Warum nicht?

Wie die KAS ihn wissen ließ, »darf ich das Hotel nicht verlassen. Das wurde uns allen gesagt. In Jordanien sind Juden nicht sicher. Vor wenigen Tagen erst rief ein jordanischer Parlamentsabgeordneter dazu auf, alle Israelis in Jordanien, sollten sich welche finden, zu entführen und als Geiseln zu nehmen.«

Während die Band spielt, setze ich mich mit einer Jordanierin zusammen. »Ich bin eine haschemitische Jordanierin«, wie sie über sich selbst sagt. Sie promoviert gerade, ist lebhaft, unabhängig und noch unverheiratet. Noch hat sich kein Mann gefunden, der gut genug für sie ist, so das Urteil ihrer Mutter, die in ihrer traditionellen Gesellschaft in solchen Dingen wie der Eheschließung das Sagen hat.

Es ist nicht das erste Mal, dass sie an einer deutschen Friedensinitiative teilnimmt. Sie mag die Deutschen und hat entschiedene Meinungen über die Juden.

»Ehrlich gesagt, habe ich die Juden immer für eine Art Tiere gehalten.«

Und wie denken Sie heute über sie?

»Ich wurde einmal nach Jerusalem begleitet, um die Al-Aqsa und das heilige Grab zu besichtigen, dort sah ich die Umgebung und was die Juden gebaut haben. Mir war vorher nicht bewusst, dass das richtige Städte sind. Als ich aber sah, was sie da hingestellt haben, wurde mir klar, dass sie die Gegend nicht verlassen würden.«

Wer sind die Juden, was denken Sie über sie?

»Invasoren. Ich habe kein Problem damit, Ihnen die Wahrheit zu sagen.«

Hätten Sie etwas dagegen, wenn einige von ihnen hierherzögen, um in Jordanien zu leben?

»Nein, sie sollen nicht hierherkommen. Nein!«

Und Amerikaner?

»Was für Amerikaner?«

Normale Amerikaner, gute Christen.

»Die können hierherkommen, um mit uns zu leben. Kein Problem.«

Amerikanische Juden auch?

»Nein, nein. Denen sollte es nicht gestattet werden, hier zu leben. Nein.«

Keine Juden in Jordanien?

»Sorry. Keine Juden hier.«

Sind Sie eine gläubige Christin?

»Bin ich!«

War Jesus Christus ein Jude?

»Nein. Er wurde von Juden getötet!«

Heißt das, dass er kein Jude gewesen sein kann?

»Wenn er ein Jude gewesen wäre, hätten die Juden ihn nicht getötet!«

Wer hat Saddam Hussein getötet?

»Warum fragen Sie?«

Wer hat Muammar al-Gaddafi getötet?

»Was wollen Sie damit sagen?«

Das wissen Sie doch so gut wie ich. Sie wollen promovieren, da sollten Sie doch in der Lage sein, diese Fragen zu beantworten.

»Sie waren beide Araber, und Araber haben sie getötet.«

Und was bedeutet das, meine werte Doktorandin?

»Okay, jetzt verstehe ich Sie. Wenn die Juden Christus getötet haben, ist das kein Beweis dafür, dass er kein Jude war. Stimmt. Ich habe das noch nie bedacht, werde nun aber darüber nachdenken müssen.«

Übrigens: Woher wissen Sie, dass die Juden Jesus töteten?

»Das weiß doch jeder.«

Was sagt die Heilige Schrift dazu?

»In Jordanien wird gelehrt, dass die Juden ihn töteten. Alle lehren das: die Katholiken, die Protestanten.«

Was aber sagt die Heilige Schrift dazu?

»Ich weiß nicht, ich muss darüber nachdenken.«

Warum nachdenken? Warum nicht einfach die Heilige Schrift nehmen, aufschlagen und nachlesen?

»Nicht die Juden?«

Die Heilige Schrift sagt, dass die Römer ihn töteten.

»Das ist mir neu.«

Heute vielleicht oder morgen werden Sie die Heilige Schrift aufschlagen und nachschauen.

»Morgen möchte ich ein Foto mit Ihnen machen. Ist das okay?«

Jederzeit.

Wir verabschieden uns und wünschen uns eine gute Nacht.

Ramzi Nazzal, der Eigentümer des Dead Sea Spa Hotels, erzählt mir, wie er zu seinem Hotel kam: Ein deutscher Reiseveranstalter brachte jahrelang deutsche Schuppenflechte-Patienten zum Toten Meer nach Israel. 1986 kamen Führungskräfte des Unternehmens mit einer Idee auf Ramzi zu: Sie würden ihre Patienten nach Jordanien umleiten, wenn er ein Hotel auf der jordanischen Seite des Meeres baute.

Manche Leute gehen schon recht weit, um Juden das Geschäft zu verderben.

Da sich die KAS-Teilnehmer weiter mit tanzähnlichen Manövern befassen, spreche ich jetzt einfach mit dem norwegischen »Konfliktbewältigungsexperten«, dem führenden Experten unserer KAS-Zusammenkunft.

Da man ihn nicht bezahlt, bitte ich ihn, mir zu erklären, warum er hierhergekommen ist, warum er sich überhaupt die Mühe gemacht hat und was genau seine Motivation ist. Kurz: Wie wird man so ein Gutmensch wie er?

Was macht einen Menschen zum Helden?

Die Frage verwirrt ihn. Ob ich nicht wüsste, sinniert er, dass das Wesen der norwegischen Kultur darin besteht, sich um andere Menschen zu kümmern? Nein, wusste ich nicht. Tun sie das? Tut er es? Kümmert er sich beispielsweise auch um andere Konflikte, um Hutus und Tutsi, Kurden und Tibeter, Tschetschenen und Albaner, Iraker und Kopten, Afghanen und Zigeuner, um nur einige zu nennen?

Er schaut mich mit einem nervösen Blick an und will wissen, auf welcher Seite ich stehe. Sind Sie ein J –, setzt er an, unterbricht sich aber gerade noch rechtzeitig vor dem Vokal.

Ein bizarrer Moment. Ich lasse ihn für eine Minute im Ungewissen, lasse die Situation auf mich wirken. Dann aber habe ich Mitleid mit ihm und sage ihm, dass ich Deutscher bin.

Er ist erleichtert. Die Deutschen sind gut, und wir reden weiter.

Wie denken Ihre Landsleute über den arabisch-israelischen Konflikt? frage ich ihn. Auf welcher Seite stehen sie? Das kann er mühelos beantworten, er ist ein Intellektueller und kennt seinen Stoff. 90 Prozent der Norweger stehen aufseiten der Palästinenser, erzählt er mir, weil sie Israel für rassistisch und für einen Apartheidstaat halten. Und was denken Sie? frage ich ihn. Nun, er denkt, dass seine Landsleute recht haben. Die Norweger, lässt er mich wissen, haben ein Gespür für die Leiden ohnmächtiger Minderheiten. Hatten sie schon immer, haben sie immer noch und werden sie immer haben. Das war in der Vergangenheit so und wird auch in Zukunft so sein. Gute Leute.

Ich frage ihn, ob er mir sagen kann, wie sich die Norweger im Zweiten Weltkrieg verhalten haben.

Er möchte wissen, warum ich in der Geschichte seines Landes herumschnüffele.

Ich bin Deutscher, erinnere ich ihn, und für uns Deutsche ist der Zweite Weltkrieg nun mal ein Thema. Ist so eine komische Marotte von uns.

Er blickt mich mit einem gewissen Unbehagen an. Aber kein Norweger wie er wird einen Deutschen wie mich anlügen.

Wir geben es nicht gerne zu, sagt er mit leiser Stimme, aber wir haben mit den Nazis kollaboriert.

Ich treibe ihn ein bisschen in die Enge und frage ihn, ob dazu auch gehörte, die Juden in gewisse Öfen zu schicken.

Ja, sagt er, seine Hände zittern jetzt leicht, in seinem Gesicht zeigt sich ein nervöses Zucken.

Ist es aber nicht seltsam, frage ich diesen Gelehrten, dass Menschen mit einem Gespür für die Leiden von Minderheiten, wie es bei den Norwegern schon immer der Fall war, die ohnmächtige Minderheit der Juden in die Öfen schicken?

Er antwortet nicht.

Zu meinem Glück hält er mich für einen Deutschen. Hielte er mich für einen Juden, dann würde er mir womöglich sagen, ich solle damit aufhören, mich immer und immer wieder über ›diese Weltkriegsnummer‹ zu beklagen.

Zu seinem Glück ändert die KAS ihre Meinung und beschließt, ihn doch zu bezahlen. Die Dienste eines Mannes, der die Juden für Rassisten und die Palästinenser für reine Seelen hält, sind für die Organisation zu wertvoll, um nicht entlohnt zu werden.

Die KAS-Konferenz ist beendet, und ich fahre auf dem kürzeren Weg alleine nach Israel zurück. Ich nehme ein »Spezial«, ein Taxi für mehr als einen Mitfahrer, nach Jerusalem und setze mich neben eine intellektuell wirkende Frau.

Wir kommen ins Gespräch.

Sie stammt aus Bethlehem und arbeitet für eine Nichtregierungsorganisation, eine umweltbewusste NGO.

161

Wie viele NGOs gibt es in diesem Land? frage ich sie.

»Tausende. Allein in Bethlehem sind es rund 100.«

Sie heißt Nur und ist in der Tat eine Intellektuelle. Sie hat so manches studiert und führt dank der Amerikaner, Deutschen und der restlichen EU, die sie gut entlohnen, ein angenehmes Leben.

»In Palästina besteht die Wirtschaft aus NGOs. Palästina ist ein NGO-Land. Wir nennen es ›NGO-Palästina‹. Wer bezahlt unsere Regierungsspitze? NGOs. Hier wird praktisch nichts fabriziert, hier wächst nichts und wird nichts produziert außer für NGOs. Das war es dann.«

Sind Sie glücklich darüber?

»Kurzfristig gesehen, ja. Langfristig aber ist das unser Tod. Eines Tages werden die NGOs abziehen, und dann haben wir nichts. Es ist nicht gesund für ein Land, von Almosen zu leben. Wir haben eine schwache Regierung, und eines Tages werden wir dafür bezahlen. Wir leben nicht in der Wirklichkeit.«

Kennen Sie andere Länder, die so leben?

»Nur Palästina.«

Der Westen sorgt sich nur um euch?

»Nein. Die Juden sagen ihnen, dass sie das tun sollen!«

Wie bitte?

»Sie schmeißen ihr ganzes Geld hier in Palästina heraus, denn sie wissen, dass ansonsten die Juden den Palästinensern Geld geben müssten, weil Israel eine Besatzungsmacht ist und die Besatzer das Volk bezahlen müssen, das unter ihrer Besatzung lebt.«

Ist das so? Ich meine, die Europäer und die Amerikaner wollen den Juden Geld sparen?

»Warum sonst sollten sie es tun?«

Wo in Jordanien waren Sie mit Ihrer NGO?

»In Akaba.«

Was haben Sie dort gemacht?

»Wir hatten ein dreitägiges Seminar, um Lehrern dabei zu helfen, ihre Schüler über die Umwelt und die Wasserressourcen zu informieren.«

Noch ein Lehrerseminar, von einer anderen NGO, ebenfalls in

Jordanien. Wäre toll, mal in Erfahrung zu bringen, wie viele NGOs gleichzeitig in Jordanien Seminare veranstalten.

Bevor ich aus dem Hotel auscheckte, sagte mir der Brite Warwick: »Hier ist alles möglich. Wenn jemand zu mir käme und sagte, ›Da fliegen Ziegen über das Hotel‹, dann würde ich ihn fragen: Wie viele?«

Zuhause mache ich es mir bequem und bringe mich auf den neusten Stand darüber, was auf der Welt so los ist. Nämlich Folgendes:

Erstens, ägyptische Sicherheitskräfte haben über 500 ägyptische Anhänger der Muslimbrüder getötet; Aktivisten der Bruderschaft haben 40 koptische Kirchen und andere Bauwerke in Brand gesetzt.

Zweitens, der UN-Generalsekretär bereist gerade den Nahen Osten, um auf Frieden und Stabilität zu dringen.

Klingt großartig. Oder? Na ja, einen Haken gibt es. Der UN-Mann ist nicht in Ägypten, er ist in Israel. Tausende und Abertausende sterben in diesen Tagen im Nahen Osten, aber die UN ist mit Israel beschäftigt. Man muss schon ein Norweger oder eine deutsche NGO sein, um das für vollkommen sinnvoll zu halten.

16. STATION *Katzen, die UN und die auserwählten Goldenen*

Wenn die Menschen mich enttäuschen, ist es wohl Zeit, mich etwas eingehender mit meinen Katzen zu beschäftigen.

Ich trete in meinen grünen Hinterhof, doch bei meinem Anblick nehmen sie gleich Reißaus. Sie lehnen mich ab, scheint mir, und ich überlege, wie ich die Konrad-Adenauer-Stiftung dazu kriegen könnte, dass sie den Katzen Zuneigung zu mir einflößt. Ich denke an einen Konrad-Adenauer-Stiftungs-›Tanz‹, aber für den bräuchte ich eine Geldspritze von 200 000 Schekel, und ob mein Verlag die herausrücken würde, selbst für eine so großartige Sache, ach, ich weiß nicht. Dann aber überlege ich mir: Warum behandle ich die Katzen nicht einfach mal mit demselben Respekt, mit dem ich die haschemitische Dame behandelt habe?

Ich wünschte, ich hätte ein paar Knöchelchen, habe jedoch keine.

Milch aber. Ich hole einen Suppenteller, fülle ihn mit Milch und stelle ihn nach draußen.

Es handelt sich um koschere Milch, ich hoffe, den Katzen ist das recht.

Ich gehe wieder ins Haus und begebe mich auf Beobachtungsposten.

Eine Katze nähert sich dem Teller und hat die Milch in einer Minute weggeschleckt.

Die muss halb am Verhungern, sehr durstig oder beides gewesen sein.

Ich fülle den Teller wieder auf.

Auftritt zweite Katze. Diese hier ist größer und stärker und langt kräftig zu.

Die erste Katze, die immer noch Hunger oder Durst hat, wartet, bis die stärkere ihr einen Nachschlag gewährt, was diese aber nicht tut.

Der Teller ist wieder blitzblank.

Ich fülle den Teller nochmals auf.

Die starke Katze kriegt den ersten Schuss, tritt dann einen

Schritt zurück, woraufhin sich die erste Katze an ihrem Glück versucht. Vier- oder fünfmal kann sie schlecken, dann nähert sich die stärkere Katze wieder dem Teller.

Der Teller ist wieder leergeputzt, ich fülle ihn von neuem mit Milch.

Die stärkere Katze lässt nun die erste Katze mittrinken.

Nach einer Minute widerruft die stärkere Katze die Genehmigung, und die schwächere zieht sich zurück.

Die stärkere Katze genießt den Teller ganz für sich allein, rückt dann aber plötzlich ein Stück zur Seite.

Die schwächere Katze kommt zurück.

Ich beobachte die Katzen, Geschöpfe, die ich gerade erst kennenlerne, und denke: Katzen sind gewieft, erst recht diese streunenden Katzen, die kennen die natürlichen Regeln besser als ich. Die Regel, die hier gilt, lautet, soweit ich sehe: Macht schafft Recht. Sind die Menschen genauso oder anders? Der UN-Generalsekretär, der momentan im Land ist, vertritt eine kollektive menschliche Körperschaft, die (manchmal) entscheidet, Sanktionen gegen ein Land ihrer Wahl zu verhängen oder sogar einen Einmarsch in ein solches Land zu genehmigen. In der Praxis werden derartige Entscheidungen im UN-Sicherheitsrat getroffen, also von den Mitgliedern, aus denen sich dieser Rat zusammensetzt. Um wen handelt es sich dabei? Nun, um wechselnde Mitglieder, mit Ausnahme der wichtigsten unter ihnen, der ständigen Mitglieder, die über ein Vetorecht verfügen, nämlich: China, Frankreich, Russland, Großbritannien und die USA. Wie kamen sie zu dieser Ehre? Sie gewannen den Zweiten Weltkrieg. Na und? Tja, Macht schafft Recht. Wie bei den Katzen draußen vor meinem Fenster.

Wenn ich in diesem Land durch die Straßen laufe, sehe ich oft UN-Fahrzeuge, die üblicherweise dort parken, wo bloße Sterbliche wie ich es nicht dürfen, weil sie Immunität genießen und ich nicht. Macht schafft Recht. Die UN unterhält auch eine Spezialagentur unter der Bezeichnung UNRWA (United Nations Relief and Works Agency for Palestine Refugees in the Near East: Hilfswerk der Vereinten Nationen für Palästina-Flüchtlinge im

Nahen Osten), die eigenen Angaben zufolge fünf Millionen palästinensische Flüchtlinge unterstützt. Wie sie auf diese riesige Zahl
kommt, weiß ich wirklich nicht, aber vielleicht sollte ich auf meiner Reise auch mal ein UNRWA-Lager besuchen.

Meine Katzen haben sich inzwischen verzogen. Wahrscheinlich ergehen sie sich in diversen sozialen Aktivitäten auf dem Bürgersteig und unter parkenden Autos, und ich habe ein kleines
Problem. Was soll ich an einem Freitagabend in Jerusalem, wo
alles geschlossen ist, nur mit meiner Zeit anfangen?

Nun, die Charedim, die dafür gesorgt haben, dass heute alle
Geschäfte geschlossen sind, sitzen nicht zuhause und blasen
Trübsal. Sie vergnügen sich mit heiligen Aktivitäten – also nichts
wie hin.

Ich packe meinen zekel beiner (meinen »Sack Knochen« – mich
selbst) und mache mich auf den Weg zu den extremsten von ihnen, der Gruppe Toldos Aharon, deren Kinder ich vor einigen
Wochen besuchte. Ich habe ein weißes Hemd und eine schwarze
Hose an, iPhone und Zigaretten sind gut versteckt – von beidem
darf ich am Sabbat keinen Gebrauch machen. Und ich trage eine
schwarze Kippa. Das Leben ist ein kleines Theater.

Der Rebbe (Oberrabbiner) muss von seinem Sommerurlaub
in Österreich zurückgekehrt sein. An diesem Freitag, habe ich
mir sagen lassen, hält er einen nächtlichen »Tisch« ab. Das heißt,
er wird sein freitägliches Nachtmahl um 23 Uhr öffentlich zu sich
nehmen, umgeben und umringt von seinen Anhängern, während
ihn heilige Engel umkreisen.

Ich betrete die Synagoge von Toldos Aharon.

Der Raum ist leer.

Was ist mit dem Tisch?

Ach, wie konnte ich es vergessen! Ich habe einst in diesem
Viertel gelebt und sollte es besser wissen. Ja, das Ganze beginnt
um 23 Uhr, und es ist auch 23 Uhr, aber nicht wirklich! 23 Uhr ist
es im restlichen Israel, die Menschen hier aber haben ihre eigene
Uhrzeit, die himmlische Uhrzeit, und der zufolge ist es jetzt erst
22 Uhr.

Das Gute ist, dass ganz in der Nähe ein weiterer Tisch stattfindet. Der Vater des Rebbe, ein berühmter Wundermann, hatte zwei Söhne, und als er starb, spaltete sich seine chassidische Dynastie. Der andere Rebbe beginnt seinen Tisch um 22 Uhr himmlischer Zeit, also genau jetzt, um 23 Uhr.

Ich gehe zu ihm. Und seinem Tisch.

Am Sabbat, der hier Schabbes heißt, ziehen diese Gläubigen hier ihre Festtagskleidung an, nämlich größere chassidische Pelzmützen als üblich namens Schtreimel, goldene Gewänder mit blauen Streifen sowie einen speziellen weiß-goldenen Gürtel, den Gartel.

Sie sehen verdammt schön darin aus. Diese Männer, das können Sie mir glauben, sind die einzigen männlichen Lebewesen, die sich zu kleiden verstehen. Was für ein Anblick. Sie sehen einfach umwerfend aus. Wie kommt es eigentlich, wüsste ich wirklich zu gerne, dass alle anderen Männer auf diesem Planeten in so fürchterlichen Klamotten herumlaufen? Auch meine schwulen Freunde, für die menschliche Bekleidung aus T-Shirts besteht. Kommt her, o ihr schwulen Männer, und seht, wie schön Männer wirklich aussehen können!

Ein irrer Anblick.

Diese schönen Männer brauchen nur ein paar Minuten, um ihre Synagoge in eine Arena zu verwandeln, einschließlich einer Tribüne, auf der sie stehen und ihrem Rebbe dabei zusehen, wie er isst und trinkt. Männer, die Männern beim Essen zuschauen.

Ist das eine Schwulenshow, oder was?

Nein, nein. Gott behüte! Rebbes sind heilig, und sie beim Essen und Trinken zu beobachten, ist das beste Heilmittel gegen alle Krankheiten, ob des Körpers oder der Seele.

Der Rebbe steht vor seinem königlichen Lehnstuhl, während die goldenen Massen ihn anstarren und ansingen: »Ai ai ai, na, na, na, la, la, la, da, da, da, ai, ai ai, oy, oy, oy, ai, ai, ai.« Immer wieder, immer lauter.

Zwei Brotlaibe, die Challot, liegen vor ihm auf dem Tisch. Beide von der Größe einer durchschnittlichen Rakete, sind sie mit aufwendig verzierten Tüchern bedeckt. Dazu goldene und silberne Krüge und Tassen, die funkeln und strahlen und an das Geschirr eines Königs erinnern. Sechs Diener, die hier Schamesch heißen, stehen parat, um ihm aufzutun.

Er schnäuzt sich.

Und alle schauen dabei zu, wie sich ein heiliger Mann schnäuzt.

Es ist wichtig, das zu wissen.

Ein Diener schenkt ihm Wein ein.

Alle beginnen zu singen.

Und hören so plötzlich wieder auf, wie sie begonnen haben.

Der Rebbe hebt seinen Weinkelch.

Und alle singen wieder. Lauthals.

Der Rebbe macht den Mund auf. Leise, in unverständlicher Diktion, ich kann kaum eine Silbe hören. Alle anderen sind mucksmäuschenstill. Dann schreit er etwas, mit undeutlicher Stimme, aber seinen Anhängern ist das egal. Er ist ein heiliger Mann, in unmittelbarem Kontakt mit Gott, und was immer er sagt, Gott versteht es. Gott versteht die Sprache der Katzen, Hunde, Löwen und Vögel, da wird Er auch die Sprache dieses heiligen Rebbe verstehen.

Die Zeit vergeht. Es ist bald Mitternacht, also 23 Uhr himmlischer Zeit, und ich möchte auch den anderen Rebbe noch sehen.

Ich mache mich auf den Weg zu ihm.

Der Rebbe ist noch nicht da, nur seine wartenden Anhänger.

Auch das sind goldene Leute.

Von denen eine ganze Menge, nebenbei bemerkt, blond sind. Hier ist die größte Konzentration blonder Juden, die ich bislang in diesem Land gesehen habe. Blonde Juden, die sich golden kleiden. Superkombi.

Bis der Rebbe eintrifft, schaue ich mir an, was die Goldenen an diesem Ort studieren.

Ich lese: »Am Freitag muss sich ein Jude zur Vorbereitung auf den heiligen Schabbes die Fingernägel schneiden. Wie muss man die Nägel schneiden? Erst den Nagel des vierten Fingers der linken Hand, dann den des zweiten Fingers, dann den des fünften, den des dritten, den des ersten. Jetzt die andere Hand, bei der man mit dem Nagel des zweiten Fingers beginnt, dann den des vierten, dann den des ersten, dritten und fünften. Damit ist man auf der sicheren Seite.«

Alles klar.

Der Rebbe betritt den Saal, und rund 1000 Anhänger bejubeln ihn mit einem »Ai, ai, ai«, das kaum ein Ende finden will. Dieser Rebbe wirkt energischer als sein Bruder, was vielleicht erklärt, warum er über die größere Anhängerschaft verfügt.

Der Rebbe gibt einige schmerzliche Laute von sich, und sie hören ihm zu. Ich bin nicht sicher, ob der Schmerz nicht vielleicht seine Sehnsucht nach dem Hotel in Österreich zum Ausdruck bringt. Er unternimmt einen Versuch, zu singen, auf den die Anhänger lauthals reagieren: »Oy, oy, oy.«

Ein nichtreligiöser Außenseiter, der in diese Welt eintaucht, würde diese Leute wahrscheinlich für total bescheuert halten, für Kultanhänger, die man einer Gehirnwäsche unterzogen hat und die es antörnt, wenn ihr Anführer niest. Dieser Außenseiter hätte völlig recht. Die Szenerie hier erinnert mich an meine Empfindungen, als ich sah, wie gebildete Menschen in den Staaten und in Europa vor Begeisterung schrien, wenn sie Präsident Barack Obama dabei erblickten, wie er eine Hand hob oder seine Nase rümpfte.

Haben diese Goldenen irgendeine Ähnlichkeit mit den säkularen intellektuellen Juden in Tel Aviv? Kein bisschen. Diese Juden hier, die so antizionistisch sind wie ihre Brüder und Schwestern in Tel Aviv, sind stolze Menschen, die sich eine Million Mal besser kleiden als die anderen. Sie sind die auserwählten Goldenen, die Heißen und die Schönen.

Ich überlasse die heißen Jungs sich selbst und kehre zu meinen Straßenkatzen zurück. Ich kann sie nirgends sehen, stelle ihnen aber eine Extraportion Milch hin, zur Sicherheit. Sekunden später kommen sie von Gott weiß woher angeschossen, die ganze Familie plus ein neuer Verwandter, den ich noch nicht kenne, und trinken, alle zusammen. Zwei von ihnen fangen an, in meinem Heiligen Garten Liebe zu machen, damit es nur ja alle mitbekommen. Wenn die auserwählten Goldenen dies sehen könnten, würden sie ihr »Oy, oy, oy« so laut anstimmen, dass alle Toten auf dem Ölberg in ekstatischen Tänzen aus ihren Gräbern sprängen.

17. STATION *Mit Mitteln der Europäischen Kommission kommen italienische Jugendliche ins Heilige Land, um heimatlose Palästinenser zu fotografieren*

Die Zeit vergeht wie im Flug, und ich lerne alle möglichen Leute kennen und lade alle möglichen Apps herunter. Zum Beispiel diese hier, die mir sagen kann, welcher Bus in der Stadt gerade am nächsten zu mir ist. Faszinierend, wie das funktioniert, das reale Leben auf einem Chip. An keiner Bushaltestelle hängt ein Fahrplan, aber man hat ja sein iPhone. Kann man das nicht auch in NY machen? Mein iPhone verbindet sich mit dem GPS aller Busse in der Umgebung und verrät mir, wo sich welcher Bus wann befindet. Kann man sich darauf verlassen? Schauen wir mal: Welche Busse sind in meiner Nähe? Angeblich kommt gleich der 18er. Und, kommt er? Tatsächlich, ich sehe ihn schon.

Ich steige nicht ein, sondern schaue mir die Umgebung an. Hier haben wir eine Gruppe Beduinensoldaten der IDF, die sich in ihren Armeeuniformen ziemlich wohl zu fühlen scheinen. Und da ist eine Gruppe Russen. Und das ist eine Gruppe amerikanischer religiöser Juden, man hört an ihrem Akzent, dass sie aus Los Angeles kommen. Lustig. Und hier ein Deutscher, der mich grüßt. Und hier ein Häuflein Franzosen, da drüben wiederum ein paar Äthiopier. Und noch mehr Deutsche sowie einige Briten. Diese Straße ist wie die Vereinten Nationen, nur ohne Sicherheitsrat: Hier hat keiner ein Vetorecht.

Ich nehme den nächsten Bus. Heute schließe ich mich einem israelischen Reiseleiter und einer Gruppe italienischer Teenager an. Sie machen eine Bildungsreise, die von einer italienischen Institution in Mailand organisiert wurde.

Der Treffpunkt ist am Damaskustor/Bab Al-Amud/Sha'ar She-chem. Von dort aus geht es zu einem »arabischen Dorf, das 1948 von den Juden zerstört wurde«.

Gut.

Itamar Schapira, der von den Italienern gebuchte Reiseleiter, führt uns.

»Willkommen in Israel, Palästina«, begrüßt er uns in dem Bus, der einem arabischen Fuhrunternehmer gehört und von einem Araber gesteuert wird. Itamar ist der einzige Jude an Bord.

Wir werden heute mit einer Informationsreise verwöhnt, die uns über die israelische Besetzung und Annexion arabischen Lands in Israel, Palästina, ins Bild setzen soll.

»Jerusalem hat 900 000 Einwohner: 33 Prozent Araber, 20 Prozent Ultraorthodoxe, zehn Prozent Säkulare – die israelische Elite mit europäischem Hintergrund –, der Rest sind die monströsen Kreaturen, die Siedler.« So Itamar, während der Bus unserem Ziel zustrebt. Ein Polizeifahrzeug begleitet uns, und Itamar erklärt: »Das ist ein ›Stinktier‹, ein Fahrzeug, das die Polizei einsetzt, um Demonstrationen aufzulösen.« Der Eindruck, den wir alle bekommen und auf den es Itamar anscheinend abgesehen hat: Israel ist ein Polizeistaat.

Bald erreichen wir unser erstes Ziel an der Hauptzufahrt nach Jerusalem. Das »Dorf«, ein Haufen verlassener Häuser namens Lifta. Wir steigen aus und gehen einen Hügel hinab. Itamar führt uns an ein schattiges Plätzchen, wo er uns einen kleinen Vortrag hält. Die Juden »besetzten dieses Dorf 1952«, nachdem sie ein neues Gesetz verabschiedet hatten, als sie auch »92 bis 94 Prozent des Rests von Israel besetzten«, innerhalb der sogenannten Grünen Linie. Durch dieses Gesetz, fügt er hinzu, »enteigneten Juden überall Land in arabischem Besitz«.

Die jungen Italiener stehen oder sitzen um Itamar herum und hören ihm zu. Sie machen Fotos, einige schreiben jedes Wort mit. Sie alle erwecken den Eindruck, als seien sie persönlich berührt, als hätte dieses Stück Land ihren Großeltern gehört. Sie schauen sich die verwaisten alten Häuser an wie einen Lieblingsort aus Kindertagen und sind ganz schön angefressen, dass Opa und

Oma nicht mehr hier sind. Kein Mensch, der jetzt vorbeikäme und sie sähe, verfiele jemals auf den Gedanken, dass diese Jugendlichen erst gestern auf dem Flughafen Ben Gurion gelandet sind, und zwar zum ersten Mal in ihrem Leben.

Itamar hat Karten mitgebracht, mit deren Hilfe er uns Geschichtsunterricht erteilt, und er liebt es, über »Juden« zu sprechen. Wie viele Juden gibt es auf der Welt? fragt einer. Itamar antwortet, das sei schwer zu sagen. »Manche behaupten, dass es weltweit 55 Millionen sind, manche sagen 20 Millionen, andere sagen zwölf Millionen.«

Ist er jüdisch?

»Ich verstehe mich nicht als jüdisch, ich verstehe mich als einen Ex-Juden.«

Sie lachen. Und dann fragt jemand: Können Christen israelische Staatsbürger werden?

»Man kann zum Judentum übertreten, Jude werden und Staatsbürger werden. Ich würde aber niemandem empfehlen, Jude zu werden.«

Die Italiener lachen jetzt lauter.

Ich frage die Organisatorin der italienischen Reisegruppe, eine junge Frau namens Alice, welche Organisation hinter dieser Reise steckt und wie viel das alles kostet.

»Die Reise wird von der Casa per la Pace Milano organisiert, einer Friedensorganisation, und dient zur Ausbildung in Friedenserziehung. Jeder Teilnehmer zahlt rund 1000 Euro für zwei Wochen in Israel und den besetzten Gebieten.«

Alice besucht das Land der Besatzer nun schon zum vierten Mal. Alles fing vor ein paar Jahren an, als sie drei Monate in Nablus verbrachte und sich in das palästinensische Volk verliebte.

Für wie viele andere Länder interessiert sich die Casa per la Pace Milano?

»Israel missachtet und bricht das Völkerrecht, hält von ihm unterzeichnete Abkommen nicht ein, respektiert die Menschenrechte nicht und ist eine Besatzungsmacht.«

Capito. Aber in wie viele andere Länder organisiert die Casa per la Pace Milano Reisen? Oder ist Israel vielleicht das einzige Land auf der Welt, das die Menschenrechte nicht respektiert?

»Es gibt andere Länder, ja, gibt es.«

Und organisiert die Casa per la Pace Milano Reisen auch in diese Länder?

»Nein, nein. Nur hierher.«

1000 Euro, einschließlich Hin- und Rückflug, Exkursionen, Hotel, Essen und allem anderen?

»Ja, 1000 Euro. Aber Sie veröffentlichen Ihren Artikel nicht vor nächsten Monat, einverstanden?«

Warum nicht?

»Die Israelis würden mich des Landes verweisen, wenn sie wüssten —«

1000 Euro sind sehr wenig. Wer bezahlt den Rest?

»Die Organisation.«

Wer gibt ihr das Geld?

»Die Europäische Kommission.«

Also finanziert die Europäische Kommission diese Reise. Nicht wahr?

»Ja.«

Wir machen ein Foto von uns beiden. Wie gerne sähe Alice nächsten Monat, wenn sie wieder in Italien ist, ihr Bild in der Zeitung.

Ich frage sie, ob sie und ihre Freunde um der Ausgewogenheit willen auch die andere Seite aufsuchen würden, die Juden, um zu hören, was sie zu sagen haben.

Nun ja, sagt sie, die Gruppe ist heute und morgen bei den Juden, womit Itamar gemeint ist, und wird anschließend zu den Palästinensern gehen. Auf diese Weise würden sie beide Seiten kennenlernen.

Kein Wunder, dass Silvio Berlusconi sich so lange an der Macht halten konnte. Die Italiener brauchen wirklich lange, um herauszufinden, wann sie Unsinn reden.

Ich denke einen Moment darüber nach, was ich gerade herausbekommen habe: Die Europäische Kommission, also die EU, unterstützt finanziell Reisen junger Europäer nach Israel, Bildungsreisen natürlich. Die EU-geförderten NGOs wissen genau, welcher Reiseleiter sie sich bedienen wollen, nämlich solcher wie

Itamar. Anders gesagt: Die NGOs suchen das Land nach den ›besten‹ Juden ab, den Ex-Juden, die mit Sicherheit am schlechtesten über Israel und seine Juden sprechen. Warum in Gottes Namen finanziert die EU so etwas?

Unsere Tour geht weiter. Die Italiener wollen essen und werden zum Damaskustor gebracht, um dort in arabischen Restaurants zu speisen. Von dort aus werden sie ihre Reise fortsetzen und weitere Belege für die illegale und brutale Behandlung der Palästinenser durch die Israelis zu sehen bekommen.

Während sie ihr Mittagessen zu sich nehmen, treffe ich mich mit Gerald M. Steinberg, dem Gründer der rechtsgerichteten NGO Monitor, deren Zweck es ist, »die Beobachter zu beobachten«.

Ich fahre mit dem Taxi zum Büro seiner NGO, in dem 15 Mitarbeiter »rund 150 internationale NGOs überwachen«, die in Israel und Palästina aktiv sind oder sich diesem Thema widmen.

Von diesen 150, erzählt Steinberg mir, »werden mindestens 50 NGOs von Deutschland oder deutschen Stiftungen finanziert.«

Und sie sind auf welcher Seite?

»Sie sind alle propalästinensisch.«

Die deutsche evangelische NGO Brot für die Welt, sagt er mir, »ist eine der schlimmsten«. Sie unterstützen gesellschaftliche Gruppen, die versuchen, »israelische Jugendliche davon zu überzeugen, nicht zur Armee zu gehen«.

Wie erklären Sie es sich, dass die Deutschen so palästinenserfreundlich sind?

»Sie sind Herdentiere. Die ersten NGOs kamen aus Skandinavien, Deutschland war das Schlusslicht in der Welt der NGOs und der Welt des Antisemitismus und der antizionistischen Aktivitäten.«

Ich frage Gerald, ob er auch weiß, wie viel Geld aus der deutschen Film- und Fernsehindustrie in israelische Filme fließt.

Gerald schaut mich völlig entgeistert an. An diesen kleinen Flaschengeist hat er irgendwie nie gedacht. Er weiß nicht einmal, wie man das eruieren soll, wird es aber versuchen.

Was mich daran erinnert, dass Alesia Weston von der Cinemathek ja eigentlich versprochen hat, auf diese meine Frage zurückzukommen, was aber noch nicht geschehen ist. Ich schicke ihr eine E-Mail.

Schon ist die Mittagspause rum, und ich will mich ja wieder den Italienern anschließen. Ich rufe Itamar an, nur um mich zu vergewissern, dass die Gruppe noch am Tor ist, aber er geht nicht dran.

Ich laufe durch die Straßen und sehe eine Plakatwerbung für einen Rabbiner namens David Batsri, der den Leuten in der von ihm geleiteten Jeschiwa ihre »Sünden ausbessert«. Nicht schlecht, was? Das toppt meines Erachtens sogar noch die ganzen genialen israelischen Apps.

18. STATION *Auf Gottes und der Engel Geheiß wird ein Rabbiner Sie davor bewahren, in eine Eselin verwandelt zu werden*

Wie sein Name schon verrät, stammt David Batsri aus der sephardischen Gemeinschaft und scheint bei genauerer Betrachtung des Werbeplakats Teil der charedischen sephardischen Welt zu sein, die politisch unter dem Namen Schas bekannt ist. Dieser Teil der israelischen Gesellschaft ist zahlenmäßig groß und ziemlich einflussreich. Er setzt sich aus Juden zusammen, die ursprünglich aus arabischen Ländern stammen, aber unter den Einfluss fanatischer aschkenasischer Rabbiner gerieten. Das Ergebnis sind Menschen, die wie Deutsche studieren und wie Araber fantasieren. Das kann eine großartige Mischung sein, aber auch in einem Riesenschlamassel enden.

Schauen wir uns an, was die Schas-Leute so treiben.

Rabbi Batsri ist nicht zugegen, als ich ihre Synagoge betrete,

andere Rabbiner aber sehr wohl, von denen wenigstens einer meiner Meinung nach Batsris Sohn ist.

Allen Anwesenden wurde übrigens aufgetragen, den ganzen
Tag zu fasten, wodurch ihre Sünden zumindest teilweise getilgt
würden.

Sündentilgung ist nämlich sehr wichtig. Denn ein jeder soll es
hören: Wer seinen Samen unnütz vergießt, und sei es auch nur
einmal im Leben, wird in aller Ewigkeit in der Hölle schmoren.

Natürlich ist Gott gnädig, vor allem gegenüber seinem auserwählten Volk, zumindest wenn man Rabbi Batsri, der mit ein paar
Minuten Verspätung eintrifft, und den anderen hier glaubt, die
ihrerseits Batsri glauben. Deshalb hat Gott eine Lösung für den
Samenvergießer: Wenn er 420 Tage lang fastet, sagt Batsri, wird
ihm diese Sünde vergeben.

Nur damit niemand durcheinanderkommt, bietet der Rabbi
allen Versammelten eine ausgedruckte Übersicht über die Fasten-
tage für verschiedene Sünden an. Mord: 1199 Fastentage helfen
Ihnen aus der Patsche. Mit einer verheirateten Frau schlafen: 325.
Masturbation: 4000. Nein, das ist kein Tippfehler: Mit seinem
Penis zu spielen, ist schlimmer als Mord. Diese Sünde wird Ih-
nen *nur* vergeben und vergessen, wenn Sie 4000 Tage fasten.
Oder anders gesagt: elf Jahre.

Grundsätzlich, sagt der Rabbi, sollte jeder hier 26 249 Tage
fasten, wenn er oder sie von allen Sünden gereinigt werden will.
Oder anders gesagt: 72 Jahre.

Wie sollen wir, die Auserwählten, ein Leben ohne Essen über-
stehen?

Der Ramadan wirkt auf einmal richtig, richtig cool. Könnte ich
immer noch zum Islam übertreten?

Rabbi Batsri beeindrucken meine Sorgen nicht. Auf weiteren
Blättern, die er uns aushändigt, ist Folgendes zu lesen: »Ein
Mann, der mit seiner Frau während ihrer Menstruation Sex hat,
wird als nichtjüdische Frau wiedergeboren. Ein Mann, der Sex
mit einer verheirateten Frau hat, wird als Esel wiedergeboren. Ein
Mann, der Sex mit seiner eigenen Mutter hat, wird als Eselin wiedergeboren. Ein Mann, der Sex mit der Frau seines Vaters hat,

wird als Kamel wiedergeboren. Ein Mann, der Sex mit einer nicht-jüdischen Frau hat, wird als jüdische Hure wiedergeboren.«

Wir müssen aber, stellt Rabbi Batsri klar, gar keine der aufgelisteten Untaten begehen, um als Eselin oder jüdische Hure wiedergeboren zu werden. Nein. Gott wird uns als Esel ins Leben zurückbringen, wenn wir uns auch nur vorstellen, mit einer verheirateten Frau zu schlafen, beziehungsweise als Kamel, wenn wir nur von einer kleinen romantischen Affäre mit der Frau unseres Vaters träumen.

Natürlich. Und natürlich verbringt Rabbi Batsri seine kostbare Zeit nicht mit uns, weil es ihm so viel Spaß macht, uns Angst einzujagen. Er hat Besseres im Leben zu tun, als seine Zeit mit künftigen Eseln wie uns zu verschwenden.

Der Grund, weshalb der Rabbi heute unter uns weilt, ist, dass er gute Nachrichten für uns hat. Im Wissen darum, wie furchtbar es ist, in unseren Schuhen zu stecken, hat der Rabbi eine Audienz bei Gott und den Erzengeln Gabriel und Raphael gehabt, und die drei schüttelten einen brillanten Plan aus dem Ärmel: eine Fastenausgleichszahlung. Genau. Man kann zahlen statt zu fasten. Es funktioniert ganz einfach: Ein Schekel erspart einem einen Tag Fasten. Ziemlich günstig, oder? Der Rabbi ist heute bester Laune und bereit, für uns noch einen Schritt weiterzugehen, den er als »Zahlungen« bezeichnet: 26 Monate lang 101 Schekel im Monat, und wir sind von allen Sünden gereinigt, mit denen wir gegenwärtig beladen sind. Wenn wir natürlich von neuem sündigen, müssen wir nachschießen. Aber mit Stand von heute ist alles ganz leicht: 26 Monate für nur 101 Schekel im Monat. Gott ist gnädig.

Der Vereinbarung des Rabbis mit Gott und den Engeln zufolge gibt es noch andere Sündenreinigungspläne: etwa Pay per Sin. Einfacher geht es nun wirklich nicht. Nehmen wir an, Sie haben Ihren Nachbarn ermordet. Überweisen Sie 1199 Schekel, und Sie sind wieder weiß wie Schnee. Masturbiert? Kein Problem, der Himmel nimmt Visa. Einfach Kartennummer angeben, wir buchen 4000 Schekel von Ihrem Konto ab, und Ihnen wird's schlichtweg prächtig ergehen, nachdem Sie von dieser Sünde befreit sind.

Wenn Sie natürlich zweimal masturbiert haben, dann macht das schlappe 8000 Schekel. Darum sollten Sie jedes Mal, wenn Sie Ihren Penis berühren, daran denken, dass schon wieder 4000 Schekel weniger auf Ihrem Konto sind. Je mehr Sie machen, desto mehr zahlen Sie. Je weniger Sie machen, desto weniger zahlen Sie. Und an Sex mit der Frau Ihres Nachbarn wollen Sie bitte gar nicht erst denken, Visa muss sonst Überstunden einschieben, so viel geht da von Ihrem Konto runter.

Und ob Sie es glauben oder nicht – die Leute um mich herum zücken ihre Kreditkarten.

Das ist aber noch nicht alles. Diese Leute, die ansonsten eigentlich ganz normal aussehen, werden von den Angestellten des Rabbis, die durch den Raum eilen, zurückgewiesen. »Noch nicht«, zischen sie all jene an, die es zu eilig mit ihren Kreditkarten haben.

Nun folgt eine Zeremonie. Die bald von ihren Bank- und Visakonten Befreiten werden aufgefordert, ihre Füße mit speziellen Gurten zu fesseln, die man ihnen aushändigt. Dies dient dazu, die Seele zu läutern, da Gott nur von demütigen Menschen Geld annimmt.

Erschreckenderweise befolgen die Leute diese Anordnungen. Bestürzt und schockiert verlasse ich die Synagoge.

Wer hat behauptet, die Juden seien gescheite Leute?

Ich denke an die streunenden Katzen in meinem Garten, und wie glücklich sie waren, es in aller Öffentlichkeit zu treiben. Höchstwahrscheinlich werden sie als jüdische Huren wiedergeboren. Das wird ein Spaß.

19. STATION *Die Europäische Kommission lädt Sie herzlich zu einer Informationsreise unter Leitung eines ehemaligen Juden ein, der Sie in das Holocaust-Museum in Jerusalem führen und Ihnen das wahre Gesicht der verlogenen, brutalen, mörderischen, syphilisverseuchten Juden zeigen wird, ob tot oder lebendig*

Tags darauf schließe ich mich wieder dem ehemaligen Juden Itamar und den Italienern an. Heute besichtigen sie Yad Vashem, kein weiteres Lifta, und ich bin gespannt, wie es ihnen im Museum der toten Juden ergehen wird.

Itamar führt die Gruppe, aber er tut dies nicht nur als Reiseleiter, sondern auch als Pädagoge. Während wir im Museum zur Geschichte des Holocaust von Galerie zu Galerie gehen, gibt er sich alle Mühe, um eine historische Linie vom Zweiten Weltkrieg in die Gegenwart zu ziehen. Dieses bewunderungswürdige Ziel erreicht er, indem er Vergleiche zwischen damals und heute anstellt. Falls Sie nicht wissen, was das heißt, fasse ich mich deutlicher: zwischen den Nazis von damals und den Israelis von heute.

»In Israel werden heute Afrikaner in Konzentrationslager gesteckt«, erklärt Itamar und meint damit illegale Einwanderer aus dem Sudan und aus Eritrea.

Ich habe schon von diversen Problemen und strittigen Fragen im Zusammenhang mit diesen Afrikanern gehört, noch nie allerdings, dass sie in Konzentrationslager kommen. Aber um fair zu sein, notiere ich mir, dass ich diese Afrikaner treffen und auch herausfinden muss, ob in Israel Zwangsarbeit und Krematorien betrieben werden.

Wir gehen in eine weitere Galerie mit weiteren toten Juden, in der ein normaler Besucher dieses Museums über die Hochphase der Massenvernichtung von Millionen Juden informiert wird. Unseren Ex-Juden aber beschäftigen andere Dinge. Er sagt:

»Mit dem Beginn der Verluste 1942 setzt die sogenannte ›Judenvernichtung‹ ein. Was ihr hier (in Yad Vashem) seht, ist alles aus der Perspektive der jüdischen Opfer dargestellt, schließlich ist dies ein jüdisches Museum. Aber das hier, das zwischen Nazis und Juden, geschieht auch heute, in Palästina. Was sich heute in Israel abspielt, ist ein Holocaust. Die israelische Armee macht heute genau das gleiche, und die amerikanische Armee auch.«

Wir gehen in die Sektion, die dem Ghetto von Łódź gewidmet ist. Hier ist die berühmt-berüchtigte »Gebt mir eure Kinder«-Rede von Chaim Rumkowski zu hören, dem von den Nazis ernannten Leiter des Ghettos Łódź. Im September 1942 verlangten sie die Übergabe von 20 000 jüdischen Kindern, um sie dann zu verbrennen. Rumkowski wurde befohlen, die Kinder auszuhändigen, woraufhin er sich am 4. September 1942 wie folgt an seine jüdischen Mitbürger wandte:

»Dem Ghetto ist ein fürchterlicher Schlag versetzt worden. Sie fordern, dass wir ihnen das geben, was am kostbarsten ist – die Kinder und die alten Menschen. Nie hätte ich mir träumen lassen, dass ich dieses Opfer mit meinen eigenen Händen zum Altar führen muss. Im Alter bin ich nun gezwungen, die Hand auszustrecken und zu bitten: ›Meine Brüder und Schwestern, gebt sie mir! Väter und Mütter, gebt mir eure Kinder!‹«

In diese schaurigen Worte platzt Itamar, um erneut die Juden mit den Nazis zu vergleichen: »Die Palästinenserbehörde exekutiert heute viele Menschen auf Befehl Israels.«

Wir gehen weiter zu der Galerie über den Massenmord an den Juden, bei dem viele Juden in den von der Wehrmacht eroberten Ländern ihre eigenen Gräber ausheben mussten. Der selbsternannte Historiker Itamar merkt an: »80 Prozent der Morde wurden nicht von den Nazis, sondern von der örtlichen Bevölkerung begangen.«

Wie Israel beauftragten die Nazis andere damit, zu töten.

Brillant.

Zeit, über die Endlösung der Judenfrage zu sprechen, die infame nationalsozialistische Meisterleistung im Judentöten. Itamar erklärt:

»Wir besitzen keinen einzigen Befehl Hitlers, der sagt: ›Tötet alle Juden in Europa.‹ Heute wissen wir, dass die Tötung der Juden nicht etwas war, das von oben, sondern etwas, das von unten ausging, von Soldaten, die ringsum den Tod erlebten – durch Partisanen, beispielsweise – und lernen mussten, damit umzugehen. Dann führte eins zum anderen, und die Leute töteten immer mehr. Ich kann euch ein Beispiel aus meiner eigenen Erfahrung in der israelischen Armee geben. Ich habe 200, 300 Palästinenser festgenommen, manchmal auch kleine Kinder, und manchmal schlug ich sie zusammen und warf sie auf einen Laster. Ohne irgendwelche Fragen zu stellen. Nachdem ich das selbst erlebt habe, kann ich mir vorstellen, genauso zu handeln wie die Deutschen.«

Interessant, womit sich die EU-Vertreter dieser Tage so beschäftigen: Sie nutzen Yad Vashem, das Mahnmal für Millionen von Juden, die durch ihre Vorfahren abgeschlachtet wurden, als Plattform für eine bösartige Propaganda gegen die Überlebenden ihres Gemetzels. Wenn man hier mit Itamar herumläuft, die Toten von Auschwitz sieht, aber den Namen Palästina hört, einen Nazioffizier auf einem Bildschirm sieht, aber den Namen Israel hört, dann ist Itamars Propaganda unleugbar äußerst effektvoll. Wenn man Yad Vashem dann wieder verlässt, nachdem man es dank europäischer Großzügigkeit besichtigt hat, bleibt ungefähr Folgendes hängen: Die Polen nahmen sechs Millionen Palästinenser gefangen, die dann von Juden in Tel Aviv vergast und später in den Krematorien von Treblinka verbrannt wurden – von Palästinensern auf Israels Befehl.

Ach ja, bevor wir aufbrechen, gibt Itamar uns als Zugabe noch eine weitere überaus wichtige Information: Theodor Herzl, der Mann, dessen Vision zur Gründung des Staates Israel führte, starb an einer »Geschlechtskrankheit«. Als ich ihn frage, welche Geschlechtskrankheit das war, nennt er mir die Syphilis. Offensichtlich ist Itamar besorgt, er könnte die Juden in zu gutem Licht gezeichnet haben, also kommt er mit diesem neuen Detail.

(Diese Syphilis-Geschichte wurde von einigen interessierten Bloggern zu Herzls ›wissenschaftlicher‹ Todesursache erklärt. Sie stützen sich dabei auf einen im Internet geposteten Artikel, in dem ein gelangweilter Journalist 100 Jahre nach Herzls Tod behauptete, Herzl habe in seinen jungen Jahren eine Prostituierte aufgesucht, sich bei ihr mit Gonorrhö angesteckt und sei 24 Jahre später ›womöglich‹ daran gestorben.)

Als Ex-Jude übertrifft Itamar in seiner neuen Identität sich selbst.

Ich lerne dieser Tage mehr über Europa, als ich je wissen wollte. Je mehr ich in Israel unterwegs bin, desto öfter sehe ich sie: NGOs hier, NGOs da. Es schmerzt mich mitzuerleben, wie junge Europäer ausschließlich zu dem Zweck in dieses Land reisen, noch ein wenig mehr Hass auf die Juden in sich aufzusaugen, als sie schon haben.

Und ich lerne heute auch so manches über Israel, das mir neu ist. Ja, ich habe in den vergangenen Tagen schon ein paar ›gute‹, sich selbst hassende Israelis kennengelernt. Nie aber hätte ich mir träumen lassen, dass dieser Selbsthass solche Ausmaße annehmen könnte.

Ich bin lange genug nicht in diesem Land gewesen, um mich mit so viel Selbsthass unwohl zu fühlen. Für mein geistiges Wohlbefinden muss ich unter normalen Menschen sein.

Gott sei Dank ist Palästina nicht fern. Hallo Ramallah, ich komme!

20. STATION *Lernen Sie den charismatischsten Mann Palästinas kennen, einen genialen Meisterspion, einen wütenden, liebenswürdigen, ernsten, witzigen, skrupellosen Anführer, und werden Sie Zeuge, wie sich Tobi der Deutsche in einen saudischen Prinzen verwandelt*

General Dschibril ar-Radschub, von vielen so gefürchtet wie bewundert, ist heute mein Mann.

Und wahrlich, Dschibril sagt mir:

»Ich hoffe, ich konnte Ihnen vermitteln, woran ich glaube. Mir sind Deutschland und das deutsche Volk sehr wichtig. Ihr Volk gehört zu denen, die im letzten Jahrhundert gelitten haben, Sie waren der Sündenbock für Fundamentalismus und Extremismus, später aber haben die Deutschen bewiesen, dass sie großartig sind und ihr Land wiederaufbauen konnten. Heute ist Deutschland ein wichtiger Akteur in der internationalen Gemeinschaft. Ich glaube, dass mein Volk eine Menge von Ihrem lernen kann und dass wir eine Menge an Ethik und Werten teilen. Ethik und Werte sind die einzige Möglichkeit, um die Welt davon zu überzeugen, dass es das palästinensische Volk verdient, sich selbst zu bestimmen.«

Dschibril kennenzulernen, ist etwas Besonderes für mich. Ich habe über diesen Mann geschrieben. Gewissermaßen. Vor über zehn Jahren verfasste ich ein Theaterstück über den israelisch-palästinensischen Konflikt mit dem Titel *The Last Virgin*. Von den vier Charakteren des Stücks basierte einer auf Dschibril. Sein Bühnenname war, wie Sie sicher schon geahnt haben, Dschibril ar-Radschub. ›Meinen‹ Charakter, meine Schöpfung in Fleisch und Blut und in der wirklichen Welt zu sehen, ist ein Gefühl, das wahrscheinlich nur wenige nachvollziehen können. Ich bin mit diesem Mann aufs engste vertraut, obwohl wir uns noch nie begegnet sind.

Lassen Sie die Welt wissen, was Palästina für Sie bedeutet, was es für Sie bedeutet, Palästinenser zu sein –

»Für mich ist Palästina das Land meiner Mutter. Ich wurde

hier geboren, so wie mein Vater und mein Großvater, und habe mich der Sache meines Volkes verschrieben. Schon in jungen Jahren schloss ich mich der (palästinensischen) Widerstandsbewegung an. Sechsmal haben die Israelis mich festgenommen. Insgesamt habe ich 17 Jahre in israelischen Gefängnissen gesessen. Ich habe gegen die israelische Besatzung gekämpft und bin stolz darauf.«

Dschibril ist eine lebende Legende. Für die Israelis ist er ein Terrorist, der immer wieder für schuldig befunden wurde, immer wieder inhaftiert wurde, und die Liste seiner Straftaten ist durchaus beeindruckend. Derzeit ist er Vorsitzender des palästinensischen Fußballverbands und des Palästinensischen Olympischen Komitees, aber bilden Sie sich bloß keine Schwachheiten ein. Zu seinen früheren Jobs zählt die Leitung des palästinensischen Geheimdienstes, eines furchterregenden Spionage- und Sicherheitsapparats. Dieser Mann ist ein Meisterkämpfer, ein Meisterspion und ein Meistermanipulator.

Ein Mann nach meinem Geschmack.

Warum sollte sich jemand, der die größten Geheimnisse seines Landes hütet, mit Fußball beschäftigen? Gute Frage, aber nichts, was Dschibril tut, ist ohne doppelten Boden.

Seine Lebenserfahrung habe ihn gelehrt, dass »Widerstand nicht nur militärischer Widerstand ist«, erzählt er mir. Eines Tages »begriff ich, dass unsere Ziele auch mit anderen Mitteln erreicht werden konnten«. Eines dieser Mittel ist, welch Überraschung, Sport. Sport, klärt er mich auf, »ist ein effektives Mittel, um unsere nationalen Hoffnungen zu verwirklichen«.

Dschibril begeistert sich, wenn er über Palästina redet. »Palästina bedeutet mir alles«, verkündet er und läßt sich dabei jede einzelne Silbe auf der Zunge zergehen.

»Ich war und bin auch in Zukunft der Sache des palästinensischen Volkes verschworen«, sagt er mit größtmöglicher Deutlichkeit, nicht ohne hinzuzufügen: »Gleiche Rechte für Frauen sind mir eine Verpflichtung. Ich hoffe, dass die andere Seite (Israel) die Dimension dessen versteht, was wir hier machen, und eine Brücke baut«, über die sie beide gehen können.

Bullshit. Ich weiß es, er weiß es, aber er muss das sagen. Wie kamen wir gleich noch mal auf gleiche Rechte für Frauen in diesem Zusammenhang? Das ist Teil des Bullshits. Deutsche Journalisten lieben solches Zeugs, also versorgt er mich halt damit.

Frankreich ist Parfüm, Deutschland ist Mercedes, die USA sind McDonald's. Und was ist Palästina?

»Christus wurde hier in Palästina geboren. Wir haben die Al-Aqsa. Palästina ist für drei Religionen heilig: Judentum, Christentum und Islam.«

Dschibril, dem sein Spiel sichtlich Spaß macht, fährt damit fort. Es gab viele Kriege in Europa, sagt er, hier aber wurde Christus geboren und »verbreitete Liebe und Frieden«.

Noch mehr Bullshit. Dschibril ist kein Christ, und für die Muslime war Jesus ein Prophet, kein Christus, aber Dschibril weiß, dass ein guter europäischer Christ wie ich durch so etwas zu beeindrucken ist, also sagt er es.

Er, der Meister der Meister, glaubt wirklich, dass ich ein deutscher Christ bin. Ich bin gut!

Rein zum Spaß und um zu sehen, wie er reagiert, erinnere ich Dschibril daran, dass Palästinenserpräsident Mahmud Abbas das Wort »Judentum« nicht in den Mund nahm, als er vor wenigen Jahren seine wichtigste Rede überhaupt vor der UN-Generalversammlung in New York hielt und damit der Welt klarmachte, dass Palästina die Heimstätte nur zweier Weltreligionen ist, des Islams und des Christentums. Wie kommt es, dass Mahmud das Judentum ›vergaß‹, während Dschibril sich so gut an es erinnert?

»Ich möchte Abu Mazen (Mahmud Abbas) nicht verteidigen. Ich glaube, Abu Mazen kann sich selbst verteidigen, und ich bin sogar bereit, ein Treffen mit ihm, ein Interview für Sie zu arrangieren.«

Dschibril fordert mich auf, meinen Namen zu hinterlassen sowie eine offizielle Anfrage nach einem Treffen mit Abu Mazen aufzusetzen, dann werde er sich darum kümmern. Wie in aller Welt aber soll ich »Tobi der Deutsche« schreiben? Es ist eine Sache, Tobi der Deutsche zu sagen, aber eine ganz andere, es auch hinzuschreiben. »Offizielle Anfrage von Tobi dem Deutschen.«

Natürlich sage ich ihm, dass ich das bei nächster Gelegenheit tun werde.

Die Palästinenser sind bereit, Jerusalem aufzuteilen, führt Dschibril nun aus, womit er mir noch einen seiner Sprüche zu verkaufen versucht, und stimmen darüber hinaus zu, dass Israel die Zuständigkeit für die jüdischen heiligen Stätten erhalten wird. Aber die Israelis wollen das nicht.

Ich glaube, ich habe mittlerweile genügend Sprüche gehört, und frage ihn also, wie er über die Entscheidung der EU denkt, israelische Produkte zu boykottieren, die im Westjordanland und in Ostjerusalem hergestellt wurden.

»Zum ersten Mal in ihrem Leben wurden die Israelis in ganz Europa isoliert«, erklärt er freudestrahlend.

»Sie haben kein Recht, die ganze Welt wegen des Holocaust an der Nase herumzuführen, der von anderen verübt wurde, nicht vom palästinensischen Volk.«

Er hebt nun seine Stimme, schreit:

»Israel ist rassistisch, faschistisch, expansionistisch!«

Und, wieder runterkommend: »Ich glaube, die gesamte Staatengemeinschaft hat die Nase voll.«

Gut.

Sie waren 17 Jahre lang in israelischen Gefängnissen. Sie haben unter Israelis gelebt, Sie haben versucht, Israelis zu töten, die haben versucht, Sie zu töten. Was haben Sie von den Israelis gelernt?

»Ich glaube, ich habe eine Menge gelernt.«

Und was?

»Erstens, sollten Sie wissen, habe ich ihre Sprache erlernt ... Zweitens habe ich die gesamte Geschichte der Juden studiert, der Zionistenbewegung, und ich glaube, ich weiß heute mehr über sie als sie selbst.«

Dschibril, ist Zionismus identisch mit Rassismus, ja oder nein?

»Ich glaube, dass der Zionismus, so wie sich die Israelis gegenwärtig gebärden, die schlimmste Form von Rassismus ist.«

Im Gedenken an einen Mann, der an einer »Geschlechtskrankheit« starb, wie mir ein Ex-Jude beibrachte, frage ich Dschibril, ob er von dem Zionismus spricht, wie ihn sich Theodor Herzl vorstellte.

»Entschuldigen Sie! Die können sich nennen, wie sie wollen.« Und falls ich es vergessen habe, erinnert mich Dschibril daran, dass selbst die UN vor Jahren den Zionismus mit Rassismus gleichsetzte.

Jetzt gefällt es mir. Ich habe erreicht, dass er die Sprüche lässt. Jetzt könnte noch etwas Gutes dabei herauskommen.

Warum gibt es hier so viele NGOs mit Geld? Liegt das daran, dass sie die Palästinenser so sehr lieben? Oder daran, dass sie die Israelis so sehr hassen ...? Warum?

Der Nahostkonflikt zwischen Israelis und Palästinensern, antwortet er mir, ist die »Quelle allen Fundamentalismus und Extremismus« weltweit, eine »Bedrohung für den Weltfrieden«, und das ist der Grund, warum »die ganze Welt Geld, Zeit und Energie in diese Region investiert«.

Ich verstehe es nicht. Warum sollte ein Land wie Norwegen sich überhaupt darum kümmern, was hier vor sich geht?

Dschibril wundert meine Verwunderung. Es ist doch offensichtlich, argumentiert er, warum Europa sich einschaltet: Europa möchte sich und seine Bürger schützen. Lese ich etwa keine Zeitung? Er holt aus: »Wie viele Terrorattentate hat es in Europa, selbst in Deutschland, infolge dieses Konflikts gegeben? Wie viele Flugzeuge wurden entführt? Wie viele Menschen wurden getötet? Entschuldigen Sie!« Europas Engagement im Nahen Osten, lehrt er mich, ist der Grund, »warum meine nationalen Ansprüche nicht länger durch Blutvergießen gesichert werden«.

Kurz gesagt: Die Palästinenser wissen jetzt, dass die Welt nicht gegen sie ist, und holen deshalb keine Flugzeuge mehr vom Himmel.

Um sicherzugehen, dass ich ihn richtig verstanden habe, frage ich ihn, ob er mir gerade gesagt hat, Europa würde im Terror versinken, wenn es den NGOs, die die Palästinenser unterstützen, kein Geld gäbe.

Er begreift, dass er womöglich zu weit gegangen ist, und versucht sich zu korrigieren.

»Ich glaube«, sagt er in gedämpfterem Ton, »dass sie (die Europäer) mit dem Leiden der Palästinenser mitfühlen.«

Da habe ich Neuigkeiten für Sie, erwidere ich, wir scheren uns einen Dreck um wen auch immer. Wir, die Europäer, scheren uns wirklich einen Dreck. Punkt. Wir würden jede Menschenseele bombardieren, wie vor nicht allzu langer Zeit im Irak, wenn wir uns Sorgen um unsere Bankkonten machen müssten. Jahrhundertelang haben wir uns sogar gegenseitig umgebracht, ohne echten Grund, warum also in aller Welt glaubt er, wir würden mit irgendetwas oder irgendjemand mitfühlen?

Dschibril, sage ich zu ihm, wir sind eine Mörderbande, und wir haben kein Mitgefühl mit irgendetwas oder irgendjemand. Ich habe Neuigkeiten für Sie, Dschibril: Wir sind nicht ethisch, und wir sind nicht moralisch.

Er lacht: »Diese Frage sollten Sie, glaube ich, der Bundeskanzlerin stellen.«

Ich mag den Mann. Ob man seiner Meinung ist oder nicht, der Mann hat seinen Stolz. Er schämt sich nicht. Er liebt sein Volk. Und er ist verdammt glücklich damit, wer er ist, im Unterschied zu vielen Juden.

Um Israel zu verstehen, wird mir klar, muss man nach Palästina gehen. Erst durch diesen Kontrast begreift man Israel besser, genauso wie Palästina.

An diesem Punkt versuche ich, von der Politik wegzukommen und den Mann dazu zu bringen, als Dschibril mit mir zu sprechen, als Dschibril der Mann und nicht als Dschibril der Meister.

Was macht Dschibril ar-Radschub, wenn er morgens aufwacht? Was ist das Erste, das er am Morgen tut? Gibt er zum Beispiel seiner Frau einen Kuss?

»Wenn ich morgens aufstehe, lese ich als Erstes die Zeitungen ... Ich muss genauestens darüber informiert sein, was los ist, weil ich immer mit neuen Überraschungen rechne.«

Erzählen Sie mir, wie Sie Ihre Zeit mit Ihrer Frau gestalten ...?

»Ich widme mich zu 100 Prozent der palästinensischen Sache. Seit ich mich der Fatah (PLO) angeschlossen habe, hatte ich nicht ein einziges Mal Urlaub. Ich habe nie ein persönliches oder ein Privatleben gehabt. Was möchten Sie sonst noch wissen?«

Wie viel Sport machen Sie?

»Ich mache zwei oder dreimal in der Woche einen Fußmarsch. Mindestens 25 Kilometer, ohne Pause. Sie können am Donnerstag mitkommen, dann werden Sie ja sehen. Ich gehe von hier nach Jericho. Das letzte Mal ging ich mit (Ex-Ministerpräsident) Fayyad 21 Kilometer in dreieinhalb Stunden.«

In diesem Moment beginnt die meistgesehene Nachrichtensendung des israelischen Fernsehens, und Dschibril schaltet wie viele Israelis den Fernseher an. Ich versuche, nicht auf die Mattscheibe zu gucken, da ich ja voraussetzungsgemäß kein Hebräisch verstehe. Gelegentlich riskiere ich aber doch einen Blick und bitte ihn, mir etwas zu übersetzen. Und Dschibril übersetzt.

Dschibril und ich fühlen uns wohl zusammen. Wir haben einen Draht zueinander. Und er lässt es mich spüren. Er sagt mir, er würde ab jetzt gerne inoffiziell mit mir sprechen, von Mann zu Mann.

Ich komme aus dem Lachen über das, was er mir vertraulich zur Politik und zu anderen Themen sagt, gar nicht mehr heraus. Natürlich kann ich nichts von dem mitteilen, was nicht für die Öffentlichkeit bestimmt ist. Nur das eine: An diesem Punkt unserer Unterhaltung lässt er auch nicht einen ›Spruch‹ vom Stapel.

Ein cleverer Bursche, dieser Dschibril, genauso, wie ich ihn mir in meinem Stück vorgestellt hatte.

Nach unserem Gespräch fragt er mich, was ich an diesem Abend vorhabe. Ich sage ihm, dass ich frei bin, und er lädt mich auf eine Party in einem von Ramallahs Luxushotels ein, dem Mövenpick.

Auf dieser Party hält er dann eine Grundsatzrede, in der er sich bei diesem Deutschen, bei mir, im staatlichen Fernsehen für seinen Besuch bedankt. Wie konnte ein Mann wie er, der Meisterspion, nicht sehen, dass ich kein Arier bin? Ich vermute mal, wenn ich das sagen darf, ich habe meine Sache ganz ordentlich gemacht. Bekäme der israelische Geheimdienst Wind davon, würde er mir einen gutdotierten Job anbieten.

Dschibril ist ein ausgezeichneter Redner, temperamentvoll, der charismatischste Mann Palästinas. Er nennt Israel faschistisch, rassistisch und sagt, wenn Hitler aus seinem Grab erwachte und Israels Brutalität sähe, wäre er schockiert.

Als ich aufbreche, gibt Dschibril mir seine Visitenkarte. Keine gewöhnliche Visitenkarte. Von der Größe her schon, aber da hören die Ähnlichkeiten auf. Diese ›Karte‹ ist ein vergoldetes Schild von beeindruckendem Gewicht in einer Nylon-Schutzhülle. Auf dem Schild steht: Dschibril M. ar-Radschub. Generalmajor. Mitglied des Zentralkomitees der Fateh (sic!) Bewegung, Stellvertretender Sekretär des Komitees, Vorsitzender des Palästinensischen Olympischen Komitees, Vorsitzender des palästinensischen Fußballverbands. Palästina, Westjordanland, Ramallah.

Ein mächtiger Mann.

Wir verstehen uns so gut, dass Dschibril mich am nächsten Tag wiedersehen möchte.

Ich weiß nicht, ob ich mich darauf einlassen soll. Wie lange werde ich ihm den Arier vorspielen können?

Ich lasse mich aber nicht von Angst und Zweifeln unterkriegen und sage, dass ich liebend gerne käme.

Und genau das tue ich.

Eine Großraumlimousine holt mich auf der palästinensischen Seite des Übergangs ab. Lina, eine Lady von östlicher Schönheit, sitzt vorne, hinten sitzt ein Mann. Sie und der Fahrer sind die Reiseleiter, während mir die Funktion des Mannes auf dem Rücksitz nicht klar ist. Lina stammt aus Saudi-Arabien, war mit einem Palästinenser verheiratet, ist inzwischen aber geschieden und arbeitet für Dschibril.

Es geht nach Hebron.

Wir fahren in einem weißen Chevrolet auf endlosen Straßen. Man bräuchte eine halbe Stunde von Ramallah nach Hebron, sagt Lina, wenn die Israelis nicht wären. Schon wieder sind die Israelis schuld, aber in diesem Fall hat sie recht. Für die kurze Strecke müsste man durch Jerusalem fahren, wofür sie eine Genehmigung bräuchte, also umgehen wir die Stadt, auf Bergpässen und durch Wadis (Trockentäler). Dieser Van bewältigt den Umweg aber schnell, er saust über die palästinensischen Straßen, während ich über die Schönheit und die Geheimnisse der Berge sinniere, die sich Kilometer um Kilometer vor uns aufreihen. Nackte Berge, malerisch und gefühllos, trocken und hochaufragend, jeder von auffällig anderer Form – geradeso wie die Menschen in diesem Land.

Warum wir nach Hebron fahren, weiß ich nicht. Ich lasse mich treiben, wohin es mich verschlägt.

Wir kommen an einem Nationalpark namens Herodium vorbei. Was ist das denn? Lina weiß es nicht. Wir halten vor einer Reihe antik aussehender Säulen. Eine Informationsbroschüre verrät uns, dass diese Säulen 2000 Jahre alt sind. Neben den Säulen steht ein kleines Haus, vor dem ein altes arabisches Ehepaar sitzt und darauf achtet, dass die Sonne gut von Osten nach Westen kommt. Lina geht auf sie zu und fragt sie, was das für Säulen sind; in Saudi-Arabien hat ihr niemand davon erzählt. Der Mann antwortet, dass diese Säulen seit rund 20 Jahren hier stehen.

Wer hat sie hier aufgestellt?

»Die Juden.«

Vor uns ragt ein Berg empor, steil empor, vielleicht der Sitz himmlischer Engel.

Was befindet sich auf dem Gipfel des Berges?

»Juden von vor sehr langer Zeit.«

Da oben, finde ich nach und nach heraus, ist die israelische Natur- und Parkbehörde aktiv. Was macht sie dort? Nun ja, eine tausende Jahre alte Stätte betreuen, einen Palast, von dem manche Archäologen glauben, er sei zugleich die Grabstätte von König Herodes, einem »Juden von vor sehr langer Zeit«.

Genau. Dem König Herodes. Dem vom Tempelberg.

Dieser Ort passt nicht so recht zu der palästinensischen Nationalerzählung, aber ich sage nichts. Bin schließlich ein tumber Deutscher.

Wir gehen zurück zu unserem Van, und im Handumdrehen bringt uns das fliegende Automobil nach Hebron. Als wir aussteigen, werfe ich einen Blick auf das Nummernschild. Das ist kein normales Kennzeichen. Dieses Fahrzeug gehört der Palästinenserregierung.

Gut zu wissen.

Wir laufen durch die Straßen von Hebron, auf der palästinensischen Seite. Das letzte Mal, als ich in Hebron war, hielt ich mich vor allem in den drei Prozent der Stadt auf, in denen die Juden leben, und war anfangs nur einmal für ein paar Minuten auf der anderen Seite. Jetzt bin ich im Stadtzentrum. Eine schöne Stadt. Putzmunter, wimmelnd von Menschen und Tun und Treiben, und ziemlich groß. »33 Prozent der Palästinenser im Westjordanland«, erzählt Lina, »leben hier«. Auf den Straßen sehe ich USAID-Schilder, die auf von der US-Regierung finanzierte Projekte hinweisen. Auch die sind in Palästina.

Hier nun sehe ich den Unterschied zwischen Hebrons arabischem und seinem jüdischen Teil noch viel deutlicher. Hier gibt es keine Verödung, keinen Müll, kein Ghetto. Es ist reichlich Tinte von ausländischen Journalisten vergossen worden, um die Härten zu beschreiben, die den Arabern in Hebron durch die jüdischen Siedler entstehen, wobei man regelmäßig den Reichtum dieser Stadt und das behagliche Leben ihrer Bewohner zu erwähnen vergisst. Warum unternehmen all die ausländischen Touristenführer keine Rundgänge in diesem Teil Hebrons, seinen bestechenden 97 Prozent?

Lina möchte, wahrscheinlich auf Dschibrils Geheiß, dass ich die Abraham-Moschee besuche, die zwischen Arabern und Juden aufgeteilt ist, und ich sage, dass es mir eine Freude wäre. Dort angekommen, freue ich mich in der Tat. Die Moschee ist makellos, prachtvoll und erhebend. Lina betet. Ich spaziere in der Gegend herum und versuche, einen Blick auf den jüdischen Teil zu erhaschen, aber Lina mahnt zum Aufbruch.

Wir sehen uns nämlich ein Fußballspiel gegen Jordanien an, das die palästinensische Mannschaft allerdings verliert. Nach Ende dieses Spiel beginnt ein anderes: Dschibril möchte, dass ich irgendwo in der Stadt ein Protestzelt besuche, bei dem eine Demonstration stattfindet.

Also hin zu diesem aufgestellten Zelt. Poster. Plastikstühle. Leute sitzen um einen traurig wirkenden alten Mann herum, der rote Augen hat und kaum ein Lebenszeichen von sich gibt, und murmeln ihm ins Ohr. Der alte Mann starrt im Nichts, als könnte er dort vielleicht seinen meilenweit entfernten Sohn sehen. Kann er aber nicht. Sein Sohn, Mahmoud Abu Salah, sitzt in einem israelischen Gefängnis eine langjährige Haftstrafe wegen terroristischer Aktivitäten ab. Was hat er getan? frage ich Lina. »Nichts«, sagt sie und ergänzt, dass er unheilbar krebskrank ist. In diesen Tagen, in denen Israelis und Palästinenser Friedensgespräche führen, lässt Israel eine Reihe palästinensischer Häftlinge frei, nicht aber Abu Salah. Wenige Minuten später taucht Dschibril auf und hält eine kurze Rede, in der er Israel als »faschistische Besatzung« bezeichnet und behauptet, dass »die Besatzung keinen Erfolg haben wird«. Diese Demonstration scheint mir hastig improvisiert, und ich glaube, dass Dschibril dahintersteckt, um Tobi dem Deutschen eine kleine Show zu bieten.

Wie sich herausstellt, findet nicht weit von hier eine Hochzeit statt. Lina sagt, Dschibril möchte, dass ich sie mir ansehe.

Sanft und schnell werde ich wieder in den Van geschoben. Das übernimmt der Mann vom Rücksitz. Wir fahren. Schneller als schnell. Und halten an. Direkt bei einer riesigen Menge unter freiem Himmel, mit plärrender Musik und hunderten von Menschen ringsum. Die Leute hier haben offensichtlich auf mich gewartet, und man geleitet mich vom Wagen ins Zentrum dieses fröhlichen Ereignisses, als wäre ich ein saudischer Prinz. Habe ich Prinz gesagt? Niemals! König träfe es viel besser. Die Leute stehen Schlange, um mich zu grüßen, um meine geheiligten Hände zu schütteln. König. Ja. Wenn Sie Saudi TV einschalten und sehen, wie die Massen den König grüßen, was das saudische Fernsehen millionenfach am Tage zeigt, weil es niemals etwas anderes zeigt, werden Sie meine Exzellenz sofort erkennen.

Ich fühle mich toll, ich besitze Ölfelder.

Menschen blicken mich an, lächeln mich an.

Während ich weiterschreite, wird mir klar, dass einige dieser Leute nicht wissen, wer meine Exzellenz sind, sondern es einfach ihren Freunden nachtun, die meine geheiligten Hände schütteln. Sie sind genauso neugierig wie ich, zu erfahren, wer ich bin. Yeah. Und unter uns gesagt, ich habe keine Ahnung, was hier vor sich geht. Es muss ein schrecklicher Fehler passiert sein, aber das weiß nur der Prophet Mohammed. Er ist im Himmel bei Allah und weiß alles. Ich weiß nichts. Obwohl ich mich, wie ich zugeben muss, schnell an meinen neuen Status gewöhne. Man gewöhnt sich im Nu daran, verehrt zu werden; schon nach wenigen Sekunden fühlt sich das ganz natürlich an. König Tobi der Erste. Wie schnell ich mich an die Macht ›gewöhne‹, daran, König und Herrscher zu sein, verehrt und bewundert zu werden, ist in Verbindung mit dem Wissen, dass diese Anhänger voll unter meiner Kontrolle stehen und ich mit ihnen machen kann, was ich will, dass ich der echte König Herodes bin, erstaunlich und schockierend.

Ich werde zu meinem Stuhl geführt, einem Ehrenplatz aus Plastik.

Und gerade als ich mich auf meinem Thron niederlassen will, bläst Lina zum Aufbruch.

Wie bitte?

Von einem mächtigen König Herodes verwandle ich mich zurück in einen gewöhnlichen Deutschen, einen Tobi. Ein tiefer Fall.

Was ist geschehen?

Niemand verrät es mir.

Niemand schüttelt mir auf dem Weg nach draußen die Hände.
Wie gewonnen, so zerronnen.

Mit hohem Tempo brausen wir von der Hochzeit weg.

Hat jemand meine wahre Identität aufgedeckt? Ich hoffe nicht.

Der Wagen stoppt.

Morgen, sagt Lina, wird General ar-Radschub seinen berühmten Gang von Ramallah nach Bethlehem unternehmen. Ob ich gerne mitkommen möchte?

Ja, sage ich, glücklich, dass sich meine Befürchtung als unbegründet erwiesen hat.

Mir scheint, ich brauche keinen Gideon Levy, um mich in Palästina umzusehen. Ich komme auch alleine zurecht.

Lina setzt mich bei einem Übergang nahe Jerusalem ab. Ich kann zu den Juden hinüber, sie nicht.

Wir treffen uns morgen.

Ich überquere die Grenze.

Minuten später kommt eine E-Mail von Lina. Morgen kein Gang, schreibt sie.

Was ist passiert? Ich weiß es nicht und werde es vielleicht nie erfahren.

Ich kehre nach Jerusalem zurück, um nach meinen streunenden Katzen zu schauen, und gebe ihnen koschere Milch.

21. STATION *Heimatlose Palästinenser parken ihre Range Rovers vor ihren bewachten Villen*

Was soll ein Jude tun, wenn sein Gang mit einem Palästinenser abgesagt wird?

Selber Palästinenser werden.

Genau das mache ich am nächsten Tag.

Aber nicht irgendein Palästinenser, sondern ein Palästinenser mit dem gewissen Etwas, einem Etwas, das meine Wertschätzung und meinen Dank gegenüber der EU zum Ausdruck bringt.

Und wie schafft man ein solches Kunststück? Mit Lederhosen. Ich habe eine und ziehe sie an.

Ich weiß nicht, ob irgendjemand meine bayerische Lederhose erkennen wird, da ich nicht weiß, wie vielen Menschen dieses spezielle Bekleidungsstück hier bekannt ist, aber einen Versuch ist es wert. Ich betrachte mich im Spiegel und erinnere mich daran, warum ich meine Lederhose überhaupt mitgenommen habe. Ich wollte zwei besetzte Länder vergleichen, aber der Gedanke ist so schnell wieder vergessen, wie er mir gekommen ist. Sorry, Tirol, aber im Vergleich zum Löwen Jerusalem bist du nur ein Kätzchen.

Ich spaziere gemütlich in den Suk der Altstadt irgendwo zwischen Bab Al-Amud und der Al-Aqsa und mache bei einem Mann halt, der arabische Kopfbedeckungen verkauft. Wie viel? frage ich. »120 Schekel«, lautet die Antwort.

Diese Zahl, lassen Sie mich das erklären, ist der Startschuss für zwei erfahrene, abgebrühte Männer. Keiner ist bereit, dem anderen einen Cent zu gönnen. Das wäre eine perfekte Gelegenheit für die EU und die USA, sich zu engagieren, ganz zu schweigen von einer NGO-Konferenz in Jordanien, die man einberufen sollte, damit sie das Problem tanzend löst.

Leider kümmert sich keiner von denen um eine kleine arabische Kopfbedeckung.

Und so bleibt uns, ganz ohne Verbündete, nichts anderes übrig, als zu handeln.

20, sage ich, »100«, sagt er. Wir machen eine ganze Weile so weiter, rufen Allah um Hilfe in dieser Angelegenheit an, und Allah erteilt schließlich diesen himmlischen Ratschluss: 44 Schekel.

Nachdem der Handel abgemacht ist, schlage ich den Weg zur Klagemauer ein.

Wollen wir doch mal sehen, wie die Juden reagieren, wenn Scheich Tobi aus Österreich in ihrer Mitte auftaucht! Schließlich kann ich mich nicht entsinnen, je einen Araber oder zumindest jemanden, der wie einer gekleidet ist, an der Klagemauer gesehen zu haben.

Eine erste Ahnung, wie seltsam meine Aufmachung anmutet, kriege ich an der Sicherheitsschleuse vor der Mauer. Dieser Sicherheitsposten ist rund um die Uhr besetzt. Zwei Polizisten, die neben einem Röntgengerät stehen, trauen ihren Augen nicht, als sie mich hereinkommen sehen. Sie starren mich an, als wäre ich gerade aus einem Irrenhaus im Himmel gefallen. Sie haben keine Ahnung, was es mit dieser Erscheinung auf sich hat oder was sie tun sollen. Dann aber hat einer von ihnen eine großartige Idee: Er zückt sein Smartphone und bittet seinen Kompagnon, ein Foto von ihm und mir zu machen. Scheich Tobi mag alle Leute, die ihn mögen, und sofort strecke ich die Hände zu einer herzlichen Umarmung aus. Sie wollen ein Foto von mir machen? Sie können 20 machen! Wir stehen nebeneinander wie zwei Turteltauben, und Herr Sicherheitsdienst macht ein Foto von Scheich Tobi. Dann noch eins. Und noch eins. Und noch eins. Diese Sicherheitsleute sind so begeistert, dass sie ganz vergessen, mich zu filzen, und mich einfach durchlassen. Ich, Salah ad-Din in Lederhosen, laufe vergnügt weiter, um den Tempelberg zu erobern. Ich betrete die Zone, gehe weiter in Richtung Mauer oder vielmehr Al-Buraq, als wäre dies hier alles meins. Juden mustern mich. Ihnen ist schleierhaft, wie ich in ihrem heiligsten Heiligtum gelandet bin, aber sie sagen nichts. Ich schreite aus und stolziere umher wie der

König, der ich in Wirklichkeit bin, aber niemand kommt, um mir die Hände zu küssen oder sein Haupt vor mir zu neigen. Diese Zone, die von der Crème de la Crème des israelischen Sicherheitsdienstes bewacht wird, damit sich hier kein arabischer Terrorist einschleicht und sein Unwesen treibt, akzeptiert mich seltsamer- und unheimlicherweise, wenn auch wortlos. Hier ist alles voller Überwachungskameras; tausend Augen müssen wohl jeder Bewegung folgen, die irgendjemand hier macht, aber auf mich reagiert keines.

Für einen sauditiroler König wie mich ist es natürlich eine Beleidigung, keine Beachtung zu finden. Um auf mich aufmerksam zu machen, umkreise ich eine Gruppe sephardischer religiöser Teenager, die fein säuberlich in Männchen und Weibchen unterteilt ist, und schleiche so langsam um die Frauen herum, als wollte ich mir eine oder zwei von ihnen angeln. Die männlichen Bewacher der weiblichen Reinheit bemerken mich, einige schreien mich an: »Tod den Arabern!« Und nicht nur sie. Ein New Yorker Jude nähert sich mir mit dem Gruß »Fuck you!« Nachdem ich diese beiden Wörter aus seinem Mund vernommen habe, verwandle ich mich im Handumdrehen von einem König in einen Imam. Dies ist heiliges Land, sage ich zu ihm. Hier nehmen wir solche Wörter nicht in den Mund. Geh zurück nach New York, Jude, du hast diesen heiligen Boden nicht verdient!

Was soll ich sagen? Ehrlich, ich glaube, ich bin zum Imam geboren.

Als ich die heilige Stätte verlasse, kommt einer der Jugendlichen auf mich zu. »Ich glaube, Sie sind ein israelischer Linker und wollten uns provozieren, damit wir schlimme Dinge sagen«, wirft er mir vor.

Wie kann er es wagen, so mit einem Imam zu sprechen!

Die Dämmerung bricht an. Ich bin zum Abendessen mit einem amerikanischen Freund verabredet, der dieser Tage in Israel weilt. Nach dem Essen zeigt er mir sein Viertel in der Nähe der Hebräischen Universität. Wir kommen an einer ganzen Reihe prächtiger Häuser in anscheinend bewachten Wohnsiedlungen vorbei, mit Range Rovers und Audis, die darauf warten, ihren Herren zu Diensten zu sein.

Wer lebt hier? frage ich.

»Diese Villen gehören den Leuten aus Lifta.«

Mein Freund, zufälligerweise ein linker Aktivist, kennt die Geschichte des Ortes viel besser als ich. Es gibt keine armen Lifta-Flüchtlinge, erklärt er mir, ein Eindruck, der sich mir nach dem Besuch des verlassenen Dorfes Lifta mit Itamar aufgedrängt hatte. Lifta, das an der Zufahrt nach Jerusalem liegt, war in früheren Tagen ein Piratennest. Die Dorfbewohner lebten davon, Pilger kurz vor Erreichen der heiligen Stadt um ihre irdischen Besitztümer zu erleichtern.

Historisch besaßen diese Dörfler sehr viel Land überall hier in der Gegend, und ihre Nachkommen gehören bis auf den heutigen Tag zu einigen der reichsten arabischen Clans. Sie sind es, die diese schönen Häuser besitzen.

Wer weiß, vielleicht wird die EU bald noch einmal 2,4 Millionen Euro spenden, um hier »das palästinensische Kulturerbe zu bewahren«.

Ich kehre heim zu meinen Straßenkatzen, von denen ich inzwischen eine ganze Kolonie habe, und setze mich unter sie, um Israels einzige Gratiszeitung zu lesen, *Israel Hayom.* »Israel heute«, das meistgelesene Blatt des Landes, ist eine rechte Tageszeitung, die von Sheldon Adelson gegründet wurde, einem amerikanischen Tycoon, dessen Reinvermögen auf 35 Milliarden US-Dollar geschätzt wird. Um der Leserschaft dieses Blattes den Puls zu fühlen, schaue ich mir den Anzeigenteil an. Hier ist eine Auswahl von Artikeln, die das israelische Publikum heiß begehrt: deutsche, österreichische und polnische Pässe sowie »natürliches Viagra«.

Sheldon Adelson steckt übrigens nur sein Geld in die Zeitung. Gedruckt hat sie, wie seit Jahren schon, *Haaretz,* die linkeste Zeitung des Landes, die allein dadurch rentabel ist.

Ich versuche, das meinen Katzen zu erklären, zu denen ich vorsichtig ein freundschaftliches Verhältnis aufzubauen beginne.

Sie aber werfen mir diesen komischen Blick zu, der zu besagen scheint: Wohl verrückt geworden?

Sie sind clever, meine Katzen.

22. STATION *Ein jüdischer Pilot mit einer Mission: Schnappt den Juden!*

Seit ich hier bin, bin ich praktisch täglich stundenlang auf den Beinen, um da hinzugehen, wo die Menschen sind, und zu versuchen, wieder einen Bezug zu dem Land zu finden, das ich vor so langer Zeit verließ. Vielleicht sollte ich den Spieß einmal umdrehen und die Leute zu mir kommen lassen, als wäre ich der ›Einheimische‹. Ich will das in Tel Aviv ausprobieren, dem kulturellen Zentrum Israels.

Direkt am Rabin-Platz im Stadtzentrum befindet sich eine Buchhandlung mit Café namens Tolat Sfarim (Bücherwurm). Ich setze mich an einen Tisch, bestelle einen kochend heißen ›verkehrten Kaffee‹, einen Caffè Latte, und bereite mich darauf vor, ein paar Juden zu empfangen.

Mein Tag beginnt mit Jonathan Shapira, dem Helden aus dem Film *Der Held in uns – Eine Gebrauchsanleitung*, den ich in der Cinemathek gesehen habe. Jonathan ist zufällig auch der Bruder von Itamar, den ich in Lifta und Yad Vashem kennengelernt habe. Hoffentlich kann er mir heute erklären, was Sache ist.

»Ich war ein zionistischer Musterknabe, wie er im Buche steht, einer, der die Namen von israelischen Kriegstoten oder Holocaustopfern rezitiert. Ich träumte davon, zur Luftwaffe zu gehen, wie jedes gute Kind in Israel. 1993 schloss ich meine Militärausbildung ab und wurde Pilot. Glücklicherweise kam ich in eine Rettungshubschrauberstaffel. Ich riskierte mein Leben, um verwundete Soldaten ins Krankenhaus zu bringen. Ich hatte das Gefühl, eine anständige und gute Arbeit zu leisten.«

Dieser Tage ist Jonathan kein israelischer Luftwaffenpilot

mehr. »Heute arbeite ich gelegentlich in den Vereinigten Staaten als Hubschrauberpilot für Spezialeinsätze nach schweren Stürmen. Ich wünschte, ich könnte dasselbe hier in Israel machen. Aber hier geben sie mir keinen solchen Job.«

Jonathan hat einen Magister in Konfliktbewältigung, ein Abschluss, den er an einer österreichischen Universität erwarb. Für eine Sekunde überlege ich, ob ich mit ihm über Tirol sprechen soll, lasse den Gedanken dann aber gleich wieder fallen. In einer Buchhandlung über Tirol zu sprechen, wirkt irgendwie unpassend.

Ich mustere ihn und frage mich, wie er in Lederhosen aussähe, glaube aber nicht, dass er zur Klagemauer ginge. Dieser Mann hat sich verändert. Wie wurde aus einem Mann, der sein Leben für die zionistische Sache riskierte, ein österreichischer Konfliktbewältiger?

»Ich riskiere hier immer noch mein Leben, aber auf der Seite der Unterdrückten und nicht mehr der Unterdrücker.«

Jonathan greift zu harten Worten, wenn er über Israel spricht: »Alles, was man mir beigebracht hat, beruhte auf Betrug und Selbstbetrug.«

Was verursachte Ihren Sinneswandel? Was war der entscheidende Moment, der Ihrem Leben eine neue Richtung gab?

Jonathan spricht leise, ruhig, in gemäßigtem Ton und mit wohltuender Herzlichkeit.

Sein Sinneswandel ereignete sich, schau an, während einer Friedensinitiative, die darauf abzielte, Liebe zwischen dem Araber und dem Juden zu stiften, bei der aber dieser Jude begann, andere Juden zu hassen.

Im Rahmen der Initiative, die in dem friedensheischenden arabisch-jüdischen Dorf Newe Schalom stattfand, trat ein Palästinenser auf und berichtete, wie seine Schwester infolge des israelisch-palästinensischen Konflikts vom Hals abwärts gelähmt wurde. Tief berührt von der Rede dieses Mannes, begann Jonathan alles auf den Prüfstand zu stellen, woran er jemals geglaubt hatte. Bis zu diesem Moment, sagt er sarkastisch zu mir, war er der übliche Linke, der »schießt und weint«, der eine Waffe in der Hand hält, während sein Mund Worte des Friedens spricht. In diesem Augenblick aber veränderte er sich.

Wie die Geschichte eines gelähmten palästinensischen Mädchens ihn so tief berühren konnte, ihn, der so viele leblose Juden oder auch solche mit abgetrennten Gliedmaßen in Kliniken geflogen hat, ist mir nicht klar. Doch sagt er, dass ihn die Vorstellung, seine Armee habe die Verletzung dieser Palästinenserin verursacht, »wahnsinnig machte«.

Wenn der Zufall es gewollt hätte, dass die Palästinenser den Krieg gewinnen, wie hätten sie Ihrer Meinung nach Ihre Kinder behandelt?

Diese Frage gefällt Jonathan nicht, und er geht gleich auf Konfrontationskurs: »Das ist ein klassisches Argument aus der rechten Ecke!«

Ich sage Jonathan, dass das keine Antwort ist. Hat er eine bessere auf Lager?

Tja, er ergeht sich nun in langen Ausführungen über die Geschichte dies und die Geschichte das. Das genügt mir nicht, und ich versuche, ihn dazu zu bringen, dass er sich der Gegenwart stellt, dass er mit offenem Visier mit mir spricht.

Was wäre passiert, wenn Israel 1967 den Krieg verloren hätte? Wie hätten die Araber Ihrer Ansicht nach die Juden behandelt?

»Ich habe keine Ahnung.«

Was, glauben Sie, wäre geschehen?

»Ich weiß es nicht.«

Natürlich weiß er es. Er hat viele aufschlussreiche Beispiele von seinem Cockpit aus gesehen.

Jonathan verwendet seine ganze Energie darauf, Israel zu kritisieren. Ist Israel wirklich der einzige Teufel auf der Welt? Ich erinnere ihn daran, dass die Schweiz jüngst ein Gesetz gegen den Bau von Moscheen mit Minaretten auf Schweizer Boden erlassen hat. Warum bekämpft er nicht auch die Schweizer?

»Ich bin dabei, wenn Sie eine BDS-Kampagne gegen die Schweiz gründen, weil sie den Bau von Moscheen in ihrem eigenen Land verboten hat.«

Na klar, ich habe nichts Besseres im Leben zu tun, als die heiligen Schweizer zu bekämpfen.

Wie steht es mit den anderen rechtschaffenen europäischen Nationen?

»Wenn Sie eine BDS-Kampagne gegen die Schweden eröffnen, weil sie sudanesische Flüchtlinge in ihrem Land ins Gefängnis werfen, bin ich mit dabei.«

Seine schärfsten Kommentare bleiben jedoch Israel vorbehalten: »Meiner Ansicht nach sollten hunderttausende Sudanesen in dieses Land kommen dürfen. Das wäre eine Möglichkeit, Israel von seinem rassistischen Verhalten und Gebaren zu befreien.«

Jonathan und Itamar, den königlichen Shapiras, werden von verschiedenen Israelkritikern Ständchen dargebracht. Aber es ist Jonathan, dem ein eigenes Lied gewidmet wurde. In ihrem Stück »Jonathan Shapira« singt die israelische Popsängerin Aya Korem von ihrem Wunsch, ein Kind von ihm zu haben. Sie ist wie die israelische Akademikerin in dem georgischen Restaurant. Die eine ist stolz darauf, mit einem Araber geschlafen zu haben, die andere träumt davon, mit einem Jonathan zu schlafen.

Natürlich haben nicht alle Israelis ein so schlechtes Bild von den Juden und von Israel.

Begrüßen Sie den neuen Gast im »Bücherwurm«, Mickey Steiner, Geschäftsführer des deutschen SAP-Ablegers SAP Labs Israel.

Sind Sie ein Jekkepotz?

»Ich nicht, aber mein Vater.«

Mickey ist ein positiver Mensch, der Israels Erfolge in der Hochtechnologie bewundert. »Internationale Unternehmen kommen wegen der technologischen Innovationen, die hier gemacht werden, nach Israel. Was hier erfunden wird, wird nicht woanders erfunden.«

Warum ist das so?

»Es liegt im Charakter der Israelis, Lösungen für scheinbar unlösbare Situationen zu finden. Das begann schon mit den deutschen Juden, die lange vor dem Holocaust hierherkamen, um einen Staat aufzubauen, als es hier nur die basalste Infrastruktur gab und sie alles aus dem Nichts erschaffen mussten.«

Wie kommt es, dass die Israelis so gut in Hightech sind?

»Das liegt in unseren Genen, schon seit den Tagen der Zerstörung des zweiten Tempels.«

Diese Antwort hätte ich vor vielen Jahren geben sollen, als ich Mathematik und Informatik studierte und meine charedische Familie, die ausschließlich rabbinische Studien duldete, wütend auf mich war. Zu dumm, dass ich Mickey in jenen Tagen noch nicht kannte.

Was von der heutigen Technologie wird in Israel hergestellt?

»70 Prozent von Intels Umsatz basieren auf Erfindungen aus Israel.«

Nennen Sie mir ein paar Beispiele für Erfindungen, die hier gemacht wurden.

»Der USB-Stick ist eine israelische Erfindung. Die Voicemail ist eine israelische Erfindung. Die SMS. Die Chips, die Laptops zum Laufen bringen. Medizinische Abtastvorrichtungen wie die Magnetresonanztomographie. Voice over IP. Datensicherheit für Mobiltelefone. Flash-Speicher.«

Mit anderen Worten, ohne Israel gäbe es heute keine Mobiltelefone, vorausgesetzt natürlich, dass nicht andere diese Technologie erfunden hätten ...

»Ja.«

Glauben Sie wirklich an jüdische Gene?

»Ja, in dem Sinn, dass die Kultur diejenigen beeinflusst, die Teil von ihr sind, in diesem Fall die Juden.«

Also halten Sie das jüdische Volk für das klügste, innovativste?

»Ja.«

Wie kommt es, dass die Juden so verdammt viele Probleme haben, wo immer sie auftauchen?

»Weil sie so verdammt klug sind und die Leute Angst vor den Juden, Argwohn gegenüber den Juden und Neid auf die Juden verspüren.«

Ich bin Gott und biete Ihnen Folgendes an: Ich mache Sie weniger klug, weniger innovativ, und im Gegenzug sind Sie wie der Rest der Menschheit und werden geliebt. Ist das ein Angebot?

»Nein.«

Warum nicht?

»Ich bleibe lieber meinem Erbe und meinen Wurzeln treu, auch wenn ich dafür gehasst werde.«

Wie kommt es, dass kluge, innovative Menschen mit solchen Genen Leuten wie Rabbi Batsri oder Ovadja Josef folgen, jenem berühmten und polarisierenden Rabbiner, der jeden seiner Kontrahenten verflucht?

»Das weiß ich nicht. Da müssen Sie einen Soziologen fragen.«

Avi Primor, der von 1993 bis 1999 israelischer Botschafter in Deutschland war, ist kein Soziologe, aber auf einen Schwatz im »Bücherwurm« vorbeigekommen.

Avi ist der Gründer und Leiter des Zentrums für Europastudien an der Universität Tel Aviv, das mit der Al-Quds-Universität und der Königlichen Wissenschaftlichen Gesellschaft Jordaniens assoziiert ist.

Vielleicht kann die Al-Quds-Uni die Uni Tel Aviv darin unterrichten, wie man eine Hammam-Finanzierung an Land zieht.

Zusammen mit anderen unterrichtet Avi Magisterstudiengänge an allen drei Universitäten, deren Studierende nach einem Studienjahr für ein weiteres Jahr an die Heinrich-Heine-Universität Düsseldorf wechseln.

Wer bezahlt das alles?

»Ich. Ich sammle Geld, vor allem in Deutschland. Das Ganze kostet über eine Million Euro im Jahr.«

Wie viele Studierende sind es insgesamt?

»60. 20 von jeder Seite.« Also Israelis, Jordanier und Palästinenser.

Avis Mutter stammt aus Frankfurt. Sie kam 1932 nach Tel Aviv, »lernte meinen Vater kennen, verliebte sich und blieb hier. Niemand aus ihrer Familie, der in Deutschland blieb, hat den Holocaust überlebt.«

Wären Sie gerne als Palästinenser geboren worden?

Wie zum Teufel ich auf diese Frage gekommen bin, weiß ich nicht. Vielleicht habe ich heute zu viel Whiskey getrunken und Avi vielleicht auch, denn er beantwortet meine Frage mit vollem Ernst. Nein, sagt er, das fände er nicht gut, weil die Palästinenser ein »glückloses Volk« sind und weil »ich ihre Kultur nicht schätze«.

Wie können Sie mit ihnen zusammenarbeiten, wenn Sie sie nicht schätzen?

»Ich wäre überglücklich, wenn wir die Schweizer und die Norweger zu Nachbarn hätten ...«

Ich mag Tel Aviv. Es ist nicht so schön wie Jerusalem, eigentlich sogar ganz schön hässlich, aber es hat etwas Besonderes, eine innere Schönheit, eine bestimmte Atmosphäre. Vielleicht liegt es an seinen Menschen, die größtenteils jung und geil sind. Und Tel Aviv hat noch etwas, das Jerusalem nicht hat: einen Strand. Warum nicht an den Strand gehen? Ich packe mein iPad ein und los geht's.

Es gibt nichts Tröstlicheres als den Klang der Wellen. Wäre Jerusalem so angespannt, wie es ist, wenn es einen Strand hätte? Man stelle sich vor, statt seiner heiligen Stätten befände sich dort ein Strand, mitten in der Stadt. Keine Schechina, kein heiliges Grab, kein Sonderflughafen zum Himmel: keine Frau Gottes, kein Sohn Gottes, kein Gesandter Gottes; nur Wasser und Bikinis.

Irgendwo auf dem Weg von Tel Aviv nach Jerusalem liegt ein berühmtes Dorf, das weder heilig ist noch Bikinis hat. Es heißt Abu Ghosh, und das schaue ich mir jetzt an.

23. STATION *Waffenschwingende Männer auf der Suche nach Süßigkeiten und Deutschen*

Fouad Abu Ghosh aus Abu Gosch ist heute mein Mann. Er ist bereit, mir sein Dorf zu zeigen.

Abu Gosch ist ein besonderes arabisches Dorf in der Nähe von Jerusalem. Seine Bewohner sind den Juden nämlich seit den Tagen der Staatsgründung freundlich gesonnen. Dieses Dorf ist all jenen ein Dorn im Auge, die der Meinung sind, Araber und Juden könnten in einem jüdischen Land nicht glücklich zusammenleben.

»Wir in Abu Gosch«, erzählt mir Fouad, »sind Araber. Wir kommen mit den Juden aus, israelische Linke aber haben ein Problem mit uns.«

Ich dachte, die Rechten hätten etwas gegen Abu Gosch, womit ich anscheinend falsch lag. Ich lerne es heute zum hundertsten Mal: Wenn es um das Thema ›Araber & Jude‹ geht, muss ich die Logik vom Tisch fegen und mein Gehirn neu formatieren.

Abu Gosch ist nicht deshalb berühmt, weil einige Linke keine Araber mögen, die mit Juden auskommen, sondern aus einem anderen Grund: seinen Restaurants. Ich bitte Fouad, mich zu seinem Lieblingsrestaurant in Abu Gosch zu bringen. Auf der Fahrt sehe ich vor uns einen Wagen mit folgendem Aufkleber: »Juden lieben Juden«. Muss ein Rechter sein, obwohl es auch ein arabischer Jekke sein könnte wie der von neulich. In diesem Land kennt man sich einfach nie aus.

In seinem Lieblingsrestaurant stellt mich Fouad dann Jawdat Ibrahim vor, dem Eigentümer dieses ziemlich hochpreisigen Lokals, der mir erzählt: »1948 wurden alle arabischen Dörfer in der Umgebung von Abu Gosch zerstört, nur Abu Gosch nicht, weil

207

der Muchtar (Dorfvorsteher) Frieden mit der (jüdischen) Regierung schloss.« Jawdat findet Vergnügen daran, seinen deutschen Zuhörer in Erstaunen zu versetzen: »Abu Gosch ist mit Bad Gastein in Österreich verschwistert. Wissen Sie, wie der Bürgermeister von Bad Gastein heißt? Abu Yussef.«

Zufällig kenne ich Bad Gastein, wo ich schon des Öfteren gewesen bin. Noch nie aber habe ich davon gehört, dass Bad Gastein eine Städtepartnerschaft mit Abu Gosch hat, und auch von Abu Yussef höre ich das erste Mal. Aber Jawdat weiß es sicher besser als ich.

Jawdat ist ein kluger Mann, nicht nur in Sachen Politik. »Mein Chefkoch in diesem Restaurant ist ein Zahnarzt.« Zahnärzte, erklärt er mir, kennen sich am besten mit Kauen und Essen aus.

Bevor ich dazu komme, die Delikatessen des Dentalspezialisten zu kauen, gilt es allerdings weiterhin Fouad zu lauschen: »Ich kann nicht nur den Juden die Schuld an dem geben, was 1948 geschah. Ich habe mich mit den hiesigen Einwohnern unterhalten, und sie berichteten mir, dass die arabischen Armeen die Dorfbewohner angewiesen hatten, ihre Häuser zu räumen. ›Gebt uns zwei Wochen, und wir löschen die Juden für euch aus‹, sagten sie ihnen. Die Araber in anderen Dörfern gingen weg, nicht aber die in unserem Dorf. Sie erzählten mir: ›Ägyptische Soldaten kamen. Sie hatten keine Landkarten und richteten ihre Geschütze auf uns.‹ Nein, ich kann nicht nur den Juden die Schuld geben. Tatsachen sind Tatsachen, und an Tatsachen kann man nichts ändern.«

Das Essen kommt. Es ist gut, aber man kriegt überall sonst vergleichbare Qualität zu einem Bruchteil des Preises, der hier zu entrichten ist. Ganz allgemein macht mich das Essen in Israel – und in Palästina – glücklich darüber, hier zu sein. Kein Tag vergeht, an dem ich nicht darüber nachdenke oder spreche. Ich weiß nicht, wie sie es machen. Ich war schon in vielen Ländern, und Gott weiß, wie viel ich in jedem einzelnen von ihnen gegessen habe, aber nirgendwo ist das Essen so köstlich wie hier. Vielleicht liegt es an irgendwelchen Zutaten, die nur hier wachsen, oder an einem Know-how, das in den endlosen Kriegen erworben wurde, die man hier ausficht. Das Einzige, was ich weiß, ist dies: »Tatsachen sind Tatsachen.«

Abu Gosch ist ein interessanter Ort. Die EU und die europäischen NGOs investieren hier nicht, vielleicht weil dieses Dorf auch ihnen ein Dorn im Auge ist, aber das heißt nicht, dass es keine finanziellen Zuflüsse von außen gäbe. Wer engagiert sich hier? Tschetschenien. Ja, richtig gelesen. Tschetscheniens Präsident Ramsan Kadyrow lässt in Abu Gosch eine riesige Moschee mit einer umwerfenden goldenen Kuppel errichten. Preis: zehn Millionen Dollar, von denen sechs Kadyrow spendet.

Wie groß wird die Moschee?

»Die zweitgrößte in der Region, nach der Al-Aqsa.«

Wow!

Das ist aber noch nicht alles.

Später macht Fouad mit mir einen Ausflug zu der kurz vor ihrer Fertigstellung stehenden Moschee. Die rund anderthalb Kilometer lange Straße, die zu ihr hinführt, wird ebenfalls von dem guten tschetschenischen Onkel saniert und neu gestaltet. Gerade eben werden neue grüne Zäune auf einem strahlend weißen Steinfundament angebracht. Wenn sie fertig ist, wird die Straße den Namen dieses Präsidenten tragen.

Und dann fragt mich Fouad, ob ich ein paar Soldaten sehen möchte, die ein Café hier frequentieren.

Ja, sage ich. Ich möchte dieses Liebeswunder zwischen Araber und Jude, Soldat und Einwohner miterleben. Die »Soldaten«, von denen er sprach, entpuppen sich als junge israelische Mädchen, die Süßigkeiten naschen. Ich betrachte sie und stelle fest, dass es hier sonst niemanden zu betrachten gibt. Mit anderen Worten: Hier essen keine Einheimischen.

Wie kommt's?

»Die einheimische Bevölkerung geht um diese Uhrzeit nicht in Cafés und Restaurants.«

Werde ich die Einheimischen später am Abend sehen, wenn ich hierbleibe?

»Nein. Die essen zuhause.«

Vergessen wir dieses Café. Wie sieht es mit anderen Cafés oder Restaurants aus?

Ich sehe, wie sich Fouads Gesichtszüge verfinstern.

»Es kommen nur die Israelis zum Essen hierher und um sich bedienen zu lassen.«

Gibt es Orte, an denen sich Araber und Juden begegnen? Spielen sie, sagen wir, Fußball zusammen?

»So etwas gibt es nicht.«

Die beiden Seiten begegnen sich nie –?

»Ja. So ist es nun einmal. Es sieht alles ganz nett aus, aber wenn man genauer hinschaut, ergibt sich ein anderes Bild.«

Araber lieben Araber.

Als ich noch in Israel lebte, habe ich von Abu Gosch gehört, jeder Jude hörte davon, und es war ein großer Trost für uns alle. Es war der Beweis, der eine stichhaltige Beweis, dass Araber und Juden freundschaftlich und harmonisch zusammenleben konnten. Ich fuhr nie nach Abu Gosch, wusste aber alles über das Dorf, was es zu wissen gab.

Das glaubte ich jedenfalls. Doch was ich wusste, war ein Mythos: die Wirklichkeit sieht ganz anders aus.

Ich starre Fouad, meinen Gastgeber, an und lasse ihn an einem Gedanken teilhaben.

Ihr habt alles hier: ein schönes Land, das beste Essen auf dem Planeten, die süßesten Früchte, das leckerste Gemüse und die besten Gewürze. Dennoch bringt ihr euch gegenseitig um. Warum?!

»Adam und Eva waren im Paradies, hatten alles, ›mussten‹ dann aber tun, was Gott ihnen verboten hatte. Sie hatten alles und mussten alles zerstören. Genau das tun wir auch in diesem Land.«

Ein Mythos ist nur so lange gut, wie man ihn nicht genauer untersucht, denn sobald man es tut, bricht die Hölle los.

Dies hier ist Abu Gosch, ein Dorf der Wohlhabenden, das Geld mit Restaurants und Lokalen macht, die sich auf mythenselige Juden spezialisiert haben. An den Wochenenden, erzählen mir Einheimische, kann man in diesem Städtchen keinen Fuß vor den andern setzen, weil sich die Autos Stoßstange an Stoßstange durch den Ort ziehen, alle voll mit Israelis, die von überall hierherkommen, um in Abu Gosch essen zu gehen. »Ich mag die arabische Küche und Atmosphäre«, erzählt mir ein Israeli, den ich in einem

Café kennenlerne. »Juden sind in arabischen Gegenden nicht sicher, außer hier, in Abu Gosch. Deshalb kommen wir hierher.«

Die tapferen waffenschwingenden Israelis, die Sie aus Ihrem Fernseher kennen, über die Sie in Ihrer Zeitung lesen oder die Sie auf Ihrem Tablet sehen, sind nichts weiter als kleine Kinder, die geliebt und akzeptiert werden wollen.

In Kürze treten hier zwei Bands aus Berlin auf, lese ich auf einem Plakat. Ich vermute, nur so eine Vermutung, dass irgendwelche deutschen Stiftungen dieses Ereignis sponsern. Um die deutschen Geldflüsse besser zu verstehen, verabrede ich mich mit Mark Sofer, dem Präsidenten der Jerusalem Foundation.

Ich gönne meinen Füßen in Marks gemütlichem Büro in Jerusalem eine Pause und lasse meine Lippen die Arbeit machen.

Wer sind Sie?

»Eines der Dinge, die ich am wenigsten gern tue, ist, über mich selbst zu reden.«

Bitte!

»Ich trat 1982 in den diplomatischen Dienst ein und war seitdem in Peru, Norwegen, New York und Irland stationiert ... Außerdem war ich außenpolitischer Berater von Schimon Peres.«

Sind Sie so klug?

»Wenn Sie einen Besenstiel in die venezolanische Armee einschleusen, ist er nach 40 Jahren Oberst ...«

Sind Sie ein Besenstiel?

»Nein.«

Über welches Budget verfügt Ihre Stiftung?

»Vergangenes Jahr sammelten wir 30 Millionen US-Dollar ein.«

Wissen Sie von Geldern der deutschen Bundesregierung, die ausschließlich für die jüdische Gemeinschaft bestimmt sind?

»Soweit ich weiß, bekommen wir kein Geld von der Bundesregierung, nur von einzelnen Bundesländern.«

Können Sie Mittel nennen, die von deutschen Bundesländern ausschließlich an Juden vergeben werden?

»Ich möchte mit diesem Thema nichts zu tun haben und es lieber nicht erörtern.«

Mark ist meine Frage sichtlich unangenehm. Wir unterhalten uns weiter, hauptsächlich vertraulich, dann verabschiede ich mich.

Als ich gerade im Aufbruch bin, ruft Lina aus Dschibrils Büro an. Der Mann macht diesen Nachmittag seinen Gang von Ramallah nach Jericho und wünscht sich einen Begleiter. Ob ich mitkommen möchte?

Tja, warum nicht?

Bevor ich aber den berühmten Araber treffe, der über die Berge und Hügel zieht, möchte ich erst noch einen berühmten Juden treffen, der gemütlich in seinem Wohnzimmer im bürgerlichen Tel Aviver Viertel Ramat Aviv sitzt.

24. STATION *Die Universität an der Bushaltestelle blüht und gedeiht im Lande Israel*

Amos Oz lebt im obersten Stockwerk seines Hauses, dem zwölften, und im Flur seines Apartments steht gleich links ein großes Bücherregal mit seinen eigenen Büchern, die hier stapelweise nebeneinanderliegen. Weitere Bücherregale, und zwar so einige, schmücken das Wohnzimmer, in dem Amos mich willkommen heißt.

Vor rund 30 Jahren schrieb Amos ein Buch über seine Begegnungen mit Israelis, *Im Lande Israel*. Kann ich davon ausgehen, frage ich ihn, dass ich dasselbe Land und Volk vorfinde wie er damals?

»Ja und nein. Es gibt Dinge, die sich verändert, und Dinge, die sich nicht verändert haben in den vergangenen 30 Jahren. Erstens ist die israelische Gesellschaft immer noch vielschichtig. Sie setzt sich aus Religiösen und Säkularen, Rechten und Linken, Menschen des Friedens und Siedlern, Arabern und Juden zusammen.«

Interessante Wortwahl: »Siedler« steht selbstverständlich für Mensch des Kriegs.

Und was hat sich verändert?

»Erstens sind in diesem Zeitraum eine Million Russen in dieses Land eingewandert. Zweitens haben wir mittlerweile hunderttausende Siedler in den (1967 von Israel eroberten) Gebieten, das gab es vor 30 Jahren kaum.«

Es klingelt an der Tür. Ein riesiger Blumenstrauß wird hereingebracht. Jemand liebt Amos, oder aber er hat die Blumen für sich selbst gekauft.

Verraten Sie mir, ob die neuen Russen und die Siedler die israelische Gesellschaft zum Schlechteren verändert haben?

»Die Gesellschaft besteht nicht aus Käseschnitten, sodass ich Ihnen sagen kann, sie ist besser oder schlechter geworden. Was ich sagen kann, ist dies: Sie ist eine andere Gesellschaft geworden.«

Nun, das sagt uns doch schon so einiges, oder nicht?

Amos spricht leise, im fast immer gleichen Tonfall. Er lächelt kaum und wird nie laut. Ich glaube, dass er sich unlängst einer medizinischen Behandlung unterziehen musste, bin mir aber nicht sicher.

»Die israelische Gesellschaft ist im Laufe der Jahre nach rechts gerückt. In derselben Zeit aber haben sich auch die Rechten sehr verändert. Heute sprechen auch sie vom Frieden und von einem Kompromiss mit den Palästinensern.«

Linksgerichtete Israelis bringen das Wort Palästinenser oder sein Gegenwort Siedler in den ersten 21 bis 34 Sekunden über die Lippen, die man mit ihnen zusammen ist. Amos ist da keine Ausnahme. Er spricht von den Palästinensern, als lebten sie in seiner Nachbarschaft und als begegnete er ihnen täglich millionenmal. Doch wo Amos wohnt, leben, freiheraus gesagt, Menschen mit prallgefüllten Brieftaschen. Wer hier nicht leben kann, sind nicht die Araber, sondern die Armen, welchen Glaubens auch immer. In Amos' Denken scheint diese kleine Tatsache aber keinen Niederschlag zu finden, ist er doch ausschließlich auf die Spaltung zwischen Juden und Arabern fixiert.

Natürlich ist Amos Oz diesbezüglich kein Einzelfall. Viele Angehörige der israelischen Elite reden endlos über die armen Palästinenser, während sie die armen Juden kaum einmal erwähnen.
Sozialpolitischen Untersuchungen zufolge, die in diesem Jahr in
Israel durchgeführt wurden, leben mehr als 20 Prozent der israelischen Bevölkerung unterhalb der Armutsgrenze, und mehr als
35 Prozent sind in finanzieller Not. Die Bemühungen um soziale
Gerechtigkeit, finde ich, sollten sich nicht nur auf einen Teil der
Bevölkerung kaprizieren. Wenn uns die Menschen, die es weniger gut getroffen haben als wir, wirklich am Herzen liegen, dann
sollten wir uns nicht nur auf einen Teil von ihnen beschränken.
Die israelische Linke hat immer nur die Mohammeds ihrer Welt
im Kopf und nur selten ihre Judasse. Leider.

Dennoch möchte ich nicht in die Diskussion darüber einsteigen und segle einfach in Amos' Fahrwasser. Es ist schließlich
sein Schiff. Wird sich der Frieden durchsetzen? frage ich ihn.

»Es gibt keine andere Wahl.«

Wird es hier zwei Staaten geben, die Seite an Seite existieren?

»Ja. Es gibt keine andere Möglichkeit.«

Warum nicht?

»Wenn es nicht zur Zwei-Staaten-Lösung kommt, werden wir
am Ende nur einen Staat haben, und dieser Staat wird arabisch
sein. Ich will nicht, dass das passiert.«

Amos hält weder den Sabbat noch den Ramadan ein, will aber
einen jüdischen Staat. Und wie seine Tochter Fania weiß er, was
ein ›Jude‹ ist. »Andere Völker haben Pyramiden erbaut«, sagt er,
während die Juden Bücher schrieben. »Die Juden hatten nie einen Papst, der ihnen vorschrieb, was sie zu tun hätten. Jeder Jude
ist ein Papst.«

Und so ist Israel, sagt er über das kleine Land mit seinen acht
Millionen Einwohnern. »Acht Millionen Meinungen, acht Millionen Premierminister, acht Millionen Propheten und acht Millionen Messiasse. Jeder Jude hier betrachtet sich selbst als einen
Anführer, einen Propheten, einen Cicerone. Diese Gesellschaft
ist eigentlich ein einziges riesiges Seminar. Man kann an der Bushaltestelle stehen und Juden beobachten, die sich nicht einmal

kennen, aber trotzdem über Religion, Politik und Sicherheit streiten. Die Bushaltestelle ist bisweilen ein Seminar. Das ist es, was Israel ist, was die Juden sind.«

Amos lässt mich nicht nur an seinen Gedanken über die Israelis teilhaben, sondern auch an denen über die Europäer.

»Die Europäer neigen oft dazu, morgens aufzuwachen, die Zeitung zu lesen, eine Petition zugunsten der Guten zu unterzeichnen, eine Demonstration gegen die Bösen zu organisieren und am Abend, wenn sie zu Bett gehen, mit sich selbst zufrieden zu sein. Nur dass es in Israel und Palästina nicht um die Guten gegen die Bösen geht, sondern um einen Kampf zwischen zwei vollkommen berechtigten Ansprüchen auf dasselbe Land.«

25. STATION *Ich marschiere mit den Löwen Palästinas und schlecke ein Eis aus Solidarität mit Adolf Hitler seligen Angedenkens*

Ein Kampf ist es allerdings.

Der Versuch einer Spezialeinheit der israelischen Armee, einen Verdächtigen im Flüchtlingslager Kalandia in der Nähe des Grenzübergangs zwischen Jerusalem und Ramallah festzunehmen, ist fehlgeschlagen. Dabei wurden drei Palästinenser getötet.

Dschibril würde gerne mit mir über diesen Vorfall sprechen, sagt Lina mir am Telefon, unmittelbar nachdem ich Amos' Haus verlassen habe. Ich dachte, er wolle laufen. O ja, sagt sie, er will laufen und reden. »Kommen Sie zu dem Grenzübergang in Kalandia, dort wird ein Wagen auf Sie warten und Sie abholen.«

Von mir aus gerne. Tobi der Deutsche schätzt es, herumgefahren zu werden und den Leiden der Palästinenser zu lauschen, so wie der Rest seiner deutschen Brüder.

Ich nehme ein Taxi von Tel Aviv nach Kalandia. Der Fahrer setzt mich am Grenzübergang ab, da er die Grenze nach Palästina nicht passieren darf. Als ich mich umschaue, sehe ich, dass hier etwas nicht stimmen kann: Der Übergang ist fast menschenleer.

Lina ruft an. Würde es mir etwas ausmachen, wenn ich ein Taxi zum Mövenpick-Hotel nehme und sie mich dort abholt?

Was ist mit dem Wagen, der mich hier aufsammeln sollte?

»Es ist schwierig, einen Wagen zu schicken, Kalandia erstickt im Verkehr.«

Wovon redet sie? Auf einem Friedhof ist mehr los. Aber versuche mal einer, mit Lina, einer Saudipalästinenserin, zu diskutieren, da beißt man sich die Zähne aus.

Ich mache mich auf die Suche nach einem Taxi, als sich der Ort plötzlich, von einem Augenblick zum anderen, in eine Kriegszone verwandelt. Vermummte Jugendliche zünden Autoreifen auf der Straße an und werfen Steine auf die israelischen Soldaten am Grenzübergang. Manche dieser Steine wiegen mehr als ich und fliegen über mich hinweg und rings um mich herum. Ich sollte mich blitzschnell aus dem Staub machen, aber meine Neugier wiegt schwerer als jeder Stein. Ich möchte die Reaktion der anderen Seite sehen, scharfe Schüsse vielleicht, aber die israelischen Soldaten reagieren einfach gar nicht. Psychologisch gesehen ist das das Schlimmste, was diesen Jugendlichen passieren kann. Und tatsächlich sind sie ziemlich schnell erschöpft. Ich hoffe, dass sie ihre Aufmerksamkeit jetzt nicht auf mich richten. Wenn irgendeiner von ihnen herausfindet, wer ich bin, werde ich ins Feuer geworfen, und dann wird hier eine Riesenparty gefeiert – leider ohne mich.

Kein Wunder, dass Lina keinen Wagen schicken will. Wenn hier irgendetwas explodieren soll, dann besser kein palästinensisches Regierungsfahrzeug.

Nach einigen missglückten Versuchen finde ich ein Taxi und lasse mich zum Mövenpick bringen.

Was für eine Pracht! Die Flaggen Palästinas und der Schweiz ragen hoch vor dem Hotel empor, die Grünflächen neben den Flaggen werden großzügig bewässert, glänzende deutsche Autos fahren ein und aus, und topmodisch bekleidete Bedienstete stehen bereit, um all meine Wünsche zu erfüllen.

Auch das ist Palästina, ob es einem gefällt oder nicht. Nicht die schrecklichen Bilder, die man so häufig mit diesem Land verbindet und die einem die Verwüstung und Zerstörung zeigen, die die Juden in ihm anrichten. Nein. Sorry, iPad: Du sagst mir nicht die Wahrheit.

Da kommt Lina, und wir fahren zu Dschibrils Büro, wo ein Regierungsfahrzeug auf uns wartet.

»Wir können heute nicht lächeln, sie haben gerade drei von uns ermordet«, sagt jemand im Büro. Diese ernste, traurige Begrüßung dauert ungefähr eine Minute. Tobi der Deutsche ist hier, ein Mann, dessen Familie infolge der alliierten Bombenangriffe im Zweiten Weltkrieg den Tod gesehen hat, und er lacht trotzdem, und sein Lachen steckt sofort an.

Willkommen, Bruder.

Bald darauf bringt uns der Wagen zum Ausgangspunkt unserer Wanderung.

Der ehemalige Sicherheitschef des palästinensischen Volks ist heute Palästinas Sportsmann. Ein von vielen gefürchteter Mann, ein Mann, in dem alle Geheimnisse seiner Nation wie in einem Safe ruhen, ein Mann, der die List in Person ist, ein Mann mit einem eisernen Willen und Geist, einem Herzen aus Stein und einer sanftmütigen Seele, ein Mann, der Sie je nach Belieben erschießen oder verwöhnen wird, ein Mann, der Sie von jetzt auf gleich verraten und mit Lichtgeschwindigkeit töten kann, ein Mann, neben dem legendäre Helden verblassen, ein Mann mit Füßen aus Fleisch, aber Nerven aus Stahl stiefelt über Hügel und Berge, über Höhenstraßen und durch tiefe Täler, um den palästinensischen Sport zu fördern.

Man mag darüber lachen oder weinen, aber innerlich reift allmählich die Erkenntnis: Einen wie ihn gibt es kein zweites Mal. Der amerikanische Präsident spielt Golf, die deutsche Bundeskanzlerin hört gerne in Ruhe Wagner, der israelische Präsident isst Iftar mit Möchtegern-Obamas, und der russische Boss geht schwimmen mit den Fischen. Sie alle machen diese Dinge überwacht von Dutzenden, wenn nicht Hunderten von Sicherheitsleuten und selten oder gar nicht im Licht der Öffentlichkeit beziehungsweise wenn, dann nur für kurze Zeit.

Nicht so Dschibril.

Er läuft, und jeder kann ihn sehen.

Er ist schon von Sicherheitspersonal umgeben. Irgendwie. Ein Wagen vor und einer hinter ihm, und neben ihm her gehen vielleicht zehn Personen. Diese »Sicherheits«-Entourage trägt keine Sturmgewehre und andere eindrucksvolle Schießeisen zur Schau. Nö. Sie haben vielmehr Wasser, Eiskreme, Bananen, Datteln, Jogurt und ähnlich intelligente Waffen dabei. Wann immer ihnen danach ist, unten im Wadi oder oben auf dem Berg, machen sie eine Flasche auf, lecken an etwas Süßem oder beißen in eine Frucht.

So auch Dschibril. Der gefürchtete Mann des Ostens leckt ein Eis.

Und wann immer Dschibril etwas leckt oder in etwas hineinbeißt, achtet er darauf, dass auch ich lecke und beiße. Er und ich sind mittlerweile, wie alle Welt sehen kann, siamesische Zwillinge.

Dschibril ist um fünf oder sechs Uhr am Spätnachmittag zu seinem Gang aufgebrochen und jetzt seit rund drei Stunden unterwegs.

Ich begleite ihn auf der zweiten Hälfte seines appetitanregenden Gangs.

Während wir gehen, wettert Dschibril gegen die Hamas. Er mag sie wirklich nicht. Vor ein paar Jahren kandidierte er für eine Position im Palästinensischen Legislativrat gegen seinen Bruder Naïf, der sich allerdings durchsetzte. Naïf gehört zur Hamas, Dschibril zur Fatah. Die Fatah verlor diese Wahl mit Pauken und Trompeten und am Ende den Gazastreifen. Dschibril hat viel zu erzählen über jene Tage, verlangt aber, dass dies unter uns bleibt.

Wir gehen. Gehen und gehen.

Keine Hand könnte die uns umgebende Landschaft malen, nicht einmal die des talentiertesten Künstlers. Die Straßen winden sich in Serpentinen zwischen massiven Flächen weißbraunen Sands hindurch, enge und breite Straßen, die sich versteckt über Hügel und Berge ziehen, während uns der Wind sanft in unsere nassgeschwitzten Gesichter bläst. Man geht immer weiter, die Straße aber endet nie. Unser Weg führt über israelisches Territorium, über palästinensisches und über geteiltes Gebiet, doch es lässt sich schwer sagen, wann wir ein Land betreten und das andere verlassen. Ich dachte immer, diese Länder seien durch schwerbewachte Grenzübergänge getrennt, aber da lag ich ganz schön falsch.

Den vielen Menschen, die seit Ewigkeiten vom israelisch-palästinensischen Konflikt gelesen und gehört haben, muss das umstrittene Gebiet riesengroß vorkommen, größer noch als Kanada. Wenn man aber mit Dschibril unterwegs ist, wird einem nicht nur klar, wie klein das Land ist – Israel und Palästina zusammengenommen –, sondern auch, wie eng beide miteinander verzahnt sind. Der einzige Anhaltspunkt, der es einem ermöglicht, sie auseinanderzuhalten, sind die Verkehrszeichen: Hier liest man sie in arabischer, dort in hebräischer Schrift – einige weisen Israelis darauf hin, dass ihnen der Zutritt gesetzlich untersagt ist. Und dazwischen fährt ein Auto. Kein gepanzertes Militärfahrzeug, kein Panzer, kein Flugzeug. Nur ein Auto. Und eine Katze. Ja, den Katzen ist die Politik egal, sie wollen nur ein bisschen Eis. Meine Katzen kriegen koschere Milch, diese hier Eiskreme halal.

Wir gehen auf der Straße, der Hauptstraße: Autos und wir, Maschinen und leckende Sportsfreunde.

Wir gehen und reden, reden und gehen. Seite an Seite, gelegentlich Hand in Hand. Wir sind: Palästinas oberster Sicherheitsagent, der als Sportsmann posiert, und Tobi der Deutsche, ein nichtposierender koscherer Arier.

An einem bestimmten Abschnitt unseres Wegs und aus keinem bestimmten Grund beschließt Tobi plötzlich, sich der Führung Dschibrils von Arabien zu entziehen und das Heilige Land auf eigene Faust in Augenschein zu nehmen.

»Geh da nicht alleine hin«, warnt Dschibril von Arabien Tobi aus Germanien. »Sie werden dein blondes Haar sehen; sie werden dich abschlachten!«

Wer sind »sie«? Ich frage besser nicht nach.

»Hast du unsere Flüchtlingslager besucht?«, fragt der olympische Geher seinen arischen Seelenverwandten, als ob Flüchtlingslager Disneyland wären, eine Touristenattraktion, die man sich nicht entgehen lassen sollte.

Nein, noch nicht. Würde ich aber gerne.

»Nidal!«, ruft Dschibril zu einem der Lecker, der sofort angeschossen kommt, um seinem Herrn zu Dienste zu sein. »Du arrangierst, dass der Deutsche ein Flüchtlingslager besichtigt.«

Nidal nickt gehorsam und bietet mir anschließend eine Banane an.

Palästinensische Bananen, lassen Sie sich das gesagt sein, sind süßer als Honig. Sie haben nichts mit dieser geschmacksneutralen Importware zu tun, die ich aus den Staaten kenne. Rein gar nichts. Dies hier sind heilige Bananen, frisch und geweiht.

Ich beiße in die Banane, geistig beschwingt, da fragt mich Dschibril: »Wir haben einen guten deutschen Arzt in Jericho. Einen guten Deutschen. Möchtest du ihn kennenlernen?«

Das ist das Letzte, was ich gebrauchen kann. Einen Deutschen treffen, den Dschibril persönlich kennt. Gott im Himmel: Einem echten Deutschen werde ich mit meinem reinen deutschen Akzent nichts vormachen können.

Wie entgehe ich diesem sicheren Todesurteil?

Dieser Dschibril, denke ich bei mir, ist kein Dummkopf. Er hat gerade eine Mine unter meinen Füßen platziert.

Ich werde herausfinden müssen, wie man auf dieser scharfen Mine tanzt.

Wie soll ich das angehen?

Halt wie ein echter Arier. Tobi der Deutsche, ein urtypischer Arier, liebt Deutsche und wird alles in seiner Macht Stehende tun, um sie kennenzulernen. Ja, sage ich zu Dschibril, es wäre mir eine Ehre und eine Freude, einen deutschen Arzt kennenzulernen, der seine Zeit und sein Wissen zur Verfügung stellt, um dem palästinensischen Volk zu helfen.

Sofort weist Dschibril Nidal an, ein Mittagessen mit folgenden Teilnehmern zu organisieren: Dschibril, Tobi, dem deutschen Arzt sowie drei weiteren deutschen Freunden.

Du lieber Himmel, wie viele Deutsche hat dieser Dschibril noch auf Lager?

Wie soll ich vier Deutschen etwas vormachen? Aber Allah ist groß und wird mir einen Engel schicken, der mich vor dem prüfenden Blick meiner Landsleute bewahrt.

Wir kommen an eine Kreuzung, und Dschibril fragt mich: »Würdest du gerne rechts nach Jericho abbiegen oder noch ein paar Stunden weiterlaufen?«

Wie viele Stunden?

»Bis Mitternacht oder, wenn du willst, bis zwei Uhr morgens. Was immer du willst, ist mir recht.«

Ich glaube, es ist an der Zeit, Jericho zu sehen. Es ist die älteste Stadt der Welt, habe ich sagen hören. Stimmt das?

»So sagt man. Ja.«

Wie alt ist sie?

»10 000 Jahre.«

Wir biegen nach Jericho ab.

Es ist inzwischen dunkel geworden, und ich kann kaum noch etwas erkennen, aber Dschibril hat ein Haus hier in der Gegend, wo man bereits ein Abendessen für uns vorbereitet.

Wir sind seit ein oder zwei Stunden unterwegs und haben noch einen langen Weg vor uns, bevor wir Dschibrils Haus erreichen.

Ein Polizeiauto kommt vorbei. Der Beamte am Steuer hält an, um Dschibril mit allen Segnungen Allahs zu bedenken. Dschibril fragt ihn, was es Neues gibt. Der Polizist steigt aus und steckt den Kopf mit Dschibril zusammen. Ich kann nur wenige Worte verstehen, irgendetwas mit »den Juden«, weiß aber nicht, worum es geht.

Erst als der Polizist weitergefahren ist, frage ich Dschibril, was geschehen ist.

»Die Juden haben ihn gefragt, warum ich heute Abend gehe.«

Wir lachen gemeinsam über die dämlichen Juden, die nichts von Sport verstehen, und marschieren weiter.

Ich zünde mir eine Zigarette an.

Dschibril sagt, dass ich das nicht tun sollte, dass Laufen und Rauchen keine gute Kombination sind. Ich sage ihm, dass ich abhängig bin, dass er keine Chance hat, mich zum Aufhören zu bewegen. Ich bin, wie ich bin, ein rauchender Deutscher.

Neben Dschibril geht ein junger Mann, der auch Dschibril heißt. Dschibril der Ältere legt seine Hand auf den Arm von Dschibril dem Jüngeren, und sie gehen gemeinsam, Schritt für Schritt.

»Seine Mutter hat ihn nach mir genannt«, sagt Dschibril stolz.

Und dann hat General Dschibril eine brillante Idee:

»Von jetzt an heißt du Abu Ali.«

Vergnügt stimme ich zu.

Zu lange schon habe ich mit Namen gespielt, langsam ermüdet es mich. Ich will nun endlich der sein, der ich bin, und offen mit meinem richtigen Namen leben. Abu Ali. Passt zu mir. Ist der perfekte Name für mich. Endlich muss ich nicht länger meinen Namen ändern. Abu Ali.

Schließlich erreichen Dschibril und sein engster und neuester Freund, Abu Ali, Dschibrils Haus – eines von Dschibrils Häusern, um genau zu sein.

Das Abendessen wird serviert.

Alles schmeckt köstlich. Hummus, scharfe Gewürzpaprika, frische Tomaten, Rührei, Tee, Kaffee, Äpfel und eine Menge weiterer Leckereien.

»Iss, Abu Ali, iss«, fordert mich Dschibril auf.

Mache ich.

Und zwar alles.

Dschibril hingegen isst nur Gemüse. Tomate, Gurke, Zwiebel. Die gesunden Sachen. Und Halva. Jawohl. »Ich brauche etwas Süßes, Abu Ali«, sagt er.

Ein älterer Mann wendet sich an mich. »Wissen Sie, was Abu Ali bedeutet?«

Sagen Sie's mir.

»Der Tapfere. Der Held.«

Passt perfekt!

Dem stimmen alle zu.

Was sie mir nicht verraten, vielleicht weil sie davon ausgehen, dass ich es schon weiß, ist, welchen anderen Mann die Palästinenser mit diesem Namen geehrt haben.

Adolf Hitler.

Vielleicht sollte ich zurück zu Amos Oz und mich ihm mit meinem richtigen Namen vorstellen. Aber nicht jetzt. Jetzt esse ich, esse und esse. Eine weitere Pita, noch eine Pita und dann noch eine. Abu Ali lässt es sich gerne schmecken, Dschibril aber hat genug von seinem faden Essen und beschäftigt sich mit etwas Geschmackvollerem. Er nimmt ein Handy und tut, was jeder Mann und jede Frau ohne Pita tun: Er ruft jemanden an. Wen?

Den deutschen Arzt. Sie sprechen eine Minute lang, dann reicht Dschibril mir sein Handy. Fuck. Er möchte Abu Alis perfektes Deutsch hören.

Sie müssen zugeben: Das verspricht großes Kino.

»Abu Ali«, sagt Dschibril, »der Deutsche möchte mit dir sprechen.«

Alle Anwesenden richten ihre Blicke auf mich. Die meisten von ihnen sind stundenlang gelaufen, und jetzt ist der ideale Moment, um sich zum romantischen Klang der deutschen Sprache zu entspannen.

Ich nehme das Telefon.

Wie, o lieber Jesus, entgehe ich deinem Schicksal am Kreuz?

Ich halte das Telefon näher an meinen Mund und kriege einen Anfall von religiösem Eifer: »Allahu Akbar! Allahu Akbar! Allahu Akbar!« Ich schreie es aus voller Lunge und Kehle immer und immer wieder, und als ich damit fertig bin, singe ich es.

Kein Deutscher, der seinem Namen Ehre macht, würde gegen einen tapferen Abu Ali protestieren, wenn er das Bedürfnis verspürt, zu Allah zu beten.

Wenn Jesus nicht hilft, dann hilft Mohammed.

Die Anwesenden sind begeistert. »Ihr arabischer Akzent, Abu Ali, ist ausgezeichnet.«

Danke. Danke.

»Wissen Sie«, ergänzt einer, »es wäre sehr gut gewesen, wenn Rommel sein Ziel erreicht hätte.« Er spricht von dem Versuch Nazideutschlands im Zweiten Weltkrieg, nach Palästina vorzustoßen. »Wir hätten das ganze Land gehabt«, sagt er – weil kein Jude überlebt hätte.

»Ich habe deutsches Blut in den Adern«, sagt ein anderer zu mir. »Wir alle, alle Palästinenser, sind deutsch.«

Nur wenige Schritte von unserem Tisch entfernt befindet sich ein Swimmingpool, und einige der Geher springen jetzt ins Wasser und laden mich ein, es ihnen gleichzutun.

Ich lehne dankend ab. Ich schwimme nur mit Eva.

Was für eine Welt. Ich begann den Tag als Jude, setzte ihn als Deutscher fort und bin jetzt Österreicher.

Als ich wieder in Jerusalem eintreffe, füttere ich die Katzen mit etwas Fleisch und lausche ihnen, wie sie über meine österreichischen Witze lachen.

26. STATION *Abgeordnete: von der Enkelin eines Zionistenführers, der der Kollaboration mit den Nazis bezichtigt wurde, bis zur Enkelin eines verfolgten Models, das die Nazis überlebte*

Es hat dem Österreicher gestern großen Spaß gemacht, durch die Korridore der Macht zu wandeln. In welchen Gefilden der Macht wird er heute unterwegs sein?

Die Knesset, Israels Parlament, könnte sich als gute Wahl erweisen. Ich muss natürlich meine österreichische Identität vor diesen Juden geheim halten, aber das ist ein kleiner Preis dafür, die Freuden der Macht zu genießen.

Das einzige Problem ist: Dschibril ar-Radschub sitzt leider nicht in der Knesset, und ich muss dort jemanden auftun, der mich herumführt. Die Frage ist nur: Wen?

Vielleicht sollte ich den Mitgliedern der Knesset, den MKs, einfach »auflauern«. Genau. So wird's gemacht: Sobald ich Vertreter der Macht sehe, MKs also, stelle ich mich ihnen in den Weg. Brillante Idee. Ich hoffe nur, dass ich nicht verhaftet werde.

Ich gehe zur Knesset und frage mich: Wem sollte ich zuerst auflauern? Nun ja, wer immer mir über den Weg läuft.

Mein erstes Opfer ist eine Dame, die auf den Namen MK Merav Michaeli hört.

Viel weiß ich nicht über sie. Das wenige ist: Merav, die für die gemäßigte Arbeitspartei Awoda in der Knesset sitzt, hat Kommentare für *Haaretz* geschrieben, die Zeitung, für die Gideon Levy arbeitet, und ist eine ehemalige Talkmasterin und Moderatorin des israelischen Fernsehens und Radios. Sie ist zugleich eine der bekannteren israelischen Feministinnen und gilt trotz ihrer Zugehörigkeit zu einer gemäßigten Partei gemeinhin als links.

Das ist nicht genügend Material, um sie auf intelligente Weise in ein Gespräch zu verwickeln, aber als der berühmte Österreicher, der ich bin, weiß ich natürlich, dass mangelndes Wissen mein Volk noch nie daran gehindert hat, die höchsten Machtpositionen zu erreichen. Unglücklicherweise verhilft mir diese Weisheit nicht dazu, mehr über diese Abgeordnete zu wissen, und so bitte ich sie, meine Lücken zu schließen. Ich formuliere das natürlich etwas zuvorkommender. Wir setzen uns auf einen Plausch zusammen.

MK Michaeli, erzählen Sie mir über sich, über Ihr Land, über Ihre Träume. Lassen Sie mich wissen, was Sie tief in Ihrem Innern bewegt.

»Das ist eine offene Frage.«

Ja, stimmt. Ich möchte wissen, wer Sie sind. Erzählen Sie mir, was auch immer Sie wollen. Träumen Sie mit mir zusammen. Stellen Sie sich vor, ich bin Gott, oder sein Gesandter, der zu Ihnen kommt und sagt: Lass uns plaudern. Verraten Sie mir, bitte, Ihre intimsten Gedanken!

Ich habe keine Idee, wie ich auf eine so raffinierte Fragestellung verfallen bin. Aber was soll's! Ich möchte mich ein wenig amüsieren.

Das Mitglied der Knesset wirkt ein bisschen verloren, fängt aber schließlich an zu sprechen:

»Mein Denken beginnt, glaube ich, mit dem Begriff soziales Geschlecht. Die von der Kultur diktierte Geschlechtertrennung, die Spaltung zwischen Mann und Frau, diese Spaltung ist meiner Meinung nach der Ausgangspunkt aller anderen Spaltungen.«

Ach du liebe Güte! Ich, Abu Ali, zielte auf ein paar intime Gedanken, und was bekomme ich? Diese obergescheite Erörterung von nichts und wieder nichts. Wer ist diese Lady?

Nun ja, sie ist, wie sie ist, und ich muss mich durch dieses Interview quälen.

Ihre Obergescheitheit fährt fort:

»Das System, das die Menschen trennt, angefangen mit der Geschlechtertrennung –«

Gott, das wird ein langer Vortrag!

Ihre Hoheit fährt fort:

»Wenn ich an eine Gesellschaft denke, die gleicher ist, eine Gesellschaft, die besser ist, in der jeder sich des Besten erfreuen kann, dann denke ich an eine Welt, die mehr Wahlmöglichkeiten bietet.«

Brillant!

»Ich stelle mir eine Welt vor, in der man nicht ein Mann oder eine Frau sein muss –«

Sie muss einen IQ von mindestens 255 haben. Ich mit meinem IQ von schlappen 25 versuche, ihren gloriosen Traum zu verstehen, und frage sie deshalb: Können Sie mir ein Beispiel nennen?

»Nein, es gibt kein Beispiel. Heute haben wir Untergeschlechter, sagen wir schwul und lesbisch. Aber ich weiß nicht. Es kann sein, dass Sie ein männlicher Mann sind, aber zugleich anziehen können, was Sie möchten.«

An diesem Punkt beschließe ich, ihr mein Herz auszuschütten: Ich verstehe nicht, was Sie meinen.

Sie versucht, mir zu helfen.

»Männlich und weiblich ist das biologische Geschlecht; Mann und Frau aber ist das, was man drumherum konstruiert hat.«

War sie im Fernsehen auch so? Wie wechselt man im echten Leben das Programm? Vielleicht haben die Israelis ja eine App dafür erfunden.

Wie es der Zufall will, finde ich aber keine solche App auf meinem iPad, also benutze ich mein Tablet, um zusammenzufassen, was sie zu sagen versucht hat. Ich schreibe: »Gleichheit ist das Zauberwort.« Habe ich es richtig verstanden? Nein, antwortet sie, ich habe es falsch verstanden. Was habe ich übersehen? Ein Wort: Solidarität. Also formuliere ich ihre Philosophie um: »Gleichheit und Solidarität sind die Zauberworte.«

Sie ist zufrieden. Eine Minute später aber fragt sie beunruhigt: »Ist es zu abstrakt? Bin ich zu weit gegangen?«

Ich beruhige sie. Was sie ausführt, sage ich ihr, wird verstanden, weil es eigentlich auch das ist, was die modernen liberalen Menschen in Europa und Amerika denken.

Ich weiß nicht, wovon ich rede, aber wenn sie Wortsalat produzieren kann, warum nicht auch ich?

Ich werde langsam wirklich ganz gut darin, Dinge zu sagen, die ich selbst nicht verstehe, und damit durchzukommen!

Ich mache also im gleichen Stil weiter und frage diese angesehene Abgeordnete, wann sie auf diese großartigen Ideen kam. Ist sie einfach eines Morgens aufgewacht, und die Gedanken plumpsten ihr in den Kopf?

Sie nimmt mich ernst und ist sogar beeindruckt von der Tiefe meiner Intellektualität.

Gen. Dschibril hält mich für einen Arier, MK Merav für einen westlichen Intellektuellen.

»Das hat mit meiner Geschichte zu tun«, führt sie aus, »der Kasztner-Familie. Mein Großvater wurde hier ermordet, nachdem man ihn der Kollaboration mit den Nationalsozialisten bezichtigte. Die Wahrheit ist, dass er viele zehntausende Juden« vor dem sicheren Tod durch die Nazis rettete.

Das ist das Letzte, womit ich heute gerechnet habe: Dr. Rezső Kasztner und die Kasztner-Affäre. Die Kasztner-Geschichte liegt lange zurück und dürfte eines der seltsamsten Kapitel des Holocaust bilden, wenn nicht das seltsamste überhaupt. Es geschah 1944, als die nationalsozialistische Führung begriff, dass die baldige Niederlage bevorstand, und einige Naziführer begannen, über ihre Zukunft nachzudenken. Sie waren soeben in Ungarn eingetroffen, wo noch hunderttausende Juden am Leben waren, und diese Nazibonzen glaubten, sie könnten die Juden als Faustpfand für ihr eigenes Überleben einsetzen. Adolf Eichmann, der für die Endlösung der Judenfrage verantwortlich war, handelte mit Dr. Kasztner, einem jüdischen Zionistenführer in Ungarn, ein damals als »Blut für Ware« bekanntes Geschäft aus: die Rettung von einer Million Juden gegen 10 000 Lastwagen mit Gütern. Um zu beweisen, dass er es ernst meinte, erlaubte Eichmann Kasztner, etliche Juden auszuwählen, die aus Ungarn ins sichere Ausland reisen durften. Der »Kasztner-Zug« verließ dann 1944 tatsächlich Ungarn mit weniger als 2000 Juden, die schließlich in Sicherheit gebracht wurden.

Die Alliierten aber und vielleicht auch die zionistische Führung stimmten dem Tausch gegen 10 000 Lastwagen nicht zu, und so beließen es die Nazis bei ihren ursprünglichen Plänen. Hunderttausenden Juden wurde prompt befohlen, die Züge zu besteigen, die sie zu den Krematorien bringen würden, nur dass die Juden nichts von diesem Ziel ihrer Reise ahnten. Dr. Kasztner verriet es ihnen nicht. Sie verbrannten in den Öfen, Dr. Kasztner nicht. Nach dem Krieg wurde er in Israel der Kollaboration mit den Nazis bezichtigt, woraufhin der Staat Klage gegen einen von Kasztners Beschuldigern einreichte. Der Staat verlor jedoch den Prozess, und der Vorsitzende Richter erklärte in seiner Urteilsbegründung, Kasztner habe »seine Seele dem Satan verkauft«. Zwar wurde Berufung gegen das Urteil eingelegt, bevor jedoch eine höhere Instanz über den Fall entscheiden konnte, geschah Folgendes: Ein Bewaffneter näherte sich Dr. Kasztner auf seinem Heimweg in Tel Aviv und fragte ihn, ob er Dr. Kasztner sei. Als er dies bejahte, wurde er auf der Stelle erschossen.

Merav ist Dr. Kasztners Enkeltochter.

Dieses Wissen nimmt dem Österreicher den Schwung aus den Segeln. Ich zeige mich respektvoller.

Wir unterhalten uns noch eine Weile, und sie verrät mir einen ihrer größten Träume: Premierministerin zu werden. Meiner Meinung nach sind die Chancen für eine Wiederauferstehung Dr. Kasztners größer als die, dass sie Benjamin Netanjahu an der Wahlurne schlägt, aber das behalte ich für mich.

Ich verabschiede mich und streife dann ein wenig durch das Knessetgebäude, von einem Saal zum andern. Da entdecke ich in einem der Säle MK Ayelet Shaked von der Jüdischen Heimat, einer Rechtsaußenpartei.

Was ich über MK Ayelet weiß, bewegt sich mehr oder weniger auf dem Niveau dessen, was ich über MK Merav wusste, bevor ich mich mit ihr unterhielt. Das einzige Informationsfitzelchen, das ich zu MK Ayelet habe, ist dies: Diverse Linke haben sie als überzeugendstes Beispiel für die völlige Dummheit, Hirnlosigkeit und Idiotie der Rechten bezeichnet.

Ich spreche sie an.

Würde es dem hochverehrten Mitglied der Knesset etwas ausmachen, mir ein wenig Zeit zu opfern?

Gehen wir in mein Büro, schlägt sie vor, und ich folge ihr mit Vergnügen.

Sagen Sie mir, was Sie der Welt mitteilen wollen!

»Ich würde gerne unsere Position im israelisch-palästinensischen Konflikt erläutern, warum wir gegen die Zweistaatenlösung sind und warum ich glaube, dass sich die Welt im Zusammenhang mit Israel in ihrer ganzen Scheinheiligkeit zeigt. Wie man an unseren arabischen Nachbarländern Ägypten und Syrien sehen kann, bricht die arabische Welt gerade zusammen, und doch gibt es in genau diesem Moment Länder, die uns von außen zu Verhandlungen mit der arabischen Welt zwingen wollen und fordern, dass wir einen Teil unseres Landes Regimen überlassen, die alles andere als stabil sind. Unsere Partei ist dagegen. Jedes Stück Land, das wir in der Vergangenheit den Arabern gegeben haben, wie Libanon und Gaza, steht heute unter der Kontrolle von Fanatikern, ob es die Hamas in Gaza ist oder die Hisbollah im Libanon.

Die Art und Weise, wie Europa uns behandelt, indem es Boykotte gegen uns verhängt, ist in meinen Augen beschämend und heuchlerisch. Die EU und die UN sind besessen, ich weiß nicht warum. Ich ging davon aus, dass uns Deutschland zur Seite stehen würde, statt sich dem Lager unserer Gegner anzuschließen, aber das ist nicht der Fall. Deutschland sollte im Umgang mit uns an seiner moralischen und historischen Verantwortung festhalten und sich nicht an irgendwelchen Boykotten beteiligen. Ich hatte gehofft, dass Deutschland den Boykott verhindern würde.«

Ayelet weiß nicht, wer ich bin. Dieses Interview wurde nicht über ihr Büro vereinbart, alles was sie weiß, ist, dass ich Deutscher bin. Ayelet schaut mir in die Augen und fragt: »Sind Sie jüdisch?«

Ja.

»Ist Europa antisemitisch?«

Und dann beantwortet sie mit leiser Stimme, fast verschluckt sie ihre Worte, ihre eigene Frage: »Die meisten von ihnen.«

Was ist Ihr Mann von Beruf?

»Er ist Pilot.«

Kommerziell oder militärisch?

»F-16.«

Fürs Protokoll: Sein Name ist nicht Jonathan Shapira. Ebenfalls fürs Protokoll: Ayelet hat einen Abschluss von der Uni Tel Aviv in Ingenieurwesen und Informatik. Und noch ein Eintrag ins Protokoll: Merav Michaelis akademische Meriten: Abitur. Weil aber Ayelet rechts steht und Merav links, ist es natürlich Ayelet, die als dumm, hirnlos und idiotisch bezeichnet wird. Warum man nicht auch politisch unterschiedlicher Meinung sein kann, ohne sich zu beschimpfen, verstehe ich nicht.

Ich verlasse Ayelets Büro und nehme meine Wanderschaft durch den Knessetzoo wieder auf. Wer wird mein nächstes Opfer sein? Vielleicht sollte ich versuchen, Bekanntschaft mit charedischen MKs zu machen. Ich werde herumlaufen und mir den ersten MK mit einer großen Kippa schnappen, den ich zu Gesicht bekomme.

So eine Jagd kann ein Weilchen dauern, doch entdecke ich schließlich einen charedischen MK, der gerade sein Büro betreten und die Tür einen Spalt weit offen gelassen hat. Das Zeichen an seiner Tür besagt, dass er der ultraorthodoxen sephardischen Partei angehört, der Schas. Er könnte sogar ein Freund von Rabbiner David Batsri und seiner Masturbationserlösertruppe sein. Ich öffne die Tür, sage hallo und setze mich. Erst in diesem Moment wird mir klar, dass ich den Namen dieses MKs gar nicht kenne. Ich bin zu hastig in sein Büro gestürzt. Wie ist sein Rufname? Ach, was soll's: Ich muss ihn gar nicht rufen, er sitzt mir ja gegenüber.

Und er spricht:

»Wir haben einen vorbildlichen Staat in nahezu jeder Hinsicht, vor allem aus ethischer und moralischer Perspektive.«

Ethisch und moralisch, im Ernst?

»Ja, natürlich. Aber nicht erst seit heute. Wir setzen ja die Geschichte des jüdischen Volkes von vor 3500 Jahren fort. Vor 3500 Jahren gab es mächtige Reiche, die jedoch untergegangen sind. Nicht so das jüdische Volk; wir sind noch da. Dieselbe Kultur, dasselbe intellektuelle Vermögen –«

In den vergangenen 3500 Jahren hat sich nichts verändert? Glauben Sie wirklich, dass dies immer noch dieselbe Kultur ist?

»Ja. Sogar eine noch bessere!«

Ich wüsste wirklich zu gerne, wer dieser Bursche ist. Zwei Abgeordnete aus seiner Partei haben Jahre im Gefängnis verbracht, weil sie Geld gestohlen hatten, der frühere israelische Staatspräsident entpuppte sich als ein ganz gewöhnlicher Vergewaltiger und sitzt derzeit seine Haftstrafe ab, der frühere Oberrabbiner wird eines Millionendiebstahls beschuldigt, der frühere Premierminister steht derzeit wegen einer Reihe finanzieller Vergehen vor Gericht. Und dieser Kerl spricht von Ethik und Moral?! Ich muss mehr über ihn herausfinden. Ich frage ihn: Woher kommen Sie? Woher stammt Ihre Familie?

»Ich wurde hier geboren, aber meine Familie kommt aus Tripolis in Libyen. Und woher stammen Sie?«

Aus Polen.

Gott, wie ich heute die Länder zusammenwürfle!

»Die Heimat meines Großvaters in Libyen und die Heimat Ihres Großvaters in Polen waren dieselbe Heimat. Der Charakter, der innige Glanz von beiden ist derselbe. Dieselbe Ethik, dieselbe Denkweise, dasselbe Licht unter den Nationen. Ja, ja.«

Warten Sie: Worin besteht die jüdische Ethik?

»Erstens, wer gab der Menschheit ihre Ethik? Das Judentum. Am Anfang waren alle Kannibalen ohne Ethik und Moral, aber dann stifteten die Juden der Welt die Bibel. Die Völker der Welt schrieben sie ab. Unsere Bibel, die jüdische Bibel, wurde in mehr als 72 Sprachen übersetzt.«

Sie wissen, lieber Herr Abgeordneter, dass sich die meisten Israelis nicht an die Bibel halten. Kommen Sie mit, ich kann Sie an die Strände von Tel Aviv führen und Ihnen die Juden zeigen –

»Ich will es Ihnen erklären. In diesem Land ist etwas geschehen, etwas, das sich Ihr Großpapa und mein Großpapa nicht hätten träumen lassen. Israel wurde nämlich von russischen Radikalen gegründet, die Atheisten waren. Aber das ist Vergangenheit. Was Sie an den Stränden von Tel Aviv sehen, sind immer noch die Folgen dessen, was diese Radikalen hier vor Jahren machten, aber es gibt eine Bewegung im Volk zurück zu den Wurzeln, zu den Wurzeln Ihres und meines Großpapas. Sie können es sehen –«

Ich kann was sehen?

»In drei Jahren wird die Mehrheit der Kinder, die in Israel auf eine Grundschule kommen, charedisch sein.«

Meinen Sie das im Ernst?

»Ja, ja. Diese Kinder sind bereits geboren!«

Wollen Sie mir sagen, dass in vielleicht 50 Jahren die Mehrheit der Israelis ultraorthodox sein wird?«

»Wie Ihr Großvater und mein Großvater.«

In 50 Jahren werden die Strände von Tel Aviv am Sabbat leergefegt sein?

»Nicht ganz. Es wird immer noch ein paar säkulare Juden geben, aber sie werden in der Minderheit sein. Gesegnet sei der Herr, denn die säkulare Kultur wird bald untergehen.«

Genau in diesem Moment ist es 14 Uhr. Zu jeder vollen Stunde kommen im israelischen Radio Nachrichten. Der MK schaltet das Radio ein. Er will wissen, was es Neues aus Israels Nachbarland Syrien gibt. Er lauscht und lauscht und lauscht.

Das ist eine israelische ›Marotte‹, eine einzigartige Angewohnheit, an die er mich gerade erinnert: Die Israelis hören jede Stunde Nachrichten, um sich zu vergewissern, möge Gott uns beistehen, dass Israel noch existiert.

Diese Gewohnheit ist eine der interessantesten, anrührendsten und erschreckendsten Realitäten, denen man in Israel begegnen kann. Sie kommt ohne Worte, fast ohne Gefühle aus, besteht lediglich aus der kurzen Bewegung eines Fingers, der einen Knopf drückt oder einen Bildschirm aktiviert, um eine Nachrichtensendung einzuschalten. Aber man denke besser nicht darüber nach, sonst könnte man beginnen, um diese Leute zu weinen.

»Kein Krieg«, sagt er, nachdem er die Nachrichten gehört hat, glücklich darüber, dass er sich weiter ans Leben klammern darf. Er schaltet das Radio wieder aus und fährt fort.

»Das jüdische Volk hat überlebt, weil es seine Einheit bewahrt hat. Wissen Sie, warum die Völker der Welt uns hassen?«

Tun sie das?

»Ja, tun sie. Sie sind Antisemiten. Wissen Sie, warum sie Antisemiten sind? Weil sie neidisch auf uns sind!«

Die Völker der Welt hassen Sie?

»Zweifellos tun sie das.«

Die Amerikaner auch?

»Bei den Amerikanern weiß ich es nicht. Aber es gibt überall Antisemitismus, lassen Sie uns nicht von einzelnen Ländern sprechen. Es gibt Antisemitismus, jede Menge. Schauen Sie, im letzten Jahrhundert wollten die Deutschen alle lebenden Juden töten. Warum? Was hatten wir den Deutschen getan? Welchen Kampf oder Streit hatten wir mit ihnen? Warum töteten sie uns? Was ist der Grund? Warum? Gibt es eine Logik, die ihren Hass erklären könnte? Gibt es irgendeine vernünftige Erklärung für ihr Tun?«

Er denkt einen Moment nach, überlegt, was er gerade gesagt hat, und lässt mich an einem weiteren Gedanken teilhaben. Der weltweite Antisemitismus kommt aus den christlichen Ländern, nicht aus den islamischen. Vor dem Zionismus, sagt er mir, kamen Muslime und Juden bestens miteinander aus.

Ich schneide ein anderes Thema an.

Was halten Sie von Rabbi Batsri?

»Rechtschaffen wie alle anderen.«

Wie wird er in der Gemeinschaft gesehen?

»Wie die anderen Rabbiner. Sie alle sind weise, sie alle sind intelligent, alle sind höchst bibelkundig.«

Ich möchte ihn fragen, ob auch er Rabbi Batsri 4000 Schekel geben würde, beiße mir aber auf die Zunge. Ich kenne noch nicht einmal seinen Namen, da wäre es ziemlich unfair, ihn der Masturbation zu ›bezichtigen‹.

Was ist Ihr Traum?

»Frieden.«

Mit wem?

»Zwischen uns und den Arabern. Es gibt keinen Grund, glauben Sie mir, warum wir keinen Frieden mit ihnen haben sollten. Das Problem ist folgendes: Aschkenasen, und sie sind es, die mit den Palästinensern verhandeln, werden nie zu einem Friedensschluss mit ihnen kommen. Würde Israel Sepharden zu den Verhandlungen mit den Palästinensern entsenden, dann hätten wir hier schon lange Frieden. Die Aschkenasen wollen nicht, dass wir, die Sepharden, mit den Arabern sprechen. Die Zionistenbewegung hat von Anfang an nicht begriffen, dass man, um mit anderen Leuten zu sprechen, ihre Kultur verstehen muss. Wenn Sie Frieden mit den Palästinensern schließen wollen, dann müssen Sie sie erst einmal verstehen, ihre Kultur und die Nuancen ihrer Kultur, und diese Tatsache haben die Aschkenasen noch nicht verinnerlicht.«

Beim Verlassen des Büros lese ich seinen Namen an der Wand: MK Jitzchak Kohen.

Wer ist er?

Dies ist die offizielle Information der Knesset über ihn: Vorsitzender des Ethikkomitees der Knesset, ehemaliger Religionsminister, ehemaliger stellvertretender Finanzminister, Vater von zehn Kindern.

Zehn Kinder, das mag manchem etwas beengt erscheinen, nicht aber MK Meir Porusch, in dessen Büro ich sitze, nachdem ich mit MK Kohen fertig bin. Porusch hat zwölf Kinder.

Er ist ein führender Knessetabgeordneter des aschkenasischen Pendants der Schas-Partei namens Vereinigtes Thora-Judentum und trägt traditionell charedische Kleidung, zu der ein langer schwarzer Mantel gehört, der ursprünglich einmal für Sibirien entworfen worden war. Heute ist es sehr, sehr heiß, aber Meir kann damit leben. Er hat seine Klimaanlage auf Tiefkühlniveau heruntergedreht, was für ihn und seine üblichen Besucher überaus angenehm sein mag, nicht aber für jemanden wie mich.

Sprechen Sie mit mir. Erzählen Sie mir, was Sie wollen, und ich erzähle der Welt, was Sie sagen.

»Ich weiß nicht, ob Ihre Leser etwas über uns wissen wollen«, erwidert er.

Ich sage ihm, er möge einfach loslegen, und er legt los.

»Wir repräsentieren das authentische Judentum, die Kultur, die vor 3000 Jahren auf dem Berg Sinai ihren Anfang nahm.«

Der sephardische Abgeordnete Jitzchak sprach von 3500 Jahren, dieser aschkenasische Abgeordnete Meir spricht von 3000. Vielleicht sind die Sepharden älter, ich weiß es nicht.

»Warum ist es so wichtig, dass wir diese alte Kultur bewahrt haben?«, fragt MK Meir und antwortet gleich selbst: »Die jüdische Nation ist die älteste der Welt.«

Manch einer würde diese historische Darstellung bestreiten, was Meir aber nicht beeindruckt. »Es gibt keine andere Nation aus so alter Zeit«, betont er.

Und was ist diese jüdische Kultur? Nun, eines ist sie jedenfalls laut MK Meir nicht: »Wenn Sie gerne Produkte *made in Israel* kaufen und glauben, das mache Sie zum Juden, liegen Sie falsch.«

MKs, sehe ich, sprechen gerne über Philosophie, Ideologie, Ethik und Geschichte. Ich aber versuche, diesen Abgeordneten für eine Minute oder zwei auf den Boden der Tatsachen herunterzuholen.

Die Knesset tritt heute zusammen, um über etwas zu diskutieren, was sie als »gleiche Verteilung der Lasten« bezeichnet. Können Sie mir erklären, was das ist?

»Das weiß keiner!«

Der Mann ist witzig, beantwortet aber meine Frage nicht.

In Wahrheit stellt »die gleiche Verteilung der Lasten« derzeit in Israel ein brisantes Thema dar. Die charedischen Israelis dienen nicht in der Armee (»teilen die Lasten« nicht), erhalten aber staatliche Unterstützung, wenn sie sie brauchen, wie jeder andere, und oftmals sogar mehr. Vor einem halben Jahrhundert war das noch kein großes Problem, weil es nicht so viele von ihnen gab, aber jetzt geht ihre Zahl in die Hunderttausende.

Ich dränge ihn dazu, mir eine bessere Antwort zu geben als »das weiß keiner«, woraufhin er mir sagt, diese »Lastenteilung« sei nur ein Instrument säkularer Juden, die nichts Besseres zu tun hätten, als Charedim zu attackieren. »Warum dienen männliche Drusen in der israelischen Armee, weibliche Drusen hingegen nicht? Wo ist da die Gleichheit?« Natürlich ist es die geringste von MK Meirs Sorgen, weibliche Drusen zum Militärdienst zu bringen, aber das ist ein guter Punkt, um ein paar Leuten den Wind aus den Segeln zu nehmen.

Was mich angeht, so hätte ich aber doch gerne eine genauere Antwort, und er kommt meinem Wunsch nach: »Mir ist es nicht ›heilig‹, dass wir hier eine jüdische Regierung haben. Natürlich ist es bequemer, wenn die hiesige Regierung jüdisch ist, aber wenn diese jüdische Regierung es uns schwermacht, unsere Traditionen zu pflegen, dann ist es nicht mein Traum, dass Juden diesen Staat regieren sollten.«

Anders formuliert sagt MK Meir Folgendes: Wenn ein jüdischer Staat bedeutet, dass die charedische Gemeinschaft Militärdienst leisten muss, dann hätten er und seine Partei lieber einen islamischen Staat. Ich hätte nie gedacht, dass ich so etwas einmal zu hören bekomme, aber »Tatsachen sind Tatsachen«.

Nachdem ich MK Meirs Büro verlassen habe, laufe ich Minister Uri Orbach über den Weg und frage ihn, ob er gerne interviewt werden möchte. Seine Antwort: »Warum? Warum sollte ich meine Zeit mit israelischen PR-Klischees verschwenden? Nein danke.«

MK Dr. Aliza Lavie gehört Israels neuester Partei an, Jesch Atid (Es gibt eine Zukunft), die von dem in die Politik gewechselten Journalisten Yair Lapid gegründet wurde. MK Aliza ist eine der bekannteren Feministinnen ihres Landes, eine religiöse Frau und eine Hochschuldozentin sowie Buchautorin. Ich bitte sie, mir zu erläutern, was »Israel« ist.

»Für mich bedeutet der Staat Israel eine Heimat. Eine Heimat ist etwas, an dem man arbeitet, ein Ort, den man liebt, ein Ort, den man instandsetzt, bewahrt und von dem man nicht wegläuft.«

Sind Sie stolz darauf, eine Israeli zu sein?

»Sicher. Aber mehr noch als das: Ich bin dankbar. Ich wurde in eine Generation hineingeboren, die eine Heimat hat, und darüber bin ich sehr glücklich. Meine Großmutter kommt aus Bukarest. Mit 20, 21 Jahren arbeitete sie als Model. Sie hatte ein Modeatelier, sie hatte alles, aber eines Tages brannten sie ihr Geschäft und ihr ganzes Hab und Gut nieder. Ein paar Menschen kümmerten sich um sie, und sie wurde hierhergebracht. Langsam baute sie sich wieder ein Leben auf, in diesem Land. Ich verstehe es als meine Aufgabe, jedem Juden, der hierherkommen möchte, zu helfen, wo immer er auch herkommen mag und in allem, was er braucht. Dieses Land ist die Heimstätte der Juden, und meine Aufgabe ist es, diesen Ort am Leben zu erhalten.«

Was ist ein oder eine Israeli?

»Ein Mensch, der leben, vorwärtskommen, überleben möchte. Die Lebenslust lässt sich in jeder Faser der Existenz eines Israeli finden. Warum ist die israelische Hochtechnologie so fortgeschritten? Das liegt nicht nur am ›jüdischen Gehirn‹, es ist viel mehr als das. Es ist die Begierde, das Leben voll auszukosten. Israeli zu sein, heißt, eine Heimat zu haben. Und trotz aller Unterschiede zwischen den Juden, trotz all des gegenseitigen Anschreiens hier in der Knesset, verfügen die Israelis über eine Art Bindemittel, das sie zusammenhält. Wir alle teilen dieselbe Heimat. Ich kann es nicht erklären. Diese Zusammengehörigkeit, diese Einheit schenkt mir die Kraft, mich mit deutschen Medien zusammenzusetzen, dieses Interview zu geben. Sie schenkt mir Kraft, und ich kann die Vergangenheit vergeben.«

Sie spricht über mich: Ich bin der Deutsche, mit dem zu sprechen sie besondere Kraft kostet. Gut.

Können Sie mir ein Bild für diese »Zusammengehörigkeit« geben?

»Sollte ich auf der Straße umfallen, dann wünsche ich mir, dass es hier passiert (in Israel), denn jemand wird mir helfen. Ich habe kein anderes Land, kein anderes Zuhause.«

Dies sind die gegenwärtigen politischen Führungskräfte des Landes, in dem ich geboren wurde. Darüber hinaus ist dieses Land mit Millionen von Katzen gesegnet, von denen sich einige in meinem Garten befinden. Zu ihnen geselle ich mich jetzt.

27. STATION *Was tun humanistische Auslandsberichterstatter, wenn ein halbtoter syrischer Zivilist vor ihnen liegt?*

Ich weiß nicht, wo die Katzen heute sind, ich habe sie noch nicht gesehen. Vielleicht auf einer KAS-Konferenz in Jordanien?

Onkel Sam droht damit, in Syrien zu intervenieren, wo Menschen ihre Nachbarn grundlos töten und Kinder hungern, bis sie nicht mehr sind. Nach den veröffentlichten Schätzungen haben in Syrien bisher mehr als 100 000 Menschen ihr Leben verloren; die Zahl der Verletzten liegt wesentlich höher.

Da der Nahe Osten der Nahe Osten ist, eine Weltgegend, in der Loyalitäten mit einem Windstoß geformt werden und brechen können, sind manche der syrischen Bürgerkriegsverletzten über die Grenze nach Israel gekommen, um in israelischen Krankenhäusern behandelt zu werden. Syrien ist einer von Israels erbittertsten Feinden, Israel aber der eine Ort, der die Verwundeten vor dem Tode bewahrt.

Wohlbehalten treffe ich in Safed (Zfat) im Norden des Landes ein. 140 kriegsverletzte Syrer haben es bisher irgendwie nach Israel geschafft; einige sind genau dort gelandet, wo ich jetzt bin: im Ziv-Krankenhaus.

Auf einem Bett liegt, mehr tot als lebendig, Chalid: Einen Finger hat er verloren und ein Loch im Rumpf, sein Gesicht hängt an Schläuchen und Kabeln, die für seine Beatmung sorgen. Seit zwei Wochen ist er schon hier, nur Allah weiß, was aus ihm werden soll. Er spricht undeutlich, versucht aber, sich mittels Mimik und Gestik verständlich zu machen.

Ein Haufen Journalisten sind zugegen, die meisten aus dem Ausland, sowie ein örtlicher palästinensischer. Kameras und Camcorder klicken ohne Unterlass.

Einer fragt ihn: Wie fühlen Sie sich in Israel?

Er blickt erstaunt, als wollte er sagen: »Gut«.

Woher kommen Sie? frage ich ihn.

Er schaut mich an, gestikuliert, dass er seine Antwort schreiben will; das kann er.

Ich bitte das Krankenhauspersonal um Papier und Stift.

Er schreibt. Es dauert Ewigkeiten: Daraa.

Dort, wo der Krieg vor zwei Jahren begonnen hat. Dort, mitten in der Hölle.

Er zeigt auf seinen Bauch und versucht mit mir zu sprechen, »Bauch«, sagt er. Möge Allah dir Gesundheit geben, sage ich zu ihm. Er berührt mich sachte und zeigt an, dass er noch etwas aufschreiben möchte.

Ein Fernsehteam bedeutet mir, zur Seite zu gehen, als er zu schreiben beginnt. Was wollen die? Sie wollen ihn mit ihrem Reporter filmen, ganz gleich, welche Anstrengungen der Verwundete macht, um sich mit mir zu verständigen.

Fick sie. Ich rühre mich nicht vom Fleck.

Chalid zeigt mir seine Finger, fünf davon. Kaum hörbar flüstert er: fünf Kinder.

Er ist Vater von fünf Kindern, wenn sie noch am Leben sind.

Und was ist mit Ihrer Frau? frage ich ihn.

Er ist bewegt. Dass ein Journalist echtes Interesse an ihm haben könnte, ist er nicht gewöhnt.

Er bewegt seine verletzte Hand in meine Richtung, nimmt meine Hand in seine Hand und zieht meine Hand langsam zu seinen Lippen, küsst sie.

Ich könnte heulen.

Ich küsse ihn auch.

Diese einfache menschliche Geste hat ihn überwältigt. Er bedeutet mir, ich möge die anderen Journalisten wegschicken, dann nimmt er meine Hand und küsst sie noch einmal.

Das ist herzzerreißend.

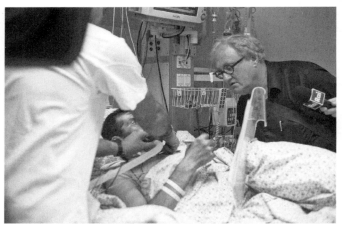

Er nimmt meine linke Hand in seine rechte Hand und hält sie. Ich streichle seine linke Hand und seinen Kopf. Er kriegt kaum Luft, so schwer geht sein Atem, und klammert sich an mich, so fest er kann. So fühlt er sich besser, und wieder gibt er den anderen Journalisten ein Zeichen, sie sollen gehen. Ich frage mich, ob er will, dass ich auch gehe, und will mich zurückziehen, er aber greift wieder nach meiner Hand.

Ich möchte weinen, stattdessen streichle ich ihn.

Das Krankenhauspersonal fordert uns nun alle auf, das Zimmer zu verlassen.

Ich trete einen Schritt zurück, aber Chalid will das nicht.

Ich trete wieder an sein Bett. Langsam zieht er die Decke von seinem Körper herunter, um mir seine Verletzung zu zeigen, ein riesiges Loch, wo ein Magen sein sollte.

Wird dieser Mann überleben, oder starre ich in das grausame Angesicht des Todes?

Ich möchte ihn herzen, ihn trösten. Er schaut mich an, einen Mann, der steht, mit zwei Augen voller Liebe.

Ich werde Chalid nie vergessen, das Antlitz der Menschheit inmitten einer Schar journalistischer Söldner.

Draußen am Eingang des Krankenhauses, wo ich jetzt meinem Ärger über die Ausländer Luft mache, indem ich eine Zigarette rauche, sehe ich einen Krankenwagen mit dieser Aufschrift:

»In Erinnerung an die sechs Millionen, die im Holocaust umkamen«.

Gestiftet wurde dieser Krankenwagen von einem gewissen Victor Cohen aus Boca Raton, Florida, USA.

Die journalistischen Söldner und ich fahren noch weiter in den Norden, näher an Syrien heran.

Höher und höher schraubt sich der Weg die Golanhöhen hinauf, gewaltige Berge begrüßen uns.

Bin ich etwa in Tirol?

Dieses Land, in dem das Tote Meer den tiefsten Punkt der Erde markiert, schwingt sich hier zu Höhen auf, die zu erreichen man sich auf dieser kurzen und kleinen geographischen Fläche kaum vorstellen kann. Seine Geographie ist ausgehend von dem, was ich bislang gesehen habe, in ihren Lagen so unterschiedlich wie seine Bewohner. Dieses Land ist so extrem in den Eingeweiden seines Bodens wie in den Menschen, die auf ihm leben.

Die Straße führt weiter bergauf, bis wir Majdal Schams erreichen, ein Drusendorf auf den Golanhöhen.

Die Drusen, nichtmuslimische Araber, leben auf beiden Seiten der israelisch-syrischen Grenze. In einem Restaurant gibt mir ein Druse seine Visitenkarte, falls ich einmal wiederkommen möchte. Seine Adresse lautet: »Besetzte Golanhöhen«.

Auf der anderen Seite des Restaurants erlebe ich mit, wie europäische Journalisten ein Interview so führen, dass sie die Antworten bekommen, die ihrer Weltsicht entsprechen. Es ist faszinierend und aufschlussreich, dem beizuwohnen.

Ein britischer Journalist und ein drusischer Dorfbewohner erörtern die Wahrscheinlichkeit eines Kriegs mit Syrien und die Möglichkeit, dass Granaten mit chemischen Giftstoffen in dieser Gegend herumfliegen.

Bitte schön:

J: Haben Sie Gasmasken?

D: Nein.

J: Haben die israelischen Behörden Sie mit Gasmasken ausgestattet?

D: Nein.

J: Grundsätzlich versorgen die israelischen Behörden die israelischen Staatsbürger aber mit Gasmasken, oder?

D: Ich glaube, ja.

J: Sie geben ihren Bürgern Gasmasken, Ihnen aber nicht. Richtig?

D: Ich glaube, dass sie das tun.

J: Die Juden kriegen welche, Sie aber nicht. Interessant.

D: Ich weiß es nicht.

J: Dann haben sie Ihnen also wirklich keinerlei Maske angeboten?

D: Nein. Ich glaube, sie verteilen die Masken nur in Großstädten wie Tel Aviv oder Jerusalem.

J: Aber verteilen sie sie denn nun an die lokale jüdische Bevölkerung oder nicht?

D: Vielleicht. Ich weiß es nicht.

J: Es ist möglich, dass sie ›denen‹ Masken austeilen, Ihnen aber nicht.

D: Könnte sein.

J: Also bieten sie die Masken den Juden an, nicht aber den Drusen. Wirklich interessant!

An diesem Punkt ist der Dorfbewohner völlig verwirrt, zündet sich eine Zigarette an und spricht mit einem anderen Dorfbewohner, der neben ihm sitzt.

Und der Journalist? Er sieht, wie ich ihn beobachte, und macht ein verärgertes Gesicht. Er wirft mir einen gehässigen Blick zu und zieht ab.

God bless the Queen.

Unsere nächste Station ist der Berg Bental. Von hier aus blickt man direkt nach Syrien. Syrien, wo Chalid herkommt, wo seine Frau und seine fünf Kinder sind, wenn sie noch leben.

Wie klein Israel doch ist! Mit Kaffee-, Zigaretten- und Toilettenpausen hat es drei Stunden gedauert, um vom Zentrum des Landes hierherzufahren. Und der Weg führt oft über schmale Nebenstraßen. Mit anderen Worten: Man kann Israel mit dem Auto der Länge nach in etwa fünf Stunden durchqueren, vom Süden bis in den Norden. Der Breite nach wird es nur einen Bruchteil dieser Zeit dauern – zwischen zehn Minuten und zwei Stunden, je nachdem, welche Stelle man sich aussucht. Ein klitzekleines Land, und doch ist die Welt gewaltig an ihm interessiert. Mit Logik hat das nichts zu tun; könnte es vielleicht um eine »spirituelle« Dimension gehen? Ich sollte mir ein geistliches Oberhaupt suchen und schauen, ob er oder sie eine Erklärung anzubieten hat.

28. STATION *Wie wird man internationaler Menschenrechtsrabbiner? Und was mag eine christliche Zionistin lieber, Männer oder Trauben?*

Ein Rabbiner ist ein geistliches Oberhaupt, oder?

Rabbi Arik Ascherman, modisch elegant gekleidet, mit den coolsten Sneakers, ist der Vorsitzende und leitende Rabbiner der »Rabbis for Human Rights«. Mit ihm bin ich verabredet.

Die Rabbis for Human Rights sind unpolitisch, sagt Rabbi Arik mir, und dürfen laut ihrer eigenen Satzung politisch keine Partei ergreifen.

Rabbi Arik erzählt mir, dass er fast schon pingelig unpolitisch ist, im israelisch-palästinensischen Konflikt nie Partei ergreift und nie etwas tun wird, das so interpretiert werden könnte, als ergriffe er Partei.

Ein Rabbi ganz nach meinem Geschmack. Jetzt brauche ich ihn nur noch dazu zu bringen, mir zu verraten, was er im Grunde seines Herzens denkt und welche Taten er seinen Gedanken folgen lässt. Er ist sehr froh, dass ich ihm diese Fragen stelle, und kommt meiner Bitte liebend gerne nach. Er glaubt, verrät er mir, Folgendes:

Israel misshandelt die Palästinenser inner- und außerhalb Israels.

Israel verhält sich rassistisch gegenüber den Palästinensern.

Israel stiehlt palästinensisches Land.

Israel steckt Palästinenser widerrechtlich ins Gefängnis.

Israel führt ständig diskriminierende Maßnahmen und Aktionen gegen unschuldige Palästinenser durch.

Alle Siedlungen sind illegal.

Israel bricht regelmäßig das Völkerrecht.

Israel ist eine brutale Besatzungsmacht.

Israels Armee unterstützt und schützt routinemäßig die kriminellen Aktivitäten der Siedler gegen palästinensische Dorfbewohner.

Israel handelt und verhält sich wie jede andere brutale Diktatur in der Geschichte.

Israelische Archäologen zerstören jedes Zeugnis, das die palästinensischen Ansprüche auf das Land stützen könnte.

Und so weiter und so fort, aber ich tippe nur einen Teil dessen mit, was dieser unpolitische Rabbi ausführt. Das Erstaunliche an dem Mann, und ich kann mir nicht erklären, wie er das macht, ist, dass er nicht in schallendes Gelächter ausbricht, wenn er sich für unpolitisch erklärt.

In vollem Ernst geht er nun dazu über, mich über Teil 2 aufzuklären, die ›Taten‹, die er und seine Mitstreiter verüben: a) Sie setzen die israelische Regierung auf dem Gerichtsweg unter Druck, indem sie eine Klage nach der anderen gegen den Staat einreichen; und b) sie fahren in palästinensische Dörfer, um als menschliche Schutzschilde gegen mörderische jüdische Siedler und Soldaten zu dienen.

Wie bereits erwähnt, soll all das nicht das Geringste mit Politik zu tun haben, und nichts von dem Gesagten dürfe so verstanden werden, als ergriffe man Partei zwischen Israelis und Palästinensern.

Rabi Arik, Bibelwissenschaftler von Beruf, versichert mir im Brustton der Überzeugung, dass die Bibel Kriege jeglicher Art verbietet. Die Tatsache, dass es in der Bibel von Kriegen nur so wimmelt, auch solchen auf Befehl des Herrn, ist ihm unbekannt. Seite um Seite ist in der Bibel von Kriegen die Rede, Rabbi Arik aber kennt all diese Seiten nicht.

Da werde ich jetzt doch ein bisschen ungehalten. Ich greife zur Bibel, die in seinem Zimmer steht, und sage zu ihm: Sehen Sie, hier ist beinahe jede Seite voll von Kriegen. Wollen Sie das bestreiten? Lesen wir zusammen in der Bibel!

Das will er nun nicht.

Dieser Rabbi ist so rechtschaffen und gelehrt, dass er nicht nur unpolitisch ist, sondern sogar zwei Jahre bei den Palästinensern gelebt hat. Als er mir dies anvertraut, beginnen seine Augen zu leuchten. Ich habe erst kürzlich ein ähnliches Paar Augen gesehen, meine ich, und versuche mich zu entsinnen, wessen Augen das waren. O ja, der britische Journalist. Gibt es sonst noch eine Ähnlichkeit zwischen den beiden? Ja, beide stehen auf Menschenrechte.

Rabbi Arik hält sich selbst für einen heiligen Mann, ganz gleich, was ich von ihm denke. Die Palästinenser, eröffnet mir Seine Heiligkeit, leben elendiglich unter den Bedingungen, die ihnen von den Juden aufgezwungen werden. Sie leben in äußerster Armut in Flüchtlingslagern, und ohne die heilige Gnade der Rabbis in all ihrer Fülle wäre ihr Schicksal längst mit einer einfachen Fahrkarte in die ewige Hölle besiegelt worden.

Ich frage den Rabbi, wann er das Flüchtlingslager namens Palästina das letzte Mal besucht hat, Olivenfelder ausgenommen? Also, genau kann er sich nicht erinnern, aber vielleicht so vor drei Jahren.

Dieser Einwohner Palästinas, erweist sich, reist so oft nach Ramallah und Nablus wie ich zur Sonne und zum Mond. Er kennt Palästina so gut wie ich den Weltraum.

Wie kommt es, frage ich ihn, dass alle Gutmenschen so anrührende Herzen und Seelen haben, während die Rechten immer so gemein sind?

Meine Frage beleidigt ihn, weil er glaubt, dass ich mich über ihn lustig mache. Ich versichere ihm jedoch, dass das nicht der Fall ist; ich bin nur fasziniert von seinem Selbsthass. Ich persönlich liebe die Palästinenser, sage ich ihm, weil die Palästinenser stolz auf ihre Identität sind, habe aber keinen Respekt für Selbsthasser, ob sie jüdisch sind oder schwarz. Wenn ich eine geliebte

247

Tochter hätte, dann wäre es mir lieber, sie heiratete einen stolzen Hamas-Aktivisten als einen sich selbst hassenden Juden wie ihn.

Überrascht von dieser Feststellung blickt Ariks Frau mich an und sagt genau fünf Wörter: Man kann sie nicht ändern (womit sie ihren Mann und seine Kollegen meint). Ich bitte sie, das näher zu erläutern, und sie kommt meiner Bitte nach: In unseren Zeiten ein Menschenrechtsaktivist zu sein, heißt, eine Rolle zu bekleiden, da steckt keine Philosophie dahinter; es ist eine Marotte, eine Mode. Ein Menschenrechtsaktivist sucht nicht nach Fakten oder Logik; ihm geht es um einen bestimmten Kleidungsstil, coole Klamotten, um Sprache, Diktion, Redewendungen und bestimmte Verhaltensweisen. »Wir streiten uns oft, aber ich weiß, dass ich ihn nie ändern werde. Tatsachen werden ihn nie überzeugen. Er *ist* ein Menschenrechtsaktivist, das ist seine Rolle, es ist das, was er ist. Mehr ist dazu nicht zu sagen. Man kann eine Person nicht dazu auffordern, nicht die Person zu sein, die sie ist.«

Wenn es um komplexe Themen geht, blicken Frauen in den meisten Fällen viel schneller durch als Männer.

Die Ausführungen seiner Frau kränken Arik zutiefst. Er engagiert sich für Tikkun Olam (die Verbesserung der Welt), hält er mir vor.

Was zum Teufel ist Tikkun Olam?

Das hat mit der jüdischen Mystik, der Kabbala zu tun, wie sie der Mystiker Haari aus Zfat (Isaac Luria), auch bekannt als der Heilige Haari, lehrte.

Würden Sie gerne mehr darüber erfahren? Nur ein klein wenig Geduld, es ist eigentlich sogar ziemlich interessant:

Als Gott die Welt erschuf, hatte Er ein richtig großes Problem mit ihr: Er war zu groß, um in dieser Welt zu weilen, die von Natur aus zu klein für Ihn war.

So weit alles klar?

Gott, falls Sie noch nicht dahintergekommen sind, ist dickleibig. Korpulent. Riesengroß. So riesengroß nämlich, dass selbst ein Achtel seines Bauchs viel größer ist als der ganze Planet.

Das bedeutet, bitte bleiben Sie dran, dass Gott, wenn Seine Erschaffung der Welt Ihn überleben soll, sich von dem Planeten fernhalten muss, in welchem Fall aber nur Satan in der Nähe von uns Menschen bleiben würde.

Ein schrecklicher Gedanke, wie Sie sich sicher vorstellen können.

Zur Lösung dieses Problems verfiel Gott auf einen raffinierten Plan: Er zog sich zusammen und hinterließ heilige Funken von sich selbst in speziellen Behältnissen.

Verstanden? Brillant, nicht?

Nur dass es da noch ein Problem gab, das Gott aus irgendeinem Grund nicht bedachte, der Haari aber schon.

Und welches?

Unseren Freund, unseren alten Freund, Satan.

Und Satan, wie er nun einmal ist, bohrt eifrig Löcher in die Heiligen Behältnisse, sodass die Heiligen Funken verfliegen.

Der Heilige Arik und sein Team von 120 Rabbinern arbeiten endlos und unermüdlich daran, die Löcher in den Heiligen Behältnissen auszubessern und zu stopfen.

Und wie machen sie das?

Mit Menschenrechten für Palästinenser.

Ich bitte den Heiligen Behältnissereparateur, mir seinen rabbinischen Werdegang offenzulegen. Banal gesagt: Welchen Gemeinden stand er wo und wann vor, bevor er der Welt insgesamt vorstand. Und da seine Qualifikation, zumindest wie er sie mir darstellt, im Rabbinat besteht, wüsste ich zudem gerne, wie groß seine frühere Gemeinde oder früheren Gemeinden waren.

Rabbi Arik gibt sich alle Mühe, mich dazu zu bewegen, ihm die Beantwortung dieser Frage zu erlassen. Was ich aber nicht tue, und schließlich gibt er nach. Unter seiner Führung im Rabbinat, in den US of A, verlockte er »rund zehn« und »manchmal 50« Mitglieder seiner Gemeinde dazu, sich seine Predigten anzuhören.

Was tut man, wenn man als örtlicher Rabbiner ganz unten angekommen ist? Man wird internationaler Rabbiner. Und wie wird man internationaler Rabbiner? Man sagt den Leuten, dass man, als Rabbiner, nur schlecht von Israel und den Juden sprechen wird. Und wer wird einen finanzieren? Kein Problem: Man

findet andere selbsthassende Juden und darf auch die selbstver-
liebten Europäer nicht vergessen. Der New Israel Fund, eine jener
jüdischen Einrichtungen mit einem außerordentlich offenen
Herzen für die Bedürftigen, spendete volle 6721 US-Dollar an
Hilfezentren für Vergewaltigungsopfer, den Rabbinern für Menschenrechte aber 328 927 US-Dollar (seinem letzten vorliegenden
Jahresbericht von 2012 zufolge). Die Europäische Kommission,
die Bildungsreisen ins Holocaustmuseum bezahlt, auf denen junge Europäer über israelische Gräueltaten unterrichtet werden, ist
ein weiterer Stifter dieser Rabbis, zusätzlich zu anderen europäischen Geldgebern wie schwedischen, britischen und deutschen
Menschenrechtsanhängern.

Ich steige da nicht mehr durch. Ist es das, was aus Israel geworden ist? Ist es das, was »jüdisch« sein heißt?

Wie der Wind mir zuflüstert, helfen in diesem Augenblick Ausländer auf den Hügeln von Judäa und Samaria in einer jüdischen
Siedlung bei der Traubenernte. Nicht alle Ausländer hassen die
Juden, es gibt Christen, die sie lieben, und diese Christen werde
ich jetzt kennenlernen.

Caleb und Candra, ein Paar, »christliche Zionisten« aus den
Vereinigten Staaten, erzählen mir, dass sie hier sind, um Gottes
Prophezeiungen zu erfüllen.

Welche Prophezeiungen?

Candra liest mir eine Stelle aus dem Propheten Jeremia vor:
»Du sollst wiederum Weinberge pflanzen an den Bergen Samari-
as; pflanzen wird man sie und ihre Früchte genießen. Denn es wird
die Zeit kommen, dass die Wächter auf dem Gebirge Ephraim
rufen: Wohlauf, lasst uns hinaufziehen nach Zion zum HERRN,
unserm Gott!« (31, 5/6)

Caleb wirft ein:

»Wir glauben, dass die Berge in den jüngsten Tagen zu neuem
Leben erwachen.«

Sie kommen jedes Jahr für zehn Wochen auf dieses Weingut
und seine Felder, erzählt Caleb mir, als Freiwillige, die ihre Zeit

opfern, um diese Siedlung zu unterstützen. Sie bezahlen ihre Flüge, ihre Unterbringung und ihr Essen aus eigener Tasche, und wenn sie eine oder zwei Flaschen von dem Wein wollen, den sie hier im Schweiße ihres Angesichts herzustellen helfen, dann bezahlen sie auch die. Mit einem Wort: Sie kriegen nichts geschenkt und wenden Zeit und Geld für das Vergnügen auf, für andere Leute zu arbeiten.

Aktuell befinden sich 150 junge Menschen hier und in den umliegenden Bergen, die meisten aus den USA, aber auch jemand aus Schweden, jemand aus der Schweiz und niemand aus Deutschland.

Haben Sie irgendeine romantische Geschichte für mich, die sich direkt hier auf dem Berg zugetragen hat?

»Ich habe hier meine Frau kennengelernt. Tatsächlich haben wir hier geheiratet.«

Seine Frau korrigiert ihn:

»Wir haben in Psagot (einer benachbarten Siedlung) geheiratet!«

An diesem Punkt mischt sich ein anderer christlicher Zionist ein. Er fordert Caleb auf, Näheres über mich herauszufinden, woher ich komme, wer ich bin und ob ich Freund bin oder Feind. »Wir wollen sicherstellen, dass alles in Ordnung ist«, sagt der Mann und gibt Caleb noch einen Rat: »Man muss vorsichtig sein.«

Caleb beginnt eine Befragung:

»Sind Sie jüdisch?«

So sagt man.

»Sind Sie ein Atheist?«

Ich bin noch dabei herauszufinden, wer ich bin.

Ihm gefallen meine Antworten, warum auch immer, und er fährt mit seiner Liebesgeschichte fort:

»Eines Abends ging ich zu Bett und hatte einen Traum, in dem ich in einem Weingarten picknickte. Ich blickte auf, und da saß mir eine umwerfende Schönheit gegenüber. Ich streckte meine Hände nach ihr aus, und sie legte ihre Hände in meine. So begann mein Liebesleben.«

251

Das haben Sie genau hier geträumt?

»Ja, in dieser Gegend.«

War sie nur in Ihrem Traum auf diesen Bergen oder auch in Wirklichkeit?

»Sie war wirklich hier.«

Und sie ging in Ihren Traum ein?

»In gewisser Weise, sozusagen.«

Wie er mir erzählt, war er das erste Mal mit 14 Jahren hier. Sein Vater hat das Programm ins Leben gerufen, das Menschen aus dem Ausland hierherführt.

Seine Frau war das erste Mal mit 20 hier. »Ich trug schon von Kind an eine Liebe zu Israel in mir. Die habe ich von meinen Eltern geerbt«, sagt die reale Traumfrau. Und ergänzt, dass sie sehr glücklich hier ist, »wo die Geschehnisse der Bibel stattfanden, in Judäa und Samaria«.

Für den Fall, dass ich es nicht richtig verstanden habe, präzisiert sie: »80 Prozent der biblischen Geschichte haben sich hier zugetragen.«

Als Sie diese Gegend das erste Mal besuchten, was hat Sie da mehr begeistert: hier zu sein oder Caleb kennenzulernen?

»Ich denke, dass die Rekultivierung des Landes wichtiger ist als Caleb«, erzählt sie mir kichernd und ernst zugleich.

Caleb hat andere Juden in Israel kennengelernt, wie die, die in Tel Aviv leben. Es zieht ihn aber mehr zu den Leuten hier, den Siedlern. »Mit ihnen verbindet mich mehr. Die Menschen hier in den Bergen, glaube ich, haben eine Bestimmung und weihen ihr Leben einem Ziel. Ich glaube, sie fühlen sich mit etwas verbunden, das größer ist als das, was sie fassen können.«

Fürs Protokoll: Die Christin Candra kennt ihre Bibel besser als der jüdische Rabbiner Arik. Zumindest weiß sie sie zu zitieren.

29. STATION *Kann sich eine gebildete, schöne Araberin in einen Juden verlieben?*

Ganz in der Nähe dieser beeindruckenden Berge liegt die Stadt Nablus, die kein Jude betreten darf. Judenfrei. Da muss ich natürlich hin. Wenn das, was ich aus israelischem Munde gehört habe, stimmt, dann ist die Stadt wirtschaftlich arm, aber reich an Fundamentalisten. Ich habe schon einige wunderschön gestaltete, superattraktive palästinensische Städte gesehen; höchste Zeit, dass ich auch mal eine arme in Augenschein nehme.

Binnen weniger Minuten bin ich dort und traue meinen Augen kaum. Das Nablus, das ich erwartet hatte, ist nicht das Nablus, das ich vor mir sehe. Kurz und schmerzlos: Nablus ist derart umwerfend, dass ich mich sofort in die Stadt verliebe. Mit Straßen, die von zwei parallelen Bergrücken eingefasst sind, über deren ganze Höhe imposante Bauprojekte in der Sonne glitzern. Nablus empfängt seine Besucher mit Herzlichkeit, pittoresken Aussichten von beispielloser Schönheit und einem für mich überraschend pulsierenden Lebensrhythmus.

Die EU und die USA bauen hier ein Paradies auf Erden. Es ist eine Stadt, in der man himmlisches Essen und fantastische Kleidung finden kann und nicht einen langweiligen oder ruhigen Quadratmeter.

Neben einem architektonisch beeindruckenden Gebäudekomplex hat sich jemand einen Stall zusammengezimmert, in dem ein Pferd steht. Ein eigenartiger, bizarrer Anblick, der aber Auge und Fantasie fesselt und ein enormes Gefühl von Größe vermittelt.

Ich laufe, gehe und spaziere durch Nablus, und meine Augen gehen mir schier über vor Vergnügen.

Was für eine Stadt!

Erst als ich kaum noch einen Fuß vor den anderen setzen kann, begebe ich mich zum Hauptbahnhof und nehme ein Taxi stadtauswärts.

Ich teile mir das Taxi mit einer elegant gekleideten jungen

Dame, die ein engelsgleiches Lächeln im Gesicht trägt und auf den Namen Ewigkeit hört. Ja, so heißt sie. Aus welchem Teil des Himmels ist sie gerade zu mir herabgestiegen?

»Ich lebe in Ramallah«, verrät sie mir, »und studiere in Jerusalem.«

Das heißt, eines Tages werde ich Sie Dr. Ewigkeit nennen können?

Sie lacht. Ja, das hofft sie jedenfalls.

Was studieren Sie?

»Literatur und Politikwissenschaft.«

An welcher Universität?

»Der Hebräischen.«

Ah, Sie studieren bei den Juden –

»Ja.«

Könnte es eines Tages dazu kommen, dass Sie sich in einen Juden verlieben?

»Ausgeschlossen!«

Sie sind eine schöne junge Frau, vielleicht läuft Ihnen eines Tages ein sehr attraktiver junger Mann über den Weg. Ein sehr einnehmender, sehr charmanter Mann, der sich in sie verliebt. Und der wirklich nett, wirklich gut zu Ihnen ist. Ein Jude. Könnte das nicht passieren?

»Niemals!«

Warum nicht?

»Ich werde niemals einen Juden heiraten.«

Haben Sie bei Ihrem Studium an der Hebräischen Universität irgendetwas über die Juden gelernt, was Sie nicht schon vorher wussten?

»Ja.«

Und was war das?

»Dass sie die Geschichte verdrehen.«

Was verdrehen sie?

»Sie sagen, dass sie 1948 nach Palästina kamen, um den Palästinensern zu helfen. Das ist eine einzige Lüge.«

Das bringt man Ihnen dort bei?

»Ja.«

Ich kapiere es nicht: Warum sollten sie so etwas behaupten?

»Fragen Sie sie.«

Aber das ergibt keinen Sinn: dass sie den ganzen weiten Weg auf sich genommen haben, nur um Ihnen zu helfen?

»Sie sagen, dass sie hierherkamen und dass sie halfen. Genau das lehren sie. Sie erfinden die Geschichte neu.«

Also haben sie gar nicht gesagt, dass sie hierherkamen, um den Palästinensern zu helfen, es war einfach nur so, dass sie es taten ... Richtig?

»Ja, genau das lehren sie.«

Aber warum sind sie dann hierhergekommen? Was sagen sie darüber an der Universität?

»Sie kamen, weil Ben Gurion sie aufforderte, hierherzukommen.«

1948?

»Ja, nachdem die Briten abzogen.«

Warum kamen sie nicht schon früher?

»Weil Ben Gurion sie vorher nicht dazu aufgefordert hat.«

Gab es noch irgendeinen anderen Grund, warum sie 1948 hierherkamen?

»Nein.«

Überhaupt keinen?

»Nicht dass ich wüsste.«

Warum studieren Sie nicht an einer palästinensischen Universität? Warum sind Sie an der Hebräischen, einer jüdischen Universität?

»Die Hebräische Uni ist die beste, viel besser als Bir Zait oder Al-Quds.«

Wie Nadia genießt Ewigkeit eine kostenlose Universitätsausbildung. Und wie sie studiert sie bei den Juden und spuckt auf sie.

Was Ewigkeit sagt, ist purer Schwachsinn, aber sie ist immer noch intelligenter als die Juden, die ihre Ausbildung finanzieren.

Es ist Zeit, zu meinen Katzen zu gehen, weitaus klügeren Lebewesen, als es diese Ladys sind.

30. STATION *Auf Anraten meiner streunenden Katzen*
fahre ich nach Norden, um zu sehen, wie sich die Menschen auf
die neuesten Superkillerraketen aus den USA einstellen

Ein Ausschuss des US-Senats hat den Einsatz militärischer Gewalt gegen Syrien befürwortet. Die Situation in Syrien ist grauenerregend, und da Rabbi Arik nichts dagegen unternimmt, muss der US-Senat einschreiten. Soweit mir die Geschichte amerikanischer und europäischer Einmischungen im Nahen Osten bekannt ist, verzeichnen die Annalen eine nahezu hundertprozentige Misserfolgsquote. Irgendwie scheint die Logik des Westens zu sein: Wenn im Osten zwei Leute mit Gewehren aufeinander schießen, soll man mitmachen und ein paar Superkillerraketen abfeuern, wegen der zusätzlichen Soundeffekte. Ich berate mich mit meinen Katzen, die mir vorschlagen, jedenfalls soweit ich sie verstehen kann, nach Norden in Richtung der syrischen Grenze zu fahren, um mir anzuschauen, welche Vorkehrungen die Menschen angesichts der Tatsache treffen, dass ihnen Raketen um die Ohren fliegen könnten.

Mein erster Stopp ist der Kibbuz Kfar Haruv, ein säkularer Kibbuz am Fuße der Golanhöhen.

Einst gehörten die gesamten Golanhöhen zu Syrien, doch besetzte Israel den größeren Teil von ihnen im Sechstagekrieg 1967. Unmittelbar nach dem Krieg bot Israel Syrien ihre Rückgabe im Tausch gegen Frieden an, was die Syrer aber ablehnten. Jahre später, nämlich 1981, wurden die Golanhöhen von Israel annektiert, wobei der Rest der Welt die israelische Souveränität über sie nicht anerkennt. Israels Angebot an die drusischen Bewohner der Golanhöhen, ihnen die israelische Staatsbürgerschaft zu verleihen, wurde von fast allen zurückgewiesen.

Mit den Palästinensern haben die Golanhöhen nichts zu tun. Rein gar nichts. Der Feind hier ist ein ganz anderer, ein noch viel älterer Nachbar, nur dass die Aussichten auf Frieden in beiden Fällen gleich groß sind, nämlich gleich nullkommanull. Aber verraten Sie das nicht den Menschen, die hier leben.

Es ist der Vorabend des jüdischen Neujahrs und damit der Beginn des Neujahrsfestes, das die säkularen Israelis hier auf ihre Weise feiern. In religiösen Gemeinden sind die hohen Feiertage eine Zeit der Besinnlichkeit und eine Zeit, in der die auserwählten Kinder Gottes den Herrn der Herren um Gesundheit und Erfolg sowie die Vergebung ihrer Sünden bitten. Der Tradition zufolge ist es dieser Tag, an dem Gott über Mensch, Tier und die gesamte Schöpfung zu Gericht sitzt, um zu entscheiden, wer leben und wer sterben, wer gesund und wer krank, wer reich und wer arm, wer erfolgreich und wer erfolglos sein wird.

Die auserwählten Kibbuzniks von Kfar Haruv bringen folgendes Gebet in Form eines Liedes dar:

»Möge dieses kommende Jahr eines sein von

Frieden und Sicherheit,

Frieden und Ruhe,

Frieden und Glück,

Jahr des Friedens und nicht des Kriegs.«

Nachdem das abgesungen ist, folgen einige Rituale.

An diesem Feiertag wird in den Synagogen in ganz Israel der Schofar geblasen, um die Sünder aus dem Schlaf zu wecken. Hier nicht. Hier wird ein Käfig mit vielen Tauben hereingetragen. Kinder und Erwachsene versammeln sich um den Käfig, um die kleinen Geschöpfe zu betrachten. Sodann wird freudig rezitiert: »Fliegt, Tauben«, und die Tauben werden freigelassen.

Das ist ein Friedensritual, wenn ich es richtig verstehe, und wie viel schillernder ist es doch als das traditionelle Schofarblasen.

Es werden Äpfel mit Honig serviert, während sich die Menschen ein »Frohes Neues Jahr« wünschen.

»Die Andacht ist beendet«, wird verkündet. »Sie sind eingeladen. Die Tische biegen sich unter den Speisen!«

In orthodoxen Gemeinschaften hören sich die Lieder zum jüdischen Neujahr so an: »Vater im Himmel, vergib uns, denn wir haben gesündigt.« Hier singen sie: »Im Neuen Jahr, im Neuen Jahr, in meinem Garten, eine weiße Taube.«

Im Anschluss an diese Rituale beglückt man uns mit einer

Ansprache. Ein Mann erhebt sich und spricht über Werte und Finanzen. Wir haben dieses Jahr mehr Milch produziert, zehn Prozent mehr, und das Geschäft mit dem Tourismus läuft großartig. Wir hoffen, wünscht er allen, dass das kommende Jahr ebenfalls ein Erfolg wird.

Um die Tradition zu ehren, werden die Kibbuzniks nun beten. Einer von ihnen nimmt ein jüdisches Gebetsbuch und sagt ein Gebet auf. Hier ist es: »Heute ist Freitag, als die Schöpfung von Himmel und Erde vollendet war ...« Es gibt damit nur ein kleines Problem: Heute ist nicht Freitag. Das scheint aber nur den wenigsten aufzufallen.

Wir bekommen auch einige Zahlen zu hören: Der Kibbuz hat 160 erwachsene Mitglieder, 300 sind es mit Kindern. Der diesjährige Wert seiner landwirtschaftlichen Produktion in Schekel: 40 Millionen. Der Kibbuz besitzt auch eine Firma in Dortmund.

Niemand erwähnt Syrien, Amerika oder irgendein Land dazwischen.

Der Kibbuz Kfar Haruv, einst Teil eines sozialistischen Experiments der Vorgängergeneration, ist heute alles andere als sozialistisch. Was von den glorreichen Tagen der Kibbuzbewegung geblieben ist, soweit man es nach dem hier an diesem »Freitag« begangenen Festakt beurteilen kann, ist eine spektakuläre Unfähigkeit, die historischen jüdischen Texte richtig zu verstehen.

Ich verlasse den Kibbuz in dem traurigen Wissen, dass eine große Bewegung, eines der bewegendsten menschlichen Experimente, das ich kennengelernt habe, der Vergangenheit angehört.

Ich fahre weiter.

Majdal Schams (Sonnenturm) im Norden der Golanhöhen liegt vor mir, und ich hoffe, dort nicht schon wieder auf den britischen Journalisten zu treffen. Es braucht seine Zeit, bis man sich über diverse Straßen nach Majdal Schams durchgeschlagen hat, und als ich am Ziel ankomme und aus dem Auto steige, finde ich mich mitten im Winter wieder.

Ich friere.

Doch auch wenn das Wetter kalt ist, die Anwohner sind es nicht.

Hamad Awidat, ein Druse, der Beiträge für verschiedene europäische Nachrichtenagenturen produziert, begrüßt mich in seinem Büro und bietet mir köstliche heiße Getränke an. Er ist sich sicher, dass Präsident Obama bald glänzende neue Raketen auf das Nachbarland Syrien abfeuern wird, und bereitet sich darauf vor.

»Ich glaube, dass Obama Krieg gegen Syrien führen wird, um der Welt zu zeigen, dass er ein starker Mann ist, dass er mächtig ist.«

Was wird passieren, nachdem Obama angegriffen hat, wer wird gewinnen und wer verlieren?

»Muslime können in einer Nacht neue Kinder machen«, erklärt er mir, sodass sie am Ende gewinnen werden, egal, was in der Zwischenzeit passiert. Die Menschen hier haben ihren Glauben und werden ihn nicht aufgeben. Die Araber werden gewinnen, weil sie sich mit dem Land verbunden fühlen und an ihm festhalten. Ganz anders die Juden. »Die Juden fühlen sich ihren Bankkonten verbunden, nicht dem Land.«

Er spricht gerne über Araber und Juden, ich aber möchte über die Drusen sprechen.

Was ist die drusische Religion?

»Die Drusen sind eine Gruppe von Menschen, die an die Wiedergeburt glauben.«

An was glauben Sie sonst noch?

»Das ist unsere Religion, das ist unser Glaube.«

Was ist das Besondere an Ihrem Glauben?

»Wir glauben an den Geist, nicht an den Körper.«

Was halten Sie dann von dummen Leuten?

»Die sind schlecht.«

Was ist die heilige Schrift der Drusen?

»Die Hikme.«

Haben Sie sie gelesen?

»Nein.«

Sind Sie nicht neugierig?

»Nein. Ich habe den Koran gelesen, das Buch der Christen, das Buch der Juden. Das allein interessiert mich.«

Stimmt es, dass es Ihnen verboten ist, Ihre eigene heilige Schrift zu lesen?

»Das heilige Buch, die Hikme, ist ein geheimes Buch. Das finden Sie nicht im Internet. Es gibt auch keine gedruckten Ausgaben, das heilige Buch wird von Hand abgeschrieben.«

Hamad kennt vielleicht seine Hikme nicht, aber er kennt die Nachrichtenlage nach europäischem Stil und Geschmack. Jeden Morgen ist der Garten seines Hauses wolkenverhangen. Von hier aus, sagt er, »kann man zur Linken Syrien sehen und zur Rechten die Besatzer (Israel)«. Hamad hat ein eigenes Zimmer mit Rundumverglasung gebaut, das im nächsten Krieg von Journalisten genutzt werden soll.

Er zeigt mir einen Youtube-Clip von einem Film, den seine Firma produziert hat, *Apples of the Golan*, finanziert von irischen, schwedischen und österreichischen Partnern.

»Das Land hat immer fünf dieser Samen«, erläutert uns der Film, während wir einen in der Mitte durchgeschnittenen Golanapfel sehen, mit fünf Samen in jeder Hälfte. »Die Sterne der syrischen Flagge sind fünfeckig«, heißt es weiter im Film, während der Stern der israelischen Flagge sechseckig ist.

Was soll das bedeuten? Das kann nur eines bedeuten: Die Golanhöhen gehören zu Syrien. Die Erde hat gesprochen. Punkt.

Von den 139 arabischen Dörfern, die es vor 1967 in der Gegend gab, behauptet der Film, sind nur noch fünf übrig.

Hamad bezeichnet Israel als »Amerikas Tochter« und beschuldigt es, während seines Kriegs gegen die Syrer überall auf den Golanhöhen Minen gelegt zu haben. Ich frage ihn: Vor 1967 gehörte diese Gegend zu Syrien, könnte es da nicht sein, dass sie es waren, die hier alles vermint haben?

Statt mir ein gutes Gegenargument zu geben, bietet er mir an, mich, wann immer ich möchte, zu einigen verlassenen Häusern in den Bergen zu führen, im Stil von Itamars Tour nach Lifta.

Aber Hamad ist definitiv kein Itamar. Hamad ist ein warmherziger Druse, kein kaltschnäuziger Exjude. Als ich ihn bitte, mich zusätzlich zu dem heißen Kaffee auch noch mit einer warmen Mahlzeit zu verköstigen, sorgt er dafür, dass ich bei einer Drusenfamilie zu Mittag essen kann. Wunderbar! Ich war noch nie im Haus einer Drusenfamilie und kann es kaum erwarten, das zu erleben.

Akab, ein drusischer Englisch- und Sportlehrer im Nachbardorf Bokata, ist der Hausherr und erzählt mir, dass Muslime und Drusen arabische Brüder, die Juden aber Besatzer sind. Er würde lieber, sagt er, in Armut und einer Diktatur als Teil Syriens leben als in Wohlstand und einer Demokratie als Teil Israels. Für ihn sind die Juden nicht nur Besatzer der Golanhöhen, sondern des ganzen Landes ringsum. Die Juden, argumentiert er leidenschaftlich, haben kein Recht auf ein Land mit jüdischer Nationalität, weil das Rassismus ist, während die Araber ein Recht auf ein Land arabischer Nationalität haben, weil das kein Rassismus ist. Ich bitte ihn, mir diese offensichtliche Diskrepanz zu erklären, was er aber beim besten Willen nicht kann. Daraufhin bitte ich ihn, mir statt einer Antwort auf meine Frage seine schöne Tochter zur Frau zu geben. Zusätzlich biete ich ihm als der gutherzige deutsche Gutmensch, der ich bin, an, für sie zu bezahlen. Darüber lachen wir ausgiebig, aber für einen Nichtdrusen ist sie unverkäuflich. Wenn ich jedoch einen neuen Mercedes anbiete, lässt sich vielleicht ein Weg finden.

Seine Frau verköstigt mich mit drusischem Essen. Ich weiß nicht, woraus es gemacht ist, aber es ist so köstlich, wie seine Tochter schön ist. Paradiesisch.

Der Golan: Vom Gipfel seiner Höhen bis zum tiefsten seiner Wadis ist er eine einzige Feier der Natur. Nichts, was ich bislang irgendwo in einer anderen Bergregion gesehen habe, einschließlich Tirol, ist so schön, so herrlich, so wild, so kahl und so prächtig wie diese Berge hier.

Es gibt natürlich noch mehr Städte und Dörfer, die unter Raketenbeschuss kommen könnten, und so fahre ich noch einmal nach Zfat, jener pittoresken Stadt inmitten dieser Berge und Täler. Als ich hier vor einigen Tagen das Krankenhaus besuchte, hatte ich keine Gelegenheit, mich in der Stadt umzusehen. Zfat ist berühmt wegen seiner zahlreichen Mystiker und Händler; hier lebte vor einer Ewigkeit der berühmte Heilige Haari, und hier ersann er sein Tikkun Olam, ein Begriff, den heute nicht nur Rabbi Arik, sondern auch Präsident Obama und Promis wie Madonna im Munde führen.

Zfat zeigt sich mir von seiner schmucklosesten Seite. Durch seine Altstadt und seinen neuen Teil ziehen sich Labyrinthe von Geschäften und Lokalen, die aber alle aufgrund des jüdischen Neujahrs geschlossen sind. Wie in einigen anderen Städten herrschen die Charedim hier mit eiserner Faust. Geschäfte müssen an jüdischen Feiertagen geschlossen bleiben, nur sakrale Orte dürfen geöffnet sein: Gebetshäuser, rituelle Badehäuser, Gräber und Grabstätten.

Grabstätten sind ein großes Geschäft, wie ich bald feststelle. Aus dem ganzen Land strömen die Menschen in diese mystischste aller Städte, um die Feiertage in der Gegenwart toter heiliger Männer zu verbringen.

Hier ist nicht nur Haaris Grabstätte, sondern auch sein rituelles Bad, genau das, in dem er vor hunderten von Jahren badete, wenn er mit den Engeln kommunizierte. Dies ist ein sehr heiliger Ort, sagt man mir, und dass faszinierende Dinge mit mir passieren würden, wenn ich daselbst badete.

Ich will mit eigenen Augen sehen, worin dieses Wunder wohl bestehen mag. Am Eingang zum Badehaus steht geschrieben: Dieses Bad ist nur für Männer; Frauen, die hier zu baden versuchen, werden von einer Schlange gebissen.

Wow. Wirklich ein sehr heiliger Ort.

Das Bad ist viel kleiner, als ich dachte. Nur ein Mann hat in ihm Platz, weshalb sich eine Schlange gebildet hat.

Hier ist ein splitternackter Mann, der siebenmal untertaucht. Dieses Bad wäre etwas für Schwule, denke ich bei mir.

»Sind Sie ein Jude?«, fragt mich ein nackter heiliger Mann.

Wieso?

»Wenn Sie kein Jude sind, wird es Ihnen nicht das Geringste nützen, hier zu baden.«

Wieso nicht?

»Sind Sie ein Jude?«

Der jüdischste Jude überhaupt!

»Dann gehen Sie rein.«

Warum haben Sie mich gefragt, ob ich jüdisch bin, sind Nichtjuden hier nicht willkommen?

»Wenn Sie nach Rom fahren und der Papst Ihren Kopf mit dem besprenkelt, womit die Päpste die Köpfe von Christen besprenkeln, wird Ihnen das irgendetwas bringen? Nein. Den Christen aber schon. Oder? Und hier ist es genauso. Also gehen Sie jetzt, und tauchen Sie mit Ihrem ganzen Körper unter Wasser, und Sie werden es spüren. Sie werden ein anderer Mensch. Es wird Ihre Seele so mächtig berühren wie nichts sonst.«

Wie das?

»Probieren Sie's selbst.«

Aber können Sie mir nicht erklären, was passieren wird?

»Nicht mit Worten. Das ist etwas Spirituelles, und das Spirituelle kann man nicht erklären. Ziehen Sie sich aus, springen Sie ins Wasser und sehen Sie selbst. Wenn Sie ein Handtuch brauchen, besorge ich Ihnen eins. Wollen Sie's ausprobieren?«

Vielleicht ist der Mann ja schwul. Da soll mal einer schlau draus werden. Ich zeige auf das Wasser und frage ihn: Können Sie mir einfach beschreiben, was passiert, während man da drin ist?

»All Ihre Sünden werden abgewaschen, Sie werden wie neu.«

Bloß indem man nackt in dieses Wasser springt –

»Sie müssen siebenmal untertauchen!«

Warum siebenmal?

»Mystische Geheimnisse. So funktioniert es eben. Versuchen Sie's. Versuchen Sie's. Sie werden ein neuer Mensch sein!«

Ehrlich gesagt, hätte ich jetzt lieber eine Cola light. Nur hat leider weit und breit kein einziger Laden auf. Diese religiösen Leute wollen, dass ich im Wasser bin und nicht das Wasser in mir. Sie haben es lieber heilig als süß. Sie haben es lieber natürlich als chemisch.

Wenn ich sie auch kritisiere, muss ich zugeben, dass Orte wie dieser über eine gewisse Aura verfügen. Antike Bäder. Gräber. Grabstätten. Sie erinnern an Horrorfilme, und Horror verkauft sich bekanntlich nicht schlecht.

Zehn Minuten mit dem Auto von hier, im Nachbarort Meron, befindet sich die Grabstätte von Raschbi, einem weiteren Mystiker. Dorthin fahre ich jetzt. Diesmal begrüßt mich folgende Bekanntmachung: »Besitzer eines iPhones kommen nicht ins Paradies.«

Bingo.

Die Spiritualität, wie sie hier praktiziert wird, ist, glaube ich, nicht mein Ding. Mein iPhone und ich, wir fahren weiter.

Mein Weg führt mich weiter nach Norden. Mein nächstes Ziel ist der höchste Berg Israels, unmittelbar an der Grenze zu Syrien. Um im Einklang mit der Mutter Natur des Golan und seiner Äpfel zu stehen, trage ich eine Baseballmütze in den Farben der syrischen Flagge, als ich das Hermongebirge erreiche.

Ein Druse sieht mich und gerät ganz aus dem Häuschen. Sind Sie für Assad (Syriens Präsident, der um seine Macht kämpft)? Ja, bin ich. »Assad mit dem Volk«, ruft er erfreut aus, was so viel heißt wie: Lang lebe Assad.

Täglich gibt es zwei Touren, mit denen Touristen auf den Gipfel des Hermon geführt werden. Ich habe die letzte Tour des Tages verpasst, möchte aber trotzdem hinauf. Zwei israelische Soldaten, die an einer Sperre stehen, halten mich auf: »Entschuldigung, aber hier können Sie nicht weiter.«

Wieso nicht?

»Von diesem Punkt aus kommen Sie nur mit einem Fremdenführer weiter, der weiß, wo Zivilisten entlanggehen dürfen und wo nicht. Es ist auch zu Ihrer Sicherheit, denn diese Gegend ist teilweise vermint.«

Wer hat sie vermint?

»Nicht so wichtig.«

Sie oder die Syrer?

Die Soldaten scheinen mich nicht sonderlich zu mögen, wofür

ich ihnen keinen Vorwurf machen kann. Mit meiner syrischen Mütze gebe ich in israelischen Augen nicht das beste Bild ab. Ich versuche ihnen klarzumachen, dass man mich durch die Absperrung lassen sollte, weil ›mein‹ Fremdenführer auf mich wartet.

»Wo ist er?«

Da oben!

»Wo?«

Ich blicke hoch, wähle einen imaginären Punkt und sage: Dort!

Nun, das israelische Militär sollte man besser nicht auszutricksen versuchen. Im Handumdrehen brettert ein Jeep auf mich zu. Es ist der Kommandeur dieser Soldaten.

Ich möchte dort hochgehen, sage ich zu ihm.

»In Ihr Land, Syrien?«

Ich sehe, dass ich mir mit meiner Mütze keinen Gefallen tue, und so sagt dieser Syrer, nämlich ich, auf einmal auf Hebräisch:

Ich bin kein Syrer und, unter uns gesagt, ich weiß nicht einmal genau, wo Syrien ist!

Die Spannung fällt jetzt mit der Geschwindigkeit eines amerikanischen Marschflugkörpers von uns ab, und er lacht erleichtert auf. Er kam mit seinem Jeep in dem Glauben angeschossen, ein syrischer Soldat sei hier eingedrungen, und dann bin ich in Wirklichkeit nur ein Jude. Wir lachen immer mehr darüber, bis er mich die Sperre auf eigene Faust passieren und meiner Wege ziehen lässt.

Gar nicht so schwer, in militärisches Sperrgebiet vorzudringen. Ein guter Witz genügt.

Und so laufe ich, wohin ich will, und tänzle über alle ›Minen‹ hinweg. Ich sehe gewaltige Antennen und betrachte sie näher. Ich mache Fotos von jedem Posten und jedem Stützpunkt der IDF auf meinem Weg, und niemand hält mich auf. Ich überlege, wie viele Jahre Gefängnis ich wohl kassieren würde, wenn ich dasselbe in der Nähe sicherheitsrelevanter amerikanischer Militärbasen täte.

Von Zeit zu Zeit lege ich eine kleine Pause ein, atme tief durch und schaue den Winden hinterher. Der Blick von hier oben ist so spektakulär, dass ich an manchen Punkten wie angefroren stehen bleibe, ganz im Banne dieser Schönheit.

Ich glaube, ich habe die wirkliche Bedeutung und das Wesen der Spiritualität entdeckt: Schönheit. Ich habe nach Spiritualität gesucht; hier oben habe ich sie gefunden.

Nach ein oder zwei Stunden gehe ich zurück zu den beiden Soldaten von vorhin.

Sie sind immer noch da.

Sie heißen Aviv und Bar. Aviv ist ein Sepharde, dessen Großvater aus Syrien in dieses Land einwanderte; Bar ist Aschkenase. Beide sind sie Anfang 20, beide tragen schwere Sturmgewehre, einen ordentlichen Munitionsvorrat und eine Vielzahl sonstiger militärischer Utensilien, die an verschiedenen Teilen ihrer jungen Körper befestigt sind, wodurch sie ziemlich gedrungen wirken.

Nachdem sie nun wissen, dass ich ein hohes Tier bin – schließlich durfte ich ja nach Herzenslust hier herumspazieren –, verraten sie mir alles, was sie über die Vorbereitung der israelischen Armee auf einen potentiellen Krieg mit Syrien wissen (zu dem es kommen könnte, falls Amerika Syrien bombardiert und Syrien im Gegenzug Israel bombardiert).

»Auf verschiedenen Positionen ist die Zahl der Soldaten verdoppelt worden. Neue Anordnungen verbieten es den Soldaten, nachts ihre Basis zu verlassen. Letzte Woche wurde eine Panzereinheit nach oben verlegt (auf den Gipfel des Hermon), und aufgrund der angespannten Lage ist sie immer noch auf ihrer neuen Position.«

Okay. Dann können wir jetzt ja über die wirklich wichtigen Dinge reden. Mädchen.

Von welchen Mädchen träumt ihr?

Aviv: »Israelischen Mädchen.«

Welchen Hintergrunds, aschkenasischen oder sephardischen?

»Sephardischen.«

Wie dunkelhäutig sollte sie sein, so wie du oder dunkler?

»Ich weiß nicht –«

Was für ein sephardisches Mädchen wünschst du dir, eine Jemenitin?

»Nein, die sind zu dunkel.«

Marokkanerin?

»Ja.«

Wie wäre es mit einer Tunesierin?

»Ja, wäre auch gut.«

Wie stellst du sie dir vor: groß oder klein, dünn oder mollig, großer Busen oder kleiner?

»Nicht größer als ich. Dünn, aber nicht zu dünn. Ein Muss: Busen.«

Wie groß?

»Mittel bis groß.«

Sonst noch etwas?

»Die Haarfarbe ist mir nicht wichtig, solange sie nicht rot ist. Und ein knackiger Hintern.«

Bar geht nicht so ins Detail. Er ist schließlich Aschkenase, mehr Hirn als Herz, mehr rationales Denken als sexuelle Fantasie, und erst, als ich ihm psychologisch über die Klippe helfe, verrät er mir ein Detail: Seine Angebetete sollte dunkelhäutig und schwarzhaarig sein.

Tunesisch ... ?

Genau. Und er beginnt zu lachen, erleichtert und erlöst.

Diese beiden Soldaten sind die Augen Israels an seinem höchstgelegenen Grenzübergang. Die israelische Nation und all ihre Juden werden von zwei jungen Männern beschützt, die von tunesischen Mädchen träumen.

Jede Nacht, sagen sie mir, sehen sie die Kämpfe jenseits der Grenze: Bomben, Feuer, Rauchsäulen. Es ist das Bild einer tunesischen Frau, mit großem Busen und Knackarsch, das ihnen hilft, ihre Ängste zu vertreiben.

Ich verlasse den Berg Hermon und fahre weiter nach Metula.

Ich mag den Klang des Namens dieser Stadt: Metula. Versuchen Sie es selbst: Sagen Sie zehnmal hintereinander »Metula«, und Sie werden sich in ihn verlieben. Nachdem ich in Metula angekommen bin, habe ich natürlich keine Ahnung, wo genau ich bin, außer dass ich in »Metula« bin. Ich gehe in das nächstgelegene Restaurant, Louisa heißt es, um zu Abend zu essen. Als mein Magen mit seinen Dankesgesängen beginnt, mache ich einen Spaziergang. Ich laufe in nördlicher Richtung los, und kaum eine Minute später sehe ich ein gepanzertes Fahrzeug, das mit einer Drusenfahne beflaggt ist.

Drusen? Habe ich irgendeine Grenze ins Drusenland überschritten? Ich trete näher heran und höre Soldaten, die sich auf Hebräisch unterhalten. Ich frage sie, wer sie sind. »Wir sind Drusen«, sagen sie.

Wie die auf den Golanhöhen?

»Wir sind israelische Drusen, sie sind syrische.«

Seid ihr dann nicht Brüder?

»Cousins.«

Wie Juden und Araber?

Sie lachen. »Wir sind miteinander verwandt, aber nicht zu verwandt.«

Was tut ihr hier? frage ich sie. Nun ja, sie sind in der IDF und schützen die Grenze.

Wo ist die Grenze?

»Genau hier.«

Hier, wo wir stehen?

»Nein, nein. Siehst du die Straße da drüben? Das ist die UN, und danach kommt der Libanon. Die Hisbollah ist dort präsent, in den Dörfern, die du da sehen kannst. Wenn du näher heran willst, geh diese Straße entlang, und du stößt auf die Grenze.«

Ist es eine ruhige Grenze?

»Im Augenblick schon. Aber so ist das hier: Alles ist ruhig, ruhig, ruhig, und dann kommen die Explosionen. Ohne Ende. Und du, woher bist du?«

Aus Deutschland.

»Willkommen!«

Also, nur um es zu verstehen: Wie ist die Beziehung zwischen euch und den Drusen vom Golan?

»Wir sind verwandt, aber manche von ihnen mögen uns, und manche hassen uns.«

Wie geht das? Manche von euch dienen in der israelischen Armee, und von denen niemand?

»Nicht ›manche‹ von uns; wir alle. Hier dienen wir alle in der IDF.«

Wie kommt ihr mit den Juden zurecht?

»Gepriesen sei der Herr. Wir kommen mit ihnen aus. Ausgezeichnet.«

Diese IDF-Soldaten, Drusen, die Schicksalsgenossen der Juden sind, brennen darauf, mit Fremden zu sprechen. Sie erzählen mir interessante Dinge. Zum Beispiel: Es gibt überall Drusen, auch in Ländern wie Saudi-Arabien, aber dort verraten sie ihren Nachbarn nicht, wer sie sind, weil »man sie töten würde«.

Bevor ich zu meinem Wagen zurückgehe, frage ich die Drusen, wo genau von hier aus der nächste Grenzposten zum Libanon zu finden ist. Daraufhin manövrieren sie ihr gepanzertes Gefährt vor meinen Wagen und fordern mich auf, ihnen zu folgen.

Es ist ein merkwürdiges Gefühl, hinter einem Panzerfahrzeug herzufahren, an dem die Flagge eines Landes weht, das es gar nicht gibt, aber hey, warum nicht?

Sie stoppen nur Schritte vom Libanon entfernt. »Siehst du die Flaggen?«, fragt mich einer. »Die eine ist die Fahne des Libanon, und die gelbe daneben ist die der Hisbollah.«

An der Grenze weht die Hisbollahfahne. Er hat recht, ich bin im Drusenland, an der Grenze zum Hisbollahland.

Das hier ist der Nahe Osten. Kein Ausländer wird ihn je verstehen.

Auf der Straße zwischen Drusenland und Hisbollahland sehe ich weiße UN-Fahrzeuge Patrouille fahren. Die Augen aber können ihren Besitzer zumindest in diesem Teil der Welt täuschen. Vielleicht sind die Fahrzeuge von der UN, sie könnten aber auch jemand anderem gehören.

Ich fahre zu meinen Katzen zurück. Die sind echt. Was für ein beruhigender Gedanke.

Ich bin in Jerusalem und springe in ein Taxi. Avi, der Taxifahrer, erzählt:

»Neulich holte ich ein Paar vom Har Zion (Berg Zion) Hotel ab. Junge, gutaussehende Menschen auf dem Weg zum Flughafen. Sie plauderten nett miteinander, und dann fragten sie mich, ob ich mich als einen Auserwählten empfinde. Ich fragte sie, wer sie seien, denn normalerweise bin ich es, der in meinem Taxi ein Gespräch anfängt, nicht die Fahrgäste. Sie sagten mir, sie seien Anwälte, die nach Israel gekommen seien, um zu untersuchen, wie die Juden die Palästinenser behandeln. Ich fragte sie, warum sie wissen wollten, ob ich mich als auserwählt empfinde, worauf sie sagten: ›Wir glauben zu verstehen, warum die Juden die Palästinenser quälen: Sie glauben, dass sie sich alles erlauben können und damit durchkommen, weil sie das auserwählte Volk sind und über dem Gesetz stehen.‹

Wissen Sie, was das Erste war, was ich in diesem Moment dachte? Ich wollte einen Unfall bauen, bei dem nur der Fond meines Wagens zerstört würde. Aber ich ließ es bleiben, redete nur weiter. Ich drehte den Rückspiegel so, dass ich sie besser sehen konnte, und sagte: ›Ja, ich bin auserwählt.‹

Es machte sie glücklich, das zu hören.

Ich sagte ihnen: Ich bin auserwählt, nicht weil Gott mich auserwählt hätte. Ich habe Ihn gewählt. Verstehen Sie? Ich habe Ihn wegen seiner Lehre gewählt. Du sollst Witwen und Waisen zu ihrem Recht verhelfen, am siebten Tage sollst du ruhen. Er hat den Sozialismus erfunden, hören Sie? Als alle noch sieben Tage in der Woche arbeiten mussten, sagte Gott: ›Nein.‹ Das ist der Grund, warum ich ihn gewählt habe.«

Es ist mehr als 30 Jahre her, dass ich dieses Land verlassen habe. Ich bin seitdem tausende Male Taxi gefahren, in sämtlichen Ländern, in denen ich gewesen bin oder gelebt habe. Aber die Taxifahrer in Israel sind anders. Dieser hier erinnert mich an das, was Amos Oz gesagt hat. In Israel ist sogar die »Bushaltestelle bisweilen ein Seminar«.

Wie der Zufall so will, soll morgen in der Al-Quds-Universität in Abu Dis, wo sich ihr Hauptcampus befindet, von 8 bis 17 Uhr ein »internationaler Menschenrechtswettbewerb« stattfinden.

Meine Katzen kriegen wieder ihre koschere Milch – in Siedlungen produzierte Ziegenmilch, wie man sie in Jerusalem, nicht
aber in Tel Aviv kaufen kann, wo sie boykottiert wird. Zum Dank
raten sie mir, ich sollte an dem Wettbewerb teilnehmen, aber natürlich nur, wenn ich genügend Proviant für sie dalasse.

Ich habe mir angesehen, wie sich Menschen auf die Möglichkeit eines Kriegs vorbereiten, nun ist es Zeit herauszufinden, wie
sie sich auf den Frieden vorbereiten.

31. STATION *Fahrplan zum Frieden 1: Gewinne einen*
internationalen Menschenrechtswettbewerb, indem du ein
Hakenkreuz malst

Ich nehme den Bus nach Abu Dis.

Es ist eine großartige Strecke. Wir fahren durch ein grandioses
Panorama von Bergen, die nahtlos ineinander übergehen, als
wollten sie die Heilige Stadt mit einer majestätischen Demonstration der Stärke beschützen. In den Ortschaften, die wir auf dem
Weg zur Al-Quds-Universität passieren, sehe ich hier und da Ha-
kenkreuze in verschiedenen Größen und Farben. Auf einen syri-
enliebenden Deutschen wie mich wirken sie natürlich fantastisch.

Falls ich es noch nicht erwähnt habe: Ich trage heute wieder
meine syrische Baseballmütze, und die palästinensischen Jugendlichen, die gelegentlich Freude daran haben, Steine auf israelische Soldaten zu werfen, jubeln mir zu, wenn ich an ihnen vor-
beifahre. »Syrien«, rufen sie.

Am Eingang der Al-Quds-Universität höre ich, dass die israelische Armee gestern auf das Universitätsgelände vordringen wollte, jedoch von Wachen und Studenten aufgehalten wurde. Es kam
zu einem Kampf, dann waren die Soldaten drinnen.

Keine Ahnung, ich war nicht hier, bin gerade erst angekommen.

Alle palästinensischen Studentinnen tragen Hidschab. Die
Frauen ohne Hidschab sind ausnahmslos Ausländerinnen. Al-

Quds und das amerikanische Bard College, erfahre ich, sind Partneruniversitäten. Ich hätte mich gerne ausführlicher mit den Amerikanern unterhalten, will aber den internationalen Menschenrechtswettbewerb nicht verpassen.

Es gibt nur ein kleines Problem – ich kann ihn nicht finden. Wo findet der internationale Menschenrechtswettbewerb statt? frage ich einen dicken Mann, der gerade vorbeiläuft.

»Gehen Sie da rüber«, er zeigt auf eine Gruppe von vier Männern, »das sind Menschenrechtsprofessoren.«

Ich frage die vier. Sie wissen nichts von einem Wettbewerb.

Da ich aber einmal hier bin, würde ich das Thema liebend gerne mit Ihnen diskutieren.

Sie wären nur zu gerne bereit, sich mit mir zusammenzusetzen und zu reden, aber ihre Seminare beginnen in wenigen Minuten. Menschenrechtsseminare, versteht sich.

Ich gehe zur Pressestelle der Universität, wo mir Rula Jadallah weiterhilft.

Wo finde ich die Menschenrechtsseminare? frage ich Rula.

Sie ruft diverse Fachbereiche an, sieht in Vorlesungsverzeichnissen nach, findet aber nirgendwo an dieser Universität um diese Uhrzeit ein Menschenrechtsseminar.

Die Professoren haben mir leider ein Märchen erzählt.

Sauer bin ich deswegen natürlich nicht. Im Nahen Osten geht es nur um Märchen, nie um die Wirklichkeit.

Hinter Rulas Tisch hängt ein Brief von USAID an der Wand sowie ein weiteres Schreiben, das eine Bewilligung der US-Regierung von 2 464 819 US-Dollar für das Jahr 2006/2007 ankündigt. »Das ist das einzige Mal, dass wir Geld von den Vereinigten Staaten für dieses Programm bekommen haben«, berichtet Rula mir. Deutschland aber ist gut. Das Nanotechnologie-Labor dieser Universität wurde von Deutschland gesponsert, verrät Rula diesem Deutschen mit einem Lächeln.

Weiß Rula irgendetwas über den Menschenrechtswettbewerb, der heute an dieser Universität stattfinden soll? Nein. Oder besser gesagt, ja, sie weiß etwas: Von einem Wettbewerb gibt es weit und breit keine Spur.

Ich sage ihr, dass ich den Hinweis auf einen in diesem Moment stattfindenden Wettbewerb auf der Homepage der Universität entdeckt habe. Rula geht auf die Homepage ihrer eigenen Universität und findet dort einen Wettbewerb. Also, gibt es ihn, oder gibt es ihn nicht? Die Antwort lautet: Ja und nein. Ja im Cyberspace. Nein in der Realität. Warum kündigt die Universität etwas an, das nicht existiert? Dämliche Frage! Der Wettbewerb wird gesponsert, nur bemüht sich außer diesem Syriendeutschen kein anderer Europäer bis nach Abu Dis, um an so etwas teilzunehmen.

Das Leben ist eine Fiktion. Punkt. Und Rula lacht jetzt. Die beste Öffentlichkeitsarbeit, stelle ich fest, ist Lachen.

Ich sinniere über den Unterschied zwischen Arabern und Juden. Wenn Araber sich etwas aus den Fingern saugen, dann tun sie es mit einem Lachen ab, sobald man ihnen auf die Schliche kommt. Juden wie der Atheist Gideon oder der gläubige Arik aber werden dann sehr unentspannt.

Wie können Juden selbst in ihren wildesten Fantasien auf den Gedanken kommen, dass sie in den grausamen und lustigen Landschaften dieses Nahen Ostens überleben könnten? Vielleicht leben deshalb hier seit so langem Araber, während die Juden alle 2000 Jahre auf einen Sprung vorbeischauen, für eine kurze Verschnaufpause nach einem Auschwitz.

Der Süden Israels, habe ich irgendwann gehört, sei anders. Vielleicht sollte ich da einmal vorbeischauen und mir anhören, wie sie dort über Krieg und Frieden denken.

Ich nehme einen Bus in den Süden und bin bald darauf in Aschkelon, wo ich Ofir kennenlerne.

Ofir lebt in dieser Stadt, Aschkelon, die nicht weit von Gaza entfernt ist, wo er aber nicht hinfahren kann. »Es gab früher eine Busverbindung, die Linie 16, mit der wir nach Gaza fahren konnten, wann immer wir wollten. Wir kamen gut miteinander aus, die Leute aus Gaza und die Israelis. Wir arbeiteten zusammen, aßen zusammen und besuchten uns gegenseitig. Damals war das Leben anders. Heute ist Gaza eine Welt für sich. Wir können nicht zu ihnen; sie können nicht zu uns. Aber dies ist der Nahe Osten, wo sich alles gerne einmal um 180 Grad wendet; man muss Geduld haben. Ich hoffe, dass meine Tochter eines Tages ein Leben führen wird, wie ich es führte, dass sie nach Gaza fahren kann, wie ich es konnte: einfach in einen Bus einsteigen und ein paar Minuten später da sein. Leider wächst sie ohne diese Erfahrung auf.«

Ich bitte Ofir, mir etwas über Aschkelon zu erzählen, und wie er überhaupt hierherkam.

»Mein Großvater ließ sich um 1948 in Aschkelon nieder, als es noch Madschdal hieß. Er kam aus der Ukraine, und über seine Anfänge hier bin ich nicht wirklich im Bilde. Er erzählte uns, dass die arabischen Männer die Stadt verließen und er und die anderen Einwanderer in denselben Häusern lebten wie die arabischen Frauen und Kinder, die hiergeblieben waren. Meine Großmutter erzählte es etwas anders. Sie sagte, dass sie nach Madschdal kamen und, ähm, nach einem Kampf in die arabischen Häuser eindrangen und dort einzogen. Nur einige Araber blieben zusammen mit ihnen in den Häusern, sagte sie, und sie kümmerten sich gemeinsam um die Tiere und die Landwirtschaft. Dies war einmal ein arabisches Dorf, in der Bibel aber wird diese Stadt mehr als einmal erwähnt.«

Wenn es das ist, was sich hier abgespielt hat, dass einfach Juden auftauchten und die Araber gewaltsam hinauswarfen, würde dies bedeuten, dass sich die Juden in einer Weise verhielten, die zu den Kulturen passt, aus denen sie kamen, dem Rest der Menschheit. Ein Stamm kommt an, tötet die, die an Ort und Stelle leben, und macht es sich gemütlich. Das ist brutal, grausam und entsetzlich, und manche Juden, wie beispielsweise mein Großvater, fanden das überhaupt nicht gut; sie endeten in Auschwitz und so weiter.

Nicht alle Juden waren mit dieser Logik einverstanden. Sagten, es gebe mehr Farben als schwarz und weiß. Die meisten von ihnen bevorzugten tatsächlich die Farbe grau. Sie »übersprangen« oder überlebten Auschwitz und Treblinka, handelten aber nicht auf die gleiche Weise wie ihre Brüder in Aschkelon; sie vertrieben die Araber nicht, sondern entschieden sich für eine Koexistenz. Jahrzehnte später, heute, hat Aschkelon ausschließlich jüdische Einwohner und wird von ausländischen Kreisen nicht wegen seiner Grausamkeit gegenüber den Arabern in der Luft zerrissen.

Ofir glaubt nicht, dass es wirklich darauf ankommt, was damals geschah: Dies hier ist der Nahe Osten, eine Region, in der immer wieder mal unschöne Dinge passieren. Tatsächlich widerfuhr ihm etwas genauso Unschönes. »Ich wurde aus meinem Haus in Gaza vertrieben. Ich hatte es selbst gebaut, ich lebte in ihm, wir waren eine große Familie, und dann räumte die israelische Regierung die ganze Stadt und machte alle Häuser dem Erdboden gleich. Wir konnten nichts dagegen tun.« In Aschkelon geboren, zog Ofir als Erwachsener nach Nisanit an der Nordspitze des Gazastreifens, wo er für sich und seine Familie ein Haus baute, das allerdings nicht lange stehen sollte. Die Regierung des früheren Ministerpräsidenten Ariel (Arik) Scharon ließ Nisanit im August 2005 räumen und zerstörte die Stadt. Der Staat zahlte den Einwohnern eine Entschädigung, die zumeist nur einen Bruchteil des Werts ihrer früheren Wohnsitze ausmachte und ihre seelischen wie psychischen Leiden überhaupt nicht berücksichtigte. Viele seiner ehemaligen Nachbarn, erzählt Ofir mir, leiden bis heute unter schweren Depressionen; die Scheidungsrate unter ihnen ist extrem hoch.

Ofir, dem bewusst ist, dass es im Leben manchmal stürmisch zugeht, ist nach Aschkelon zurückgekehrt und alles in allem zufrieden. Er ist Manager im örtlichen Dan Gardens Hotel und hat darüber hinaus ein eigenes EDV-Unternehmen. Zwei Jobs sind besser als einer, weil man nie weiß, was das Leben mit einem vorhat.

Mich verschlägt es zu Josh im Nationalpark von Aschkelon.

Josh, ein Archäologe von der Universität Harvard, der seine Sommer mit Grabungen in Aschkelon verbringt, verhilft mir zu einem besseren Verständnis dafür, wer wo und für wie lange lebte, und welche Gruppe diejenigen rausschmiss, die vorher da waren.

Die Geschichte der hiesigen Gegend begann nicht erst 1948, erzählt mir Josh und erteilt mir eine kurze Geschichtslektion:

»Kanaanäer, frühe bis späte Bronzezeit, 2850 bis 1175 v.Chr.

Philister, 1175 bis 694 v.Chr.

Phönizier, 550 bis 330 v.Chr.

Griechen, 330 bis ich erinnere mich nicht an das genaue Jahr.

Nach den Griechen kamen andere: die Römer. Die Byzantiner. Die Umayyaden. Die Abbasiden. Die Kreuzfahrer. Die Osmanen. Die Briten. Und jetzt Israel.«

Sie haben die Juden nicht erwähnt. Haben die nicht früher hier geherrscht?

»Archäologisch gesehen verfügen wir über keinen Beweis, dass Juden jemals die Gegend um Aschkelon kontrolliert hätten.«

So Josh Walton, Laborleiter und Archäologe, Aschkelon Nationalpark.

Meint er damit, es gebe keinen Beweis dafür, dass hier einmal Juden lebten?

»Ich spreche nur von dieser Gegend, von Aschkelon.«

Omri, der im Nationalpark arbeitet, spricht lieber über die neuen als über die alten Zeiten. Er berichtet mir von den Raketen aus Gaza, die vor dem Gazakrieg von 2009 hier einzuschlagen pflegten, obwohl auch heute noch gelegentlich die eine oder andere vom Himmel fällt.

Hier?

»Soll ich Ihnen eine Grad-Rakete zeigen?«

Ja!

»Direkt hinter Ihnen liegt eine.«

Wie! Ich drehe mich um, und tatsächlich, da ist sie.

Ich hebe sie hoch, um ein Gefühl für ihr Gewicht zu kriegen. Junge, Junge, die wiegt schon was!

Warum sollten die Palästinenser eine Rakete auf einen Park abfeuern? Wie auch immer, sie versuchten, ein paar lebende Juden zu töten, schossen aber lediglich ein paar tote Kanaanäer im Nationalpark an.

Der im Übrigen ein interessanter Park ist, ein Freilichtmuseum auf einem sandigen Küstenstreifen am Mittelmeer. Wenn man sich hier umschaut, sieht man 3000 oder 4000 Jahre alte Statuen. Säulen und andere Objekte liegen herum, als handle es sich um wertlose Steine. Hier kann man sogar »den ältesten Torbogen der Welt« sehen, aus kanaanitischer Zeit. Interessanterweise ist hier nicht ein einziger Tourist zu entdecken. Dem Fremdenverkehrsamt des israelischen Staates gebührt ein Eintrag ins Guinnessbuch der Rekorde für das schlechteste Marketing.

Nir, der für die israelische Antiquitätenbehörde arbeitet, schaut vorbei. Er ist mit einer Pistole bewaffnet. Nein, sein Job ist es nicht, Sie umzubringen, sondern dafür zu sorgen, dass keine Baufirma hier in der Gegend auf antiken Ruinen baut und dass die israelische Armee keine Ruinen zerstört, wenn sie eine Zufahrtsstraße zu einer Basis anlegt. Ich bitte Nir, mich an die israelische Grenze zum Gazastreifen zu bringen, um zu sehen, wie weit sie von hier entfernt ist.

Ganze sechs Minuten und 30 Sekunden braucht er, um von Aschkelon zum Grenzübergang Erez nach Gaza zu fahren. Nachdem ich diesen Grenzübergang nur aus zahllosen Medienberichten kenne, erwarte ich, dass mich dort unwirsche israelische Soldaten mit Sturmgewehren und garstigen Gesichtern empfangen und sonst niemand. Dieses Bild entspricht indes nicht der Wirklichkeit. Das Erste, was ich sehe, als ich an der Grenze eintreffe, ist ein arabischer Krankenwagen, der von Gaza nach Israel fährt. Gazas Kranke, so stellt sich heraus, lassen sich in jüdischen Krankenhäusern in Israel behandeln.

Ich gehe auf den Grenzübergang zu. Eine junge Frau, deren strahlendes Lächeln breiter ist als ganz Gaza, grüßt mich. Die harten Jungs, die ich erwartete, gibt es hier nicht.

Wie viele Menschen haben die Grenze heute bislang passiert?«, frage ich sie. »Bis jetzt etwa 300. Möchten Sie rüber?«

Sie wäre gerne behilflich, falls ich irgendetwas brauche.

Ich glaube nicht, dass die durchschnittliche Lufthansa-Stewardess je so darauf bedacht war, mir zu helfen.

Und ein Gedanke geht mir durch den Kopf: Die internationalen Journalisten lassen sich an der Al-Quds-Universität schulen.

Bringen Sie mich nach Sderot, sage ich zu Nir.

Sderot ist eine berühmte Stadt, eine Stadt, auf die immer wieder Raketen abzuschießen zur Lieblingsbeschäftigung diverser palästinensischer Gruppierungen geworden ist. Seit dem israelischen Rückzug aus Gaza sind über die Jahre tausende und abertausende von Raketen auf Sderot und seine Einwohner abgefeuert worden. Tatsächlich ist es die am meisten beschossene Stadt im Land, vielleicht sogar auf der Welt.

Nir fährt mich nach Sderot.

Ich steige aus dem Auto und komme mit dem Ersten ins Gespräch, der mir über den Weg läuft, dem jungen Daniel.

Wie gefällt Ihnen Sderot?

»Ich liebe es. Sderot ist der sicherste Ort auf der Welt.«

Sind Sie verrückt geworden?

»Hören Sie, ich wurde hier geboren, mit den Bomben. Für mich ist es immer noch der sicherste Ort.«

Der sicherste? Flugbomben jagen Ihnen keine Angst ein?

»Schwache Menschen haben Angst. Ich nicht.«

Werden Sie Ihr ganzes Leben hier verbringen?

»Für immer und ewig. Niemand wird mich von hier wegbringen. Nicht einmal ein Mädchen.«

Ich frage mich, ob ein schönes tunesisches Mädchen mit knackigem Po und einem entzückenden Busen, das Mädchen, von dem Aviv und Bar träumen, nicht auch dazu in der Lage wäre, Daniel zum Wegzug aus Sderot zu bewegen.

Es gibt eine Stadt in Israel, die mehr als alle anderen für Frieden steht: Tel Aviv. Ich war ja schon dort, aber vielleicht habe ich sein »Friedenspotential« übersehen. Also fahre ich noch einmal hin.

Ich verabschiede mich vom Süden und nehme Kurs auf das Zentrum Israels, auf die Stadt des Friedens.

Sharon liebt Tel Aviv mit seiner weltweit größten Ansammlung von Gebäuden im Bauhausstil, die auch als Weiße Stadt bekannt ist und zum UNESCO-Welterbe gehört. Er will sich gerade auf sein Rad schwingen, als ich ihn anspreche. Ich bitte Sharon, der einen Sushiladen besitzt, mir das Wesen des durchschnittlichen Einwohners von Tel Aviv zu erklären, und zu meinem Glück findet er Gefallen an mir, als wäre ich einer seiner Fische, und kommt meiner Bitte nach.

»Sie wollen wissen, wer wir sind? Wir gehen, wir gehen gerne spazieren, und dann setzen wir uns in ein Café, essen und trinken etwas, und dann gehen wir noch ein bisschen, und dann setzen wir uns auf ein weiteres Getränk in ein anderes Café. Man sagt, wir würden in einer Seifenblase leben, und das stimmt auch absolut. Es gibt Probleme im Norden und im Süden Israels, Syrien und Hamas und Ägypten, aber wir sind außen vor. Wir sitzen bloß herum, hoffen, dass alles gutgeht, und trinken ein Bier. Wir trinken gerne Bier, ohne dass wir jetzt so viel davon trinken würden wie die Deutschen, an deren Bierkonsum kommen wir nicht heran. Wir haben Clubs und, sehr wichtig, wir haben das Meer. Das Meer inspiriert uns und erfüllt uns mit der Ruhe der Wellen und der Meeresbrise, mit der Unendlichkeit. Ich mache jeden Tag auf dem Weg zur Arbeit einen Umweg und radle am Strand entlang. Das Meer ist sehr wichtig. Gehen Sie ein Stück, setzen Sie sich irgendwo hin, trinken Sie einen Kaffee und lassen Sie es sich einfach gutgehen.«

Ich folge Sharons Empfehlung und gehe ein Stück, um den Frieden Tel Aviver Art kennenzulernen. Am nächsten Gebäude auf meinem Weg sehe ich ein ziemlich witziges Graffiti: »›Bibi‹ ist ein Hundename.« Und zufällig auch der Spitzname von Benjamin Netanjahu. Ich laufe noch ein bisschen weiter und setze mich dann in ein Café und trinke etwas. Dann gehe ich wieder ein Stück, sehe ein anderes Café, setze mich und trinke einen Latte und gehe dann wieder weiter. Halte an für eine Cola light, sitze, stehe auf, kaufe mir etwas Süßes, sitze, gehe. Gehe und gehe. Aufs Geratewohl.

Ich gehe langsam, gemächlich, biege links ab und rechts, laufe geradeaus, und stoße dann auf einen Mann, der ein Megaphon in Händen hält. Er spricht hinein: »Heute nehmen wir die illegalen Sudanesen, zünden sie an und machen Kebab aus ihnen.«

Habe ich mich in Feindesland verirrt?

Vielleicht.

Auf der Straße, in der ich mich jetzt befinde, sind keine liberalen Tel Aviver mehr zu sehen; ich bin offensichtlich zu weit gegangen. In dem Viertel, in das ich gerade vorgedrungen bin, sind die Armen zuhause, die ganz Armen. In diesem Viertel wohnen Menschen, in deren Namen die Liberalen und die Sozialisten sich bekämpfen, nur dass die Liberalen und die Sozialisten nicht hier leben und auch nie hierherkommen.

Wie ich alsbald herausfinde, hat Israels Oberster Gerichtshof soeben entschieden, dass inhaftierte illegale sudanesische Einwanderer, die hier als Eindringlinge bezeichnet werden, nach ihrer Festnahme und Inhaftierung durch die Behörden binnen 90 Tagen freigelassen werden müssen – eine Entscheidung, die den Armen Angst macht, denn wenn die »Eindringlinge« entlassen werden, dann kommen sie hierher, wo schon ältere Eindringlinge leben. In unmittelbarer Nachbarschaft der Armen, dort, wo früher der zentrale Busbahnhof lag, haben im Lauf der letzten Jahre Abertausende sudanesischer und eritreischer Flüchtlinge die alten Häuser und umliegenden Straßen in Besitz genommen. Wo werden die freigelassenen Häftlinge hingehen? fragen mich die Armen. Hierhin.

Ich schaue mir die Gegend an, in der die Eindringlinge unterkommen.

Straße um Straße, Haus um Haus sieht es hier nach allem anderen aus als nach Israel. Hier stehen »luxuriöse Musterwohnungen« Seite an Seite neben baufälligen Häusern, und wenn mich diese Gegend an etwas erinnert, dann an Harlem, wie es früher einmal war, als sich kein Weißer dort blicken ließ.

Ich versuche, mich mit dem einen oder anderen Passanten zu unterhalten. Was für einen weißen Mann gar keine leichte Aufgabe ist. Sie sehen mich und halten mich für einen Einwanderungsbeamten, der sie festnehmen will. »Keine Fotos!« sind die ersten Worte, die sie von sich geben, wenn sie mich erblicken.

Ich sitze auf einer Bank in der Straße, neben einigen von ihnen, aber sie sprechen nicht mit mir. Sie sind sehr damit beschäftigt, extrem damit beschäftigt, nichts zu tun. Sie streunen umher, sitzen herum und schlafen, wo immer sie ein schattiges Plätzchen finden. Ich betrachte sie und sage mir: Was sie tun, kann ich auch tun. Mein weltbekanntes Spezialgebiet ist schließlich das Nichtstun. Wenn ich ein Ort und kein Lebewesen wäre, würde ich ohne Zweifel auf die UNESCO-Liste kommen.

Nach und nach reden die Eindringlinge, die es durch irgendeine List ins Land geschafft haben, dann doch mit mir. Sie erkennen, nehme ich an, dass ich ein UNESCO-Kandidat und kein staatlicher Kontrolleur bin. Ein Eritreer, der mir erzählt, er habe sich vor fünf Jahren zu Fuß über Ägypten in dieses Land hineingeschlichen, wirft einen Blick auf mein iPhone und fragt: »Ist das Ihres?«

Kein New Yorker hat mir je diese Frage gestellt. Das hier ist eine andere Welt, und in dieser Welt hat man sein iPhone nicht aus einem Apple Store.

Das Leben ist hart, vertraut er mir an, aber er kommt zurecht. Zu dem Bündel eines schwierigen Lebens, das man als Illegaler zu tragen hat, kommt noch ein weiteres Problem hinzu: »Eritreer und Sudanesen vertragen sich nicht. Wir sind Christen, sie Muslime.« Sogar hier, in der Talsohle des Lebens, sind sich die Menschen fremd und wollen nichts miteinander zu tun haben.

Ich laufe, laufe endlos durch die Gegend. Am Rand dieses Viertels sehe ich zwei afrikanische Jungen, die Eis aus der Waffel essen. Der eine ist vielleicht fünf, der andere vielleicht sechs Jahre alt. Sie sprechen Hebräisch miteinander. Sie kommen an einem Fotografen mit einer großen Kamera vorbei und fragen ihn, ob er ein Foto von ihnen machen könnte. Während sie im Gespräch sind, macht der jüngere eine ungeschickte Bewegung, und sein Eis fällt ihm herunter. Er ist am Boden zerstört. Der Fotograf, ein Weißer, gibt ihm fünf Schekel, damit er sich ein neues Eis kaufen kann, und der Junge nimmt das Geld an. Sein älterer Bruder findet das gar nicht gut: »Warum hast du das Geld angenommen? Du hast genügend Geld und brauchst niemanden, der dir Geschenke macht. Gib ihm das Geld zurück.«

Der Junge weigert sich. Er hat fünf Schekel und will sie behalten.

»Ich weiß, warum du das Geld genommen hast. Du willst mehr Geld haben als ich. Aber du brauchst es nicht. Wenn du ein Eis willst, kannst du dir selbst eins kaufen.«

Immer noch weigert sich der Junge.

»Hier«, sagt der ältere Bruder, selbst noch ein Kind, während er dem jüngeren sein eigenes Eis reicht, »nimm mein Eis und gib dem Mann sein Geld zurück!«

Als ich das sehe, denke ich: Noch nie habe ich Kinder in diesem Alter mit einem solchen Ethos gesehen. Von Erwachsenen ganz zu schweigen. Gen. Dschibril, MK Kohen: Das ist Ethik! Erinnern Sie sich daran, wenn Sie das Wort das nächste Mal in den Mund nehmen.

Ich nehme meinen Friedensgang wieder auf. Langsam verlasse ich Afrika, tiefer beeindruckt, als ich mir das je hätte vorstellen können, und erreiche Arabien. Zurück in dem jüdischen Armenviertel, dessen Bewohner zumeist aus arabischen Ländern hierhergekommen sind, sehe ich, wie sie eine Demonstration veranstalten. Sie wollen die Afrikaner nicht in ihrer unmittelbaren Nachbarschaft. Wenn das Oberste Gericht in Israel sagt, das Gesetz zwinge Israel dazu, die Afrikaner innerhalb von Israels Grenzen zu dulden, dann sollen doch die hochverehrten Herren Richter einen Platz für sie finden. Ein Mann mit einem Lautsprecher brüllt: »Keine Sorge, Freunde. Wir schicken sie (die Afrikaner) in die aschkenasischen Viertel!«

Ich spreche mit vielen Demonstranten, und der Tenor ist:

Die weißen liberalen Reichen sind gnadenlose Heuchler. Wenn sie wirklich glauben, Afrikaner in Israel willkommen heißen zu müssen, warum stecken die Liberalen die Afrikaner dann nicht in die Reichenviertel Tel Avivs? Wer hat die Afrikaner zu uns geschickt? Reiche Aschkenasen, die die Politiker und die Richter stellen. Warum hierher? Wir haben kein Geld, um wegzufahren, nicht mal für einen Tag, und jetzt können wir noch nicht einmal unser kleines Viertel verlassen, weil die Leute in ›Afrika‹ stehlen, vergewaltigen und morden.

Für die gebildeten Klassen der Elite sind die afrikanischen Flüchtlinge wie die Palästinenser. Sie sehen sie nicht, sie kennen

sie nicht, aber sie ›kämpfen‹ für sie. Wie Jonathan und Yoav und ihre europäischen Sponsoren. Kein Produzent des Bayerischen Rundfunks, der das Leben im Englischen Garten genießt, muss die Konsequenzen seiner Liebe zu den Arabern oder Afrikanern tragen.

Die Demonstranten hier sind keine politischen Aktivisten, ja, diese Demonstration ist noch nicht einmal politischer Natur, sondern eine Ansammlung von Leuten, die auf die Straße gegangen sind, um ihrem Leid und ihrer Wut öffentlich Luft zu machen. Einige weinen, andere fluchen. Sie blockieren den Verkehr und schimpfen auf Richter, die nirgendwo zu sehen sind. Wie bei jeder sozialen Unruhe überall auf der Welt lassen natürlich auch hier Politiker nicht lange auf sich warten, die die Wut der Menschen ausnutzen und in Wählerstimmen ummünzen wollen. Einer von ihnen ist der ehemalige Knesset-Abgeordnete Michael Ben-Ari von der extremen Rechten. Mit einem mobilen Lautsprecher bewaffnet, ›singt‹ er mit großem Vergnügen ein Gedicht, das er gerade verfasst hat: »Wir wollen einen jüdischen Staat! Wir wollen einen jüdischen Staat! Wir wollen einen jüdischen Staat! Wir wollen einen jüdischen Staat! Sudanesen, ab in den Sudan! Sudanesen, ab in den Sudan! Sudanesen, ab in den Sudan! Sudanesen, ab in den Sudan!« Ein Mann aus der Menge brüllt zurück: »Rassist! Rassist! Rassist! Ich bin auch gegen die Regierung! Ich verstehe die Leute hier, aber was Sie da machen, ist Rassismus. Rassist! Rassist!«

Ich nehme mir die Zeit, mit Michael zu sprechen. »Ich sage: Das Gericht hat soeben entschieden, dass dieses Land kein jüdisches Land ist, sondern ein multinationales Land. Die Eindringlinge sind Grenzdiebe. Sie sind Diebe und gehören ins Gefängnis. Ich will sehen, wie der Vorsitzende Richter des Obersten Gerichtshofs zehn der Diebe mit zu sich nach Hause nimmt. Ich verlange noch nicht einmal, dass er die Tausende mit zu sich nach Hause nimmt, die er hierhergeschickt hat, damit sie hier leben. Zehn!«

Was sagen Sie zu den Leuten, die Sie als »Rassist« beschimpfen?

»Das war nur ein einzelner, die anderen Menschen hier umarmen und küssen mich. Wir sind keine Rassisten, wir sind Juden. In Europa, hat man mir gesagt, sagen die Flüchtlinge zu den Menschen in ihren Aufnahmeländern: ›Ihr seid keine Rassisten, sondern, bei Gott, Idioten! Echte Idioten!‹ Wenn die Europäer Idioten sein wollen, dann lasst sie. Diese Idioten, die europäischen Idioten, werden den Preis dafür bezahlen, denn bald wird es kein Europa mehr geben. Aber dieses Land ist nicht Europa!«

Ich verliere langsam den Überblick. Je weniger ich die heuchlerische Linke ausstehen kann, desto weniger kann ich die ehrlichen Konservativen ausstehen. Die Gemäßigten, die sich darauf spezialisiert haben, die schlechtesten Seiten ihrer beiden politischen Konkurrenten zu kombinieren, sind heute stumm wie ein Fisch.

Ich kam nach Tel Aviv, um den Frieden zu erfahren, was ich hier aber erlebe, ist liberale Heuchelei und konservativer Hass.

Natürlich gibt es auch Orte in Tel Aviv, wo sich Reiche und Arme begegnen: auf der Bühne. Soll ich mal einen Blick riskieren? Warum nicht!

Tel Avivs Cameri-Theater, das seinen Sitz fern der Leute hier hat, zeigt *Kazablan*, ein Musical über die frühen Tage des Staates und die seinerzeitigen Spannungen zwischen Aschkenasen und Sepharden.

Das Musical spielt in einem Slum, und der erste Charakter, den wir sehen, ist ein sephardischer Straßenfeger, der sagt: »Gott liebt die Armen und hilft den Reichen.« Klingt fast wie eine israelische Version von *Anatevka*.

Liebe oder Hilfe, arme Aschkenasen wie arme Sepharden leben in diesem Musical zusammen im selben Slum und verwünschen sich gelegentlich auch einmal, und doch empfinden sich die armen Aschkenasen immer noch als überlegene Klasse. Ein aschkenasisches Mädchen, das jetzt über die Bühne stolziert, würde sich nicht herablassen, dem sephardischen Mann, an dem sie vorbeigeht, Guten Morgen zu sagen. Er heißt Kaza und ist verletzt und wütend. Ich bin gut genug, um in der Armee zu dienen, blafft er, warum sollte ich nicht gut genug sein, um gegrüßt zu werden? »Ich habe Würde«, brüllt er.

Der Straßenfeger, jener Ärmste der Armen, den reiche Dramatiker gerne als weisesten Menschen überhaupt darstellen, verkündet, dass Kazas Liebe nie in Erfüllung gehen wird. Diese jungen Leute stammen aus ganz unterschiedlichen Kulturen, sagt er, und Ost und West, das trifft sich nie. »Blaue Augen sagen: Liebe mich oder ich sterbe. Schwarze Augen sagen: Liebe mich oder ich töte dich« – so formuliert er es.

Wenn eine andere Figur sagt: »Wir sind noch ein sehr junges Land, erst zehn Jahre alt. Gib ihm 30, 40 Jahre, und das Land wird sich verändern, und es wird keine Diskriminierung mehr geben« – dann amüsiert sich das linksliberale Publikum, das Israel für einen korrumpierten Besatzungsstaat hält, bei dieser Zeile königlich und lacht von ganzem Herzen.

Dass sich allerdings diese Theaterbesucher, die dem »Anderen« nur auf der Bühne begegnen, selbst als Friedensfreunde und Friedensstifter betrachten, ist eine Komödie, die kein Schauspieler besser auf die Bühne brächte.

32. STATION *Fahrplan zum Frieden 2: Werde eine europäische Diplomatin und schlage israelische Soldaten*

Jericho ist, wie gesagt, die »älteste Stadt der Welt«. Wäre interessant, einmal zu sehen, wie die Menschen im Altertum zusammengelebt haben – und vielleicht lerne ich auch ein oder zwei Dinge darüber, wie man in Ruhe und Frieden lebt.

Der biblischen Erzählung zufolge kamen die Juden über Jericho (arabisch Ariha) in dieses Land. Die Mauern von Jericho zu überwinden, war nicht leicht, aber eine Edelhure namens Rahab half ihnen dabei. Mit anderen Worten: Ohne Hure wären die Juden heute nicht hier. Sie wären in Ägypten geblieben, und der ägyptische Präsident hieße heute Benjamin Netanjahu. Stellen Sie sich das mal vor!

Jericho.

Das Erste, was mir in Jericho auffällt – wohin ich zwar schon mit Dschibril gestiefelt bin, aber da war es Nacht –, ist, dass diese »10 000 Jahre alte Stadt« selbst heutzutage altertümlich aussieht, da es fast keine hohen Häuser in ihr gibt. Das Zweite, was mir auffällt: Die Stadt ist ziemlich klein. Das Dritte: O mein Gott, ist es hier heiß. Und das Vierte: Es gibt hier außer mir noch zwei weitere Touristen. Das sind zwei mehr als im Nationalpark von Aschkelon.

Ich mache mich auf den Weg zur Touristeninformation, die ich schweißgebadet erreiche, und frage dort, was man hier Tolles besichtigen kann. Ich muss nicht Schlange stehen und werde äußerst zuvorkommend behandelt.

Als Erstes händigt man mir einen Stadtplan aus. Einen schönen Stadtplan. Ich betrachte ihn näher. »Dieser Stadtplan wurde mit Mitteln der Japanischen Agentur für internationale Zusammenarbeit für den Tourismusausschuss ›Erbe von Jericho‹ finanziert«, heißt es auf der Rückseite. Ja. Japan hat diesen Plan gedruckt, um die palästinensische Sache zu unterstützen.

Diese gewaltige Liebe so vieler Nationen zu den Palästinensern, der ich in dieser Region auf Schritt und Tritt begegne, ist schier unglaublich. Aber man mache sich nichts vor: Keine dieser Nationen und keine der europäischen oder amerikanischen NGOs liebt die Palästinenser wirklich. Vor einigen Jahren war ich in einem palästinensischen Flüchtlingslager namens Al-Wahdat in Jordanien, wo die Menschen ein schlechteres Leben haben als eine durchschnittliche Kakerlake. Keine ausländische Regierung half ihnen in irgendeiner Weise, keine NGO war vor Ort, nur die jordanische Regierung tat ihr Möglichstes, um das Leben dieser Menschen ein wenig erträglicher zu gestalten. Man muss kein Genie sein, um zu wissen, warum die Welt nur bestimmte Palästinenser ›liebt‹.

Ich möchte lieber nicht darüber nachdenken.

Es gibt einen Maulbeerfeigenbaum, informiert mich eine Dame in der Touristeninformation von Jericho, den ich mir ansehen sollte. Einen Maulbeerfeigenbaum? Ich hatte an eine verführerische Prostituierte gedacht, und die schicken mich zu einem Baum? Allerdings handelt es sich um einen besonderen Maulbeerfeigenbaum, er stammt nämlich aus den Zeiten Jesu. Ich habe ganz vergessen, dass ich ein deutscher Christ bin und von allem Jesusmäßigen elektrisiert sein sollte. Ich muss das ausbügeln, und zwar sofort. Ja, Jesus Christus! Ich kann meine Begeisterung kaum im Zaum halten. Und das ist die Geschichte: Als Jesus vor rund 2000 Jahren in diese Stadt kam, konnte ihn ein kleinwüchsiger Steuereintreiber wegen der neugierigen Menschenmenge nicht sehen und kletterte auf genau diesen Baum, um einen Blick auf den Sohn Gottes zu erhaschen. Ja, auf genau diesen Baum. Ob ich ihn sehen will? Ja! Nichts lieber als das, sage ich zu der Dame. Hoffentlich, denke ich mir im Stillen, kann ich auch einen Blick auf die noch einmal rund 1000 Jährchen ältere Rahab erhaschen, wenn ich auf diesen Baum klettere.

Ich mache mich auf den Weg zu dem Baum. Es ist ein langer, langer, langer, langer Weg, der mich plötzlich in die Dmitri-Medwedew-Straße führt. Augenblick mal. Habe ich richtig gelesen? Das ist der Name des russischen Ministerpräsidenten, was hat der denn hier zu suchen? Hat er sich verlaufen, weil er sich auf einen japanischen Stadtplan verlassen hat? Ich betrachte meine Umgebung etwas genauer, nur um mich zu vergewissern, dass ich nicht halluziniere, und stelle fest, dass sich direkt neben mir der Russische Garten befindet, ein Geschenk Russlands.

Ich gehe weiter, in Richtung entweder eines hohen Baums oder der Wladimir-Putin-Straße. Und wie ich da so gehe, spricht mich ein älterer Herr an. Haben Sie den antiken Baum gesehen? fragt er mich. Wo? Er zeigt auf einen kleinen Baum, was will er nur von mir? Also werfe ich einen prüfenden Blick auf meinen japanischen Stadtplan: O ja, natürlich, das *ist* der Baum, schön ordentlich eingezäunt. Der Versuch, auf diesen Baum zu klettern, ist ganz offensichtlich sinnlos.

Was mache ich als Nächstes?

Nun, es gibt einen Ort in dieser Stadt, den die Japaner auf ihrem Plan hervorgehoben haben. Er heißt Berg der Versuchung, dort hat der Teufel Jesus in Versuchung geführt. Man erreicht ihn allerdings nur mit einer Seilbahn für 55 Schekel pro Person, was ein bisschen teuer ist. Aber ich muss jetzt irgendeine Versuchung verspüren, sonst geht mir das jordanische Flüchtlingslager Al-Wahdat nicht mehr aus dem Kopf.

Aus Gründen, die nur Allahs Sohn kennt, hält die Seilbahn auf halbem Wege an und lässt mich zwischen Himmel und Erde schweben. Unter der Kabine, die durch den abrupten Halt ins Schwingen geraten ist, liegt die Altstadt von Jericho. Nur von Rahab ist leider nichts zu sehen. Sie muss irgendwohin sein, vielleicht ist sie zusammen mit einer Delegation aus Ramallah auf einer KAS-Friedenskonferenz pinkeln gegangen? Ich versuche, irgendeine Spur auszumachen, einen gelben Strumpf oder ein leuchtend rotes Stück Unterwäsche, doch dann fährt die Seilbahn plötzlich wieder an. Schlechtes Timing. Aber wenigstens und zu guter Letzt erreiche ich den Berg der Versuchung. Dort befindet sich, in den Berg hineingebaut und wie mit ihm verschmolzen, was ein prächtiger Anblick ist, ein Kloster. In diesem Kloster wiederum befindet sich der Stein der Versuchung, genau an der Stelle, an der Jesus vom Teufel versucht wurde. Sie sollten hierherkommen und sich das anschauen. Der Stein sieht aus wie die Spitze eines nicht beschnittenen Penis, und fromme Mönche beten bei ihm. Einfach herrlich. Olga, die in der Grabeskirche von einem Mönch geküsst wurde, der auf ihr Geheiß auch mich küssen musste, hätte bestimmt einen Riesenspaß, wenn sie das sähe.

Das ist, mehr oder weniger, Jericho. Eine Kleinstadt mit Japanern und Russen.

Von Raed, einem geborenen Autofahrer, lasse ich mich nach Bethlehem bringen. Raed redet gerne, und das ausgiebig: »Hier ist es heiß, aber in 20 Minuten, wenn wir Bethlehem erreichen, wird es kalt sein. Hier heiß, da kalt. Dieses Land hat viele verschiedene Klimata. Dieses Land hat alles.«

Kein anderes Land auf der Welt hat solche Klimaschwankungen?

»Nein, hier ist es speziell.«

Und wie kommt's?

»Weil dies ein heiliges Land ist.«

Leben Sie gern in diesem Land?

»Es gibt eine Besatzung hier.«

Wo? Sind hier in der Gegend irgendwo Juden? Zeigen Sie sie mir.

»Ich würde gerne in der Stadt meiner Geburt leben.«

Ist das nicht Jericho?

»Nein. Ich bin ein Flüchtling hier.«

Woher stammen Sie?

Er zeigt auf ferne Berge in Richtung Israel. »Von dort drüben.«

Dort? Wann waren Sie zuletzt da?

»1948.«

Sie sagten, »dort« sei Ihre Geburtsstadt. Sie machen auf mich den Eindruck eines 30-Jährigen. Wie lange ist 1948 her?

»Mein Großvater lebte da!«

Ich verstehe. Und Sie haben deswegen das Gefühl, unter einer Besatzung zu leben?

»Ich möchte ans Meer, Fische angeln, wie es die Deutschen in ihrem Land tun, aber ich kann nicht, wegen der Israelis.«

Fische? Werden Sie ohne Fische verhungern? Eines kann ich Ihnen sagen: Ihr Palästinenser habt hier besseres Essen als wir in ganz Deutschland! Zeigen Sie mir in Deutschland mal Olivenöl wie das palästinensische!

»Das stimmt. Wenn Sie erkältet sind, wissen Sie, was Sie da machen müssen? Sie reiben sich Oberkörper und Hals mit warmem Olivenöl ein und sind binnen zwei Tagen wieder gesund. Es steht im Koran, und der Prophet Mohammed hat es gesagt.«

Aber Sie haben keinen Fisch ...

»Genau!«

Sie haben einen Hummus hier, den kein Deutscher je haben wird. Und Sie haben noch ein paar andere Speisen. Sie haben –

»Wir haben Datteln. Wenn Sie morgens sieben Datteln essen, kann Ihnen kein böser Blick etwas anhaben. Im Internet haben sie es in ›Genius‹ überprüft und festgestellt, dass sieben Datteln einen Schutzschirm aus Röntgenstrahlen um einen herum auslösen.«

Was ist dann Ihr Problem? Fisch, das ist alles? Warum beklagen Sie sich?

»Ich sage Ihnen, was das Problem ist: Wir Muslime nennen unsere Kinder nach christlichen und jüdischen Propheten. Wir haben Musa, Isa, und ich nenne meine Tochter, die nächste, die ich haben werde, Mariam. Christen und Juden aber nennen Ihre Kinder nicht nach muslimischen Propheten wie Mohammed, möge Allah für ihn beten und ihm Frieden schenken. Warum? Zeigen Sie mir einen Christen oder Juden, der seinen Sohn Mohammed nennt.«

Da muss ich Ihnen recht geben. Ich kenne nicht einen Juden oder Christen namens Mohammed. Das ist ein echtes Problem!

Raed fährt, und ich konsultiere mein iPad.

– Gideon Levy, der mir versprochen hat, dass ich ihn auf einem seiner regelmäßigen Streifzüge durch Palästina begleiten kann, antwortet auf eine Nachricht, die ich ihm vor einigen Tagen schickte: »Lieber Tuvia, ich war gestern im Jordantal und in Dschenin, konnte aber nicht begleitet werden. Ich weiß nicht, wann sich die nächste Gelegenheit ergibt, werde aber Bescheid geben. Es ist nicht immer möglich. Gideon.« Witzig.

– Die israelischen Medien berichten, dass ein Israeli, der mit einem palästinensischen Arbeitskollegen in dessen Stadt in Palästina fuhr, kaltblütig ermordet und dass sein Leichnam in eine Grube geworfen wurde. Nicht witzig.

Dies ist eine grässliche Erinnerung daran, was gebürtigen Israelis blühen kann, wenn sie nach Palästina reisen. Wie lange
werde ich noch »Tobi den Deutschen« spielen können, bevor mir
einer auf die Schliche kommt?

Ich steige in Bethlehem aus und gehe zu Fuß weiter. Hoffentlich ende ich in keiner Grube.

»Dieses Geschäft hat während des Bet Lahem Live Festivals
vom 13. bis 16. Juni 2013 geöffnet«, verkündet ein Aushang an
einem verriegelten Laden. (»Bet Lehem« bedeutet auf Hebräisch
Haus des Brotes, was im Widerspruch zur palästinensischen Geschichte vom uralten palästinensischen Staat steht. Da Bethlehem
eine bedeutende Rolle im Neuen Testament spielt, könnte schon
sein Name beweisen, dass zu Jesu Zeiten die Juden und nicht die
Palästinenser hier lebten. Um dieses Problem zu lösen, wurde
eine kleine Korrektur vorgenommen, nämlich ein Vokal ausge-
tauscht: »Bet Lahem« mit einem »a« statt des »e« verleiht dem
Namen der Stadt im Arabischen eine neue Bedeutung: Haus des
Fleisches.)

Dieses Geschäft in einer schönen Straße mit einer endlosen
Reihe geschlossener Geschäfte hat nur an vier Tagen im Jahr geöffnet.

Ich laufe herum und überlege: Wovon leben die Leute hier?
Was machen sie? Oh, hier ist ein schönes Haus, das muss ein
Vermögen gekostet haben. Nein, nicht wirklich. Es ist ein Geschenk von Italien. Die Italiener lieben den Exjuden Itamar und
die Palästinenser. Jedes zweite Gebäude in dieser Straße, wenn
nicht sogar jedes, wurde von rechtschaffenen Europäern finanziert. Aber auch ich bin rechtschaffen. Ich finanziere meine streunenden Katzen. Ich vermisse sie und fahre zurück nach Jerusalem, um sie zu sehen.

Da ward aus Abend und Morgen ein neuer Tag, wie die Bibel sagt.
Und zwar genau der richtige, um eine Veranstaltung der Internationalen Christlichen Botschaft zu besuchen. Kein Witz, die gibt
es wirklich. Und vielleicht, was weiß man schon, bringen sie diesem Land ja Frieden.

Die Internationale Christliche Botschaft ist eine Organisation, die sich als christlich-zionistisch versteht. Heute Abend feiert sie das biblische Laubhüttenfest (Sukkot) am Toten Meer. Fragen Sie mich nicht nach Details, mehr weiß ich nicht. Diese »weltweit größte christlich-zionistische Organisation«, wie es in einer Broschüre heißt, »wurde 1980 gegründet, um Christen auf der ganzen Welt zu vertreten, die Israel und dem jüdischen Volk in Liebe und Solidarität verbunden sind«.

Ich liebe ›Liebe‹ und bin hier, um Liebe zu sehen und zu erfahren.

5000 Menschen säumen den Ort der Feierlichkeiten, wie der Sprecher der Botschaft sagt. 3600 sind es nach Aussage der Busunternehmer, die die Leute hierherbringen.

Und die Lautsprecher verkündigen in maximaler Lautstärke: »Jesus, du bist das Licht, Jesus, du bist der Grund. Keiner ist wie du, Jesus.«

Gut, wenigstens diese Leute lieben einen Juden.

Die Versammlung ist vom Stil her sehr ›amerikanisch‹. Unter anderem treten ein schwarzer Sänger und eine blonde Tänzerin auf, was an sich schon ein superpositives Grundgefühl erzeugt. Die Menge, in der sich Besucher aus Hongkong und der Schweiz sowie vielen anderen Nationen befinden, ist jedenfalls ganz begeistert. Zusätzlich zu dem schwarzen Sänger und der blonden Tänzerin gibt es noch weitere visuelle Eindrücke: braune Berge hinter uns und ein bläuliches Totes Meer vor uns sowie große Bildschirme zur Rechten und zur Linken und eine ziemlich geräumige Bühne, die dem großen Chor Platz bietet.

Der Schall, der von der Bühne ertönt, ist so laut, dass ihn mit Sicherheit auch jeder Jordanier auf der anderen Seite des Meeres hören kann. Gepriesen seist du, Jesus!

Meine einzige Frage soweit ist: Warum veranstalten sie das Ganze hier? Das ist eine Show aus Klang, Bewegung und Licht, die perfekt in jede evangelikale Kirche in Tennessee passen würde.

»Der Geist des Herrn ist hier, die Macht des Herrn ist hier«, geht das nächste Lied.

Ein deutscher Pfarrer namens Jürgen Bühler, der Geschäftsführende Direktor der Christlichen Botschaft, segnet die Neuankömmlinge auf Englisch mit starkem deutschem Akzent.

Neben ihm steht eine weitere Person und sagt: »Heiliger Geist, willkommen!« Und die Menge jubelt ihr zu.

Diese Veranstaltung wird übrigens auf »God TV« übertragen – jawohl, es gibt einen Fernsehsender dieses Namens. Ein kräftiger Wind weht uns Sand ins Gesicht, während eine schwarze Sängerin Halleluja singt. Ihre Stimme und ihre Energie sind himmlisch, und auf einmal vermisse ich New York. Mensch, kann die singen! Und sie kann die Leute mitreißen. Sie springen auf, strecken ihre Hände in die Höhe, bewegen sich gleich dem Wind, der den Sand umherweht, und stimmen mit geschlossenen Augen in das Lied der Sängerin ein. Ich wusste gar nicht, dass Leute aus Hongkong so laut sein können.

Eine südafrikanische Pfarrerin, eine eingebürgerte Deutsche namens Suzette Hattingh, die jahrelang für den deutschen Missionar Reinhard Bonnke gearbeitet hat, betritt die Bühne und hält eine Predigt auf Englisch mit starkem Akzent. Sie scheint den Umstand, dass diese Veranstaltung auf dem Gotteskanal übertragen wird, zu genießen. »Ich bin auf dem Weg in den Himmel«, ruft sie, wobei mir nicht klar ist, ob sie das wörtlich meint oder über die Tatsache spricht, dass sie im Fernsehen übertragen wird. Und dann kommandiert sie uns herum: »Ich will, dass ihr aufsteht, ich will, dass ihr eure Hände hebt.«

Alle gehorchen. Sie fährt fort: »Es gibt eine Frau, die uns in diesem Augenblick auf God TV zusieht und die nur noch drei Monate zu leben hat. Gehen Sie wieder zu Ihrem Arzt!« Ja. Vor unseren Augen wird besagte Frau geheilt. Wie ihr Mentor, den ich vor kurzem in Deutschland dabei erlebte, wie er seinen Anhängern sagte, er habe Tote in Afrika wieder zum Leben erweckt, glaubt auch diese Frau, oder tut zumindest so, dass sie Gott ist. Mit einem Satz von den tausenden, die sie von sich gibt, legt sie ein Lippenbekenntnis zu Israel ab, indem sie uns daran erinnert, dass Jesus Jude war. Mit den anderen 99,9 Prozent ihrer vielen Wörter spricht sie von Wundern, und dann redet sie in Zungen:

»kuaka, chakaka, tugalka.« Nichts davon hat irgendetwas mit irgendeiner Form von Zionismus zu tun. Es handelt sich um eine reine Missionstätigkeit, die uns zwischen den Zeilen zu verstehen gibt, dass wir alle krank werden, wenn wir nicht mit ihr schreien: »Jesus, kuaka, chakaka, tugalka.«

Die Christliche Botschaft scheut nicht vor dem billigen Missbrauch des Wortes »Juden« zurück, um immer neue Konvertiten zu rekrutieren, die sie nun auffordert, die christlichen Schatullen großzügig mit Spenden zu füllen. Das sind keine christlichen Zionisten, sondern christliche Kuakas. Die europäischen Palästinaliebhaber bauen und sanieren Villen für Palästinenser; diese christlichen Israelliebhaber sind Kuakas, die Geld für Jesus sammeln und die Toten wieder zum Leben erwecken.

Nachdem das überstanden ist, wende ich meine Aufmerksamkeit interessanteren Ereignissen auf meinem iPad zu. Ich finde ein recht reizendes ›Ereignis‹, über das die BBC berichtet: »Diplomaten einer Reihe europäischer Länder und der UN haben ihre Verärgerung zum Ausdruck gebracht, nachdem israelische Soldaten sie daran hinderten, Beduinen im Westjordanland Hilfslieferungen zu überbringen.« Und es kommt noch besser: »Eine französische Diplomatin sagte, sie sei aus ihrem Fahrzeug auf den Boden gezerrt worden.« Die französische Diplomatin, Marion Fesneau-Castaing, wird mit den Worten zitiert: »So wird hier internationales Recht geachtet.« Weiterhin führt die BBC aus: »Die Hilfsmittel wurden nach Chirbet al-Machul gebracht, nachdem dort auf Beschluss des Obersten Gerichts Unterkünfte zerstört worden waren.« Ein Begleitfoto zeigt den Kopf einer Frau, umringt von bestiefelten Soldaten, die mit Gewehren auf sie zielen, die Finger am oder nahe dem Abzug. Das Bild ist nicht sehr scharf und aus einem komischen Winkel aufgenommen, aber seine ganze Optik erinnert an Nazideutschland. Diese BBC-Geschichte scheint mir doch wie dafür gemacht, dass Tobi der Deutsche ihr nachgeht.

Ich recherchiere weiter und finde heraus, dass sich das Internationale Komitee vom Roten Kreuz (IKRK) als eine der ersten

Organisationen mit diesem Problem befasst hat, dem Problem Chirbet al-Machul, und bereits früher in dieser Woche versucht hat, den Beduinen auf ähnliche Weise zu helfen.

Ich rufe das IKRK an.

Nadia Dibsy, eine Sprecherin des IKRK, teilt mir mit, dass sie in der fraglichen Zeit an Ort und Stelle war und mit eigenen Augen sah, wie Marion Fesneau-Castaing geschlagen wurde. Ich stelle ihr eine wirklich dumme Frage: Warum nehmen Diplomaten in einem Gastland eine aktive Rolle ein? Ist das die Aufgabe von Diplomaten? Ich lebe in New York, dem Sitz der Vereinten Nationen, und natürlich gibt es viele, viele Diplomaten in New York. Muss ich davon ausgehen, dass sie nach Harlem kommen und sich jedem Räumungsbefehl eines New Yorker Gerichts gegen Angehörige der schwarzen Gemeinschaft entgegenstellen?

Nadia hat nicht erwartet, dass ich ihr dumme Fragen stelle. Eigentlich hätte ich ganz anders reagieren sollen und das sagen, was europäische Journalisten in solchen Fällen normalerweise sagen: »Haben Sie vielen Dank, Frau Dibsy, dass Sie sich die Zeit genommen haben, mir diese wichtige Information mitzuteilen.«

Aber ich, der Idiot, komme ihr mit einer dummen Frage.

Nadia, die potentielle Scherereien wittert, fasst sich schnell. Sie korrigiert ihre Aussage und teilt mir nunmehr mit: »Ich war am Freitag nicht dort.« Sie war nur früher in der Woche da und weiß nicht genau, was sich zutrug, als die Diplomaten vor Ort waren. Ich frage sie, ob es für das IKRK normal ist, auch in anderen Ländern gegen Entscheidungen der Obersten Gerichte aktiv zu werden. Sie weicht einer direkten Antwort aus und sagt mir stattdessen, dass Israel eine Besatzungsmacht ist und dass es sich an internationale Gesetze halten muss.

Könnte es sein, dass der israelische Oberste Gerichtshof von diesem internationalen Recht nichts weiß? Oder vielleicht, andere Möglichkeit, dass der israelische Oberste Gerichtshof einfach beschlossen hat, dieses Recht zu ignorieren? Nadia möchte diese Frage nicht beantworten, sagt mir aber, dass Israel nach internationalem Recht nicht berechtigt ist, Einheimische von den Hügeln zu vertreiben, die sie sich mit ihren Schafen teilen.

Ich wünschte, ich könnte hinfahren und selbst herausfinden, was sich am vergangenen Freitag dort abgespielt hat, nur habe ich keine Ahnung, wie ich Chirbet al-Machul auf der Landkarte finden soll. Leider hat Japan nicht auch noch einen Plan von Chirbet al-Machul gedruckt.

Und unter uns gesagt, gibt es noch etwas, das ich nicht weiß: Warum diskutiere ich mit dem IKRK über internationales Recht? Ich weiß sehr wenig über das Rote Kreuz, schon wahr, aber sind die nicht so etwas wie ein internationaler Rettungsdienst? Ich weiß es nicht, nehme aber einfach mal an, dass sie besser wissen als ich, was sie tun und wer sie sind. Und so frage ich das IKRK, ob sie mir gestatten würden, sie zu begleiten, wenn sie das nächste Mal irgendwo hinfahren, und ich lasse sie auch wissen, dass ich sehr erfreut wäre, wenn ich von der Planung bis zur Ausführung miterleben könnte, was sie tun.

Ich bekomme eine positive Antwort, und jetzt sind wir alle glücklich.

Das IKRK ist das eine, Diplomaten sind etwas anderes. Woher kennen ausländische Diplomaten, die hier für eine kurze Dienstzeit eingesetzt sind, überhaupt Orte wie Chirbet al-Machul? Ich wurde in diesem Land geboren, bin hier aufgewachsen und habe noch nie von Chirbet al-Machul gehört. Warum kennen sie es dann?

Rein aus Neugierde bitte ich einen israelischen Militäroffizier um seinen Kommentar. Er teilt mir mit, dass es eine »alte Angewohnheit« europäischer Diplomaten ist, sich regelmäßig mit linken Aktivisten aller Art zusammenzutun und ihre nächsten Schritte gemeinsam auszuhecken.

Wenn das stimmt, wirft es ein interessantes Licht auf die Welt der europäischen Nahostdiplomatie.

Ich beschließe, die verborgene Welt der Diplomaten ein wenig zu durchleuchten.

Als der naive Mensch, der ich bin, rufe ich die französische Botschaft und das französische Konsulat in Tel Aviv an, um nach einem Termin mit Marion zu fragen, und könnte man mir bitte auch die offizielle Stellungnahme der französischen Regierung zu dieser Geschichte mitteilen?

Haben Sie jemals versucht, französischen Diplomaten eine Antwort aus der Nase zu ziehen?

Es gibt Leichteres im Leben.

In ihrer Antwort auf meine Anfrage teilt mir die französische Vertretung mit, dass ich binnen einer Stunde zurückgerufen würde und eine von der Regierung gebilligte Erklärung bekäme.

Binnen einer Stunde.

Wie man sich vorstellen kann, heißt eine Stunde in der diplomatischen Welt nach französischer Fasson mehr als nur eine Stunde. Es heißt, in »deutsche Pünktlichkeit« übersetzt: nicht jetzt und nicht irgendwann.

Und so lasse ich mir, da das Telefon nicht klingelt, einen neuen Plan einfallen. Diplomaten sind harte Nüsse, die man nicht so leicht knackt. Schließlich sind sie in der Kunst geübt, die Wahrheit zu umschiffen. Wenn es aber stimmt, dass Diplomaten und linke Aktivisten zusammenarbeiten, warum dann nicht eine Menschenrechtsorganisation infiltrieren und die Antworten auf meine Fragen selbst finden?

Nur welche Menschenrechtsorganisation soll ich nehmen? Es gibt so viele antiisraelische Gruppen in Israel, da ist es nicht leicht, die beste zu finden. Also halte ich mich einfach ans Alphabet. B'Tselem, eine NGO der israelischen Linken, fängt mit B an und ist ziemlich bekannt. Ich rufe sie an und erzähle ihnen von meinem dringenden persönlichen Bedürfnis: Ich möchte bei einer ihrer Aktionen dabei sein. Kurz darauf kontaktiert mich eine Mitarbeiterin der Organisation namens Sarit und schlägt vor, dass ich einen von B'Tselems Rechercheuren, Atef Abu-Alrub, bei seinem nächsten Einsatz begleite: illegaler Wohnungsabriss durch die IDF.

Großartig. Ich rufe Atef an, und wir vereinbaren, dass wir uns in zwei Tagen in Dschenin treffen, wo er lebt.

Dschenin! Wow!

Wenn ich das sagen darf: Ich bin ziemlich zufrieden mit mir. Ich werde die Welt der NGOs unterwandern; niemand wird wissen, wer ich, Tobi der Deutsche, in Wirklichkeit bin, und ich werde Dinge herausfinden, die niemand ahnt. Ich bin, das muss man sich mal klarmachen, ein Geheimagent. Wenn ich mit dieser Nummer durch bin, werden FBI, CIA, Schin Bet und Mossad wissen, was geheimdienstliche Tätigkeit wirklich bedeutet!

Ich gönne mir einen Scotch, diese verdammten Schotten wissen, wie man einen guten Drink macht, und fühle mich wie im siebten Himmel.

Ein Whisky, Entschuldigung für meine mangelnde politische Korrektheit, passt gut zu den Ladys der Nacht. Die tote Rahab habe ich nicht gefunden, also suche ich mir eine lebende Hure.

33. STATION *Gönnen wir uns etwas Entspannung mit den Ladys der Nacht oder den treuen Hausfrauen im Zoo*

Kdosha heißt auf Hebräisch »heilige Frau«, während Kdesha »Prostituierte« bedeutet. Diese beiden so ähnlichen Wörter verfügen über dieselbe Wurzel. Rabbiner finden daran keinen Gefallen, Gott aber, dessen ›Muttersprache‹ Hebräisch ist, anscheinend schon.

Die heiligen Huren sind auf den heruntergekommensten und hässlichen Straßen Tel Avivs zuhause, direkt bei den illegalen afrikanischen Einwanderern – sollten Sie je das Bedürfnis verspüren, einige Zeit in ihrer Gesellschaft zu verbringen.

Die ersten beiden Huren, die ich sehe, sind mollige weiße Blonde aus Putinland, die sich auf Russisch miteinander unterhalten. Ich bleibe bei ihrem ›Laden‹ stehen, woraufhin mich eine von ihnen fragt, ob ich pinkeln muss. Ich frage, wie viel? Sie sagt: Nichts. Pinkeln ist umsonst.

Ich gehe weiter, immer auf der Suche nach einheimischen heiligen Ladys. Nicht böse sein, Blondinen habe ich anderswo schon genug.

Neben einer Handvoll teurer neuer Großraumlimousinen sehe ich eine Dame, die auf mich einen ›einheimischen‹ Eindruck macht, sage hallo zu ihr und wünsche ihr eine tolle Nacht.

Sie ignoriert mich, als sei ich einer von Jerichos Toten.

Heilige Ladys sind keine leichte Beute.

Also laufe ich weiter. Und weiter. Und weiter.

Ich sehe einen Sexshop, der am Sabbat geschlossen hat. Wird wohl von einem Rabbi betrieben.

Ja, hier wandelt man auf heiligem Boden.

Ich kehre um und sehe, dass sich die heilige Hure von hier, die nicht mit mir sprechen wollte, mit einem anderen Engel der Nacht unterhält. Ich sehe, wie sie mich mustern, und gehe zu ihnen.

Die neue Lady fragt: »Was machst du denn hier?«

Das gute Leben suchen.

»Das ist das gute Leben? Hier?«

Ist es denn das schlechte Leben hier ...?

»Wer auch immer hierherkommt, hat höchstwahrscheinlich kein gutes Leben ...«

Und wie ist dein Leben?

»Dem Herrn sei Dank, dem Herrn sei Dank!«

Gepriesen sei der Herr?

»Ja.«

Diese Hure spricht besser als ein Rabbi!

Bist du Israeli?

»Ja, und du? Du siehst mir nach einem Touristen aus.«

Nein, ich bin Israeli. Wie läuft das Geschäft?

»Nun ja, wer auf sich aufpasst, bei dem läuft es gut.«

Wie lange arbeitest du schon hier?

»Wir sind schon lange, sehr lange hier.«

Ist es beängstigend, die Nächte auf der Straße zu verbringen?

»Über die Straße zu gehen, irgendeine Straße, ist das nicht beängstigend? Wir passen auf uns auf. Wir haben Messer, Tränengas. Wir nehmen uns in Acht.«

Und wo »macht« ihr es?

Auf ein Gebäude in der Nähe zeigend: »In den Zimmern da drinnen. Es gibt Zimmer oben, unten, überall.«

Was ist euer Preis?

»Hängt davon ab. Es fängt bei 100 Schekel an, wenn wir im Auto des Freiers bleiben, danach geht es hoch.«

Nun schaltet sich die Erste Lady ein: »Es ist wie bei einem Taxameter. Der Preis geht hoch und kann bis zu 1000 Schekel erreichen.«

Zweite Lady: »Es hängt vom Freier ab. Wir mustern ihn, sein Gesicht, und setzen einen Preis fest, je nachdem, was wir glauben, aus ihm herausholen zu können.«

Du siehst einen Mann, beurteilst ihn sofort und hast sofort einen Preis im Kopf?

»Anders geht es gar nicht.«

Die sollten in der Juwelierbranche tätig sein; da werden die Preise so gemacht.

Sind die meisten Freier Israelis?

»Nein. Mir sind die Israelis lieber, aber die meisten sind Touristen aus Übersee.«

Erste Lady: »Wir sind wie Nahrung für die Männer. Sie brauchen uns, sie müssen uns haben.«

Habt ihr auch charedische Freier?

Zweite Lady: »Viele!«

Erste Lady: »Chassidische Juden, die sind die besten!«

Wieso?

Zweite Lady: »Die sind am schnellsten fertig. Die machen keine Probleme. Und was immer man ihnen sagt, ist ihnen heilig. Sie akzeptieren, was wir ihnen sagen, als stünden unsere Worte in der Heiligen Schrift.«

So ist es. Religiöse Juden erkennen Heiligkeit, wenn sie sie sehen.

Was ist die größte Gruppe unter euren Freiern?

»Die größte Gruppe sind Juden. Die Juden – nicht nur Israelis – machen die Mehrzahl unserer Kunden aus. Chassidische Juden, kriminelle Juden –«

Erste Lady: »Alle, alle kommen sie zu uns! Wir sind ihre Nahrung!«

Kommen auch palästinensische Männer?

Zweite Lady: »Selbstverständlich.«

Macht es für euch einen Unterschied, ob die Männer Juden oder Araber sind?

300

Erste Lady: »Hör mal, ich bin eine Beduinin, wie könnte ich Palästinenser diskriminieren?«

Guter Gott! Diese heilige Lady der Nacht kommt vielleicht aus Chirbet al-Machul!

Zweite Lady: »Das Wichtigste ist, dass der Mann ein guter Mensch ist.«

Erste Lady: »Wenn ich beispielsweise Russen sehe, dann gehe ich lieber nicht mit denen. Die trinken zu viel und kriegen keinen Orgasmus. Auch mit Äthiopiern gibt es Probleme, die wollen einen immer überall anfassen. Am meisten mag ich die aschkenasischen Juden. Die sind ruhig, die sind süß.«

Wie viele jüdische Huren gibt es hier?

Zweite Lady: »Eine Menge.«

Erste Lady: »Sex hat mit Religion nichts zu tun. Sex hat keinen Glauben.«

Du bist eine Beduinin. Weiß deine Familie, was du hier machst?

»Das müssen sie nicht wissen.«

Zweite Lady: »Erzählst du deiner Familie alles?«

Lebt ihr alleine oder habt ihr eure eigenen Familien?

Zweite Lady: »Ich lebe mit einem Mann zusammen, meinem Freund.«

Ist es ihm egal, was du tust?

»Er ist ein charedischer Jude.«

Weiß er, was du hier machst ...?

»So haben wir uns kennengelernt.«

Wow!

»Er führt ein Doppelleben. Für die Außenwelt trägt er diese schwarze Kleidung der Charedim, mit dem Schtreimel auf dem Kopf, aber zuhause ist er ganz normal. Wirklich normal.«

Erste Lady: »Das hier ist ein schönes Land. Alles, was man sich wünschen kann, findet man in diesem Land. Ich war eine Sonderschullehrerin –«

Wie bist du von da hierher ...?

»Wie? Mit dem Bus!« Sie kichert.

Wie seid ihr zur Prostitution gekommen?

Zweite Lady: »Drogen. Ich hab mit Drogen angefangen, und dann musste ich mich ab und zu prostituieren. Meine Familie hat mich aus dem Haus geworfen, da habe ich hier zu arbeiten begonnen. Dem Herrn sei Dank nehme ich keine Drogen mehr. Ich bin heute ein braves Mädchen.«

Erste Lady: »Meine Familie wollte mich zwingen, einen alten Mann zu heiraten und seine dritte Frau zu werden. Da bin ich abgehauen!«

Was ist der schlimmste Aspekt an der Arbeit hier?

Zweite Lady: »Verbrechen jeglicher Art. Einbrüche, Gewalttaten.«

Erste Lady: »Neulich wurde ich aus einem Auto geworfen, nachdem ich eine Stunde drin gewesen war –«

Zweite Lady: »Ich war mit einem Mann in einem Wagen, und plötzlich kamen zwei weitere Männer aus dem Laderaum. Sie schlugen mich so brutal, dass ich fast dabei draufgegangen wäre. Ich kam ins Krankenhaus.«

Erste Lady: »Jeden Tag, wenn ich aus dem Haus gehe, sage ich nicht: ›Lieber Gott, bitte lass mich einen Haufen Geld verdienen.‹ Ich sage: ›Lieber Gott, bitte hilf mir dabei, dass ich wohlbehalten wieder nachhause komme.‹«

Zweite Lady: »Jeden Tag, bevor ich das Haus verlasse, sage ich den Bibelvers: ›Höre, Israel, der Herr ist unser Gott, der Herr ist einzig.‹« Traditionell rezitiert man diesen Spruch, wenn man dem Tod ins Auge blickt.

Das, meine Lieben, sind die Huren Israels, betende Huren!

Zweite Lady: »In den letzten paar Jahren ist unser Leben sehr viel gefährlicher geworden.«

Wieso das?

Erste Lady: »Wegen der Sudanesen.«

Zweite Lady: »Wegen der Sudanesen und der anderen Schwarzen hier.«

Erste Lady zur Zweiten Lady: »Pass auf, dass sie dich nicht hören!«

Zweite Lady: »Mistkerle, alle miteinander!«

Was tun die Sudanesen euch, dass ihr so negativ über sie denkt?

Zweite Lady: »Das sind keine kultivierten Menschen.«

Erste Lady: »Ich gebe ihnen nicht die Schuld –«

Zweite Lady: »Sie sind gewalttätig uns gegenüber–«

Erste Lady: »Wenn du Königin Victoria hierherverfrachtest, unter denselben Bedingungen, ohne Arbeit, dann würde sie sich genauso benehmen wie die! Es hat nichts mit ihrer Rasse oder ihrer Hautfarbe zu tun, sondern mit ihren schlimmen Lebensbedingungen.«

Verratet mir, Ladys: Was sind eure Träume?

Erste Lady: »Mein Traum ist es, dass alle Sudanesen von hier rausfliegen.«

Zweite Lady: »Mein eigenes Zuhause zu haben.«

Erste Lady: »Es gibt keinen Weg zum Glück, wenn man nicht mit dem glücklich ist, was man hat.«

Du solltest im Fachbereich Philosophie an der Uni von Tel Aviv unterrichten. Du wärst die beste Professorin und würdest im Geld schwimmen ...

Erste Lady: »Ich habe Geld genug.«

Zweite Lady: »Wenn du studieren willst, glaub mir, dann ist die Straße der beste Ort. Auf der Straße lernst du das Leben kennen, lernst, was wirklich zählt. Vergiss den Aspekt Prostitution, lass das für den Moment beiseite. Wenn du etwas über das Leben erfahren willst, ist der beste Ort, Wissen zu erlangen, die Straße.«

Die Erste Lady demonstriert mir nun, was sie auf der Straße gelernt hat, das kein Professor voraussagen würde. Sie sagt: »Wenn du in anderthalb Jahren wieder in diese Straße kommst, wirst du einen Reisepass brauchen.«

Warum das denn?

»Es wird ein anderes Land sein. Bald werden die Sudanesen ihre Unabhängigkeit fordern –«

Zweite Lady: »Die, mit dem ganzen Müll, den sie immer mit sich herumschleppen.«

Erste Lady: »Das ist ihr Recht, oder? Sie leben hier, und bald werden sie ihr Menschenrecht auf Anerkennung fordern. Zwei oder drei Jahre maximal, und diese Straßen hier sind ein unabhängiger Staat.«

Ich nehme an, dass die auch auf Frauen stehen?
»Ja.«
Haben sie Geld, um zu bezahlen?
Zweite Lady: »Die Sudanesen haben mehr Geld als der durchschnittliche Israeli.«
Wie bitte?

Erste Lady: »Geh die Straße runter, und du wirst es schon sehen. Das Erste, was dir auffallen wird: Sie beherrschen den Drogenmarkt.«

Zweite Lady: »Schreib das bitte auf!«

Wie heißt ihr denn?

Zweite Lady: »Keren.«

Erste Lady: »Nadine.«

Auf der anderen Straßenseite geht ein chassidischer Jude vorbei und schaut, was so läuft. Nadine zeigt auf ihn. »Siehst du? Über die haben wir gerade geredet. Dieser Typ da kommt in einer Sekunde zum Orgasmus.«

Diese Ladys der Nacht sind voller Leben, witzig, originell, und es ist ein Vergnügen, sich mit ihnen zu unterhalten. Ich weiß nicht, wie viel von dem stimmt, was sie mir über sich erzählt haben, habe aber jede Sekunde unseres Gesprächs genossen.

Ich mache ein paar Fotos mit ihnen: Ich blicke in die Kamera, sie kehren ihr den Rücken zu. Ich drücke Keren, vielleicht ein bisschen zu sehr, witzelt sie doch: »Ich glaube, dafür musst du bezahlen!«

Vielleicht sollte ich jetzt nach Me'a Sche'arim gehen, um den Unterschied zwischen Kdesha und Kdosha persönlich zu erleben.

Auf dem Weg dorthin ruft mich das IKRK-Büro in Jerusalem an. Wir sprechen miteinander und einigen uns auf Folgendes: Ich werde bei einem ihrer kommenden Einsätze in Palästina von der Planung bis zur Umsetzung mit dabei sein. Details folgen.

Diese Woche findet das Laubhüttenfest statt, das die Gläubigen besonders gern feiern.

Wie jedes Kind weiß, kamen die Kinder Israels in den Zeiten des Heiligen Tempels nach Jerusalem, um dieses Fest zu feiern. Heute sind die Straßen Me'a Sche'arims so überfüllt mit Feiernden, dass der Verkehr praktisch zum Erliegen gekommen ist. Die Gläubigen haben sich mächtig herausgeputzt, und wenn man sich ins Getümmel stürzt, wähnt man sich im Europa von vor einigen Jahrhunderten. Na ja, fast. Eher vielleicht im Europa von einst, gemischt mit dem Afghanistan von heute. Es gibt einen eingezäunten Bürgersteig, der den Frauen vorbehalten ist. Die dürfen nämlich nirgendwo anders entlanggehen. Von der Straße und vom gegenüberliegenden Bürgersteig aus wirken die Frauen wie Zootiere, die von einem Drahtzaun geschützt werden.

Gott weiß warum, aber ich beschließe, in die Frauenzone zu wechseln.

Eines kann ich Ihnen verraten: Als einzelner Mann von einer Unzahl Frauen umringt zu sein, ist ein gutes Gefühl. Ja, ich weiß, es ist nicht nett, so etwas zu sagen, aber wie Keren und Nadine es formulieren würden: Ich bin von »Nahrung« umgeben. An einer Hauswand sehe ich diesen Hinweis an das weibliche Geschlecht: »Frauen, deren Arme und Beine in dieser Welt unbedeckt waren, werden (im Jenseits) in einem Hexenkessel voller Feuer brennen. Sie werden vor Qual und Leid schreien. Das ist viel schlimmer, als wenn jemand verbrannt wird, der noch am Leben ist.«

In Toldos Aharon, der Organisation, die ich schon zweimal

besuchte, tanzen und singen tausende von Menschen: »Es dürstet meine Seele nach dir, Herr; mein Fleisch verlangt nach dir.«

Ich frage mich, ob sie denselben Vers rezitieren, wenn sie die Ladys der Nacht aufsuchen.

34. STATION *Europäische Diplomaten eilen Beduinen zu Hilfe, die gerne deutsche Frauen nackt zwischen ihren Ziegen herumspringen sähen*

Ich nehme ein Taxi nach Dschenin, um verabredungsgemäß Atef von B'Tselem zu treffen. Der Taxifahrer fährt mich durch das gesamte Westjordanland – jedenfalls beinahe. Er glaubt den Weg nach Dschenin zu kennen, nur die Straßen gehorchen ihm nicht immer. Es macht mir nicht wirklich etwas aus, weil ich so mehr zu sehen bekomme, als es sonst der Fall wäre. Und das Westjordanland, darf ich es zum hundertsten Mal sagen, ist absolut hinreißend.

Mit Allahs Hilfe aber schaffen wir es am Ende tatsächlich nach Dschenin.

Atef, der neben seinen Aktivitäten als Aktivist auch als Redakteur für die palästinensische Zeitung *Al-Hayat al-Jadida* arbeitet, begrüßt mich mit meinem arabischen Lieblingskaffee in seinem Büro, bevor wir zu seinem Auto gehen. Wir kommen am »Cinema Jenin« vorbei, von dem ich schon oft gehört habe. Als Meisteragent will ich es mir kurz aus der Nähe ansehen. An seiner Frontseite ist in Stein gemeißelt, dass dieses Kino vom »Deutschen Auswärtigen Amt«, dem »Goethe-Institut«, der »Palästinensischen Autonomiebehörde« sowie »Roger Waters« unterstützt wird. (Im Sommer 2013 versah Roger bei einem Konzert ein in der Luft schwebendes aufblasbares Plastikschwein mit dem jüdischen Davidstern.)

Wir laufen noch ein Stück weiter, bis wir Atefs Wagen erreichen, und ich frage ihn, wohin unsere Fahrt geht.

»Nach Chirbet al-Machul.«

Ja, genau in den Ort, in dem sich Marion die Französin einen Namen als Retterin des Volkes machte.

Ich dachte, wir würden der Zerstörung neuer Häuser beiwohnen, vermute aber mal, B'Tselem konnte keinen echten Hausabriss auftreiben, und so schicken sie mich in ein Zelt, das in den Nachrichten ist. Das ist nicht das, womit ich gerechnet hatte, sondern noch besser. Jetzt werde ich sehen, was BBC und Konsorten auf dem Herzen haben, dass sie sich so fleißig mit Machul beschäftigen. Wir fahren stundenlang. Das Jordantal hat nicht nur majestätische Berge zu bieten, sondern auch endlose Straßen, und Atef erzählt. Die Berge, sagt er, waren einmal grün.

Wer hat sie braun gemacht?

Nun ja, die Israelis. Es gab einmal Wasser unter den Bergen, erklärt er mir, aber die Israelis haben es gestohlen. Das ist durchaus möglich, genauso wie es ja auch möglich ist, dass Mekka einmal wie Hamburg aussah, bis ein paar Juden alle Bäume klauten. Ich sage nichts dergleichen zu Atef. Ich bin ein Deutscher und als solcher höflich.

Von diesem Moment an spreche ich kein Arabisch, solange ich mit Atef unterwegs bin. Andere europäische Gutmenschen laufen hier mit Dolmetschern auf, und so sollte es auch Tobi der Deutsche halten. Punkt.

Dann eröffnet mir Atef, dass wir, bevor wir nach Chirbet al-Machul fahren, erst noch einen Abstecher zu einem palästinensischen Regierungsvertreter machen, der für israelische Verbrechen im Westjordanland zuständig ist. Nichts lieber als das. So jemandem mal zu begegnen, ist ein alter Traum von mir.

Wir fahren durch eine Gegend namens Tubas. Ich weiß nicht, ob Sie da jemals waren; ich jedenfalls nicht. Jetzt bin ich es. Hier stehen architektonisch erstaunliche Gebäude, wie man sie nicht einmal in den reichsten Ecken Connecticuts antrifft. Als ich mit meinem iPhone ein paar Schnappschüsse machen will, sagt Atef, ich solle das lassen und gibt Gas.

Ja, ja, schon klar. Er ist hier, um mir zu zeigen, wie die Israelis den Palästinensern das Leben zur Hölle machen, da sollte mein

Bild nicht durch schöne Häuser getrübt werden. Ich fühle mit ihm. Aber ich kann einfach nicht widerstehen und mache ein paar Fotos. Ich bin wohl doch nicht der allerhöflichste Deutsche. Vielleicht waren meine Urgroßeltern ja Österreicher.

Wir kommen an einem eleganten Verwaltungssitz an, in dem sich offiziell der »Staat Palästina, Gouvernement Tubas und nördliche Täler« befindet. Wir steigen aus und gehen hinein. Ich soll hier Moataz Bsharat treffen, dessen offizieller Titel »Beamter des Jordantals, Sicherheitsdirektor« lautet und der mir vermutlich beibringen soll, dass die Israelis die Palästinenser ins Elend stürzen. Angesichts seines phänomenalen Büros ist das keine leichte Aufgabe, aber er ist wahrscheinlich ein starker Mann und weiß, wie er vorgehen muss.

Atef macht uns miteinander bekannt. »Moataz Bsharat ist der Beamte, der für die gesamte Gewalt der Israelis im Jordantal zuständig ist.« Mir ist nicht ganz klar, welche Kompetenzen er hat, denke mir aber, dass dies meine Chance ist, herauszufinden, was wirklich in Chirbet al-Machul geschehen ist. Dieser Mann sollte das alles wissen.

Können Sie mir sagen, was sich dort abgespielt hat?

Moataz dreht und windet sich und gibt erst am Ende zu, dass Marion, die französische Diplomatin, auf die israelischen Soldaten einboxte, als sie sich wieder erhoben hatte, nachdem sie zu Boden gegangen war. Dass sie dies aber tat, weil die Soldaten sie und die anderen Diplomaten zuerst geschlagen hätten. Moataz zeigt auf seinen Computer und sagt, dass er mir das alles jetzt gleich zeigen kann, da er alles auf Video hat.

Moataz geht davon aus, dass ich jetzt zufrieden sein sollte, weil er meine Frage beantwortet und mir sogar eröffnet hat, dass er alles auf Video besitzt. Der britische Journalist, dem ich in Majdal Schams begegnete und der eigenmächtig entschied, dass die Drusen keine Gasmasken von Israel bekommen, würde sicher mit Freuden berichten, dass »alles auf Video ist«, ohne es sich selber anzuschauen. Ich aber bin kein Brite und frage Moataz: Können Sie das Video für mich abspielen? Ich würde es gerne sehen.

Aber ach, wie schade. »Unsere Zeit ist um«, erwidert Moataz, und er müsse jetzt sofort aufbrechen.

Moataz ist sichtlich verwirrt. Die anderen Europäer nehmen immer alles gläubig entgegen, was er ihnen erzählt. Was in Allahs Namen stimmt nicht mit diesem Tobi dem Deutschen?

Atef sagt, dass wir jetzt nach Chirbet al-Machul fahren können.

Dort angekommen fällt mir eine Großraumlimousine der MSF, Médecins Sans Frontières, Ärzte ohne Grenzen, auf. Eine Mitarbeiterin und ein Mitarbeiter dieser Organisation sitzen mit einer Gruppe Beduinen zusammen und nehmen schriftlich Zeugenaussagen zu Protokoll.

Wie kamen die Ärzte ohne Grenzen hierher und warum? Ich sehe nirgendwo einen Verletzten, nur gesunde Araber, und frage mich, was diese Ärzte im Schilde führen. Sie stellen sich mir vor: Federico, aus Italien, der arabischen Gewaltopfern in den Siedlungsgebieten hilft, und Eva, aus der Tschechischen Republik, eine Psychologin. Diese beiden ehrenwerten Ärzte sehen, wie verdattert ich über ihre Anwesenheit bin, und machen mir klar, dass ich sie besser nicht erwähnen sollte. »Wir müssen uns bedeckt halten«, sagt der Arzt zu mir. Ich erwidere, dass sie stolz auf ihre Arbeit hier sein sollten, die sie doch immerhin dazu bringt, ihre Ansichten zu ändern. Als ich sie sogar frage, ob ich ein Foto von ihren schönen Gesichtern machen kann, sind sie einverstanden.

Was die beiden hier treiben, ist kurz und schmerzlos Folgendes: Sie erfinden Erkrankungen, die sie den Israelis in die Schuhe schieben können.

Lang lebe Europa.

Als die grenzenlosen Ärzte mit den Zwangsgeräumten fertig sind, setze ich, der Meisteragent, mich mit diesen Arabern zusammen, um mir ihre Geschichte anzuhören und ihre traumatischen Krankheiten einzuschätzen.

Mahmud Bsharat, einer von ihnen und der wichtigste Mann im Ort, erzählt mir seine Lebensgeschichte.

»Drei Jahre nach der Besatzung«, womit er 1967 meint, zog er nach Israel, um dort zu arbeiten. 1987 ging er zurück in die Wüste. Er hat neun Kinder, von denen sieben über einen Universitätsabschluss verfügen.

Wurde er hier geboren?

Nein. Aber er wuchs hier auf, oder hier in der Gegend. Menschen, die in der Wüste leben, erzählt er mir, ziehen von einem Ort zum anderen, immer abhängig vom Wetter, von einem besseren Zugang zu Wasser oder was auch immer. Wenn ich all seine Aussagen zusammennehme, scheint er nicht vor 1987 nach Chirbet al-Machul gekommen zu sein. Die Behauptung der BBC und anderer europäischer Medien, diese Beduinen hätten an diesem Ort »seit Generationen Schafe weiden lassen«, erweist sich als romantische Fiktion.

Wer auch immer sie sind, es müssen kluge Köpfe sein, die die Interessen Mahmuds und der anderen Beduinen hier vertreten und in der Lage sind, Tatsachen zu verdrehen. Ich frage Mahmud, welcher Anwalt ihn vor dem Obersten Gericht vertritt und wie viel er kostet. Nun, Mahmud hat sich noch nie einen Anwalt genommen und noch nie irgendeinem Anwalt irgendetwas bezahlt. Wer zahlt aber dann? Ein anderer Mahmud, der Palästinenserführer Mahmud Abbas.

Palästina nimmt sich einen Rechtsanwalt, um in Israels Gerichten gegen Israel vorzugehen, interessant.

Wo wird Mahmud der Beduine heute Nacht schlafen, jetzt, wo er hier zwangsgeräumt wurde? Er wird hier schlafen, antwortet er mir.

Die israelische Armee hat hier etwas abgerissen, nur dass »abgerissen« ein zu starkes Wort für das ist, was hier geschehen zu sein scheint. Bevor Israel es abriss, bestand dieses Dorf aus Wellblechschuppen, Zelten und nackten Holzbalken, wie man am Lager direkt neben mir sehen kann. Es würde vielleicht zwei Stunden dauern, dieses Lager wieder aufzubauen. Nichts deutet hier auf irgendwelche echten Behausungen hin.

Ich bitte Mahmud, mir die Israelis zu beschreiben, mit denen er so viele Jahre zusammengelebt hat. »Sie sind Rassisten«, sagt er. Warum blieb er dann 20 Jahre bei ihnen? Weiß der Kuckuck!

Er erinnert mich an die Ladys der Nacht in Tel Aviv, die sich sicher sind, dass die Sudanesen bald mitten in Tel Aviv ihr eigenes freies Land fordern werden.

Andere um uns herum, darunter Mahmuds Bruder, beteiligen sich am Gespräch, und ich erfahre weitere Details zur Geschichte der französischen Diplomatin. Sie und andere Diplomaten organisierten einen Lastwagen voller Zelte sowie weiterer Annehmlichkeiten und fuhren ihm in ihren eigenen Autos hinterher, um beim Wiederaufbau des Lagers mitzuhelfen. Nachdem die Soldaten alle zum Verlassen der Gegend aufgefordert hatten, stieg der Lastwagenfahrer aus seinem Lkw aus, und Marion setzte sich auf den Fahrersitz, um die Soldaten daran zu hindern, den Laster wegzufahren. Nachdem die Soldaten mehrfach vergeblich versucht hatten, sie davon zu überzeugen, dass sie sich nicht einmischen solle, zerrten sie sie schließlich vom Fahrersitz herunter. Dabei fiel Marion zu Boden.

Auch hier erzählt die BBC wieder Märchen. Marion wurde nicht »aus ihrem Fahrzeug gezerrt«, sondern aus dem Laster mit den Zelten.

Haben Sie gesehen, wie die Soldaten Marion schlugen?, frage ich die versammelten Augenzeugen.

»Nein. Sie haben sie nur aus dem Laster gezerrt.«

Was taten die anderen Diplomaten in diesem Moment?

»Sie filmten.«

Interessante Beschäftigungen europäischer Diplomaten. Sie schleppten die Zelte an, dann filmten sie eifrig. Sie wussten von vornherein, dass die Armee einen Wiederaufbau des Lagers nicht zulassen würde, hatten es aber auf einen Videoclip abgesehen, mit dem Israel sich ein Armutszeugnis ausstellen würde. Ich dachte, dass die Aufgabe eines Diplomaten darin besteht, sein Land in seinem Gastland zu vertreten. Das gilt offensichtlich nicht für europäische Diplomaten in Israel. Eine andere interessante Frage ist: Wer bearbeitete das Video so, dass man nicht mehr sieht, was Marion getan hatte? Nur die EU und andere redliche Wahrheitsvermittler und Journalisten können das wissen.

Ich gehe dieser Frage mit Hilfe meines iPads nach und finde eine iranische Nachrichtenseite, die ein Video von dem Vorfall zeigt. In ihm ist Marion auf dem Fahrersitz zu sehen, dann ein Schnitt zu Marion, wie sie auf dem Boden liegt, dann ein Schnitt zu Marion, die auf einen Soldaten einschlägt. Wie Marion auf den Erdboden kam, wird nicht gezeigt, was die Möglichkeit nahelegt, dass sie sich von selbst hingelegt hat, um ein entsprechendes Motiv abzugeben. In dem Bildmaterial der iranischen Nachrichtenseite wirken sogar die Soldaten überrascht darüber, sie auf dem Boden zu sehen. Interessanterweise sind die Gesichter auf dem Foto der BBC vom Bildrand abgeschnitten.

Großartige journalistische Arbeit.

Und ich erfahre noch mehr von den Leuten hier.

Dieses Lager ist seit 2008 immer wieder Gegenstand von Prozessen vor israelischen Gerichten, und in all den Jahren wurde hier nichts abgerissen. Niemand ist einfach gekommen und hat Menschen aus dem Schlaf gerissen und brutal zwangsgeräumt. Chirbet al-Machul liegt übrigens am Fuße eines Berges, auf dem sich ein Stützpunkt der israelischen Armee befindet, und wurde wahrscheinlich deshalb geräumt, im Unterschied zu den anderen Lagern in den umliegenden Bergen.

Mahmud erzählt mir noch eine andere Geschichte: Israelische Militärflugzeuge pflegten über seine Ziegen zu fliegen und sie abzuschießen, eine nach der anderen. Ich versuche mir MK Ayelet Shakeds Mann vorzustellen, wie er mit seiner F-16 Raketen auf flüchtende Ziegen feuert.

Ich frage die Leute, wovon sie in dieser Gegend leben. Sie produzieren Ziegenkäse, lautet die Antwort. Könnte ich den mal probieren? Ja, kann ich, und was soll ich sagen? Allein für diesen salzigen Käse hat es sich schon gelohnt, hierherzukommen! Ich kriege auch ein großes Stück Fladenbrot dazu; die beste Pita, die je gebacken wurde, glauben Sie mir.

Natürlich bleibt kein Gefallen unerwidert, und als ich meine Gastgeber frage, wie sie in dieser Gegend Liebe machen, sofern sie verheiratet sind, bitten sie mich um einen Gefallen: Könnte ich ihnen zwei deutsche Frauen besorgen? »Geben Sie mir zwei deutsche Frauen!«, fordert einer von ihnen mich auf. Die Frauen müssten nicht kochen und dergleichen, nur nackt daliegen und

sich ficken lassen. Wir stehen neben drei großen Wassertanks, und ich verspreche ihnen bis morgen zwölf Uhr mittags drei nackte deutsche Frauen, auf jedem Wassertank eine nackte Blondine. Wir lachen aus vollem Halse über die nackten deutschen Ladys auf den Wassertanks, bis Atef einfällt, dass dies vielleicht nicht das angemessene Bild von leidenden Beduinen abgibt, das er vermitteln möchte – lachende statt leidender Menschen –, woraufhin er mich bittet, den Teil mit den nackten deutschen Frauen nicht zu erwähnen. Den Beduinen selbst ist das herzlich egal.

Ich bitte Atef, mich zu einem anderen Beduinenlager zu führen, einem, das die Israelis nicht abgerissen haben.

Als wir gerade loswollen, höre ich die weitere Entwicklung in Sachen Chirbet al-Machul: Ein vom Staat Palästina bezahlter Rechtsanwalt zieht vor den israelischen Obersten Gerichtshof, um eine Wiederaufnahme des Falles zu erwirken. Die Beduinen wissen nicht wirklich, was hier los ist, da sich NGOs und der Staat Palästina um ihren Fall kümmern. Und noch etwas erfahre ich, bevor wir in den Wagen steigen: Sie haben nie wirklich hier gelebt. Sie haben ihre Ziegen hier, verfügen aber auch über andere Unterkünfte. Wo? Sie zeigen auf die vor uns liegenden Berge. Dies würde erklären, warum hier nicht mehr als Wellblechschuppen, Balken und zusammengefaltete Zelte zu sehen sind.

Atef fährt mich zu einem anderen Lager, dem eines Bauern, der »wie ein Beduine lebt«, sprich eines ›normalen‹ Palästinensers.

Atef und der Bauer führen mich auf dem Anwesen herum. Auf dem Boden sitzt seine Frau und bessert Kleidung aus.

So ein kleiner Rundgang genügt mir aber nicht, ich will mehr. Wie kriege ich unseren Gastgeber und Atef dazu, Tacheles mit mir zu reden, sich mir zu öffnen und zu verraten, was sie normalerweise Besuchern wie mir vorenthalten? Vielleicht kann mir ja die Frau dabei helfen. Ich werde ihr ein paar intime Fragen stellen und sie, ihren Mann und auch Atef dazu bringen, mich nicht wie einen Allerwelts-Auslandsjournalisten zu behandeln.

Ich bitte die Dame des Hauses, mir ein wenig über ihren Mann zu erzählen.

»Er ist sehr nett, sehr liebenswürdig«, sagt sie.

Geben Sie mir ein Beispiel für seine Nettigkeit und Liebenswürdigkeit.

»Er ist sehr gut.«

Geben Sie mir ein Beispiel dafür, was er Ihnen Gutes tut.

Sie kann mit nichts Gutem aufwarten, außer dass sie etwas über den Haddsch in Mekka murmelt.

Hat er Sie heute geküsst? Hat er Ihnen ein, sagen wir, Eis geschenkt?

Atef zieht mich weg. So was soll ich nicht sehen oder fragen.

Wir setzen uns mit dem Mann des Hauses zusammen. Und ich habe ihm eine sehr wichtige Frage zu stellen: Haben Sie heute Ihre Frau geküsst?

»Ich weiß nicht mehr, was ich gemacht habe.«

Wann haben Sie sie zuletzt geküsst?

Atef sagt, ich kann solche Fragen nicht stellen: »Es sind Kinder hier!«

Ich ignoriere Atef und frage den Hausherrn noch einmal: Wann haben Sie zuletzt Ihre Frau geküsst?

Er weiß nicht, was er sagen soll; den letzten Kuss hat er völlig vergessen. Atef kommt ihm zu Hilfe, indem er ihm sagt: »Sie werden darauf nicht antworten.«

Wenige Minuten später, nachdem sich weitere Bewohner der Gegend um uns versammelt haben, erklärt mich der Mann zum Juden. Jawohl, einfach so.

Ich sage ihm: Sie müssen vorsichtig sein; so etwas sagt man nicht zu einem Deutschen!

Und dann stelle ich meinem Gastgeber die Gretchenfrage: Warum glauben Sie, dass ich jüdisch bin?

Atef erklärt mir das Offensichtliche: »Sie wollen jedes Detail wissen. Sie versuchen, Probleme zwischen den Eheleuten zu schüren.«

Ich protestiere. Ich habe lediglich versucht, ihr Eheleben zu verbessern, sage ich.

Atef: »Sie haben die Frau ermuntert, sich gegen ihren Mann zu stellen.«

Die Tochter des Gastgebers schaut vorbei. Sie erzählt mir, dass sie gerne im Ausland Jura studieren würde. Ich erwidere, dass ich nichts dagegen hätte, ihr ihren Traum zu erfüllen, sie mich dafür aber erst heiraten müsste.

Leider wird der Heiratsantrag dieses Nichtmuslims abgelehnt.

Vielleicht muss ich später noch einmal mit einem kleinen Mercedes als meiner bescheidenen Brautgabe vorbeikommen.

Bevor ich aber ausbaldowern kann, wie ich zu einem glänzenden neuen Mercedes komme, lässt mein Gastgeber eine Bombe platzen. Ich, Tobi der Deutsche, »zahle den Juden Geld!«, beschuldigt er mich, seinen künftigen Schwiegersohn.

Wann habe ich irgendeinem Juden Geld gezahlt? Ach so, nicht ich persönlich, sondern mein Volk, die Deutschen. Und der Meinung dieser Versammlung nach ist das sehr falsch. Ich lerne gern Neues, und Folgendes lerne ich heute: Wir Deutschen erlauben es den Juden zu behaupten, dass wir Deutschen sie in Europa umgebracht haben, und wir zahlten ihnen sogar Entschädigung für etwas, das nie stattgefunden hat.

Glauben diese Leute, dass die Juden im Zweiten Weltkrieg nicht getötet wurden? Atef, der Mann von B'Tselem, antwortet völlig unmissverständlich: »Das ist eine Lüge. Ich glaube es nicht.« Kurzum: Der Holocaust ist eine Erfindung der Juden.

Auf unserer Rückfahrt nach Dschenin erzählt Atef mir, dass er gelegentlich für Gideon Levy von *Haaretz* arbeitet. Er hat ihm etwa fünfmal als Reiseleiter und Dolmetscher gedient.

Wie gut, auf Gideon Levys Reiseleiter und Dolmetscher zu stoßen, den guten alten Atef, einen der führenden Feldforscher von B'Tselem. Und gut auch, endlich herauszufinden, dass der Holocaust nie wirklich stattgefunden hat. Genau. Nur wimmelt es halt von jüdischen Rassisten, aber B'Tselem wird sie schon alle kriegen.

Was sich hier und heute herausstellt, betrifft sehr viel weniger die Araber als vielmehr Juden und Europäer. *Haaretz* und B'Tselem werden von Juden betrieben, die ihr Leben der Aufgabe widmen, denen zu helfen, die sie hassen. Was die Europäer angeht: Ihre Diplomaten verhalten sich in einer Weise, die das Gegenteil von allem ist, was Diplomatie leisten sollte, während ihre Journalisten Artikel schreiben, die das Gegenteil von dem sind, was Journalismus eigentlich leisten sollte. Und um Salz in die Wunden zu streuen, finanzieren die Europäer großzügig Juden, die keine Juden mögen.

Ich lasse mich von Atef in der Innenstadt von Dschenin absetzen und schaue mir einen Film im Cinema Jenin an. Heute, erfahre ich an der Kasse, läuft ein 3-D-Film, der ein Publikumsschlager in Dschenin ist. Ich bezahle meine Kinokarte und bekomme eine dieser 3-D-Brillen. Hier im Cinema Jenin haben sie die hübschesten 3-D-Brillen, die ich je gesehen habe. Die New Yorker Kinos sollten sich vom Cinema Jenin eine Scheibe abschneiden. Aber die Wahrheit ist ja: Das Cinema Jenin wird von gutherzigen Menschen großzügig unterstützt, was New Yorker Kinos nicht von sich behaupten können.

Im Saal sind drei Besucher. Einschließlich meiner Wenigkeit. Das also ist ein »Publikumsschlager in Dschenin«. Irgendwann im Lauf des Tages sagte Atef mir, dass das Kino im Durchschnitt rund zehn Besucher pro Film hat. Er hat sich in der Zahl geirrt.

Wenn ich sehe, wie die Deutschen ihr Geld für dieses Kino verschleudert haben, fange ich plötzlich an, die palästinensische Geschichte, wie Atef sie erzählt, zu glauben. Wäre ich ein Palästinenser in Dschenin, dann würde ich wahrscheinlich auch so denken. Ich würde dieses »Cinema Jenin« betrachten, eine Institution, in die die Deutschen Unsummen hineingepumpt haben, in die sich aber in Wirklichkeit ab und zu einmal zwei Leute verirren, und würde mich fragen, warum sie das taten. Die einzige logische Erklärung ist: Die Deutschen wissen mit ihrem Geld nichts Besseres anzufangen, als damit nach verlassenen Gebäuden zu schmeißen, die sie als Kino bezeichnen. Und warum sollten sie so etwas tun? Ich habe keine Ahnung. Das sind die Deutschen, die werfen gerne Geld für Dinge zum Fenster raus, die gar nicht existieren: Sie denken sich eine Geschichte aus und schreiben dann die Schecks. Aus genau diesem Grund geben sie Millionen und Milliarden für die »Holocaust«-Geschichte aus. Aus irgendeinem Grund suchen die Deutschen nach Vorwänden, um ihr Geld auf die Leute regnen zu lassen: ein Kino hier, ein Holocaust da. Wo es ein Kino gibt, da gab es auch einen Holocaust. Mit jeweils zwei Leuten, und die Deutschen zahlen.

Eigentlich ganz einfach.

Tags darauf veröffentlicht B'Tselem folgende Erklärung: »Die Einwohner von Challet Machul haben beim israelischen Obersten Gerichtshof durch ihren Rechtsbeistand, RA Tawfiq Jabareen, eine einstweilige Verfügung beantragt, die ihre Räumung aus der Gegend verhindert. Am selben Tag erließ das Oberste Gericht die beantragte Verfügung, die es der Zivilverwaltung und der Armee verbietet, Einwohner aus ihrem Dorf zu vertreiben und ihre neuerrichteten Häuser abzureißen.«

Interessanterweise hat B'Tselem »Chirbet Machul« in »Challet Machul« umgetauft. Ein cleverer Zug. »Chirbet« bedeutet nämlich Ruinen, oder ein ›Loch‹, was doch irgendwie nach einem Ort klingt, an dem sehr wenige Menschen leben, vielleicht ein Mann und seine Ziege. Nicht gut. Und so verfielen sie auf Challet Machul, was Hügel von Machul bedeutet. Brillant.

Wie weit ein Jude geht, wie weit europäische Diplomaten gehen, um Juden etwas am Zeug zu flicken, ist schon bemerkenswert.

35. STATION *Friede und Vergewaltigung*

Ich bin wieder in Jerusalem bei meinen Katzen. Ich füttere sie mit Milch und mache einen Spaziergang.

Ich lerne ein sehr nettes Paar kennen, beide sehr bekannt, hochgebildet, hochintellektuell, exemplarische Selbsthasser, optimale Araberfreunde, und sie berühren mich zutiefst. Es sind israelische Juden, deren Identität, Beruf oder genauen Wohnort ich nicht preisgeben werde. Sie erzählen mir drei interessante Geschichten: 1. Sie leben in einem schönen Haus, das ein arabischer Bauunternehmer für sie sanierte. Sie kannten den Mann und hatten blindes Vertrauen zu ihm. Als er mit seiner Arbeit, für die er großzügig bezahlt wurde, fast fertig war, machte er ihnen ein wundervolles Geschenk, für das er nichts haben wollte: einen großen Olivenbaum, den er in ihrem Garten pflanzte. Sie waren sehr gerührt von dieser Geste und dankten ihm überschwänglich. Er hörte sich ihre Dankesbekundungen an, sah ihnen fest in die Augen und sagte: »Ihr müsst mir nicht danken. Ich habe es nicht für euch getan. Ich habe für mich und meine Familie getan.« Sie verstanden nicht, was er damit meinte, und er erklärte es ihnen: »Ihr werdet bald aus diesem Haus ausziehen.« Wieso? Weil dieses Land bald frei von Juden sein wird. Sie waren zutiefst bestürzt. Wie konnte er so etwas zu ihnen sagen? 2. Vor vielen Jahren wurde die Frau des Paares von einer Gruppe arabischer Jugendlicher vergewaltigt. 3. Jahre später wurde ihre Enkeltochter von einem alten arabischen Freund sexuell missbraucht.

Diese drei Geschichten bilden die Summe ihrer persönlichen Erfahrungen mit Palästinensern. Und doch lassen sie diese Vorfälle nicht so an sich herankommen, dass sie von ihnen betroffen wären.

Der Mann erklärt mir: »Ich glaube an den Humanismus, glaube, dass die Palästinenser gute Menschen sind und mit uns in Frieden zusammenleben wollen. Ich glaube, dass wir ihnen Unrecht getan haben, und ich glaube, dass sie uns kein Unrecht getan haben. Es ist mir egal, ob das, was ich glaube, faktisch zutrifft.

Ich weiß, dass es das nicht tut, aber die Fakten sind mir schnurz! Ich will glauben, selbst wenn alles, was ich glaube, falsch ist. Bitte zwingen Sie mich nicht, die Wirklichkeit zu sehen. Ich habe sie mein ganzes Leben lang bekämpft. Bitte!«

Wenigstens ist er ehrlich.

Seine Frau schaut mich an, sagt aber kein Wort. Ich frage sie, was sie empfindet, nicht ihre politischen Ansichten, aber sie schaut mich einfach nur an. Sanft dränge ich sie dazu, sich doch bitte mitzuteilen, und sie wirft mir einen bohrenden Blick zu, schweigt aber weiter. Ich bitte sie noch einmal, zu sagen, was sie fühlt; da wendet sie ihr Gesicht ab und blickt nach oben, als erhoffe sie sich von der Decke ein Wunder, das sie aus dieser Situation befreit. Schließlich, um es kurz zu machen, öffnet sie sich. Sie und ihr Mann sind Dummköpfe, sagt sie zu mir. Diese Erkenntnis ist ihr schon vor einiger Zeit gekommen, ihr Mann aber ist dazu nicht in der Lage. Sein Weltbild, der Kerngehalt seines Lebens, würde zusammenbrechen – und mit ihm alles, wofür er sein Leben lang gekämpft hat –, wenn er es sich gestatten würde, die Realität zu sehen.

Bevor wir auseinandergehen, sagt mir der Mann, dass ich Gideon Levys Artikel lesen soll, um zu sehen, wie unfair die Juden zu den Arabern sind. Ich erwidere, dass Gideons Angaben fragwürdig sind und dass ich ihm das beweisen kann. Er bittet mich, den Mund zu halten. Wenn er Gideons Artikel liest, fühlt er sich gut, und er möchte nicht, dass dieses seltsame Glück in Frage gestellt wird. Punkt.

Auf dem Heimweg von meinem Besuch bei diesem Ehepaar denke ich über die beiden Völker nach, den linken Juden und den gläubigen Muslim, die man beide persönlich kennenlernen muss, um sich ihre Besonderheiten klarzumachen. Der linke Jude ist die narzisstischste Person, der ich je begegnet bin. Es gibt nicht einen Moment, tags oder nachts, in dem er nicht völlig mit sich selbst oder mit anderen Juden beschäftigt ist. Sein ganzes Programm besteht in seiner Besessenheit, an sich und seiner Sippe etwas auszusetzen. Er kann es einfach nicht lassen. Kein Wunder, dass Palästinenser wie Prof. Asma von der Al-Quds-Universität ihm nicht vertrauen, obwohl er ihr intellektueller Weggefährte ist und sein Leben damit verbringt, sie zu verteidigen. Und dann ist da dieser religiöse Muslim, der auf Leben und Tod darum kämpft, seine Al-Buraq-Mauer-Erfindung aufrechtzuerhalten, jemand, der extrem empfindlich in Bezug auf Mohammed ist und ständig die Notwendigkeit verspürt, seinen Propheten zu beschützen, als wäre Mohammed aus zerbrechlichem Glas. Wenn man einen Witz über Mohammed macht, berührt man den empfindlichsten Körperteil des Gläubigen, ja, und dann sollte man die Beine in die Hand nehmen, bevor er einen physisch verletzt. Auge um Auge; Ihr Zahn für den des Propheten. Schräg.

Der Sabbat steht vor der Tür, gleich ist Geschäftsschluss in Jerusalem, und ich nehme einen Bus stadtauswärts.

Rothschild Boulevard, Tel Aviv. Es ist Freitagnacht, und die jungen säkularen Tel Aviver treiben sich auf dem Boulevard herum, um allen Passanten ihr junges Fleisch zu zeigen. Rothschild Boulevard heißt diese Straße offiziell, ihr richtiger Name aber ist ›Beine, Ärsche, Brüste und Muskeln zuhauf‹-Boulevard. Hier gibt es Eisdielen, die Jogurt ohne Zucker zum dreifachen Preis eines gewöhnlichen Jogurts mit Zucker verkaufen. Hier findet man Bars, in denen sich mehr Menschen drängen als in ganz China. Hier diskutiert die Jugend, derweil sie an importierten Wässerchen nippt, in einem lebendigen Hebräisch, das kein Übersetzer jemals angemessen wiedergeben könnte.

»Schau mal, Bruder«, sagt ein junger Typ zu mir, »du musst hier eines verstehen: 90 Prozent, hörst du, mein Bruder, 90 Prozent der Palästinenser wollen Frieden. Das ist eine Tatsache, mein Bruder.«

Woher weißt du das?

»Vertrau mir, Bruder, ich weiß es!«

Aber woher?

»Ich sehe es, mein Bruder! Mit meinen Augen, mein Bruder! Hab Geduld mit mir, mein Bruder, nur eine Minute. Kennst du palästinensische Literatur, mein Bruder?«

Dies und das.

»Ich kenne sie, mein Bruder, und sie ist meine Lieblingsliteratur, mein Bruder! Es ist eine Literatur, die Frieden predigt. Deshalb liebe ich sie, mein Bruder.«

Liest du Arabisch?

»Ich? Nein, mein Bruder.«

Sprichst du Arabisch?

»Nein, mein Bruder. Woher kommst du, mein Bruder?«

Aus Deutschland.

»Ein schönes Land. Das beste.«

Warst du schon mal da?

»Noch nicht.«

Es gibt eine ganze Reihe von Israelis, die sich in dem »Mein Bruder«-Jargon ergehen. Ich versuche, einen möglichst großen Bogen um sie zu machen.

Ich setze mich auf ein Getränk hin und lese Gideon Levys jüngsten Artikel über seinen Besuch in Chirbet al-Machul. Er beschreibt den Ort, als handle es sich um ein Todeslager: ein einsames hungerndes Kätzchen, das letzte seiner Art. Abgemagerte, verletzte, durstige und hungrige Hunde, die von Pitakrümeln leben, mit denen man sie alle zwei oder drei Tage füttert.

Anschließend zeichnet Gideon von den Bewohnern ein Bild jämmerlichsten Elends, wie man es kein zweites Mal finden dürfte, und ich habe nur noch eine Frage: An welchem Punkt der Geschichte genau wurde es Journalisten gestattet, Artikel von 1000 Wörtern Länge zu veröffentlichen, von denen nicht ein einziges wahr ist?

36. STATION »Zum Glück hat Hitler keine deutschen Juden in die SS aufgenommen.« Jehuda, ein polnischer Jude, der Auschwitz überlebt hat

Es ist Zeit, dass ich, der Beobachter schwacher Menschen, mich mit meinen eigenen Schwachstellen auseinandersetze. Ich bin jetzt schon seit ein paar Monaten in Israel und habe noch keinen Fuß in die Stadt meiner Kindheit gesetzt. Zeit, das zu ändern.

Bnei Brak, die charedischste Stadt Israels, ist nur Minuten und doch Welten von Tel Aviv entfernt.

»Einfahrt in Bnei Brak am Sabbat und an jüdischen Feiertagen verboten«, steht auf dem Ortseingangsschild meiner früheren Heimatstadt.

Uri, ein Taxifahrer aus Lod, der seit 20 Jahren in Bnei Brak arbeitet, sagt mir seine Meinung über die Stadt:

»20 Jahre, und ich hatte kein Problem mit ihnen. Hier gibt's keine Besoffenen. Man erlebt aber komische Situationen. Wenn ein Paar einsteigt und sie hinten sitzen. Sie bittet ihn um das Handy, und er gibt es ihr nicht direkt, sondern legt es in den leeren Zwischenraum zwischen ihren Sitzplätzen, von wo sie es dann nimmt. Zu bestimmten Zeiten (wenn eine Frau ihre Periode hat) dürfen sie einander nicht berühren. Ich finde, sie sollten sich vor Fremden nicht so aufführen; das ist die einzige Kritik, die ich habe.«

Wie ist Lod?

»Lod ist eine gemischt arabisch-jüdische Stadt.«

Wie kommen Sie dort miteinander aus?

»Ich bin seit 20 Jahren tagsüber in Bnei Brak. Das ist meine Antwort.«

Ich steige zwei Blocks vor dem Haus meiner Kindheit aus. Ich erwarte, den Orangenhain zu sehen, an dem ich als Kind jeden Tag vorbeikam. Aber es gibt hier keine Bäume mehr, keinen Orangenhain und keine Orangen. Das Einzige, was hier heute wächst, sind große Gebäude und die Zahl der Menschen, allesamt Charedim.

An einer anderen Straßenecke befand sich damals ein Zeitungskiosk; es war einmal. Zeitungen sind verboten, und der Kiosk ist heute ein Laden, der Perücken für verheiratete charedische Frauen verkauft.

Ich gehe zu dem Haus, in dem ich aufgewachsen bin.

Auf der gegenüberliegenden Straßenseite, vor dem Hauseingang meines alten Nachbarn, sehe ich eine Menschenschlange, die sich kaum bewegt. Warum stehen die Leute Schlange, um ihn zu sehen?

»Die wollen seinen Segen«, sagt eine Frau zu mir, die sieht, was ich sehe.

Sie hätte auch gern seinen Segen, aber Haim segnet nur Männer.

Wie es scheint, hat Haim mit den Jahren Anhänger gefunden, Menschen, die glauben, dass sie von ihren Krankheiten geheilt werden, wenn er für sie betet, oder Weisheit erlangen, wenn er sie anschaut. In den alten Tagen galt so etwas als Götzenverehrung, heute aber nicht mehr. Im Lauf der Jahre, so scheint es, hat Gott Seinen Plan geändert.

Es stimmt mich traurig zu sehen, wie sich das Judentum meiner Kindheit, ein Judentum, das Gelehrsamkeit verehrte, in die Verehrung eines gebrechlichen Mannes verwandelt hat. Ungläubig schaue ich mir das an, bereue, dass ich hergekommen bin, und wende mich rasch ab. Die Menschen hier haben sich verändert. Ich habe mich verändert. Auch Gott scheint sich verändert zu haben.

Neben unserem Haus lebte damals ein deutscher Jude, der Hühner in seinem Vorgarten hielt. Jetzt sind da keine Hühner mehr, und auch er ist nicht mehr.

Ich nehme ein Taxi nach Ramat Gan, der Nachbarstadt, um zu sehen, wie andere Menschen auf ihre Kindheit zurückblicken.

Ich besuche ein Pflegeheim für ältere Menschen, zumeist aus Deutschland; ein Jekkes-Altersheim.

Hier lerne ich Gertrud kennen.

Gertrud stammt aus der Familie, der im Vorkriegsdeutschland das berühmte Kaufhaus Schocken gehörte. Ihr behagliches Leben endete, als die Nazis an die Macht kamen und die Familie von einem Ort zum nächsten umziehen musste, immer auf der Flucht vor Hitlers Todesboten. Sie wurde in Regensburg geboren; als sie drei war, zog ihre Familie nach Nürnberg um. 1933 übersiedelten sie nach Hamburg, dann in eine weitere deutsche Stadt und später nach Amsterdam. 1937 emigrierte ihre Familie in das, was heute Israel ist. Mit Amos Schocken, dem Besitzer der *Haaretz*, ist sie verwandt.

Kriegen Sie ein Freiabo?

»Nein.«

Während des Zweiten Weltkriegs wurde sie zur britischen Armee eingezogen. Die Briten versprachen ihr, dass sie im Land (›Israel‹) bleiben würde, und setzten sie und andere in einen Zug. »Wir fuhren und fuhren und fuhren, bis wir am nächsten Morgen aufwachten und uns in der Wüste wiederfanden. Man hatte uns nach Ägypten gebracht. Ich blickte mich um und sah die Wüste, sah Zelte und sah einen Friedhof. Neben anderen begruben wir dort eine Freundin, die ursprünglich aus Lübeck kam. Sie war mutterseelenallein auf der Welt, hatte niemanden von ihrer Familie bei sich. Sie bekam eine Kehlkopfentzündung und wurde operiert, aber etwas ging schief, und sie starb.«

Was haben Sie in Ägypten gemacht?

»Hart gearbeitet. Ich musste Teile von Lastwagen auseinandernehmen, in Öl säubern und wieder zusammensetzen. Ich wurde zum Feldwebel ernannt.«

Sagen Sie mir: Wussten Sie in jenen Jahren, was in Europa vor sich ging?

»Wissen Sie das nicht? Wir bekamen Briefe aus Auschwitz, keine handschriftlichen, sondern gedruckte: ›Uns geht es gut, aber wir werden nicht mehr schreiben können.‹«

Wann haben Sie, Gertrud, zum ersten Mal von den Gaskammern erfahren?

»Schwer für mich zu sagen. Schwer für mich zu sagen.«

Sind Sie stolz darauf, Deutsche zu sein, auf Ihre deutsche Kultur?

»Ich lese kaum Hebräisch. Ich lese nur Deutsch und Englisch.«

Also, sind Sie stolz darauf?

»Stolz? Hören Sie: Das ist eine Kultur!«

Gertrud hat Kinder, Enkel und Urenkel. Sie sind als Ärzte, Rechtsanwälte, Musiker und in weiteren hochangesehenen Berufen tätig.

»Ich bin nie wieder nach Hamburg zurückgekehrt. Ich habe keine einzige der Städte besucht, in denen ich gelebt habe.« Manche Überlebenden, erzählt sie mir, suchen die Häuser auf, die ihren Familien vor dem Krieg gehörten, aber »ich werde das nie tun«.

Warum nicht?

»Warum, um Menschen für das zu beschämen, was ihre Eltern taten?«

Was für eine Jekkepotz.

Eine weitere Dame, Riva, kommt, um sich mit mir zu unterhalten.

Riva verließ Deutschland 1938 mit ihrem Vater, einem Mediziner. Als sie hierherkamen, ließen die Briten ihren Vater nicht als Arzt arbeiten, woraufhin er ein Café aufmachte. »Es hieß Doktors Café.«

Wie Gertrud diente sie in der britischen Armee in Ägypten. Wusste sie um das volle Ausmaß dessen, was mit den Juden in Deutschland geschah? Nein, sagt sie.

Was halten Sie vom heutigen Deutschland?

»Merkel führt sie mit harter Hand, aber es gibt immer noch ein paar aktive Nazis. Nicht wahr?«

Nicht alle in diesem Pflegeheim sind Deutsche. Der in Krakau geborene Jehuda zum Beispiel nicht.

1942 gehörte er der polnischen Untergrundbewegung an und warf Molotowcocktails auf deutsche Soldaten in einem Café, verübte dann einen bewaffneten Raubüberfall, wurde geschnappt und landete 1943 in Auschwitz.

»Primo Levis Buch (*Ist das ein Mensch? Erinnerungen an Auschwitz*) stimmt genau. Niemand erzählte die Geschichte so genau, wie er es tat.«

Wusste Jehuda, was sich abspielte?

»1943 wussten wir, dass sie (die Deutschen) die Juden vernichteten«, obgleich er nicht wusste, wie es geschah.

Wann sind Sie aus Auschwitz entkommen?

»Ich entkam zu Beginn des Todesmarsches, am 20. Januar 1945.«

Nach der deutschen Niederlage und bevor er Europa für immer den Rücken kehrte, nahm er Rache. »Wir führten eine Operation in einem Kriegsgefangenenlager durch, in dem SS-Offiziere saßen«, erzählt er mir und genießt diesen Moment noch heute.

Quentin Tarantinos Film *Inglourious Basterds* ist Fiktion, Jehuda aber ist real.

Jehuda nimmt kein Blatt vor den Mund, wenn er über die Jekkes in diesem Pflegeheim spricht.

»Zum Glück hat Hitler keine deutschen Juden in die SS aufgenommen«, sagt dieser polnische Jude und meint jedes Wort und jede Silbe genau so, wie er sie sagt.

Endlich mal jemand, der mich zum Lachen bringt.

Später treffe ich Amos Schocken, um ihn zu fragen, warum er Gertrud kein Freiabonnement seiner Zeitung *Haaretz* gewährt. Ich kann seine Antwort kaum glauben: Er weiß gar nicht, dass diese Frau am Leben ist.

Ich bin nicht Amos, ich bin neugierig auf die Menschen und auf das, was sie bewegt. Ich kenne zum Beispiel Toby, die amerikanische Lady, die nicht kochen kann, und ich weiß von ihrem Sohn, dem Mann, der sich für eine NGO namens Adalah engagiert. Zeit, dass Ihr Meisteragent herausfindet, was Adalah in diesen Tagen so treibt.

37. STATION *Allein unter Beduinen: Was passiert, wenn man in den Verschlag eines Beduinen hineinspaziert und die attraktivste Hidschabträgerin dort tätschelt?*

Im Bus neben mir sitzen Michèle und Alessandra, aus Frankreich und Italien. Sie sind auf einer Erkundungsmission in die Negevwüste. Sie wollen wissen, wie Israel seine Beduinen behandelt, und sind wildentschlossen, die Wahrheit herauszufinden.

Sie vertreten zwei NGOs aus ihren jeweiligen Heimatländern und arbeiten mit einer weiteren NGO zusammen, nämlich EAPPI (Ökumenisches Begleitprogramm in Palästina und Israel), mit der ich schon zu tun hatte.

Die letzten beiden Tage hat Michèle in Tel Aviv verbracht. Sie hat dort mit Zochrot (Weibliches Erinnern) zusammengearbeitet, einer israelischen NGO, deren Ziel es ist, Millionen von Arabern aus der ganzen Welt, die Palästina als ihr Heimatland beanspruchen, nach Israel zu holen sowie »an die Plünderungen, Massaker und Vergewaltigungen palästinensischer Bewohner« durch die Juden zu erinnern. Was hat Michèle zusammen mit den Frauen von Zochrot gemacht? Nun ja, tolle Sachen wie die, an der Umbenennung von Tel Aviver Straßen nach ihren »ursprünglichen palästinensischen Namen« zu arbeiten.

Ich vermute mal, Michèle gefällt es nicht, dass Juden in Tel Aviv leben, einer von Juden gegründeten Stadt.

Was interessiert Sie an Israel?

»Ich will nicht, dass Leute in meinem Namen sprechen«, sagt sie und erklärt mir, dass sie Jüdin ist und die Nase voll davon hat, dass andere Juden und jüdische Organisationen auf dem ganzen Planeten Lügen verbreiten.

»Die israelische Regierung gibt extrem rechten jüdischen Organisationen in Frankreich Geld, damit sie die Wahrheit verzerren. Sie behaupten, es gebe Antisemitismus in Frankreich, was erstunken und erlogen ist. Es gibt Antiislamismus in Frankreich, keinen Antisemitismus.«

Warum bezahlt die israelische Regierung französische Orga-

327

nisationen dafür, dass sie Frankreich als antisemitisch bezeichnen?

Michèle schaut mich völlig ungläubig an. Ein solcher Idiot ist ihr noch nicht über den Weg gelaufen. Wie kann es sein, dass ich etwas so Einfaches nicht verstehe? Tja, tue ich halt nicht. Ob sie geduldig mit mir sein und es mir erklären könnte? Also gut: Israel will verhindern, dass es kritisiert wird, und beschuldigt deshalb andere, bevor die irgendwelche Anschuldigungen erheben können, und bezeichnet sie als rassistisch, bevor sie die Gelegenheit haben, Israel wegen seines Rassismus anzugreifen.

Ein bisschen kompliziert, aber brillant!

Wie es der Zufall so will, sind diese beiden Damen auf dem Weg zum Büro von Adalah in der Stadt Beerscheba, der Hauptstadt des israelischen Distrikts Negev, was auch mein Ziel ist. Das Büro von Adalah ist nämlich ein idealer Ort, um objektive Forschungen über die Situation der Beduinen in Israel zu betreiben.

In Beerscheba angekommen, sehe ich viele Frauen in Nikabs und Burkas herumlaufen und frage mich, ob ich vielleicht in der Zeit zurückreise und wieder auf dem Flughafen in Istanbul gelandet bin. Aber dann werfe ich einen Blick auf Michèle, die Umbenennerin von Tel Aviver Straßen, und weiß, dass ich mich in einem jüdischen Staat befinden muss. Ich begebe mich zum Büro von Adalah, begleitet von den beiden europäischen Forschungsbeauftragten.

Dort erläutert uns der Büroleiter Dr. Thabet Abu Rass: »Wir vertreten die Rechte des palästinensischen Volkes. Ich habe einige Ausdrucke über die Diskriminierung der Palästinenser und die Verletzung ihrer Rechte für Sie vorbereitet.« Er zeigt auf eine Karte in seinem Büro, in der auf Arabisch steht: »Karte Palästinas vor der Nakba (Katastrophe – die Gründung Israels) im Jahr 1948.«

Wenn Dr. Thabet von Palästinensern spricht, ist nicht vom Westjordanland die Rede. Er meint vielmehr die Araber, die im israelischen Kernland leben und israelische Staatsbürger sind. Und Adalah, die propalästinensische Lieblings-NGO von Tobys Sohn, interessiert sich sehr für diese Beduinen.

Ich versuche mich an einer Einschätzung dessen, was ich im

Zuge von Dr. Thabets Ausführungen zu sehen und zu hören bekomme: Adalah, eine Organisation, die es, wie ich unlängst herausfand, gerne sähe, wenn Juden ihre Heimstätten verlören, bemüht sich redlich darum, dass die Araber die ihren behalten.

Auch Dr. Thabet gibt sich weiter alle Mühe. Der Negev, sagt er, »umfasst 60 Prozent der Bodenfläche Israels«. Überhaupt liebt Dr. Thabet Prozentzahlen. 95 Prozent des Negev und 93,5 Prozent des Lands in ganz Israel sind »Staatseigentum. Kein Land auf der Welt besitzt so viel Grund und Boden, mit Ausnahme Nordkoreas.«

Michèle eilt zur Verteidigung Nordkoreas herbei. Nordkorea ist kein rassistischer Staat, der Menschen aufgrund einer rassistischen Ideologie ausschließt, Israel aber »diskriminiert auf der Grundlage von Rasse und schließt Araber von Landbesitz aus«.

Na denn.

»Israel geht den Weg einer Judaisierung Israels«, sagt Dr. Thabet und behauptet, dass Israel »die Beduinen aller Rechte beraubt«.

Dr. Thabet bekommt nun Unterstützung von Halil, der auch in diesem Büro arbeitet. Beide beschuldigen Israel aller erdenklichen Schlechtigkeiten. Die Forscherin Michèle stellt keine Fragen, sondern nickt nur ständig zustimmend und murmelt »genau« oder »natürlich!«, sobald jemand etwas Schreckliches über Israel sagt.

»Was Israel betreibt, ist eine schleichende Apartheid«, ruft Dr. Thabet mit durchdringender Stimme. Und Michèle sagt: »Natürlich.«

Forschung.

Ich frage Dr. Thabet, wie viele Beduinen es insgesamt gibt. »270 000«, antwortet er. »210 000 leben hier, 60 000 in Galiläa.« Diesen Nachmittag, kündigt er uns an, wird er uns zu einigen von ihnen begleiten. Vorher aber wird Halil uns in ein Dorf führen, damit wir mit eigenen Augen sehen können, wie die Beduinen leben.

Nach dieser Einführungsrede bringt Halil uns in sein Heimatdorf. Er fährt einen Mercedes.

Auf der Fahrt unterhalten wir uns.

Halil sagt, dass die Beduinen keine Nomaden sind, anders als der »von der israelischen Regierung und den Medien propagierte Mythos« es will. Die Beduinen, sagt er, waren »vor 400 oder 500 Jahren« Nomaden.

Wir erreichen sein Dorf.

Am Ortseingang verkündet ein Schild, das in Form und Gestaltung den in Israel üblichen offiziellen Verkehrsschildern gleicht, seinen Namen in grüner und weißer Schrift: »Alsra. Gegründet in osmanischer Zeit.«

Unter diesem Schild befindet sich ein zweites Schild mit dem Bild einer Planierraupe, welches anzeigt, dass dies hier eine Abrisszone ist. Wieso? Weil die Juden planen, hier alles abzureißen. Tatsächlich »reißen sie jedes Jahr 1000 Wohnstätten von Beduinen ab«, sagt mir Halil.

Ich überschlage rasch im Kopf: Israel ist rund 65 Jahre alt, was bedeutet, dass die israelischen Behörden dieser Feststellung zufolge bislang 65 000 Wohnstätten von Beduinen abgerissen haben müssen. Ich frage Halil, ob das in der Tat der Fall ist, was er bejaht. Daraufhin frage ich ihn, wie viele Beduinen es überhaupt gibt, denn bei 65 000 Wohnstätten, mit Allah weiß wie vielen Kindern pro Familie, würde man zusammengenommen auf mehr Beduinen kommen, die aus ihren Heimen vertrieben wurden, als es überhaupt Beduinen gibt.

Halil verliert keine Zeit und korrigiert seine Angabe sofort: Die Zahl von 1000 Wohneinheiten bezog sich auf dieses Jahr, aber so hat es nicht angefangen. Jahr für Jahr reißen die Israelis mehr ab.

Zahlen ändern sich mit einem Zungenschlag.

Das kommt bei unserer Forscherin Michèle natürlich nicht gut an, und sie wird böse auf mich. Ich bin von der ›anderen Seite‹, beschuldigt sie mich, und spiele mit meinen Fragen nur den Naiven.

Am Eingang zu Halils Haus heißt uns ein Blatt Papier »Willkommen in Alsira«. Sein Haus besteht aus Zement und sieht aus wie die durchschnittliche hässliche Baracke, die man aus Fernsehreportagen über das Beduinenleben kennt. An die Tür seines Hauses hat er ein Schreiben der israelischen Behörden geklebt, das ihn »warnt«, wie er sagt, und von ihrer Absicht in Kenntnis setzt, sein Haus abzureißen.

Auf dem Briefkopf dieser Warnung steht die Zahl 67, und Halil sagt, dass die Beduinen in den Augen der Israelis nur Zahlen sind, wie an jenen »anderen Orten«, Auschwitz beispielsweise, wo die Menschen auch nichts weiter waren als Zahlen.

Der Mann fährt einen Mercedes und glaubt, er ist in Auschwitz.

Ich suche nach dem Datum dieses Warnhinweises: 2006.

Das Haus steht noch.

Die Juden schaffen es offenbar einfach nicht, in Auschwitz vorbeizuschauen.

Wie heißt sein Dorf nun wirklich, frage ich Halil, »Alsira«, wie an seinem Hauseingang steht, oder »Alsra«?

»Alsira«, antwortet er. Der Name in grün und weiß auf diesem offiziell wirkenden Schild am Ortseingang stimmt in Wirklichkeit nicht.

Hach, diese Osmanen!

An und für sich ist das fehlende »i« unerheblich. Mich aber bringt es auf den Gedanken, dass dieses Dorf aus »osmanischer Zeit« eine Erfindung sein könnte, etwas, das die Menschen hier schnell hingehudelt haben. Ich könnte falsch liegen, beschließe aber, der Beduinengeschichte auf den Grund zu gehen.

Wir sitzen vor Halils Verschlag, und ich frage ihn, ob wir nicht zu ihm hineingehen können. Ich möchte gerne sehen, wie ein Mercedes fahrender Auschwitz-Insasse lebt, obwohl ich es so nicht formuliere. Er sagt, Entschuldigung, aber ich könne nicht hineingehen, weil seine Frau drinnen schlafe. Jetzt ist nicht gerade die normale Schlafenszeit, aber was soll ich sagen? Halil glaubt, mich damit abgespeist zu haben, aber als Meisteragent frage ich ihn, ob ich mich nicht in einigen Beduinenwohnungen umsehen könnte, da es mich so bereichern würde, zu sehen, wie Beduinen leben. Halil sagt, dies sei im Moment unmöglich, da alle Beduinen bei der Arbeit seien. Kein Beduine ist arbeitslos, und Halils

Frau schläft. Klingt sehr plausibel, nur dass es ihm der Meisteragent nicht abkauft. Mir ist aber klar, dass ich mir etwas einfallen
lassen muss, um vor Ende des Tages eine oder zwei dieser Baracken von innen zu sehen.

Unterdessen reden wir weiter.

Halil hat gerade sein Jurastudium an einer israelischen Universität abgeschlossen, an einer der besten rechtswissenschaftlichen Fakultäten des Landes, wie er sagt.

An diesem Nachmittag, eröffnet er uns nun, kommen 15 bis
20 junge Leute hierher, um das schreckliche Leben von Halil und
seinen Freunden mit eigenen Augen anzusehen. Sie sind gerade
aus Deutschland in diesem Land eingetroffen, erklärt er mir.

Als Tobi der Deutsche bin ich sehr stolz auf meine deutschen
Kameradinnen und Kameraden, die 2013 den ganzen langen Weg
hierher auf sich genommen haben, um einen Computerausdruck
aus dem Jahr 2006 zu sehen, der die Zwangsräumung eines Beduinen aus seiner Behausung ankündigt.

Nachdem wir jetzt Halils Haus von außen gesehen haben, fahren wir zurück in das Büro von Adalah. Während der Fahrt doziert Halil über die fürchterliche wirtschaftliche Lage der Beduinen, als er von einem Telefonanruf unterbrochen wird. Er holt
sein iPhone heraus und spricht mit dem Anrufer.

Ein Mercedes und ein iPhone sind in Verbindung mit dem
rechtswissenschaftlichen Diplom einer israelischen Universität
die untrüglichsten Kennzeichen der Armut.

Die spielen hier Theater des Absurden, denke ich mir, und wir
sind noch in der ersten Szene. Bin gespannt, wie sich dieses Stück
weiterentwickelt.

Wir sprechen, Halil und ich.

Ich bitte ihn, mir die wirklichen Probleme in seinem Leben zu
erläutern. Wenn er sich als Israeli versteht, dann kann er in der
Tat gegen den Staat klagen und gleiche Rechte oder gleiche Un-
rechte fordern. Wenn er sich aber als Palästinenser versteht, frage
ich ihn, wie kann er dann verlangen, dass der Staat ihn als einen
seiner Bürger betrachtet, wo er sich doch selbst nicht als einen
Bürger dieses Staates betrachtet?

»Ich bin Palästinenser, weil ich palästinensische Wurzeln habe«, sagt Halil. »Ich bin ein stolzer Palästinenser.«

Sie sollten stolz sein, Palästina ist ein schöner Staat.

Halil nimmt Anstoß an dem Ausdruck »Palästina«, weil es, wie er sagt, keinen Staat dieses Namens gibt.

Ich verstehe Halil sehr gut: Wenn es Palästina gibt, dann ist der Kampf beendet, es werden keine NGO-Gelder mehr fließen, und sein wichtigster Lebensinhalt löst sich in Luft auf. Das sage ich ihm natürlich nicht, weil sonst unser Gespräch sofort beendet wäre. Stattdessen frage ich ihn etwas anderes: Warum sind die palästinensischen Verwaltungsgebäude überall mit »Staat Palästina«-Schildern an ihren Eingangstüren geziert? Lügen und betrügen die Palästinenser?

Das gefällt ihm nicht. Offensichtlich ist er seit Ewigkeiten nicht in Palästina gewesen.

Halil ist nicht der einzige, der Anstoß an meiner Verwendung des Ausdrucks »Staat Palästina« nimmt. Auch die Friedens- und Liebesfrauen auf dem Rücksitz haben etwas gegen den Ausdruck Palästina; es gibt kein Palästina, behaupten sie, weil Palästina besetzt ist. Und wie ich es wahrscheinlich hätte voraussehen sollen, lässt Michèle jetzt nicht mehr locker, sie zetert und nölt wie eine alte jüdische Lady aus der Bronx. So langsam aber sicher geht sie diesem Meisteragenten auf die Nerven. Und wissen Sie was? Das sage ich ihr auch.

Man kann, ich wiederhole: man *kann* Friedensfreunde nicht kritisieren. Sie haben das Monopol auf Mitgefühl und Wahrheit und bestehen unerschütterlich auf ihrem grundlegenden Menschenrecht, ihre Meinung zu sagen, ohne dass irgendjemand noch ein Sterbenswörtchen von sich geben darf, nachdem sie gesprochen haben.

Ich lasse mich aber nicht gerne herumkommandieren und lasse es mir ebenso wenig nehmen, Salz in Michèles anscheinend wirklich offene Wunde zu streuen: Ihre »Forschungsmethoden«, sage ich ihr, sind ein Witz.

Michèle, die gebildete und gesittete französische Europäerin: »Wenn Sie sich mit dem Schin Bet (dem israelischen Inlandsgeheimdienst) identifizieren, ist das Ihr Problem! Ich bin keine Palästinenserin und werde mein Haupt nicht vor Ihnen beugen.«

Wer hat Ihnen gesagt, dass ich mich mit dem Schin Bet identifiziere?

»Sie verhalten sich wie Schin Bet. Sie verhören wie die. Sie sind ein so hässlicher Mann, dass ich nicht länger an mich halten kann. Meine Freundin und ich, wir sind Europäerinnen, und wir werden Ihre Kolonialherrschaft nicht länger erdulden!«

Sie haben mich einen hässlichen Mann genannt ...?

»Sehr hässlich! Sie sind ein sehr hässlicher Mann. Sie sind ein schrecklicher Mann.«

Ich verstehe: Kolonialismus kann eine französische Dame nun wirklich nicht dulden. Die Franzosen haben noch nie etwas mit Kolonialismus zu tun gehabt, wie die Geschichte weidlich bezeugt. Keine europäische Nation hatte das, um noch geschichtstreuer zu sein.

Michèle kann sich nicht mehr bremsen. »Sie sind ein dominanter Kolonialist«, fährt sie fort. Auch bezeichnet sie mich als »gestörten« Menschen.

Europäische NGO-Aktivisten sind auch große Linguisten. »Sie haben mich ›unträglich‹ genannt«, blafft sie mich an. Ich frage sie, was »unträglich« bedeutet, da ich von einem solchen Wort nichts weiß, geschweige denn, dass ich es selbst verwende.

»Ich will Sie so weit weg von mir wissen wie nur möglich«, gibt sie zur Antwort. »Sie sind so hässlich! Sie, Schin Bet!«

Ich glaube, Sie haben alle Grenzen des menschlichen Anstands überschritten –

»Dann werfen Sie mich doch ins Gefängnis, Sie und Ihre Freunde!«

Halil weiß nicht, was er mit dieser Komödie da in seinem Auto anfangen soll. Plötzlich jedenfalls verliert er die Kontrolle über das Fahrzeug und fährt frontal auf unseren Vordermann auf.

Das hat uns gerade noch gefehlt: ein Autounfall.

Beide Wagen halten an, die Fahrer besichtigen den Schaden. Zum Glück war es nur ein leichter Zusammenstoß, und beide Seiten beschließen, die Sache auf sich beruhen zu lassen.

Wir fahren weiter.

Zurück im Büro von Adalah sehe ich so etwas wie eine Dartscheibe an der Wand, nur dass es keine Dartscheibe ist. Ich frage Halil, was es ist, und er erklärt mir, es handle sich um einen grafischen Überblick über die Gesamtzahl der Beduinen und ihre Herkunft.

Die Gesamtzahl beträgt 800 000. »Das sind Zahlen von 2006«, erläutert er, heute aber gebe es rund eine Million.

Wir haben bei 270 000 angefangen und sind jetzt bei einer Million. Die Beduinenfrage macht auf mich langsam den Eindruck einer billigen Kopie der Palästinenserfrage.

Ich stelle fest, dass der Name des Landes, aus dem diese Menschen kommen, »Palästina« lautet. Da das aber auf Arabisch auf der Grafik steht, geht man davon aus, dass es kein Außenseiter mitbekommt. Mit anderen Worten: Sie beanspruchen Israelis zu sein, verlangen Gleichbehandlung mit jedem Israeli, nennen dieses Land aber in Wirklichkeit Palästina und sich selbst Palästinenser.

Zeit für einen Ausflug mit Dr. Thabet, dem Leiter dieses Adalah-Büros.

Jetzt sind wir in Dr. Thabets Wagen unterwegs, die europäischen »Forscherinnen« und ich, und unterhalten uns.

Dr. Thabet: Wie viele Beduinen gibt es? Sie sagten mir kürzlich, die Zahl läge bei 270 000, in Ihrem Büro aber sah ich eine Zahl von 800 000. Welche Zahl ist richtig?

»270 000. Die Ziffer 800 000 steht für die Anzahl von Dunams (80 000 Hektar).«

Aber Halil sagte, 800 000 sei die Zahl der Beduinen im Jahr 2006 gewesen, und heute sprächen wir von einer Million ...

Dr. Thabet windet sich. Er hat mir etwas Wichtigeres mitzuteilen, etwas darüber, wie die »reale Demokratie« in Israel funktioniert, was bedeuten soll, dass es keine gibt, zumindest nicht für die Beduinen.

Um seine Behauptung zu beweisen, zeigt er auf ein von Israel nicht anerkanntes Beduinencamp vor uns, auf das kein Schild an der Straße hinweist. Warum eine Regierung gezwungen sein sollte, ein Straßenschild aufzustellen, um auf ein Lager hinzuweisen, das sie nicht anerkennt, ist ein interessantes Thema für eine Doktorarbeit meiner reizenden Taxibegleiterin aus Nablus, Dr. Ewigkeit.

Dr. Thabet bringt uns nun in ein Beduinendorf. Wir sitzen an einem schlichten Tisch auf Plastikstühlen in irgendjemandes Hinterhof, bekommen Wasser in Plastikbechern, und Dr. Thabet doziert. Die europäischen Forscherinnen schreiben jedes seiner Worte mit: wie schlecht die Israelis sind, wie sie die Beduinen diskriminieren, wie miserabel die Lebensbedingungen der Beduinen sind.

Die Europäerinnen lieben diese Worte. Lautstark verkünden sie, dass die ganze Welt die Misere der Palästinenser kennt und alles dafür tut, um sicherzustellen, dass die Israelis – vulgo die Juden – sie nicht töten. Jetzt ist es an der Zeit, zu wiederholen, was schon einmal gelang, und nunmehr die Beduinen aus den israelischen Klauen zu retten.

Dr. Thabet schätzt diesen aufklärerischen Kommentar sehr, merkt aber an, dass die Beduinen nicht die geringsten Erfolgsaussichten hätten. Schließlich finde hier eine »schleichende Apartheid« statt, womit er einmal mehr diesen Begriff wiederholt.

Ich bitte meinen Dr. Thabet, mir zu sagen, wo er lebt.

Nun, er lebt in Beerscheba, unter den Juden.

Ist es das, was Sie Apartheid nennen?

Er schreit mich an: »Ihr, Juden!«, fährt es mit unvergleichlichem Hass aus ihm heraus. Ihr, Juden? Ich? Ein Jude? Das ist nun wirklich völlig inakzeptabel. Aber ich lasse es im Augenblick auf sich beruhen, weil ich wissen möchte, ob sich mein neuer Freund nur mit Adalah beschäftigt oder ob er noch Zeit für andere Dinge findet. Das ist mir wichtiger als sein »Ihr, Juden!«-Kommentar. Wovon leben Sie, Dr. Thabet?, frage ich ihn.

Was soll man sagen, diese arme Menschenseele hat eine Professur an der Ben-Gurion-Universität.

Wie können Sie sich darüber beklagen, dass die »Beduinen

nicht die geringsten Erfolgsaussichten hätten«, wenn es Ihnen selbst so gut geht?

Die Europäerinnen sagen nichts. In ihren Augen aber lodert der pure Hass.

Dr. Thabet versteht, dass sein gutes Leben nicht gut für seine Sache ist, und geht in seiner Not direkt zum Angriff über.

Was für eine Art von Journalist bin ich? Das wüsste er gerne. So einem Journalisten wie mir ist er noch nie begegnet. Warum stelle ich Fragen?

Ich spreche ruhig mit seiner Professorschaft und bitte ihn, mir zu erklären, was sein Problem mit einem Journalisten ist, der Fragen stellt. Er ist gewitzt, mein Professorenfreund, und weiß, dass der beste Weg für ihn, aus dieser Nummer herauszukommen, darin besteht, mir etwas am Zeug zu flicken. Was sind meine Fehler? Nun, sagt der Professor, es sieht nicht so aus, als wollten Sie wirklich die Wahrheit über die Beduinen herausfinden. Ich bitte ihn, mir das zu erklären, was er in folgender Weise tut: Sie haben nie, wirft er mir vor, Fragen gestellt wie zum Beispiel: Wie leben die Beduinen?

Das ist nun wirklich der Gipfel der Chuzpe, und das sage ich ihm auch. Ich habe seinen Mitarbeiter, Halil, gebeten, Beduinen bei sich zuhause besuchen zu dürfen, aber Halil wollte nicht mitspielen. Statt Beduinen in ihren Wohnstätten zu besuchen, wurde ich mit Vorträgen abgespeist. Glauben Sie wirklich, Dr. Thabet – und jetzt werde ich laut –, dass ich den ganzen Weg hierhergekommen bin, um Ihnen und Halil zuzuhören? Hätte ich Sie dafür nicht einfach anrufen können? Was zum Henker glauben Sie, wofür ich den ganzen Weg hierher gemacht habe? Um das Leben der Beduinen zu sehen, aber Sie ließen mich ja nicht! Stattdessen muss ich hier sitzen wie ein dummer Student von Ihnen und mir Ihre Reden anhören. Wollen Sie wirklich die Wahrheit wissen? Ich gebe nichts auf das, was Sie sagen, null Komma nichts. Ich bin kein »Menschenrechtsaktivist«, der hierhergekommen ist, um »herauszufinden«, was er sowieso schon für eine Tatsache hält. Ich will Ihre Reden nicht, ich will Halils Reden nicht. Ich will mit Beduinen zusammen sein, sie bei sich zuhause besuchen, an ihren Tischen sitzen und mit ihnen essen und trinken – ich zahle gerne selbst für mein Essen – und alles mit eigenen Augen ansehen. Kapiert?

Der Meisteragent hat gesprochen.

So schnell wie seine Professur es ihm erlaubt, sieht Dr. Thabet ein, dass die Zeit der Propaganda vorbei ist. Er ist am Zug und muss rasch reagieren, wenn er sich nicht zur Witzfigur machen will. Unverzüglich beauftragt er einen jungen Aktivisten namens Amir, einen stillen Typen, der in Deutschland studiert hat und jetzt wieder in seiner Heimat lebt, mich herumzuführen.

Dr. Thabet und die europäischen Forscherinnen, die zeternde Jüdin aus der Bronx mit ihrer italienischen Handlangerin, gehen ab; ich bleibe mit Amir zurück.

Ich fühle mich wie im Paradies. Endlich.

Ich bin in einer Beduinensiedlung namens Abu Kweider, die aus einer Reihe von Baracken in undefinierbarer Anordnung besteht, aber Amir bahnt mir einen Weg durch das Labyrinth.

Wir gehen auf eine Baracke zu.

Willkommen bei der Behausung von Hanan, einer attraktiven Beduinin, die vor dem denkbar hässlichsten Gebilde steht, das Menschen ihr Zuhause nennen können: nicht einfach einer Baracke, sondern dem Inbegriff einer Baracke.

Ich werde hineingebeten. Kein Herumsitzen auf Plastikstühlen mehr wie vorhin und wie mit Atef von B'Tselem vor einigen Tagen. Nö. Ich werde hineingebeten. Ich hoffe, ich muss mich nicht übergeben, wenn ich diesen hässlichen Ort von innen sehe.

Schon beim Eintreten vergesse ich meine guten deutschen Manieren, und mir flutscht ein lautes Wow! heraus.

Wow. Was für eine schöne Wohnung, was für ein hinreißendes Haus. Wie wundervoll eingerichtet. Wie freundlich. Wie reichhaltig ausgestattet. Ich wünschte, es wäre meins. Jetzt sofort.

Alles klar. Jetzt verstehe ich, warum die Leute von Adalah und anderen NGOs mich nicht in diesen Häusern, diesen Baracken sehen wollen.

Hanan ist keine Aktivistin, nur ein Mensch. Sie ist religiös, mit Hidschab und allem, die Sorte Mensch, von der einem jeder

NGO-Mitarbeiter sagen würde, dass man sie respektieren soll und nicht berühren darf, was Gott verhüte, wenn man zufällig ein Mann ist.

Ich bin aber kein gewöhnlicher Mann. Ich bin ein Meisteragent.

Ich nehme Hanan in meine Arme, streichle sie liebevoll und sage ihr, dass sie hinreißend ist, dass ihr Haus schön ist und dass ich wahnsinnig gerne ein Foto von uns beiden hätte.

Kein Journalist und gewiss kein Mann des Friedens und der Liebe hat je so etwas mit ihr gemacht. Es ist das erste Mal, dass sie die Berührung eines weißen Mannes spürt, der ihr diese elementare Geste menschlicher Zuneigung bekundet: eine Berührung.

Sie fragt mich lachend, ob ich weiß, was passieren wird, wenn ihr Mann nach Hause kommt und uns beide so zusammen sieht.

Wir lachen darüber. Und haben einen Draht zueinander gefunden.

Kein Professor oder Aktivist egal welcher Art und Sorte kann einem auch nur ein Zehntel des Gefühls vermitteln, das ich dadurch verspüre, dass ich sie berühre, bei ihr bin, sie mit den Augen eines menschlichen Wesens betrachte und nicht mit denen eines Beobachters oder Fürsprechers irgendeines politischen Anliegens.

Bei dieser Gelegenheit wird mir eine Tatsache von grundlegender Bedeutung klar: Aktivisten, ob rechte oder linke, unterhalten ihrer Natur nach keine Beziehungen zu Leuten als Menschen.

Ich fühle mich zuhause. Hanan fragt mich, ob ich Wasser möchte, und ich frage sie, ob sie noch ganz bei Trost ist. Wieso Wasser? Sehe ich etwa aus wie ein weißer Mann, wie alle diese unterkühlten Idioten, die sie bislang kennengelernt hat? Sie versteht mich. »Tee oder Kaffee?«, fragt sie mich. Kaffee, sage ich ihr, und bitte auch etwas zu essen. Haben Sie irgendetwas Gutes zu essen?

Was für ein Glück für Michèle, dass sie nicht hier ist; sie bekäme einen Herzinfarkt.

Ich mag Hanan. Sie strahlt eine Wärme aus, wie man sie im modernen Europa nur schwer findet, eine Wärme, wie man sie in New York nur aus Bräunungsstudios kennt.

Hanan verköstigt mich.

Was für ein Labné, was für ein Olivenöl, was für ein Brot, was für ein Kaffee. Dies ist ein Siebensternebarackenhotel.

Ich bitte Amir, mich zu einer anderen Baracke zu führen, dieweil mir fast der Magen platzt von all dem guten Essen, das ich in ihn hineingestopft habe.

Willkommen in Najachs Bude: ein extrem hässliches Äußeres, hinter dem sich ein Inneres von bezaubernder Pracht verbirgt.

Einfach unglaublich.

Während Najach Tee und Kuchen holt – mein Magen hat sich auf wundersame Weise so weit geleert, flüstert er mir ins Ohr, dass er Platz für Süßes hat –, erzählt mir Amir ein wenig von sich. Er ist eines von 30 (!) Geschwistern. Sein Vater, muss man wissen, hat drei Frauen, von denen jede ihm reichlich Kinder gebar.

Tee und Kuchen treffen wohlbehalten ein.

Ich frage Najach, wie viele Frauen ihr Mann hat.

Na ja, nur zwei. Najach ist Frau Nr. 1. Zehn Jahre nach ihrer Hochzeit heiratete ihr Mann eine zweite Frau.

Wie haben Sie sich gefühlt, als das geschah?

»Sehr schlecht.«

Was haben Sie zu ihm gesagt?

»Nichts.«

Warum nicht?

»Ich weiß nicht. Es gab nichts zu sagen. Ehrlich.«

Haben Sie geweint? Haben Sie geschrien?

»Natürlich habe ich geweint. Ich schrie, ich war außer mir, ich war traurig. Alles.«

Und er sah das alles, und es machte ihm nichts aus?

»Natürlich machte es ihm etwas aus. Aber in unserer Kultur tut der Mann alles, wonach ihm der Sinn steht, selbst wenn er sich damit selbst schadet. Er wollte es so, und das war's dann.«

Wie ist das Leben mit der zweiten Frau?

»Sie ist in ihrem Haus, und ich bin in meinem.«

Sie leben nicht im selben Haus?

»Nein. Natürlich nicht!«

Und wo lebt Ihr Mann?

»Einen Tag hier, einen Tag da. Einen Tag Honig, einen Tag Zwiebeln.«

Verletzt es Sie immer noch? Fühlen Sie den Schmerz immer noch?

»Jeden Tag.«

Reden Sie mit der zweiten Frau?

»Nein.«

Wie alt ist sie?

»Sie ist drei Jahre älter als ich.«

Ihr Mann mag ältere Frauen?

Najach lacht. »Ich habe viel, viel zu jung geheiratet ...«

Verraten Sie mir: Möchten Sie nicht einfach nur abhauen und all dem den Rücken kehren?

»Gott bewahre! Ich habe Kinder!«

Erlauben Sie mir eine andere Frage: Haben Sie damals versucht, mit Ihrem Vater zu sprechen, ihn dazu zu bewegen, dass er etwas gegen die zweite Hochzeit Ihres Mannes unternimmt?

»Mein Vater hat diese Dummheit begangen!«

Wie soll ich das verstehen? Hat Ihr Vater ihn mit dieser anderen Frau verkuppelt?

»Nein, nein. Mein Vater hat auch zwei Frauen geheiratet. Wie sollte er ihm da abraten, dasselbe zu tun?«

Hat Ihr Mann vor seiner zweiten Hochzeit mit Ihnen darüber gesprochen?

»Dass er eine andere heiraten will?«

Ja.

»Absolut. Er hat nicht einfach gesagt: Wumm, hier ist eine andere Frau!«

Hat er Ihnen einen Grund genannt, weshalb er noch mal heiraten will?

»Halt einfach so. Ohne besonderen Grund. Er wollte einfach heiraten. Das war alles.«

Ihr eigener Bruder, fährt sie fort, kochte das Essen für die zweite Hochzeitsfeier ihres Mannes.

Sie lacht, als sie das sagt, als wäre irgendetwas daran komisch.

Haben Sie irgendjemanden hier, mit dem Sie darüber sprechen können, über Ihre Gefühle?

»Hanan. Sie ist meine Schwägerin.«

Wenn Ihnen mitten in der Nacht Allah erschiene und sagte: »Du hast einen Wunsch frei, den ich dir erfüllen werde«, was würden Sie sich wünschen?

»Dass mein Mann gesund bleibt und es ihm gut geht.«

Würden Sie ihn nicht bitten, jene zweite Frau zu nehmen und in Satans Hände zu übergeben?

»Nein. So etwas denke ich noch nicht einmal. Sie hat jetzt ein Kind, was soll ich machen?«

Sie sagt, »dies ist mein Schicksal«, und dass ihr Mann »jetzt leidet« unter dem, was er getan hat.

Er leidet? Unter was?

»Er hat zwei Frauen. Das ist nicht einfach. Ich gebe nicht auf, sie gibt nicht auf. Er lebt in einem Dilemma.«

Ich nehme an, dass mit »nicht aufgeben« Sex gemeint ist. Schläft er jede Nacht in einem anderen Bett, eine Nacht bei Ihnen und die nächste Nacht bei ihr?

»Ja. Er hat sich schon daran gewöhnt.« Sie lacht wieder auf. »Drei Jahre geht das schon so. Es ist nicht leicht.«

Sie ist niedergeschlagen. Sie senkt ihre Stimme. Ihr Lachen ist in Wirklichkeit Weinen.

Ich bin vermutlich der einzige Fremde, mit dem sie je so freimütig über diese Geschichte gesprochen hat.

Najachs Mann hat nebenan ein weiteres Haus gebaut, ein Haus, das ihr in jedem wachen Moment ins Auge sticht, ein Haus, das sie nie betritt.

Amir, der Menschenrechtsaktivist, der für Adalah arbeitet, und ich tauschen Blicke aus. Auf den Gedanken, dass den Frauen hier grundlegende Menschenrechte vorenthalten werden, ist er noch nie gekommen. Offensichtlich ist auch Adalah noch nie auf diesen Gedanken gekommen, genauso wenig wie die anderen hier tätigen NGOs und die diversen hier ebenfalls tätigen europäischen Diplomaten. Hinweis für Ihre Exzellenz Marion Fesneau-Castaing: Najachs Mann hätte nichts gegen eine Drittfrau einzuwenden; ich bin gerne bereit, mich um die Hochzeitsfeier zu kümmern.

Mein nächstes Ziel ist Lakia, ein von Israel errichtetes Beduinendorf mit 11 000 Einwohnern. Kein Israeli darf dort leben, sagt Ari von der proisraelischen NGO Regavim. Es gibt 53 probeduinische NGOs, und es gibt Regavim. Eine gegen 53.

Um von Adalah zu Regavim zu kommen, bedarf es nur eines Telefonats, und doch sind beide unendlich weit voneinander entfernt. Ich begleite Ari und den wissenschaftlichen Mitarbeiter Amichai von Regavim auf einer Tour durch das Beduinenland. Amichai stammt wie Ofir in Aschkelon ursprünglich aus Gaza und wurde ebenfalls aus seinem Haus in Gaza vertrieben, bevor es von der israelischen Armee abgerissen wurde.

Vor dem Ortseingang von Lakia steht ein Wasserspeicher, an dem wir kurz Halt machen. Neben dem Speicher befindet sich ein Schutthaufen, der aussieht wie die Überreste eines älteren, mit Graffiti verzierten Speichers. Unter den Graffiti befindet sich auch ein Hakenkreuz.

Amichai erklärt mir, dass der alte Wasserbehälter, der aus dünnerem Material bestand, wiederholt von jugendlichen Beduinen beschädigt wurde, die immer wieder Löcher in ihn bohrten.

Warum sollten sie ihre eigene Wasserquelle beschädigen?

»Sie wussten, dass der israelische Staat das Reservoir wieder reparieren würde, da Israel es sich nicht leisten kann, sie ohne Wasserversorgung zu lassen. Jetzt hat der Staat ein neues Reservoir aus Zement aufgestellt, das viel dickere Wände hat als das alte, und es eingezäunt und Überwachungskameras angebracht.«

Er erzählt mir noch mehr: 2000 neue illegale Bauwerke werden jedes Jahr im Beduinenland errichtet, von denen Israel nur rund zehn Prozent abreißt, weil die diversen NGOs den Staat verklagen und es bis zu 15 Jahre dauern kann, bis die Gerichte entscheiden.

Wie gehen diese Prozesse im Normalfall aus?

»Wenn sie bis zu Ende geführt werden, lautet das Urteil in der Regel auf Abriss.«

Warum machen die NGOs das, wenn sie am Ende immer verlieren?

»Gute PR gegen Israel.«

Ehrlich gesagt komme ich bei diesen Zahlenspielen hier langsam nicht mehr mit. Halil erzählte mir, dass Israel 1000 beduinische Wohneinheiten im Jahr abreißt, und er hier erzählt mir jetzt, dass die Beduinen pro Jahr 2000 illegale Einheiten bauen. Beide Zahlen erscheinen mir ziemlich grotesk.

NGO-Mitarbeiter sind viel interessantere Gesprächspartner, wenn sie keine Zahlen nennen.

Amichai zum Beispiel erzählt mir Folgendes: »Wenn man vor 15 Jahren einen Beduinen ›Araber‹ nannte, bekam man eine gelangt. Nachdem sich heute NGOs wie Adalah für sie einsetzen, sehen sie sich selbst als Araber und Palästinenser.«

Wenn mich mein Gedächtnis nicht täuscht und ich an die Zeit denke, als ich in Israel lebte, hat er in diesem Punkt völlig recht.

Regavim, eine einsame Ziege auf der riesigen NGO-Weide, hat kaum eine Chance, ihre Mission zum Erfolg zu führen. Es gibt einfach zu viele NGOs, die gegen sie arbeiten. Um dieses Missverhältnis auszugleichen, geben die Leute von Regavim mehr Geld aus, als ihnen lieb ist, damit sie Journalisten das zeigen können, was NGOs wie Adalah ihnen niemals zeigen würden. Möchten Sie, fragen sie den Herrn Meisteragenten, gerne in einem kleinen Flugzeug fliegen? Es ist eine Maschine mit nur einem Triebwerk, und mitunter ist der Flug ganz schön unruhig, einschließlich der einen oder anderen Turbulenz, aber ich kann sehen, was die Vögel sehen. Wenn das den Meister nicht stört, würde Regavim das Flugzeug organisieren und die Kosten übernehmen. Ihre Idee ist furchtbar simpel: Wenn ich damit einverstanden bin, über die Wüste zu fliegen und selbst zu sehen, was die Beduinen dort treiben, dann brauchen sie kein einziges weiteres Wort zu verlieren, um mich davon zu überzeugen, dass sie recht haben.

Ich habe eine Schwäche für Flugzeuge. Eines Tages ein kleines einmotoriges Flugzeug zu besitzen, das mit den Vögeln fliegt, ist einer meiner größten Träume. Ich bin noch nie in so einem Wunderding geflogen, wusste noch nicht einmal, dass man es mieten kann, und sage sofort zu.

Sie hoffen, sagen sie, dass ich nicht gerade gegessen habe, da mein Magen womöglich zu stark auf und ab hüpfen und Kapriolen machen könnte. Aber natürlich höre ich nicht auf sie. Ich kaufe mir etwas zu essen – habe ich das fantastische Essen in diesem Land schon erwähnt? –, und zu trinken, dann bin ich startklar.

Und fliege, und wie ich fliege. In einer Piper Cherokee C.

Was für ein Herzchen! Wo sonst kann man ein solches Vergnügen wie dieses erleben, die immense Erhabenheit, in einem solchen Baby zu fliegen? Sie können bei der teuersten Fluggesellschaft der Welt »Erste Klasse Plus« fliegen und werden nicht ein Zehntel des Spaßes haben, den ich beim Fliegen in diesem Schätzchen habe. Und sorry, aber das schlägt meine Turkish Airlines mit links.

Ich fliege in dieser Piper und verwandle mich im Handumdrehen von einem dicken Mann in einen anmutigen Vogel. Ich bin im Himmel!

Der Himmel ist oben, die Beduinen sind unten: auf diesem Hügel und auf jenem, auf diesem Berg und auf jenem, in diesem Tal und in jenem. Wohin ich auch blicke, sehe ich Beduinen. Ich zähle sie nicht, aber ich verstehe: Wenn Israel oder ein privater Bauträger im Negev bauen wollten, dann wären ihre Möglichkeiten begrenzt. Wenn sie auf diesem Berg direkt unter mir bauen wollten, einem gewaltigen Berg, dann hätten sie ein Problem: Da sind zwei Beduinen, die behaupten, der gesamte Berg gehöre ihnen. Und wenn sie in diesem Tal bauen wollten, über das ich jetzt hinwegfliege, einem ziemlich großen Tal, dann hätten sie dasselbe Problem. Jeder Beduine braucht mehrere Frauen und mehrere Berge. Versuchen Sie mal, damit in Stockholm oder in Washington, in Paris oder in Berlin durchzukommen, und Sie landen mit dem Notarzt in der nächsten Klapsmühle. Und es tut mir leid, aufrichtig leid, aber da holt Sie keine NGO wieder heraus.

Da unten sehe ich Beduinen ohne Ende, in riesigen Landstrichen. Die Beduinen mögen vielleicht mit dem Nomadenleben aufgehört haben, die Berge aber nicht. Wann immer ein Berg einen Beduinen sieht, lädt er ihn zu sich ein. Sie glauben mir nicht? Schwingen sie Ihr zekel beiner in eine Piper.

In genau dieser herrlichen Piper lege ich einen Schwur ab. Sobald ich wieder gelandet bin, gehe ich in ein Bräunungsstudio, bräune mich kräftig nach, ziehe mir eine Kufija über die Rübe, fange mir fünf braune Ladys und siedle mich auf den nächsten verfügbaren fünf jungfräulichen Bergen an. Der Negev ist riesig, und es gibt wahrlich genügend Berge für mich und meine Babes. Adalah wird darauf achten, dass ich gut repräsentiert werde, europäische Diplomaten werden mir meine Zelte bauen. Eine strahlende Zukunft wartet auf mich, sobald ich wieder festen Boden unter den Füßen habe.

Zurück auf Mutter Erde, suche ich nach Tobys Telefonnummer. Es ist wichtig, ich muss sofort mit ihrem Sohn sprechen: Ich brauche eine Sonderförderung für meine Bräunungssessions.

Unglücklicherweise aber warten Ari und Amichai in ihrem Wagen neben meiner hübschen Piper auf mich, um mich zu entführen. Wir fahren von einer Siedlung zur nächsten, bis wir in Al-Arakib sind, das mich tatsächlich interessiert. Diese Siedlung wird nämlich von Rabbi Arik, neben vielen weiteren meiner künftigen NGO-Geldgeber, nach Kräften unterstützt. Al-Arakib ist ein Dorf von zwölf Familien, das bereits 58-mal abgerissen wurde, sagt zumindest ein Mann namens Aziz, dem wir beim Herumspazieren begegnen. Das erste Mal wurde es 1948, das letzte Mal 2013 dem Erdboden gleichgemacht. So Aziz. Ari und Amichai hören zu, ich sage nichts. Aziz erzählt uns kurz die Geschichte dieses Ortes: Alle Einwohner hier hatten einmal eine Arbeit, 573 an der Zahl, den Israelis aber gefiel es nicht, dass sie alle eine Arbeit hatten, also zerstörten sie den Ort.

Warum sollte Israel ein Interesse an ihrer Arbeitslosigkeit haben?

»Die Israelis wollen, dass alle Araber ihre Sklaven sind.«

Keine guten Neuigkeiten für mich, den kommenden Fünf-Damen-Beduinen.

Salim, ein anderer Beduine, taucht auf und teilt uns freudig mit, dass jeden Tag Ausländer zu Besuch kämen, um ihnen zu helfen.

Aziz lebt in einer Hütte, die, wie er sagt, in Wirklichkeit eine Moschee ist. Andere leben in Zelten und Wellblechkonstruktionen an einem Friedhof. Für eine Sekunde frage ich mich, ob ich auf dem Ölberg bin, aber nein. Dieser Ort hier ist auf europäische NGOs ausgerichtet, nicht auf Gebete am Grab des Juden Menachem Begin. Salim fordert mich auf, ihn ein paar Schritte zu begleiten, in ein »Medienzentrum« in einem Wohnmobil, eine nette Spende von den guten Seelen der NGO-Welt. Hier sehe ich Computer, einen Projektor, Drucker, Poster und eine Auswahl an gedruckten Materialien.

Wahrscheinlich ist dies das einzige Pressezentrum in einem Friedhof.

Ein Video läuft.

Wir sehen einen Mann in seinem schönen Haus, wie er von Zimmer zu Zimmer geht, gefolgt von einer Frau, die ein Tablett trägt. Wahrscheinlich Kaffee, Tee und Gebäck. Ein trautes Heim. Minuten später aber sehen wir ein Feuer und zahlreiche Demonstranten, die versuchen, den bevorstehenden Abriss zu verhindern. Wir sehen auch israelische Polizeifahrzeuge, einen Hubschrauber, dann Planierraupen. Häuser werden zerstört. Ausländische und einheimische Demonstranten geraten mit der Polizei aneinander.

Und dann ist alles hinüber. Ein zerstörtes Dorf.

Dieses Video könnte kein lebendes menschliches Wesen kalt lassen.

An diesem Punkt kriegen Aziz und Salim mich, und ich wechsle auf ihre Seite. Ich identifiziere mich hundertprozentig mit ihnen.

Aziz hebt seine Stimme. Er ist wütend. Er sagt wieder und wieder, dass es Israel, ein rassistisches Gebilde, darauf abgesehen hat, ihn zu vernichten, weil er ein Araber ist.

Ich schätze diese pauschale Anschuldigung nicht sonderlich, verstehe aber seinen Schmerz, nachdem ich diesen Videoclip gesehen habe.

Aziz erkennt, dass ich jetzt auf seiner Seite bin, und schlägt vor, mir sein Heim in der Moschee zu zeigen.

Man käme nicht auf den Gedanken, dass das eine Moschee sein soll, aber vielleicht war es mal eine. Und vielleicht ist es ja immer noch eine.

Seine Frau ist zuhause, und er zeigt mir ihr Schlafzimmer.

Ich mag Aziz und seine Kultur. Kann man sich einen New Yorker vorstellen, der einem bei der ersten Begegnung sein Schlafzimmer zeigt? Nö. Mir gefällt das!

Hier also machen Sie Liebe? frage ich ihn. Er lacht laut auf. Einst, sagt er mir, war er wirklich gut.

Wie gut? Haben Sie es zehnmal in einer Nacht gemacht, immer und immer wieder?

»Wir haben es draußen gemacht«, sagt er mir. Im Sand, auf den Hügeln und unter dem Himmel. Es war großartig!

Draußen stehen zwei Pferde. Reiten Sie? Ja, tut er. Er steigt auf ein Pferd und ist glücklich, mein Aziz. Ich werde hier sterben, sagt er. »Sie (Israel) töteten mich 58-mal, aber ich bin immer noch am Leben. Ich weiß, dass ich eines Tages sterben werde, aber ich werde mit einem Lächeln auf den Lippen sterben.«

Er reitet auf seinem Pferd, ich gehe zu Fuß, und wir treffen uns bei einem nahe gelegenen Brunnen. Hier singt er ein Lied für mich:

>*We shall not be moved. No, no, no.*
No, no. We shall not be moved.
You can destroy my house, we shall not be moved.
You can uproot my trees, we shall not be moved.«

>*No, no, we shall not be moved.*
You can destroy our school, we shall not be moved.
You can uproot me from my place, but I shall not be moved.
This is Bedouin land, this is Bedouin land.«

Und ich singe mit:

>*No, no, we shall not be moved.*
No, no, we shall not be moved …«

Und plötzlich trifft es mich wie ein Blitz. Das ist kein beduinischer Songtext, so wenig, wie die Musik beduinisch klingt. Er ist auf Englisch, nicht auf Arabisch. Die Geschichte dieses Ortes, sagt sich der Meisteragent, wird nicht von Beduinen, sondern von Ausländern geschrieben. Im Leben hätte sich dieser Mann dieses englische Lied nicht selbst ausdenken können, dafür reicht sein Englisch bei weitem nicht aus.

Wer hat Ihnen dieses Lied beigebracht?

»Die Europäer!«

Salim: »Viele Ausländer sind hierhergekommen, um uns zu helfen. Am meisten und besten die Deutschen.«

Meine Identifikation mit Aziz und Salim bekommt einen Riss. Ja, das Video, das ich gesehen habe, war nicht schön. Aber ich weiß ja schon aus meinen Erfahrungen in Chirbet al-Machul, wie man einen Film ›chirurgisch genau‹ schneidet und dass das, was ich auf einem Bildschirm sehe, das Bild in den Köpfen der Filmemacher und nicht die Wirklichkeit vor Ort widerspiegelt. Wer baute das schöne Haus, bevor die Bulldozer kamen? frage ich mich. 58-mal zerstört und 59-mal wieder aufgebaut. Mit wessen Hilfe? Lebte in diesem Haus wirklich jemand, oder war es nur eine Kulisse? Ich bin ein Theatermann und weiß, wie viel es kostet und wie lange es dauert, eine Bühnendekoration aufzubauen. Ein guter Bühnenbildner, der über entsprechende Mittel verfügt, kriegt das in einem Tag hin.

»You can uproot my trees«, du kannst meine Bäume ausreißen? Wovon redet der? Die einzigen Bäume, die hier in den letzten 5000 Jahren gewachsen sind, wurden von den Israelis gepflanzt, nachdem sie ihr spezielles Bewässerungssystem, die Tröpfchenbewässerung, erfunden hatten.

Ich blicke Ari und Amichai an und frage sie nach ihren Erklärungen. Wenn ich möchte, sagen sie mir, können sie mir Fotos geben, die sie gemacht haben. Die Leute, die hier herumlaufen, und das sind manchmal mehr, als ich jetzt sehe, leben nicht wirklich hier. Sie leben in ›anerkannten‹ Städten wie Lakia und kommen für eine ›Fotosession‹ mit naiven Ausländern oder cleveren Journalisten hierher nach Al-Arakib. Regavim hat einige Fotos davon gemacht, wie diese Beduinen ihre Mercedes in einiger Entfernung parken, bevor sie hierherkommen.

Als Meisteragent nehme ich aber nicht gerne Fotos entgegen, die jemand anderer geschossen hat. Also beschließe ich, mir mein eigenes Urteil zu bilden, und zwar ausgehend von dem, was ich sehe. Und was sehe ich? Ich sehe, dass es in diesem Al-Arakib keine Infrastruktur gibt. Das schöne Haus, das ich sah, passt nicht wirklich in diese Gegend. Das Wasser für den Kaffee hätte aus dem Brunnen geholt werden müssen wie in den Tagen des biblischen Abraham, serviert aber wurde der Kaffee in einem Wohnzimmer, das dem einer eleganten Villa in Texas glich. Wenn das tatsächlich ein echtes Haus in Al-Arakib gewesen wäre, dann hätte es erst einmal jemand mit dem nötigen Kleingeld bauen müssen. Wer könnte das sein? Vielleicht einer von den »meisten und besten«, die mit der Lufthansa oder Air Berlin hier landen.

Schieben wir's den Juden in die Schuhe. Warum nicht?

Ich besuche eine Beduinenschule in einer ›anerkannten‹ Stadt und spreche mit den begabtesten Kindern. Ich möchte wissen, wo ein ›Beduine‹ anfängt. Die brillanten Schülerinnen und Schüler, denen ich hier begegne, sind israelische Staatsbürger, bezeichnen sich mir gegenüber aber als Palästinenser und denken nur das Schlechteste über Israel. Getragen wird die Schule unter anderem von Israel und der Konrad-Adenauer-Stiftung (KAS).

Bei seiner Pressestelle frage ich nach einem Treffen mit Ministerpräsident Netanjahu. Sein Pressesprecher, Mark Regev, teilt mir mit, dass er meinen Wunsch prüfen wird. Dann versuche ich, einen Termin bei der KAS zu bekommen, um mir ihre Sicht erläutern zu lassen. Der KAS-Vorsitzende ist dieser Tage zufällig gerade in Israel. Den würde ich nur zu gerne treffen.

Sein Büro antwortet: »Aufgrund seines sehr engen Zeitplans wird Herr Pöttering während seines Israelbesuchs keine Interviews geben können.«

Wenn mich deutsche Männer nicht sehen wollen, sei's drum. Vielleicht wollen die deutschen Frauen ja. Ich lasse es auf einen Versuch ankommen.

Kerstin Müller, ehemalige Bundestagsabgeordnete der Grünen, übernimmt demnächst die Leitung des Tel Aviver Büros der Heinrich-Böll-Stiftung ihrer Partei.

Hier ist die Antwort des Büros der Dame: »Leider ist ihr Zeitplan in den kommenden Wochen sehr eng, deshalb wird sie kein Interview geben können.«

Ich fahre kreuz und quer durch die Negevwüste, auf der Suche nach Israels mutmaßlichem Kernreaktor in Dimona. Zufällig treffe ich auf ein paar schwarze Hebräer, die an einem Ort namens Dorf des Friedens leben, und plaudere mit Jugendlichen, die Barack Obamas Töchtern sehr ähnlich sehen, von Atomen aber keinen blassen Dunst haben. Ich fahre weiter. Auf manchen Straßen sehe ich Schilder, die die Autofahrer auf militärisches Sperrgebiet hinweisen, das zu fotografieren oder wo auch nur anzuhalten verboten ist. An einem bestimmten Punkt entdecke ich an einer Straße, die ich eigentlich nicht entlangfahren darf, ein Gebäude, das als atomare Anlage ausgewiesen ist. Ich sehe ein Eingangstor, aber weit und breit kein menschliches Wesen, weder schwarz noch weiß.

Die nukleare Anlage ist nicht das einzige Geheimnis der Negevwüste. Hier gibt es etwas, das auf Deutsch »Krater« und auf Hebräisch »machteschim« heißt. Wie auch immer sie heißen, es sind gewaltige Löcher mitten in der Wüste. Es gibt hier einige davon und mehr als eine Erklärung, wie sie entstanden sind. Sie sind faszinierend, sie sind furchterregend, sie sind aufschlussreich, sie sind überwältigend, sie sind ehrfurchtgebietend, sie sind berückend, sie sind sagenhaft, und wenn man sie einmal gesehen hat, kann man sie nicht mehr vergessen.

Die Straßen im Negev ziehen sich endlos dahin. Wohin man auch schaut, jedes Landschaftsbild ist ein Fest für Auge und Seele. Sehen Sie hier: Die Farben des Sands ändern sich alle paar Meter. Wirklich. Und hier, der Mitzpe Ramon-Krater. Was für eine Schönheit! Man steht am Rand eines Felsvorsprungs, lässt den Blick nach unten und im Kreis schweifen, und man begreift, wie hart und erhaben die Natur sein kann. Sie müssen aus Ihrem Auto aussteigen, um dieses riesige Loch in der Erde sehen und auf sich wirken lassen zu können. Die Felsformationen an den

Rändern des Kraters mit ihren schroffen Formen zeugen von etwas Außergewöhnlichem, das sich hier vor tausenden von Jahren herausbildete. An einer Stelle sehe ich einen ›Einschnitt‹ in einem Berg, der so tief reicht, wie der Arm des Teufels lang ist. Ich stelle mich mit einem Fuß auf die eine Seite und mit dem anderen auf die andere und schaue nach Herrn Teufel in die Tiefe. Ein großartiger Augenblick.

Ich löse meinen Blick von der unergründlichen Spalte, hebe den Kopf und starre auf Steinböcke, die gemächlich an mir vorüberziehen. Mich zu sehen, einen Menschen, schlägt sie nicht in die Flucht, denn die Wüste ist ihre Gegend, ihre Heimat, ihr Königreich, und kein Mensch kann ihnen etwas anhaben.

In diesem Naturwunder namens Negev mit seinen endlosen Kurven, Straßen, Pfaden und Sanden lässt sich praktisch kein Fremder blicken. Ich bin stundenlang mit dem Auto unterwegs, fahre kreuz und quer durch die Gegend, und fast die ganze Zeit über ist mein Wagen der einzige weit und breit. Kilometer um Kilometer ist kein Fahrzeug hinter, vor oder neben mir, nur einige Militärbasen und Beduinenlager.

»Der Negev ist der wahre Test für Israel«, sagte David Ben Gurion vor vielen Jahren; heute stehen seine Worte am Zufahrtstor zu einem dieser Stützpunkte der IDF.

Der wahre Test für mich, den Meisteragenten, wird aber an mehr Orten als diesem stattfinden, sodass ich den inspirierenden Negev verlasse und nach Jerusalem zurückfahre.

Zuzuschauen, wie Straßenkatzen koschere Milch trinken, ist auch inspirierend.

In einer nichtöffentlichen Sitzung mit meinen Katzen, die inzwischen schon zu sechst sind, kommen wir zu dem einstimmig gefassten Entschluss, dass ich einiges an Zeit investieren sollte, um ein paar lose Enden zu verknüpfen.

Und wer wird mein erstes Opfer sein? Die Franzosen natürlich.

38. STATION *Ärzte, die keine Grenzen kennen, und ein toter Rabbi, für den keine Züge fahren*

Die Médecins Sans Frontières (MSF) mit Sitz in der Schweiz haben ein Büro in Jerusalem, wo ich sie besuche. Ich möchte wissen, was sie an Orten wie Chirbet Al-Machul machen und warum sie dort präsent sind.

Das Büro liegt in Beit Hanina, einem rein arabischen Viertel in Ostjerusalem, und ich kann es kaum erwarten, den romantischen Klängen der französischen Sprache zu lauschen. Was soll ich sagen, ich lerne ein paar interessante Leute kennen. Italiener.

Und zwar Christina, die Missionschefin der spanischen Sektion, und Tommaso, den Missionschef der französischen Sektion. Beide sind italienische Staatsbürger, beide haben ihre eigenen Büros, und beide Büros liegen im selben Viertel. Die Ärzte ohne Grenzen brauchen zwei Büros hier, weil sie, wie ich höre, alle Hände voll zu tun haben.

Ich bitte Christina, mir zu erklären, was genau sie hier tun.

Als Erstes zeigt sie auf eine Karte. An der Wand des MSF-Büros hängt eine Landkarte mit vielen ›Inseln‹, verschiedenen Abschnitten an verschiedenen Orten in unterschiedlichen Farben. Hier sind Juden, dort Araber. »Es ist eine verrückte Situation«, sagt sie, »und wenn man die Karte betrachtet, wird einem schlecht.« Das Hauptproblem, ich verstehe, ist ganz einfach: Es sind zu viele Juden auf der Karte. Wenn Sie die Karte betrachten, im Ernst jetzt, wird Ihnen auch schlecht. ›Christina‹ ist, glaube ich, nur ein Deckname. Die Wahrheit ist, glaube ich, vielmehr: Sie ist die wiedergeborene Mutter Teresa. Anders lässt sich nicht erklären, warum diese sexy Lady das gesunde Italien gegen das krankmachende Israel eingetauscht hat.

Christina Teresa macht sich Sorgen um die »Situation«, sagt sie mir.

Sie sind Italienerin, warum sorgen Sie sich um dieses Land? Worin besteht die emotionale Anziehungskraft, die Sie hierhergebracht hat, die Sie so sehr wünschen lässt, hier zu sein?

Sie möchte die Probleme hier lösen, antwortet sie.

Was sind die Probleme?

»Mangelnde Rechte.«

Auf wessen Seite stehen Sie?

»Es gibt hier Menschen, die mehr leiden.«

Welche Art Leiden?

»Es gibt hier Menschen, die nicht frei entscheiden können, wo sie leben möchten.«

Wer sind diese Menschen?

Die Palästinenser natürlich.

Diese heilige Lady kennt sich mit Meisteragenten aus; das Unschuldslamm spielt sie extrem geschickt. Ich möchte ein Foto von ihr machen und es Ministerin Rula in Bethlehem schicken, um sie dieser wärmstens als zweite Liebe Frau von Palästina zu empfehlen.

Können die Juden frei entscheiden, wo sie leben möchten?

»Ja. Wenn sie im Westjordanland leben möchten, können sie das tun.«

Können Juden in, sagen wir, Ramallah, leben?

»Mmm. Es gibt ein paar. Es gibt Journalisten von *Haaretz*, die in Ramallah leben.«

Sie meint Amira Hass, die weibliche Seite von Gideon Levy.

Leben noch andere Juden in Ramallah?

»Soweit ich weiß, war's das. Nur Amira.«

Heilige haben oft ein Problem mit der Unterscheidung von Singular und Plural, das ist mir schon an heiligen Leutchen in Rom aufgefallen. Interessant ist aber hier die Tatsache, dass es sich unsere Liebe Frau von Palästina zu Herzen nimmt, ob Menschen die freie Wahl haben, wo sie leben möchten, obwohl ihr eigenes Büro in einem Viertel liegt, das keine Juden duldet, eine Tatsache, die sie sofort einräumt, wenn man sie damit konfrontiert.

MSF ist keine politische, sondern eine medizinische Organisation; das zumindest behaupten sie. ›Ärzte‹ nennen sie sich, und ich wüsste wirklich gerne, was sie hier tun. Ich stelle meiner Heiligen diese Frage. Und dann stelle ich noch eine weitere Frage,

Frage B: Behandelt die MSF, eine Gesundheitsorganisation, auch kranke Juden?

Meine Fragen sind zu viel für Tommaso. Er und ich wissen, dass die MSF keinen einzigen Juden behandelt, was er natürlich aus offensichtlichen Gründen nicht zugeben kann. Ich sehe, wie die Wut in ihm hochkocht und er alle möglichen Grimassen in meine Richtung schneidet. Ich fordere ihn auf, mir ehrlich zu sagen, auf wessen Seite er steht. Auf der »schwächeren« Seite, antwortet er, der der Palästinenser. Ich frage ihn, was geschähe, nur mal angenommen, wenn dieses Land zu einem vereinigt würde, in welchem Fall die Juden in der Minderheit wären. Glaubt er, dass dann alles Friede, Freude, Eierkuchen für die Juden wäre, oder glaubt er, dass die Juden zu leiden hätten?

»Das ist eine Möglichkeit«, räumt er ein, dass die Juden zur ›schwächeren‹ Seite würden und die Palästinenser dann Rache nähmen.

Warum also widmen Sie Ihre Zeit dem Ziel, einem schwachen Volk dabei zu helfen, das andere Volk zu schwächen? Was ist der Grundgedanke dahinter?

Er hat keine Antwort.

Beit Hanina, das rein arabische Viertel in Jerusalem, in dem sich diese MSF-Zweigstelle befindet, ist mir von palästinensischer Seite als Beispiel für ein arabisches Viertel genannt worden, das von den israelischen Behörden aufgrund ihrer rassistischen Ideologie vernachlässigt wird. Als ich vor langen Jahren in Jerusalem lebte, habe ich dieses Viertel nie betreten, jetzt aber, wo ich einmal hier bin, schaue ich es mir an. Was soll ich sagen? Wenn das ein Beispiel für ein vernachlässigtes Viertel ist, dann sollten seine Bewohner ihr Möglichstes tun, um bis in alle Ewigkeit an ihrer Vernachlässigung festzuhalten.

Ich wünschte, ich könnte noch länger in Beit Hanina lustwandeln, muss aber weg. Ich bin mit dem Chefredakteur der *Haaretz* in seinem Büro in Tel Aviv verabredet, und die Zeit steht nicht still.

Als ich Beit Hanina verlasse, lerne ich, dass die Zeit manchmal doch stillsteht.

Ein Lautsprecher vor dem Bahnhof verkündet: Heute keine öffentlichen Verkehrsmittel aufgrund des Trauerzugs für Rabbi Ovadja Josef.

Das geistige Oberhaupt der Sepharden ist vor wenigen Stunden entschlafen, und die Behörden rechnen mit vielen tausenden Teilnehmern an seiner Beisetzung. Wie die tausende nach Jerusalem kommen sollen, wenn es keine öffentlichen Verkehrsmittel gibt, das gehorcht einer Logik, die sich mir nicht erschließt.

Für mich war Ovadja Josef, seinen Verehrern auch als Maran (so etwas wie ›unser Lehrer‹) bekannt, nie eine Figur, der ich großen Respekt entgegenbrachte. In einem seiner vielen Bücher behauptet er, dass tausende israelischer Soldaten im Jom-Kippur-Krieg starben, weil sie »Mädchen in kurzen, oberschenkelfreien Kleidern« anstarrten. Auch beschuldigte Ovadja, gebürtig Abdullah, Richter des israelischen Obersten Gerichtshofes, »Sex mit menstruierenden Frauen« zu haben. Was ich von ihm halte, zählt aber nicht viel. Israelischen Medien zufolge werden 200 000 Teilnehmer erwartet.

Ihr Meisteragent gehört natürlich zu den ersten. Ich arbeite mich ins Epizentrum des Trauerzugs vor und stehe am Rand des Platzes, auf dem der Leichnam aufgebahrt ist. Binnen Minuten fühle ich mich wie eine Ölsardine. Zu hunderttausenden strömen die Menschen in meine Richtung. Wer sprach von nur 200 000? Das sieht nach einer Million und mehr aus. Dieselben Medien, rufe ich mir ins Gedächtnis, deren Berichten zufolge in diesen Tagen kaum Israelis in die Türkei reisen.

Bald jedoch korrigieren die israelischen Medien ihre Schätzung und melden nun, dass 850 000 Menschen an der Beerdigung teilnehmen, die größte Zahl von Trauergästen in der Geschichte des jüdischen Staats. Das sind mehr als zehn Prozent von Israels jüdischer Bevölkerung, und ich spüre den physischen Druck der Menge, die mich umgibt. Manche drängeln immer stärker, manche sind auf die Zäune der umliegenden Häuser geklettert, andere auf Autodächer und überhaupt auf alles, was das Gewicht eines Menschen trägt. Es ist ein so faszinierender wie bestürzender Anblick. Wie ist es möglich, dass so viele diesem Mann gefolgt sind?

In meiner Nähe hängt ein Plakat der Schas-Partei, der Partei, an deren Gründung Rabbi Ovadja mitwirkte und die er seitdem unter seiner Kontrolle hatte. Dort ist zu lesen:»Folge dem Befehl Marans, und du wirst mit einem guten Jahr gesegnet.«Zu dumm, dass sich Maran nicht selbst segnen konnte. Auf einem anderen Plakat steht:»Wir lieben dich, Maran.«

Ein Gedanke. Wenn man Marans Anhänger nimmt, die Zigtausend addiert, die dem ›Messias‹, dem verstorbenen Lubawitscher Rebbe, anhängen, und dann noch die Nachnachs hinzuzählt, die in einem fort na nachen, dann kommt man auf rund die Hälfte der jüdischen Bevölkerung Israels. Addiert man zu dieser Mischung wiederum all jene, die an das himmlische Tier Al-Buraq glauben, dann hat man mehr oder weniger die Gesamtzahl der Menschen, die in diesem Land leben. Oder andersherum: Zieht man von der israelischen Gesamtbevölkerung all jene ab, die an tote Männer oder fliegende Pferde respektive Kamele glauben, dann bleiben die NGO-Aktivisten und der Chefredakteur von *Haaretz* übrig.

Ovadja Josef hatte ein langes Leben. Er starb mit 93 Jahren, viele aber wollen, dass er ewig lebt. Ich beobachte eine junge Frau in einem ›Frauenabschnitt‹ der Straße, die hemmungslos weint, als wäre gerade ihr Liebster verstorben.

Ich überlasse die Trauernden sich selbst und gehe zu meinen Katzen. Ich glaube, Milch haben sie genug intus, deshalb gibt es heute Abend zur Abwechslung mal etwas anderes, Thunfisch vielleicht. Thunfisch in Olivenöl.

39. STATION *Warum geben die Europäer so viel Geld dafür aus, einem jüdischen Soldaten beim Pinkeln zuzusehen?*

Ein Rabbiner ganz anderer Art, Rabbi Arik von den Rabbis for Human Rights, ist höchst lebendig und erwartet mich früh am nächsten Morgen. Rabbi Arik bekommt erhebliche Fördermittel von verschiedenen Organisationen und muss ›liefern‹. Heute ist Liefertag. In einem T-Shirt mit der Aufschrift »We are all Al-Araqeeb« steht er neben einem Van, den er für mich organisiert hat und der mich zum Olivenhain eines Dorfes im Westjordanland bringen wird. Dort, in Burin in der Nähe von Nablus, soll ich Palästinenser treffen, die ihre Oliven ernten wollen. Er selbst fährt nicht mit, er war gestern in Burin, kommt aber für den Wagen und den Fahrer auf, damit ich mich an der heiligen Mission seiner Organisation, den arabischen Erntearbeitern »zu dienen und sie zu beschützen«, beteiligen kann. Dan, ein israelischer Aktivist, der für Arik arbeitet, ist mit von der Partie, so wie Maurice aus Kenia, ein weiterer von Ariks Aktivisten.

Maurice studiert Internationale Friedensforschung und Konfliktbewältigung und schätzt sich glücklich, an diesem Unternehmen mitzuwirken, bei dem Rabbis for Human Rights Araber vor israelischen Soldaten und Siedlern schützen, die Jagd auf sie machen.

Maurice, ein Mann, dessen Lebensaufgabe darin besteht, den Weltfrieden zu verwirklichen, hat die Welt unter die Lupe genommen und die eine Staatsmacht gefunden, die den internationalen Frieden bedroht: Israel.

Erst vor wenigen Tagen drangen muslimische Extremisten in ein Einkaufszentrum ein und schlachteten Medienberichten zufolge die dort weilenden Menschen ab, indem sie ihnen zum Teil Gliedmaßen und Körperteile einzeln abhackten. Die grauenhafte Brutalität dieses Terroranschlags schockierte die Welt. Das geschah in Kenia, Maurices Heimatland, und man sollte meinen, dass Maurice, wenn er seine Konfliktbewältigungstechniken in einem Krisenherd anwenden möchte, dies in Kenia täte. Aber nein, er ist hier.

Ich bitte ihn, mir dies zu erklären. Statt mir zu antworten, lächelt er nervös und starrt mich an, als wäre ich der Teufel in Person.

Abu Rami aus Jerusalem ist unser Fahrer. Er war einmal Fahrer von MK Uri Avnery, dem ältesten noch lebenden israelischen Friedensaktivisten, und arbeitet jetzt für Rabbi Arik. Unterwegs weist er uns auf die eine oder andere Sehenswürdigkeit hin. Zum Beispiel auf ein Haus auf dem Gipfel eines Hügels: »Das ist das Haus von Mosche Zar, dem Obersten Siedler!« Man frage mich nicht, was das bedeutet, ich weiß es nicht.

Zu gegebener Zeit erreichen wir das Dorf und fahren gleich weiter zu dem Olivenhain, um die olivenerntenden Araber dort vor den brutalen Juden zu beschützen.

Ein palästinensischer Bauer begrüßt uns. Er wurde vor kurzem, vor vielleicht einem Jahr, von Siedlern angeschossen; die Spuren an seinem Körper könnten wir immer noch sehen. Wie heißen Sie? frage ich ihn.

»Bruce Lee.«

Hat er wirklich Bruce Lee gesagt oder versucht, so etwas wie ›Brosely‹ zu sagen? Ich bin mir nicht sicher, antworte aber: Nett, Sie kennenzulernen, mein Name ist Kong Fu.

Die Sonne scheint, der Himmel ist blau, der Wind bläst uns angenehm um die Ohren, und die Siedler sind ganz in der Nähe, sagt man mir.

Die Stimmung ist aufgeheizt. Da braut sich etwas zusammen, es könnte bald zu einem Kampf mit den Siedlern kommen, und ich bin aufgeregt wie selten.

Erst aber müssen wir den Hügel hinauf zu den Olivenbäumen. Ich falle fast zehnmal hin, da es ziemlich steil nach oben geht und manche Steine wegrutschen, wenn ich meinen Fuß auf sie setze, aber was würde ich nicht alles tun, um Menschen davor zu bewahren, von Juden getötet zu werden? Alles.

Wir erreichen Bruce Lees Bäume und pflücken Oliven.

Ich dachte, wir sollten zum Schutz gegen das Böse dienen und nicht als Bauern arbeiten, aber ich habe mich geirrt. Offensichtlich habe ich das Wörtchen »dienen« in »dienen und beschützen« nicht ernst genug genommen.

Dan und Maurice, hochmotivierte Diener, sind schwer mit Bruce Lee an einem Olivenbaum zugange, dessen kleine Teufel sie pflücken und in einen Sack auf dem Boden werfen.

»Die Siedler töten uns«, sagt Bruce Lee, während der schwarze Mann und der Jude ihm im Schweiße ihres Angesichts dienen.

Wie viele von Ihnen starben bislang durch die Kugeln der Siedler?

Dan, der mein Gespräch mit Bruce Lee belauscht, wirft sofort ein: »Das können Sie im Internet nachsehen.«

Ich reagiere nicht auf Dan und halte mich an Bruce Lee, den ich noch einmal frage:

Wie viele von Ihnen wurden bislang von den Siedlern getötet?

»Zwei.«

Und wann?

»1999 oder 2000.«

Das ist nun schon einige Jährchen her, und Bruce Lee sieht an meinem Gesichtsausdruck, dass er mir nicht gerade Angst vor den Juden eingejagt hat. Bruce Lee aber ist ein kluger Kerl und weiß, dass manche Weißen eine gute Geschichte brauchen, um die Juden fürchten zu lernen. Geschichten schüren Emotionen, und Bruce Lee möchte Kong Fu aufrütteln.

Kürzlich, erzählt er mir nun, sah ein Siedler einen Araber, der auf einem Hügel betete, und forderte ihn auf, das Beten zu unterlassen. Der Araber hörte nicht auf den Juden und betete weiter. Der Siedler stieg augenblicklich von seinem Pferd ab und erschoss den Araber mitten im Gebet.

Ich wusste gar nicht, dass die Siedler hier zu Pferde unterwegs sind, aber ich kann ja auch nicht alles wissen.

Haben Sie dies mit Ihren eigenen Augen gesehen, Bruce Lee?

»Mein Nachbar hat es mir erzählt.«

Bruce Lee fragt mich, wer ich bin. Ein deutscher Journalist, sage ich ihm.

»Danke, dass Sie den Europäern über die Probleme der Palästinenser berichten. Wir sind glücklich über den europäischen Boykott« von Produkten der Siedler.

Keine Ursache, Bruce Lee.

Bruce Lee ist clever. Mach einem Deutschen wie mir Komplimente, und er fällt voll auf ihn rein.

Dan und Maurice arbeiten unterdessen unermüdlich weiter. Man sieht, dass sie keine professionellen Erntehelfer sind, aber ihr Tatendrang und ihre Motivation gleichen ihre mangelnden Fertigkeiten aus.

Stunde um Stunde vergeht, ohne dass mörderische Siedler auftauchen, was wirklich keine gute Nachricht für Rabbi Arik ist. Er muss händeringend darum gebeten haben, dass Gott seine Sache unterstützt und ich jüdische Brutalität aus erster Hand erlebe. Gott ist aber etwas bequem geworden und hat darauf verzichtet, die marodierenden jüdischen Siedler auf uns loszulassen. Bald schon beschließt der Rabbi, angesichts Gottes ausbleibender Reaktion auf seine Gebete einzuschreiten. Er ruft mich an, um seine Hilfe anzubieten: Möchte ich im Auto, in einem anderen Auto, herumgefahren werden und mir die Beweise für die schrecklichen Verbrechen ansehen, die in der Vergangenheit von den Juden begangen wurden?

Es ist absurd, dass sich ein Rabbiner so hartnäckig um den Beweis bemüht, dass Juden mörderische Kreaturen sind, aber ich liebe das Theater des Absurden – sagte ich das nicht bereits? – und erwidere deshalb, ich würde mich freuen, an Orte gefahren zu werden, an denen Juden Unschuldige getötet haben.

Ein Mann namens Zakaria, informiert mich Rabbi Arik, wird mich bald abholen.

Bevor Zakaria aufkreuzt, lädt Bruce Lee uns alle zum Essen ein, es gibt Hummus mit Ful (ein Bohnengericht) und Fladenbrot.

Während wir unter einem herrlichen Olivenbaum verköstigt werden, erzählt mir Bruce Lee noch einmal, dass er von zwei Siedlern angeschossen wurde, und führt zwei neue Details an: Sie sind Brüder, und er kennt sie.

Wie heißen sie?

Er kennt ihre Namen nicht, nur ihre Gesichter.

Kennt irgendjemand sie?

Ja. Die israelische Polizei ermittelte in dem Fall, und es wurde Anklage erhoben.

Vor Gericht kann man meines Wissens keine Anklage gegen ›Gesichter‹ erheben; es muss Namen geben. Wer kennt die Namen? frage ich ihn. Jehudit von »Jesch Din«, einer israelischen NGO, die den Palästinensern Rechtsbeistand leistet, lautet seine Antwort.

Ich notiere mir, dass ich diese Dame aufspüren und zu den Details befragen will.

361

Inzwischen ist Zakaria eingetroffen. Er ist ein Palästinenser aus dem Dorf Jit und hat eine Visitenkarte, die ihn als »Menschenrechtskoordinator« ausweist.

Ich steige in seinen beeindruckend großen Van, der mit neuster Technik vollgestopft ist, und lasse mich von ihm herumfahren.

»Was möchten Sie sehen?«

Alles.

Erst einmal fährt er mich nach Burin. Wir waren in dem Olivenhain des Dorfes, jetzt geht es in die Ortschaft selbst.

In wenigen Minuten sind wir da. Es handelt sich um einen Ort, so mein Eindruck, durch den täglich der Unglücksengel tanzt. Wohin man blickt, ist nur äußerste, schwer erträgliche Armut zu sehen.

Ja. Das ist es, was die meisten Nachrichtenkonsumenten der Welt für die Realität Palästinas halten, und hier sehe ich sie mit eigenen Augen. Die internationalen Medien, hier ist die Bestätigung, sind redliche Vermittler der Wahrheit.

Ich muss frische Luft inhalieren, kaufe mir Zigaretten in einem kleinen Laden, eher einem Loch im Zement, und starre dem Rauch hinterher, der meinem Mund entweicht.

Jenseits des Rauchs und auf der anderen Seite der Straße sehe ich einen Haufen Kinder, denen ich mich schon bald anschließe, um mit ihnen zu spielen. Das gefällt ihnen. Und sie gefallen mir. Reizend und glücklich, wie sie sind – weiß Gott warum –, öffnen sie sich einem Fremden wie mir bereitwillig. Wenn irgendjemand irgendwo einen Beweis dafür bräuchte, dass Kinder auch in der Armutsengel-Straße glücklich sein können, dann sollte er hierherkommen. Spaßeshalber vergleiche ich sie mit den Kindern in Great Neck, NY, wo ich vor etlichen Jahren lebte. Great Neck ist einer der reichsten Vororte Amerikas, in dem man Kindern die weltbeste Betreuung angedeihen lässt, die beste Erziehung, das beste Spielzeug, das beste Essen, die beste Unterbringung, das Beste von allem. Sind sie glücklicher? Würde man sie zusammen auf der Straße sehen, mit lächelnden Gesichtern und gemeinsamem, ansteckendem Gelächter? Niemals. Die Kinder von Great

Neck leiden am Wohlstandssyndrom, während die Kinder von Burin nicht einmal wissen, dass es eine solche Krankheit gibt.

Ich staune über den Anblick der Kinder von Burin und spiele weiter mit ihnen.

Rasch schließen sich uns weitere Kinder an. Ich denke mir ein Lied aus, a o e l a o o, das wir alle zusammen singen, in voller Lautstärke: das beste Straßentheater, das Burin je erlebt hat.

Auf Zakaria von Rabbis for Human Rights wirken die Kinder und ich vollkommen verrückt. Er sieht mich an, sieht die Kinder an und sagt mir, dass er sich an ein arabisches Sprichwort erinnert fühlt: »Wenn deine Freunde verrückt sind und du nicht, hilft dir dein Verstand nicht weiter.« Das heißt natürlich, dass ich jetzt tun und lassen kann, was ich will, und er mitspielen muss. Ganz nach meinem Geschmack.

Auf der anderen Straßenseite versucht ein Mann herauszufinden, was für ein Theater das hier ist, und kommt herüber. Er stellt sich vor: Munir. Und Munir, glauben Sie's oder nicht, ist ebenfalls ein Menschenrechtsaktivist. Um genauer zu sein, arbeitet dieser Mann für die besagte israelische NGO Jesch Din, die unter anderem vom deutschen Institut für Auslandsbeziehungen großzügig unterstützt wird.

Die Szene, die sich hier entwickelt – zwei Araber, die von Juden bezahlt werden, um böse Juden auf frischer Tat zu ertappen, treffen an derselben Straßenecke aufeinander –, kommt mir vor wie aus einem Roman von Franz Kafka. Was mir hier vor Augen steht, sind zwei linke israelische NGOs auf ihrer ewigen Suche nach dem Fehlverhalten ihrer eigenen Leute und in ihrem ewigen Konkurrenzkampf um die Anwerbung örtlicher Spione.

Jedenfalls frage ich Munir, ob er Jehudit kennt.

Ja, natürlich kennt er sie. Warum habe ich ihn nicht schon früher gefragt? Eben war sie noch hier!

Na ja, ich kannte Munir ja noch gar nicht. Kann er sie anrufen?

Er gibt mir ihre Telefonnummer.

Von Jehudit erfahre ich, dass sie alles über Bruce Lee und die Siedlerbrüder weiß, es gibt nur ein kleines Problem: »Ich weiß die Namen (der Siedler) nicht.« Ich habe sie aber in meinem

Computer, sagt sie, und brauche zehn Minuten, um sie herauszusuchen.

Kein Problem. Ich habe zehn Minuten, zehn Stunden Zeit, wie lange auch immer sie braucht.

Ein paar Minuten später ruft sie zurück. Sie hat keinen Namen.

Augenblick! Gibt es nicht einen Prozess oder Prozesse oder was immer?

»Das müssen Sie Mohammed fragen.«

Wer ist Mohammed?

»Ein Rechtsanwalt.«

Können Sie mir seine Telefonnummer geben?

»Er ist in Um al-Fahem«, sagt sie, einer arabischen Stadt.

Ich sage danke und lege auf. Sinnlos, das weiterzuverfolgen.

Das Leben geht weiter, und Zakaria fährt mich zu einem Haus, in dem die israelische Armee ein Zimmer niedergebrannt hat.

Munir schließt sich uns an.

Zakaria parkt seinen großen schwarzen Van neben einem schwarzen Zimmer in einem Haus. Ein schönes Bild, muss ich zugeben.

Ich betrete den Raum, einen kleinen Raum, der tatsächlich von einem Feuer heimgesucht worden zu sein scheint.

Munir erzählt mir die Geschichte:

»Am vergangenen Samstag kam die Armee um 16.30 Uhr ins Dorf. Zwei Soldaten sprangen von einem Jeep, näherten sich dem ersten Haus und warfen eine Bombe hinein. Sie sagten: ›Es ist verboten, irgendein Haus in diesem Dorf zu verlassen.‹ Dann gingen sie zum zweiten Haus und warfen drei Bomben in den ersten Stock. Dann fingen die Kinder und die Leute an, mit Steinen zu schmeißen, und eine Menge weiterer Soldaten kamen, zehn Jeeps. Sie warfen drei Gasbomben in dieses Haus. Zwei junge Töchter und ein Baby waren im Haus, und die Kinder fingen an zu würgen. Leute kamen und holten die Kinder raus. Ich rief die Feuerwehr an, die das Feuer von außen löschte, durch das Fenster.«

Warum tat die Armee das?

»Es passiert jeden Tag, dass die Armee hierherkommt und Bomben schmeißt, und die Kinder werfen mit Steinen.«

Jeden Tag?

»Jeden zweiten Tag.«

Waren sie gestern hier?

»Nein.«

Also kommen sie heute. Um welche Uhrzeit kommen sie normalerweise?

»So gegen 16.00 Uhr.«

Es ist jetzt 14.00 Uhr. Ich warte hier. Nur noch zwei Stunden.

Jetzt habe ich zwei Stunden totzuschlagen und überlege, was ich am besten mit meiner Zeit anfange. Ich habe eine Idee: Da die israelische Armee jeden zweiten Tag hierherkommt und Bomben in Häuser schmeißt, sollte ich zahlreiche abgebrannte Häuser sehen können. Kann ich noch ein paar abgebrannte Häuser sehen? frage ich.

»Nein.«

Das sieht nicht gut aus. Dieser Deutsche will Beweise für die jüdische Brutalität, und alles, was sie ihm zu bieten haben, sind Geschichten und keine Belege. Deutsche, was soll ich machen, sind geborene Beweisermittler.

Aber gut, dies ist der Osten und Allah nicht auf den Kopf gefallen. Allah gab den Menschen Hirnschmalz, und so sagt die Dame des Hauses, dass sie mit ihrem Handy Fotos von dem Vorfall gemacht hat. Es lässt sich alles beweisen!

Könnte ich die Bilder sehen, falls Sie Ihr Handy bei sich haben?

Ja, sie hat das Handy und ich kann die Bilder sehen.

Bitte.

Die Dame geht ihr Mobiltelefon holen. Und kommt zurück, mit dem Telefon.

Prima.

Kann ich die Bilder sehen?

Nun, nicht wirklich. Die Bilder sind weg. Das Handy, wie schade, hat seinen Geist aufgegeben.

Mir wird klar, dass ich eher auf den Mahdi, den Propheten der Endzeit, warten sollte als darauf, dass die IDF hier in Erscheinung tritt. Also gehe ich mit Zakaria zurück zum Wagen, und wir fahren weiter.

Rabbi Arik ruft Zakaria an. Sein Handy ist auf Lautsprecher gestellt. Rabbi Arik und Zakaria sprechen Hebräisch miteinander, eine Sprache, die Tobi der Deutsche nicht versteht. Ich bin ein deutscher Goj. Rabbi Arik fordert Zakaria auf, er solle mich herumfahren und mir Orte zeigen, falls ich noch länger bleiben möchte, notfalls den ganzen Tag. Die Rabbis for Human Rights übernehmen die Kosten, sagt Rabbi Arik.

Gut.

Zakaria sagt mir, dass Rabbi Arik am Telefon war und dass er, Zakaria, mich für eine weitere Stunde herumfahren und dann wieder bei Abu Rami abliefern wird, der mich zurück nach Jerusalem bringt.

Ich protestiere. Rabbi Arik hat diesen Deutschen, mich, gebeten hierherzukommen, und ich möchte wissen, was genau mein jüdischer Freund zu ihm gesagt hat. Zakaria hat keine Wahl, da der Rabbi mein Freund ist, und muss jetzt ehrlich zu mir sein. Er dreht und windet sich und sagt mir, dass Rabbi Arik noch einige andere Optionen angeboten hat, er, Zakaria, aber meint, dass es genügen müsste, noch eine weitere Stunde herumzufahren. Ich sage Zakaria, dass ich so lange herumgefahren werden möchte wie nötig. Und ich denke, der Rabbi wäre sehr glücklich, wenn genau das geschähe. Ich will mehr sehen, sage ich ihm, ich will Orte sehen, ich will Leute sehen, ich will Häuser sehen. Ich bin ein verrückter Mann, erinnere ich ihn, und möchte herumgefahren werden und all die schrecklichen Dinge sehen, die die Juden hier angestellt haben. Lassen Sie uns auf diesen Berg und auf jenen Hügel fahren, nehmen wir diese Straße und dann jene, schlage ich vor.

Zakaria, der einsieht, dass er es mit einem echten Verrückten zu tun hat, dem deutschen Freund eines Juden, fährt weiter.

Wir sehen schöne Häuser, und ich möchte Fotos machen, eine Idee, die Zakaria nicht gefällt, so wenig wie Atef wollte, dass ich die hübschen Häuser der reichen Armen sehe, aber ich bestehe darauf. Er muss für eine Minute anhalten, damit ich Bilder machen kann, sage ich ihm.

In welchem Dorf sind wir hier?

»In Burin.«

Da schau her. Dasselbe Burin wie vorhin. Nur dass Zakaria mich, bevor ich ihm sagte, wohin er fahren soll, zum heruntergekommensten Teil Burins brachte. Er und der Rabbi wollten, dass ich Armut sehe, und beinahe hätte ich ihre Geschichte geglaubt.

Ich mache ein paar Schnappschüsse mit meinem iPhone, und weiter geht's.

Mir fällt auf, dass an der Spitze vieler Strommasten und anderer hoher Bauten zwei Flaggen hängen, und ich frage ihn, wessen Flaggen das sind.

»Die grüne Flagge ist von der Hamas, die gelbe von der Fatah (PLO).«

Hier scheint ein scharfer Wettbewerb zwischen den beiden zu herrschen.

Wir fahren immer weiter, rein ins Dorf und raus aus dem Dorf.

In verschiedenen Dörfern und Straßen sehe ich immer wieder dasselbe Schild: USAID. Ich vermute, dass Amerika viel mehr Geld in Palästina ausgibt, als ich je geahnt hätte.

Wir fahren immer weiter.

Plötzlich sehe ich einen israelischen Armeejeep vor uns. »Sie (die arabischen Jugendlichen) werden mit Steinen auf ihn werfen«, sagt Zakaria, und die Soldaten werden dann »mit Gewehrfeuer antworten«.

Lassen Sie uns den Soldaten folgen, sage ich zu ihm, und schauen, was passiert. Ich will das Gewehrfeuer sehen! Natürlich will dieser Deutsche sehen, wie die Juden auf arabische Jugendliche schießen.

Wir folgen dem Jeep, bis dieser abrupt anhält.

Warum halten die Juden an? rätsele ich.

»Sie errichten einen Kontrollpunkt!«

Einfach so. Die israelische Armee treibt die Leute hier in den

Wahnsinn. Wenn sie sich langweilen, dann amüsieren sich die israelischen Soldaten damit, das arabische Volk zu quälen; urplötzlich Kontrollpunkte einzurichten, Leute festzunehmen und weiß Gott was sonst noch alles.

Wir erreichen die Höhe des Jeeps, der aber keinen Kontrollpunkt-Quickie macht, wie Zakaria prophezeit hatte. Es werden keine Autos angehalten, und wir fahren ungehindert vorbei. Ich drehe mich nach dem Jeep um und sehe, dass einer der Soldaten sich anschickt zu pinkeln. Zakarias Kontrollpunktjeep ist in Wirklichkeit ein Jeep in Urinierposition. Pinkeln ist umsonst, wie die russische Prostituierte sagte.

Wir fahren weiter.

Ich treibe Zakaria in den Wahnsinn, ich weiß. Ich bringe ihn dazu, mich durch viele, viele schöne Wohngegenden und Viertel in Palästina zu fahren. Wenn Rabbi Arik wüsste, wie ich sein Geld ausgebe, bekäme er einen Herzinfarkt.

Und während wir an den diversen Prachthäusern und üppigen Landschaften der Araber vorbeifahren, klingelt Zakarias Handy. Ein Nordamerikaner ist dran und sehr, sehr, sehr erpicht darauf, dem palästinensischen Volk zu helfen und es vor den israelischen Kriminellen zu beschützen. Wohin sollte er gehen, fragt er Zakaria, um Zeuge der entsetzlichen Verbrechen der Israelis zu werden?

Auch diesem armen nordamerikanischen Anrufer möchte Zakaria nur zu gerne weiterhelfen.

Der nordamerikanische Anrufer, nur fürs Protokoll, gehört der christlichen Menschenrechtsorganisation EAPPI an. Er ist ein guter Christ und will zwischen seinen Gebeten den Bedürftigen helfen. Wie ich feststelle, hat EAPPI im Heiligen Land gut zu tun. Anna Maria, die Schweizer Schönheit, der ich an der Al-Quds-Universität begegnete, und Michèle, die weniger schöne Französin, die ich im Bus kennenlernte, sind auch von EAPPI.

Zakaria sagt ihm, es sei wirklich großartig, dass er anrufe. Wir arbeiten an Samstagen nicht (Rabbiner halten den Sabbat ein), informiert er ihn, und Freitag ist nur ein halber Arbeitstag (aus demselben Grund), und so wäre ein frohbotschaftlicher Christ wirklich eine große Hilfe. Es wäre toll, sagt Zakaria zu dem reizenden Christen, wenn er auch festhalten würde, was er sieht.

Faszinierend, wie dieses System funktioniert! In diesem Land landen Menschen mit Kameras, um böse Juden zu finden. Hätte dieser Typ dieselbe Energie South Central Los Angeles gewidmet, dann hätte er der Welt eine erkleckliche Anzahl schrecklicher Bilder zeigen können. Aber ich vermute mal, dass er viel zu viel Angst davor hat, sich auf den Straßen von South Central herumzutreiben.

Zakaria fährt weiter. Wir erreichen Kalkilja, und ich habe keine Idee mehr, wohin Zakaria mich noch bringen könnte. Und so sage ich meinem Mann, dass ich eine Falafel brauche.

Widerwillig hält Zakaria an einem Falafelstand.

Während der Meisteragent seine Falafel mampft und angestrengt darüber nachdenkt, wohin man ihn als Nächstes fahren sollte, fällt ihm ein Verkehrsschild ins Auge: Rawabi.

Rawabi, dieser Name kommt mir doch bekannt vor. Unlängst erhielt ich eine Broschüre, ich weiß nicht einmal mehr von wem, über Rawabi, die »erste geplante palästinensische Stadt«, eine von den Palästinensern unserer Tage – und nicht vor 14 000 Jahren – aus dem Nichts hochgezogene Stadt. Die Abbildungen in der Broschüre sahen fantastisch aus, und ich erinnere mich noch, dass diese neue Stadt die denkbar größte palästinensische Flagge gehisst hatte.

Die will ich unbedingt sehen!

Ich sage Zakaria, dass ich soeben entschieden habe, wohin wir als Nächstes fahren: nach Rawabi.

Rawabi? Warum Rawabi? Nach Rawabi sind es 70 Kilometer, und zwar 70 Kilometer in der Gegenrichtung. Niemals!

Ich bestehe drauf. Ich muss Palästina sehen.

Zakaria versucht alles, um mich davon abzubringen, aber vergeblich.

Man kommt einem verrückten Deutschen nicht mit Logik, erkläre ich ihm. Punkt.

Rawabi.

Waren Sie schon einmal in Rawabi?

Rawabi wird aus dem Boden gestampft, während wir hier miteinander sprechen. Über eine Milliarde Dollar sind bereits in diese Stadt geflossen. Und dabei wird es nicht bleiben, Inschallah!

Rawabi.

Haben Sie Rawabi schon einmal gesehen?

Wenn Sie in Rawabi (›Hügel‹ auf Arabisch) ankommen, dann wissen Sie, dass Sie im Paradies gelandet sind.

Die Stadt erhebt sich auf dem Gipfel eines Berges und bietet einen Ausblick, dass man meint, man stünde auf dem Dach der Welt. Und obwohl Rawabi noch mitten im Bau ist, sollen schon nächstes Jahr die ersten Bewohner ihre Wohnungen in Besitz nehmen.

Am Stadteingang werden Sie die größte Flagge sehen, die Ihre Augen je erblickten, eine gigantische Flagge, geradezu überwältigend. Ja, es ist nur eine Flagge, aber was für eine! Eine Flagge inmitten von Gras, noch mehr Flaggen, Statuen – und umspielt von Musik, die aus allen Winkeln der Erde erklingt.

Ich spreche jemanden an, der auch hier steht, und frage ihn, warum eine so große Flagge? Er zwinkert mir zu und sagt: Um's den Israelis zu zeigen.

Da können wir beide herzhaft drüber lachen.

Ich entferne mich ein paar Schritte von der Flagge und gehe in das Verkaufsbüro von Rawabi. Was für ein Büro! Es handelt sich um eine Ausstellungshalle der Sonderklasse mit einem Miniaturmodell der bald fertiggestellten Stadt, das alle Bauten, Stadtzentren, Straßen und sonstigen wünschenswerten Einrichtungen einer Stadt zeigt.

Und noch viel, viel mehr.

Rawabis architektonischer Entwurf ist schlichtweg überragend: Er verbindet Kunst, Spitzentechnologie, Komfort, Wohlstand und Schönheit. Wenn Sie das sehen, wird es Ihnen schwerfallen, selbst in den reichsten Ländern der Erde eine vergleichbare Stadt zu finden. Rawabi erstrahlt in seinem Glanz, es ist kühn, bestechend, großartig.

Ramie, ein gutgekleideter junger Mann, zeigt mir alles. Mit einem Laserpointer erklärt er mir anhand des Modells von Rawabi einige der Strukturen und inhaltlichen Schwerpunkte der Stadt: ein Kongresszentrum, in dem sich zugleich ein Theater befindet, eine Ausstellungshalle, ein Wissenschaftsmuseum, ein Kino, Einzelhandelsgeschäfte, Cafés, Boutiquen, ein Hypermarkt, ein Fußballstadion, ein Fünf-Sterne-Hotel, ein Amphitheater, eine Moschee, eine Kirche, die Stadtverwaltung.

Ich unterbreche diesen Mann, der für meinen Geschmack zu schnell spricht. Ich sehe keine Kirche und bitte ihn, seine letzten Worte zu wiederholen, da ich nicht mehr mitgekommen bin, was er auch gerne tut. Sein roter Laserpointer zeigt auf bestimmte Punkte, während er sagt: »Hier ist die Moschee, hier ist die Kirche, hier ist die Stadtverwaltung.«

Er zeigt auf die Moschee, als er »Moschee« sagt, und zeigt wieder auf die Moschee, als er »Kirche« sagt.

Ich sehe keine Kirche. Wo ist die Kirche?

Oh, sagt er mir, die Kirche fehlt noch in diesem Modell, aber sie werden es bald auf den neusten Stand bringen.

Kirche oder nicht, ich habe Rabbi Ariks Mittel zur Genüge beansprucht und sage Zakaria, dass ich bereit zur Rückfahrt bin.

Auf unserem Rückweg ruft Rabbi Arik an. Zakaria ist gerade in einem anderen Gespräch und hat keine Zeit für den Juden. Er brüllt ihn an wie einen tollwütigen Hund: »Raus aus der Leitung!«

Rabbi Arik, der stets gehorsame Jude, gehorcht.

Ein geschlagener Jude, ein geringgeschätzter Jude, ein kleiner Jude.

An diesem Punkt tut Arik mir wirklich leid. Er arbeitet so hart daran, es den Palästinensern recht zu machen, auf Kosten seines eigenen Volkes und Landes, und wird im Gegenzug beleidigt.

Ich enthalte mich jedes Kommentars, da ich ja nicht verstehe, was da auf Hebräisch gesagt wurde.

Bevor meine grauen Zellen endgültig schlappmachen, wäre es vielleicht gut, mit jemandem zu reden, der kein Araber und kein Jude ist. Ein Europäer wäre gut. Wie wäre es mit seiner Durchlaucht Lars Faaborg-Andersen, dem Botschafter der EU in Israel?

40. STATION *Der EU-Botschafter erklärt Ihnen gerne alles*

»Dies ist eine sehr wichtige, spannende Zeit in den Beziehungen zwischen der EU und Israel«, ist das Erste, was seine Durchlaucht, Leiter der EU-Delegation in Israel, mir mitteilt.

Wenn ich diese weisen Worte höre, weiß ich, dass ich gerade auf den gescheitesten Menschen in der Region getroffen bin.

»Worüber möchten Sie sprechen?«

Warum ist die EU so sehr an einem regionalen Konflikt am anderen Ende des Ozeans zwischen zwei Völkern interessiert, die völlig andere Kulturen haben als die EU, einem Konflikt, der mit dem alltäglichen Leben des durchschnittlichen Europäers nichts zu tun hat? Warum engagiert sich die EU in diesem Konflikt, und warum wurden Sie hierher entsandt, um sich mit ihm zu befassen?

»Ich möchte sagen, dass Israel ein sehr wichtiger Partner für die EU ist. Israel spielt eine sehr wichtige Rolle in der Region, eine Rolle, auf die wir natürlich Einfluss nehmen wollen. Das Thema des israelisch-arabischen Kriegs, des israelisch-palästinensischen Konflikts, ist von zentraler Bedeutung für die EU. Das Thema ist nichts Neues. Es wird von den Medien aufmerksam verfolgt. Und wenn man nur ein paar Wochen in diesem Land verbringt, begreift man, wie zentral dieses Thema ist.«

Ich habe keine Ahnung, wovon dieser hochgeschätzte Mann spricht. Ich bin jetzt seit Monaten hier, und was mir hier »zentral« erscheint, ist der Umstand, dass sich zu viele Europäer mit ihren Kameras in den Mittelpunkt stellen. Aber ich beschließe, ihm nicht die Stirn zu bieten, und stelle seiner Durchlaucht die Einwortfrage, die Juden seit Generationen fragen: Warum?

»Weil, wie ich glaube, vielen Europäern bewusst ist, dass der arabisch-israelische Konflikt eine zentrale Bruchlinie in der Region ist, die sich mit all den anderen gegenwärtig stattfindenden Konflikten überschneidet und mit ihnen in Wechselwirkung steht. Diesen Konflikt zu lösen, ist deshalb von absolut entscheidender Bedeutung dafür, insgesamt Stabilität in der Region zu erzielen, denn solange es den israelisch-arabischen Konflikt gibt, gibt es auch einen zentralen Mobilisierungsgrund für die arabischen Staaten und auch den Iran gegen Israel. Wenn diese Logik erst einmal gebrochen ist, wird man sehen, dass sich ganz neue Allianzen in dieser Region bilden.«

Nehmen wir Syrien, ein Nachbarland Israels. In den vergangenen paar Monaten sind mehr Menschen in Syrien gestorben als im arabisch-israelischen Konflikt in den letzten 65, vielleicht sogar in den letzten 100 Jahren. Die Konflikte, die es hier gibt, sehen wir, bestehen nicht nur in dem kleinen Fleck auf der Landkarte namens Israel, sondern sie sind überall. Die Konflikte in Libyen haben mit Israel nichts zu tun. Die Konflikte in Ägypten haben mit Israel nichts zu tun. Und der Schlachtruf in Syrien oder in Libyen lautet nicht Israel. Und es gibt noch andere Konflikte auf der Welt. Warum glauben Sie, ist der arabisch-israelische Konflikt so wichtig?

»Weil wir (die Europäer) auch versuchen, an diesen anderen Konflikten zu arbeiten. Wie Sie wissen, spielen wir eine Rolle gegenüber Syrien, wir spielen auch eine Rolle gegenüber dem Libanon ... Der Grund, warum wir besonders darauf aus sind, bei der Lösung des israelisch-palästinensischen Konflikts zu helfen, ist der – einer der Gründe ist der, dass dies einer der Konflikte ist, die sich für eine diplomatische Lösung anbieten, wo es einen ziemlich klaren Rahmen für Verhandlungen gibt und wo sich die Parteien nicht im Kriegszustand miteinander befinden.«

Haben Sie auch so viel Geld, Ressourcen, Zeit und diplomatische Bemühungen investiert, um zum Beispiel den uralten Konflikt zwischen Sunniten und Schiiten zu lösen, der einer der Hauptkonflikte – falls Sie mir da nicht widersprechen – in der Region, im Nahen Osten ist?

»Der Sunni-Schia-Konflikt besteht seit Jahrhunderten. Der Konflikt zwischen Palästinensern und Israelis begann, Ministerpräsident Netanjahu zufolge, 1921 mit der Vertreibung der Juden aus Jaffa.«

Vertreibung der Juden aus Jaffa. Wovon redet dieser Mann? Glaubt er jetzt alles, was Netanjahu sagt?

»Und ich denke, dass unsere Ziele realistischer im Hinblick auf die Lösung von Konflikten sind, die erst seit einer begrenzteren Zeit toben, als auf die des Sunni-Schia-Konflikts.«

Wollen Sie mir sagen, dass Sie Benjamin Netanjahu seine Version der politischen Realitäten abkaufen, nämlich dass der Konflikt mit der Vertreibung der Juden aus Jaffa begann? Ich habe noch nie davon gehört, aber ich habe natürlich vollstes Vertrauen in Ihr –

»Er sagte das in der Rede, die er vergangenen Sonntag an der Bar Ilan (Universität) hielt. Mein Punkt ist, dass dieser Konflikt seit den letzten vielleicht 80 oder 90 Jahren besteht. Der andere Konflikt tobt seit Jahrhunderten. Ich meine, das ist ein fundamentaler –«

Glauben Sie, dass die Lösung des Israel-Palästina-Konflikts auch dazu beitragen wird, den Sunni-Schia-Konflikt und all die anderen Konflikte in der Region zu lösen?

»Sie wird eine Reihe von Konflikten in der Region beseitigen. Sie wird die anderen Probleme nicht über Nacht lösen.«

Aber beitragen wird sie schon?

»Sie wird ihn (den Sunni-Schia-Konflikt) weniger kompliziert machen.«

Um am Ende eine Lösung zu finden –

»Ja. Sie wird einen Stein im Schuh bei dem Versuch entfernen, die anderen zu lösen.«

Sie wird also dazu beitragen, die anderen Probleme zu lösen?

»Ja.«

(Wenn ich das richtig verstehe, gibt es zwei Gründe, warum sich Europa so tief in diesen Konflikt verstrickt: 1. Der Wunsch, den »zentralen Mobilisierungsgrund für die arabischen Staaten und auch den Iran gegen Israel« zu beseitigen. 2. Der Wunsch, am Ende den Sunni-Schia-Konflikt zu lösen.)

Ich möchte Sie noch etwas anderes fragen. Manche Stimmen behaupten, das Interesse, das die EU an diesem Regionalkonflikt im Gegensatz zu anderen Konflikten zeigt, liege an der uralten Geschichte zwischen Christentum und Judentum, die sich selbst auf die atheistischen Philosophien der Europäer auswirke. Dass die Art von Feindseligkeit, die es seit 2000 Jahren gibt, zumindest ein Teil des Grundes für die Besessenheit ist, um es mal so zu sagen, die die EU und die europäischen Medien bezüglich dieses Konflikts an den Tag legen. Glauben Sie, dass das irgendetwas damit zu tun hat?

»Nicht wirklich. Ich glaube, wenn es irgendetwas mit der Geschichte zu tun hat, dann ist es eher ein Konflikt, der die Europäer an ihre eigene koloniale Vergangenheit erinnert, weil das Szenario oder die Situation hier womöglich gewisse Züge aufweist, die man damit vergleichen könnte.«

Was heißen soll, dass Israel palästinensisches Land kolonialisiert, was die Europäer an ihre Geschichte erinnert, aber nicht die alte christlich-jüdische – ist es das, was Sie meinen?

»Ja. Sie haben die israelische Verwaltung eines zumindest umstrittenen Territoriums, so wie während der Kolonialzeit der europäischen Mächte in Ländern außerhalb des europäischen Kontinents.«

Sie sagen also, dass aus europäischer Perspektive der kolonialistische –

»Ich sage, dass dies mehr damit zu tun hat als mit irgendeiner Form von Antisemitismus.«

Wenn ich das richtig verstehe, gibt es noch einen dritten Grund für Europas Engagement: 3. Europa versucht, seine koloniale Vergangenheit wettzumachen, indem es einem nichteuropäischen Land Vorschriften erteilt.

Dass ein und derselbe Mund diese drei Gründe von sich gibt, ohne eine Burka zu tragen, bezeugt die Genialität der europäischen Diplomatie.

Ich gehe nach Hause und erzähle den Katzen von den drei Gründen, aus denen die EU den Exjuden Itamar sponsert. Es sind Straßenkatzen, die haben das Schlimmste gesehen, aber als sie hören, was man mir gerade erzählt hat, miauen sie so laut, dass ich ihnen unverzüglich die Eignung für den diplomatischen Dienst abspreche.

Vielleicht sollte ich mir, nachdem ich sie mit etwas koscherer Milch versorgt habe, das größte Übel für die EU etwas näher anschauen: die Siedler.

41. STATION *Würden Sie die Olivenhaine Ihrer Nachbarn anzünden?*

Die Siedler sind den Beduinen sehr ähnlich, sie lieben Berge und Hügel und sind gerne an der frischen Luft. Einen Unterschied aber gibt es: Ihre Männer können nicht mehr als eine Frau haben.

Tja, das Leben ist kein Butterkeks.

Die allgemeine Annahme lautet, dass Menschen, die in den von Israel 1967 im Sechstagekrieg eroberten Gebieten leben, ›Siedler‹ sind, die dorthin zogen, weil sie sich in diesen Gebieten viel eher ein Haus leisten können als im israelischen Kernland. Es gibt aber einen harten Kern von Siedlern, die sich nicht aufgrund von finanziellen Erwägungen jenseits der Grenzen von 1967 niederließen, sondern weil sie glauben, dass Juden im gesamten Land des biblischen Israel siedeln sollten, vor allem im Westjordanland und in Jerusalem, wo der Großteil der Bibel geschrieben wurde und wo sich die meisten ihrer zentraleren Geschichten zutrugen.

Unter den rund sieben Milliarden Menschen, die heute auf der Erde leben, gibt es etwa 50 000, die den Siedlern zustimmen. Praktisch alle anderen sind felsenfest davon überzeugt, dass diese Siedler das größte Hindernis für einen Frieden sind. Ich persönlich habe nie verstanden, warum das so sein sollte. Nehmen wir an, das Land wird zwischen Arabern und Juden aufgeteilt, und nehmen wir an, die Araber bekommen das gesamte Westjordanland. Warum, wüsste ich gerne, können die Juden nicht immer noch dort leben? Im israelischen Kernland leben Millionen von Arabern, warum können da nicht ein paar Juden mit Kippas unter den Arabern leben? In welchem Gesetzbuch steht geschrieben, dass ein Land frei von Juden zu sein hat?

Wie dem auch sei, ich bin auf dem Weg zu den Siedlern, dem Original, den Gläubigen. Auch in dieser Gruppe gibt es Untergruppierungen. Es gibt Gläubige, die in ›anerkannten‹ Siedlungen leben, und es gibt die anderen, die jüdischen Azize und Salims, die nicht in Siedlungen leben, sondern in »Außenposten«, die alles andere als ›anerkannt‹ sind.

Es ist Abend, und ich fahre zu meinem Wunsch-Außenposten weit abseits von einer Ansammlung ›normaler‹ Außenposten, einem mutterseelenallein in der Wildnis gelegenen Einfamilien-Außenposten, dessen Eigentümer sich versichern ließ, dass ich jüdisch bin, bevor er mir erlaubte, sein Königreich zu besuchen. »Er duldet keine Nichtjuden auf seinem Anwesen«, sagte mir meine Kontaktperson. Das bedeutet leider, dass ich heute nicht Tobi der Deutsche oder Abu Ali sein kann, sondern Rabbi Tuvia spielen muss.

Zu diesem Mann und seiner Familie vorzudringen, ist nicht gerade leicht, selbst für den koschersten aller Juden. Wo er lebt, gibt es weit und breit nichts. Sein Anwesen hat weder Adresse noch Briefkasten und ist nirgendwo registriert. Journalisten können es nicht besuchen, weil Gojim und Reporter dort geächtet sind.

Wir fahren auf einem Feldweg, den ich als panzertauglich bezeichnen würde. Wir haben aber keinen Panzer, nur einen Van, und sind entsprechend vorsichtig. Auf dem Weg in dieses Nirgendwo werden wir von allen möglichen Tieren begrüßt, darunter einigen, von denen selbst Zoologen noch nie gehört haben dürften. Ein solches Tier, das womöglich zur amerikanischen NSA gehört, läuft vor uns her, als wollte es uns den Weg zu unserem Ziel weisen. Das ist eine große Hilfe und großartige Erfahrung; ich liebe es, von Tieren geleitet zu werden.

An unserem Ziel angelangt, sehe ich erst einige Hunde, wirklich große Hunde, dann eine Reihe von Pferden, dann hunderte von Schafen und schließlich ein Paar und seine Kinder. Sie leben in Zelten und Holzkonstruktionen, beziehen Strom aus Generatoren und Wasser aus einer Quelle, von der nur fliegende Engel wissen, wo sie ist. Ich habe soeben das Anwesen von Patriarch Abraham und Matriarchin Sara betreten, schießt mir durch den Kopf. Araber und Juden mögen sich einen tödlichen Kampf um die Kontrolle der heiligen Gräber in Hebron liefern, in Wirklichkeit aber sind Abraham und Familie quicklebendig und leben hier. Ja, es gibt hier auch Computer und Handys, Zeugen einer künftigen Welt, aber sie sind nicht leicht zu entdecken, weil sie von Gewehren und Pistolen in den Schatten gestellt werden, ohne die diese heilige Familie heute in heiligen Gräbern residieren würde.

Es sind jüdische Schäfer, jüdische Bauern und jüdische Krieger. Der Mann des Hauses hat lange Haare, seine Kinder auch, und seine Frau sieht aus wie eine verführerische Mormonin aus dem 19. Jahrhundert in Utah, Jahrhunderte in die Zukunft versetzt.

Der Mann, den ich hier Moses nennen werde, benimmt sich mir gegenüber, als stünde ich noch unter seinen Tieren, und ignoriert meine Anwesenheit. Seine Frau hingegen begrüßt mich herzlich mit einem frischgebrühten schwarzen Kaffee. Mit der Zeit, und nachdem er erkannt hat, dass ich ein überaus charmanter Kerl bin, erwärmt sich Moses für mich, und wir kommen ins Plaudern.

Im Unterschied zu den meisten anderen Siedlungen und Außenposten gibt es keinen Zaun um Moses' riesiges Anwesen, kein Tor und keine Wachen. Einige seiner Nachbarn auf den anderen Bergen und Hügeln dieses Lands sind Juden, andere Araber. Die Araber und er sind erbitterte Feinde, und nach der Geschichte zu urteilen, werden die Araber bald kommen, um seine Schafe zu stehlen, ihm in sein haariges Gesicht zu schießen, seine kleinen Kinder zu begraben und seine reizende Mormonin zu verschleppen. Auf diesen Bergen, davon kann man mit ziemlicher Sicherheit ausgehen, sind fliegende Kugeln so sehr Teil der Natur wie fliegende Engel und fliegende Kamele.

Macht es Ihnen keine Angst, hier zu leben?

»Gott wird mich beschützen.«

Das ist ein gefährlicher Ort.

»Ja, es ist gefährlich, hier zu leben, aber wo ist es das nicht?«

Seine Antwort erinnert mich an eine ähnliche Antwort: »Über die Straße zu gehen, irgendeine Straße, ist das nicht beängstigend?«, sagte die Prostituierte in Tel Aviv zu mir. Ja, Huren und Patriarchen denken gleich.

Warum sind Sie hier?

»Warum? Das hier ist meins!«

Seit wann?

»Gott hat dieses Land den Juden gegeben. Jeder Quadratzentimeter dieses Lands ist heilig, und es ist Gottes Wille, dass hier Juden leben, und solange die Juden Gottes Wille folgen, werden sie beschützt.«

Tags wie nachts vergeht nicht eine Minute, in der nicht diverse Freiwillige, die entschlossen sind, diese heilige Familie zu beschützen, das Anliegen bewachen. Natürlich ist es Gott, der für die Freiwilligen sorgt, indem er ihren Herzen den Willen einflößt, hierherzukommen und die ganze Nacht aufzubleiben, um die Erde und das schlafende Paar zu bewachen.

Die Landschaft mit ihren funkelnden Sternen über kahlen Bergrücken und hunderten von Tieren ist spektakulär. Die Luft ist klar, die Winde spielen wie auf den raffiniertesten Instrumenten. Wären Wagner oder Mozart hierhergekommen und hätten die Musik gehört, die diese Winde so majestätisch spielen, dann hätten sie ihre Gesichter in den Händen vergraben vor Scham über ihre völlige Unfähigkeit, eine Musik zu komponieren, die auch nur im entferntesten an den reinen Klang dieser Winde und an das leise Wispern der Ziegen heranreicht. Kein Wunder, dass sich in den Zelten oder der Holzkonstruktion hier kein Fernseher findet, da die Bilder aus dem wirklichen Leben hundertmal faszinierender sind. Die Toiletten liegen ziemlich weit außerhalb, und der Weg zu ihnen ist uneben, aber wir sind in diesem Außenposten nun einmal nicht in Beverly Hills. Die Einrichtung ist großteils aus Holz, obwohl es auch einen modernen Kühlschrank in der ›Küche‹ gibt, die gleichzeitig als Wohnzimmer, Studierstube, Büro und Gebetszimmer dient. Den Rest des Hauses bilden der nackte Sand und der Himmel darüber. Dies ist ein Beduinendomizil ohne sein luxuriöses Innenleben.

Als die Nacht immer schwärzer wird, kommt der »Hummer«. Es handelt sich um ein gepanzertes Fahrzeug der IDF, dem vier Soldaten entsteigen. Sie überprüfen, ob die heilige Familie noch am Leben ist.

Sie kommen von Zeit zu Zeit, sagt man mir, um Präsenz zu zeigen, und fahren dann wieder. Mormonin Sara begrüßt sie mit schwarzem Kaffee und Keksen, und diese jüdischen Soldaten setzen sich zu ihr. Jetzt ist der Moment gekommen, in dem sich die Soldaten mit ihren Smartphones beschäftigen können, was sie auch alle tun.

Nachdem die Soldaten wieder abgezogen sind, zieht sich auch die Heilige Familie zurück und überlässt mich meinem Schicksal.

Und ich denke: Diese Juden sind nicht hier, weil sie durch Auschwitz dazu gezwungen waren. Nein. Sie sind hier, weil diese Erde der Ausdruck ihrer Seele ist. Sie und die Berge sind eins. Die Christen glauben an eine Dreifaltigkeit, und diese Leute tun es auch, nur dass ihre sich anders zusammensetzt: Gott, Erde und Juden. Dieses Land ist für sie die Brust des Herrn, aus der sie ihre Milch saugen. Im Hebräischen heißen die Komponenten folgendermaßen: Torat Israel (die Tora Israels), Am Israel (das Volk Israel) und Eretz Israel (das Land Israel) sind eins.

In der Morgendämmerung sehe ich, wie ein Kleinkind die Ziegen melkt. Mit seinen langen Schläfenlocken und seiner großen Kippa ist der Kleine schon ein gestandener Bauer. Geduldig melkt er eine Ziege, springt dann aber in einer eindrucksvollen sportlichen Darbietung auf und ab, bevor er sich der nächsten zuwendet.

Ich muss an meine kleinen Katzen denken. Denen würde es hier gefallen. Wie würden sie die frische Ziegenmilch lieben! Superkoscher ...

Als ich Moses' Anwesen verlasse, höre ich Nachrichten: Einige arabische Männer sind in eine Siedlung eingedrungen und über ein Paar hergefallen. Den Mann töteten sie mit Äxten, seine Frau überlebte.

Es ist der vierte Mord an einem Juden durch arabische Hand allein in den letzten drei Wochen. B'Tselem, die Rabbis for Human Rights, Jesch Din und die zahllosen europäischen NGOs haben keine Erklärungen veröffentlicht, um diese Verluste an Menschenleben zu verurteilen.

Ich fahre über Gottes Berge und Hügel, das biblische Judäa und Samaria, bis ich Jitzhar erreiche, eine Siedlung, deren Bewohner sowohl die Araber als auch die IDF bekämpfen.

»Ein jüdischer Soldat hilft Juden«, steht auf den Plakaten, die an Pfosten in der Siedlung hängen. Was auch immer das bedeutet, es scheint klar, dass die hiesigen Juden und die IDF nicht die besten Freunde sind.

Um ein besseres Verständnis dafür zu bekommen, worum es

in Jitzhar geht, besuche ich ihre Jeschiwa (religiöse Hochschule). Überraschenderweise ist dort nur ein Student anzutreffen. Ich versuche, mit ihm zu sprechen, aber er tut so, als sei er taubstumm.

Ich schaue mir an, was für Bücher in den Regalen stehen.

Dies ist nicht die Art von Jeschiwa, die ich seinerzeit besuchte. Das hier ist ein ganz anderes Paar Schuhe. In den Regalen findet man Bücher, die von heutigen extremistischen Rabbinern in ihrer Freizeit geschrieben wurden und so komplexe, geistreiche Fragen behandeln wie die, ob es zulässig ist, im Krieg die Kinder des Feindes (der Araber) zu töten.

Das ist Jitzhar, die wohl extremste Siedlung der Welt, deren Bewohner die größten Hitzköpfe der Rechten sind. Einen von ihnen lerne ich kennen, Benjamin, einen Mann mit einem langen Bart, langen Schläfenlocken und einer großen Kippa.

Er sagt mir:

»Ich werde nicht versuchen, irgendetwas ›schönzureden‹. Ich bin nicht daran interessiert, politisch korrekt zu sein oder Ihnen diesen Eindruck zu vermitteln. Ich werde offen zu Ihnen sein. Sehen Sie das Olivenfeld da unten am Fuße des Hügels? Wir haben es in Brand gesetzt. Ja, so etwas tun wir. Nicht alle, aber manche von uns. Und warum? Weil so die Gesetze des Krieges sind. Wir befinden uns im Krieg mit den Arabern um die Kontrolle dieses Landes. Dieses Land ist eine Kriegszone. Wenn wir denen nicht zeigen, dass wir die Herren sind, werden wir zu ihren Sklaven. In anderen Siedlungen pflanzen die Araber unmittelbar an der Grenze zur jüdischen Siedlung Olivenbäume, um zu verhindern, dass die Siedlung wächst. Bei uns wissen sie, dass das nicht funktioniert. Wir sind die Herren dieses Landes.«

Hätte ich die Augen geschlossen und »Araber« für »Jude« eingesetzt, dann könnte ich diesen Siedler, Benjamin, leicht mit einem Mohammed verwechseln.

Aber er ist Benjamin, nicht Mohammed.

Ich bin in meinem Leben weiß Gott schon Landwirten begegnet, nichtjüdischen Bauern in Amerika und Europa, die alle mehr oder weniger ähnlich sprechen und ihr Land auf die gleiche Weise verteidigen würden. Es ist aber sehr seltsam, sehr ungewöhnlich, einem Juden zuzuhören, der so spricht, als wäre er ein gewöhnlicher ›Goj‹. Diese Juden – wie Moses, seine Ziegen und seine mormonische Schönheit – sind nicht die ›normalen‹ Juden. Ich persönlich begegne äußerst selten von ihren Überzeugungen geleiteten Juden, Ich-sage-was-ich-denke-Juden, bäuerlichen Juden, Schlägst-du-mich-auf-eine-Wange-schlage-ich-dich-auf-beide-Wangen-Juden. Die Juden, die ich kenne, sind neurotische Juden, schwache Juden, sich selbst hassende Juden, hasserfüllte narzisstische Juden, Ich-akzeptiere-jeden-Vorwurf-Juden, sich vor allen Nichtjuden verbeugende Juden, ewig schuldgeplagte Juden, hässlich aussehende Juden, großnasige und bucklige Juden, kalte Juden, intelligente Juden, quasselnde Juden und Hier-sind-meine-Wangen-du-kannst-mich-auf-beide-schlagen-Juden.

Für mich besteht der größte Beweis dafür, dass Jesus jüdisch war, darin: Wer außer einem Juden könnte auf diesen Ansatz verfallen: »Wenn dich jemand auf die rechte Wange schlägt, dann halte ihm auch die linke hin«?

Ich fahre zurück nach Jerusalem, zu meiner kleinen Herde herrenloser Katzen.

Es ist Freitagabend. Am Montag findet die Eröffnungssitzung der Knesset statt. Soll ich hingehen und mich unter Israels Machthaber mischen? Was sagt ihr, meine Katzen?

42. STATION *Eine Eröffnungssitzung der Knesset*

Benjamin Netanjahu und Schimon Peres sprechen, und es ist langweilig. Oh, ist das langweilig! Ich möchte mit ein paar Abgeordneten der Knesset in Kontakt kommen, schön der Reihe nach, kann aber im großen Saal viele von ihnen nicht entdecken. Haben sie sich hinausgeschlichen, um sich eine Portion Thunfisch zu gönnen? Ich gehe zum Speisesaal der Knesset, wo in der Tat einige von ihnen sitzen. Ich bestelle mir eine Cola light und leiste dem legendären gemäßigten Politiker MK Fuad Ben Eliezer an seinem Tisch Gesellschaft.

Fragt man einen Vertreter der Rechten, was Israel ist, dann wird man in seiner Antwort irgendwo auf halbem Wege wahrscheinlich das Wort »Gott« oder das Wort »Treblinka« zu hören bekommen. Fragt man einen Linken, dann wird man wahrscheinlich an genau derselben Stelle in seiner Antwort das Wort »Besatzung« zu hören bekommen. Was passiert, wenn man dieselbe Frage einem Politiker der Mitte stellt? Ich probiere es an MK Fuad aus und erhalte folgende Antwort.

»Ein Heimatland. Für jeden Juden. Hier ist der Ort, wo wir tun können, was wir wollen. Es ist ziemlich schlimm, wenn acht Millionen Juden zusammenleben, es ist nicht einfach, aber ich denke, wir schlagen uns ganz wacker.«

Ich mag dieses Bild von acht Millionen jüdischen zekel beiners in einem Sack.

Fuad fährt fort: »Unsere ganze Geschichte, all unsere Traditionen begannen hier: Denken Sie daran, dass ich zu alt bin, um zu vergessen, was uns vor 60, 70 Jahren zugestoßen ist. Wir müssen unsere Lehren aus der Geschichte ziehen und begreifen, dass wir uns nur auf uns selbst verlassen können. Bei allem Respekt gegenüber den Nationen, europäischen und anderen, die eine Nation, die für uns verantwortlich ist, sind wir. Es bleibt uns gar nichts anderes übrig.«

Fuad, der auch unter dem Namen Benjamin bekannt ist, erzählt mir, dass er der erste israelische Amtsträger war, »der 1993 zu Arafat nach Tunis fuhr. Rabin entsandte mich, um eines herauszufinden: Waren sie (die Palästinenser) bereit, die Terroristenkluft gegen den Anzug des Staatsmanns zu tauschen? Ich blieb 48 Stunden bei Arafat, Tag und Nacht, und studierte ihn. Ich kam zurück und gab Rabin eine klare Antwort.«

Was sagten Sie ihm?

»Ich glaube, sie sind bereit, die Garderobe zu tauschen.«

Das wusste ich noch gar nicht. Was Jitzchak Rabin dazu brachte, sein Bild der Palästinenser zu ändern, war kein persönliches Erlebnis mit der anderen Seite, sondern Fuads Erfahrung und Empfehlung.

Auf gut Glück frage ich *MK* Fuad, ob er meinen neuesten geistigen Vater kennt, Dschibril ar-Radschub.

»Ich lernte ihn 1978 kennen, als er im Gefängnis saß. Er war damit beschäftigt, (Ex-Ministerpräsident) Menachem Begins Buch (*Die Revolte*) ins Arabische zu übersetzen. Später traf ich ihn viele Male. Er war 1993 mein Verbindungsmann für meine Reise nach Tunis. Er ist ein mutiger Mann, er ist ein starker Mann, er ist ein guter Mann; ich respektiere ihn.«

Ich für meinen Teil habe seit geraumer Zeit nichts mehr von Dschibril gehört und schicke eine E-Mail an sein Büro, in der ich ihm mitteile, wie Fuad über ihn denkt. Das sollte ihm gefallen.

Ich spreche noch ein bisschen mit Fuad, bis mir auf der anderen Seite des Saals MK David Rotem ins Auge fällt, der Vorsitzende des Ausschusses für Verfassung, Recht und Justiz, der einen ziemlich gelangweilten Eindruck macht. Ich gehe zu ihm. Es ist mein Schicksal heute, scheint mir, gelangweilten MKs Gesellschaft zu leisten.

»Sie fragen mich, was Sie wollen, und ich antworte, was ich will«, sagt er mir.

Was ist Israel?

»Israel ist das einzige Land, das dem jüdischen Volk gegeben ist. Ein Imperium der Information (Hochtechnologie), der Wissenschaft, der Kultur, und es ist das einzige Land von allen Ländern, die es umgeben, dem es geglückt ist, demokratisch zu sein.«

Was bedeutet ein »Land, das dem jüdischen Volk gegeben ist«? Das bedeutet nicht viel.

»Wenn das nicht viel bedeutet, dann ist das sehr schlecht.

1922 ratifizierte der Völkerbund, der später von den Vereinten Nationen abgelöst wurde, ein britisches Mandat für Palästina zu dem Zweck, einen jüdischen Staat aufzubauen. Nach Paragraph 80 der Charta der Vereinten Nationen haben alle Beschlüsse des Völkerbunds rechtliche Geltung und bleiben für die UN rechtlich bindend. Die Europäer kennen die Geschichte und das Völkerrecht nicht. Sie sagen, dass Israel Land besetzt hat, wissen aber nicht, dass es sich völkerrechtlich nicht um eine Besetzung handelt.«

Sie halten also nichts davon, den Palästinensern Gebiete zu überlassen?

»Natürlich nicht! Vor dem Krieg von 1967, als sich die Territorien, die die Palästinenser jetzt für sich beanspruchen, in jordanischer und ägyptischer Hand befanden, wollten die Palästinenser sie gar nicht haben. Und warum nicht? Sie wollen gar keinen eigenen Staat!«

Was wollen die Palästinenser denn dann?

»Wenn Sie mich fragen, dann sage ich es Ihnen: Sie wollen Krieg.«

Krieg für immer?

»Für immer. Sie fühlen sich wohl, wenn sie gegen uns hetzen, wenn sie Terroranschläge auf uns verüben. Der wahre Alptraum der Palästinenser ist, dass eines Tages ein selbstmörderischer israelischer Ministerpräsident zu ihnen sagt: Hier, ich bin bereit, euch einen Staat zuzubilligen!«

Die Europäer, sagt er mir, unterstützen die Palästinenser, weil die Europäer Antisemiten sind, aber das wird nicht bis ans Ende aller Zeiten so bleiben. Eines Tages »werden die Europäer genug haben von ihrem Antisemitismus« und sich ändern.

Wann?

»Ich bin kein Antisemitismusexperte, aber eines Tages werden sie verstehen, dass es ein Ende haben muss mit diesem Hass.«

MK David Rotems Partei, die rechtslastige Israel Beiteinu, ist ein Koalitionspartner von Netanjahu, doch wenn Netanjahu Gebiete aufgibt, »werden wir die Koalition verlassen«.

Haben Sie das Netanjahu gesagt?

»Ja.«

MK Yehiel Hilik Bar, Vizepräsident der Knesset und Generalsekretär der israelischen Arbeiterpartei, ist ein Politiker der Mitte. Er ist der nächste gelangweilte Knessetabgeordnete, den ich heute erlöse. Wir unterhalten uns ein wenig, und er sagt mir, dass Israel der einzige Ort für Juden ist, Menschen, die immer von dort vertrieben wurden, wo sie lebten.

Was ist besonders an Israel?

»Wir verkaufen heute Hochtechnologie und Medikamente nach ganz Europa und China. Das ist nicht normal für ein so kleines Land wie Israel.«

Wie sieht er die politische Situation, den israelisch-palästinensischen Konflikt? Er macht sich keine Sorgen. »Spätestens in zehn Jahren«, sagt er mir, wird es Frieden zwischen den Arabern und den Juden geben.

Gut zu wissen.

Ich verlasse Jerusalem und fahre nach Tel Aviv. Ich brauche eine Pause.

Sonne und Strand, Kaffee und Bier können gute Freunde sein.

Nur bin ich leider nicht dafür gemacht, den Tel Aviver zu geben. Ich langweile mich ziemlich schnell, wenn ich nichts tue. In Tel Aviv fehlt mir die Gesellschaft meiner Katzen, also besuche ich Aluf Benn, den Chefredakteur der *Haaretz*, den ich eigentlich gerade treffen wollte, als Rabbi Ovadja Josef verstarb.

Haaretz besteht, wie die meisten mir bekannten westlichen Zeitungen, eher aus Propaganda als aus Nachrichten. In der *Haaretz* liest man über all die schlimmen Dinge, die Juden tun oder auch nur zu tun gedenken, und sehr wenig über die Schlechtigkeiten, die Araber tun, ganz zu schweigen von dem, was die Araber denken. Was man ebenfalls in der *Haaretz* findet, ist das Weltuntergangsszenario, das den Juden blüht, wenn sie den Arabern nicht alles geben, was diese wollen.

Ich bitte Aluf, ›Israel‹ für mich zu definieren, und er tut es wie folgt:

»Israel ist Heimat.«

Aluf hat eine Heimat, und zwar eine Heimat, die man aufteilen kann: die Hälfte für seinen Feind, die Hälfte für sich. Ich wünschte, ich wüsste überhaupt, wo meine Heimat ist. Mein Leben begann hier, aber ich ging vor langer Zeit weg und habe seither an verschiedenen Orten gelebt.

Aluf und ich haben eines gemeinsam: die Medien. Und das ist auch der Grund, warum wir zusammensitzen.

Ich stelle Aluf eine Frage, die mich schon seit langem beschäftigt: Warum gibt es so viele Auslandskorrespondenten in Israel?

»Fragen Sie sie«, sagt er.

Ich liebe seine kurzen Antworten!

Die *Haaretz* ist die einzige israelische Zeitung, die Heerscharen ausländischer Journalisten wie die Bibel zitieren, so wie ein sephardischer Jude den Maran zitieren würde. Ich frage Aluf nach der Auflage von *Haaretz*. Die Antwort lautet: 70 000 Exemplare. Und wie viele Leser online? Zunächst sagt er, 110 000, fügt dann aber hinzu, er müsse es erst nachprüfen. Wie auch immer die genaue Zahl lautet, ich sehe jetzt, dass fast niemand in diesem Land ›Das Land‹ (*Haaretz*) liest. Das erinnert mich daran, dass Gideon Levy sich noch immer vor mir versteckt.

Das traurige Los der *Haaretz* scheint Aluf nicht zu beunruhigen. »Ich bin kein großer Träumer«, bescheidet er mir.

Nachdem ich Menschen gefragt habe, was Israel ist, ist es jetzt an der Zeit, Menschen zu treffen, die ihr Leben riskieren, um Israel zu beschützen. Ich hoffe, dass es meiner persönlichen Herde, den süßen Straßenkatzen, in Jerusalem gut geht, denn ich fahre jetzt nach Haifa.

43. STATION *Auf einem israelischen Kriegsschiff*

Armee: Israel Defence Forces (IDF). Teilstreitkraft: Israelische Marine. Einheit: Sajeret Peres (Aufklärung Peres). Anzahl der Schiffe dieser Einheit: vier.

Ich werde auf dem Kriegsschiff 816 TFD (»The Flying Dutchman«) mitfahren.

Ja. Endlich ist die IDF aufgewacht und hat erkannt, dass sich ein Meisteragent in ihrer Mitte befindet, dem sie nun eine besondere Ehre erweisen möchte. Sie haben mich gefragt, in welchen ihrer zahlreichen Stützpunkte ich meinen zekel beiner am liebsten schwänge, und für mich klang die Marine am reizvollsten. Ich kann nicht schwimmen; wenn also irgendetwas schiefgeht, komme ich ins Paradies, wo ich mit dem Maran im Himmel sitzen und wir gemeinsam über die lachen werden, die unser Hinscheiden betrauern.

Die IDF hat zugestimmt, und so bin ich jetzt hier, am Eingangstor des Marinestützpunkts Haifa.

Ich schreite durch das Tor und habe ein Problem. Der Kommandant der Sajeret-Einheit, mit der ich mitfahren soll, ist ziemlich verärgert. »Das ist nicht, was wir ausgemacht hatten«, sagt er zu der 20-jährigen Soldatin, die mich begleitet. Ich weiß nicht, wovon er spricht, merke aber, dass er mich loswerden will. Der Soldatin fehlen die Worte, sie wirkt so verloren, dass ich das Kommando übernehmen muss. Wie Sie sich vorstellen können, bedeuten in der israelischen Marine sowohl Tobi der Deutsche als auch Abu Ali weniger als nichts. Ich brauche einen anderen Hut. Welchen Hut soll ich mir aufsetzen? Nun, wie wäre es mit dem Hut ›taffer, stinkiger Jude‹? Ich fixiere den Kommandanten und sage ihm in perfektem stinkigem Hebräisch: Ich gehe hier nicht weg!

Der Kommandant sieht mich, den taffen, stinksauren Juden an und weiß, dass er keine andere Wahl hat, als sich Seiner Taffheit zu beugen. Mir.

Man genehmigt mir, an Bord des Schiffes zu gehen.

Ein Kriegsschiff. Ja, ein Kriegsschiff, was man aber auf den ersten Blick gar nicht bemerkt, weil es sich um ein wirklich kleines Babyschiff handelt.

Ich entere das Baby. Ich brauche weniger als eine Minute, um zu begreifen, dass das hier ein kleines Tier ist. Unter Deck befindet sich ein kleines Haus: ein Wohnzimmer, eine Küche, eine Toilette, Schlafzimmer, Granaten und Geschosse als Dekoration sowie ein EDV-Raum. Menschen und Sprengstoff leben hier Seite an Seite in völliger Harmonie, was einen echt hübschen Haushalt für taffe, stinksaure Leute wie mich ergibt.

Dieses Schiff hat einen Namen: Dvora. Autos haben Namen und Schiffe auch. Es gibt einen Mercedes, und es gibt eine Dvora (Biene). Warum Biene? Das finden Sie mal besser selbst heraus.

Maschine an, wir sind startklar. In der Sekunde aber, in der das Baby Fahrt aufnimmt, merke ich, dass diese Biene wirklich kein Mercedes ist. Von wegen. Ein Mercedes ist für Menschen, diese Biene hier für alles andere. Aus welchem Grund auch immer hasst die Dvora das Wort »Stoßdämpfer« und liebt es dafür, einem den Körper kräftig durchzuschütteln. Als ob das noch nicht genug wäre, mag die Dvora auch noch Geschwindigkeit. Wissen Sie, was mit Ihrem Körper passiert, wenn er von rechts nach links und oben nach unten geschüttelt wird, und das sehr, sehr schnell?

Es herrscht heute stürmische See mit hohen Wellen, und diese Biene ruckelt entsprechend und noch mehr. Viel mehr. Wenn man sich nicht an einer schweren, am Rumpf dieses Babys festgeschweißten Maschinengewehrhalterung oder an einem vergleichbar eindrucksvollen Teil des Schiffes festhält, befindet man sich in weniger als einer Sekunde in Toronto.

Ein Soldat lüftet das Geheimnis dieses Schiffs. »Es heißt aus gutem Grund ›Biene‹. Es ist mit seinen 21 Metern Länge klein genug, um dem Feind nicht als ›bedrohlich‹ zu erscheinen. Es ist schnell, und es sticht.«

Das ist die Art von Baby, mit dem man es sich lieber nicht verscherzen will.

Heute fangen wir mit einem ›Trockentraining‹ an, das heißt Schießübungen ohne scharfe Munition, und hören mit echtem Beschuss auf. Dauer: sechs bis sieben Stunden.

Ach du guter Gott.

Die Soldaten an Bord fragen mich, wer ich bin, woraufhin ich ihnen sage, ich sei ein europäischer Journalist.

»Was sagen sie über uns?«, fragt mich ein Soldat und meint natürlich die Europäer.

Dass Sie ein gnadenloser Killer sind, dass Sie ein wildes Tier sind, dass Sie ein Mistkerl sind.

»Und das denken sie wirklich?«

Leider ja. Warum dienen Sie in dieser Armee?

»Das ist mein Land, hier wurde ich geboren. Hier lebe ich.«

Ein zweiter Soldat, der das hört, bemerkt: »Wenn es keine Wehrpflicht gäbe, wäre ich jetzt an der Universität.«

Der erste Soldat: »Hören Sie nicht auf ihn, er ist halb Rumäne und halb Kurde.«

Was heißt das?

»Dass er klaut, aber nicht weiß, was.«

Würden Sie in der IDF dienen, wenn sie eine Freiwilligenarmee wäre?

»Ich würde in jedem Fall dienen. Keiner auf diesem Kriegsschiff wurde zu seinem Dienst hier gezwungen. In diese Sajeret-Einheit kommt man nur, wenn man sich freiwillig dafür entscheidet und für geeignet befunden wird.«

Sie lieben dieses Schiff, nicht wahr?

»Ich lebe hier, wir leben hier Tag und Nacht. Wir schlafen auf diesem Schiff, wir üben auf ihm, wir reparieren es, unterhalten es. Dies ist ein Zuhause, unser Zuhause.«

Haben Sie eine persönliche Beziehung zu diesem Schiff entwickelt?

»O ja!«

Heute trainieren sie ein ›grira‹ (Abschleppmanöver) nach dem anderen, jedes aus einem anderen Winkel und für eine bestimmte Situation. Diese Übungen sind körperlich anstrengend, da allein schon die Trosse eine oder zwei Tonnen wiegen. Nach jedem Manöver bilden sie einen Kreis und schreien laut: »816. TFD. Hey!« 816 TFD ist, wie gesagt, die Nummer dieser speziellen Biene, die auch als The Flying Dutchman bekannt ist. Daher: 816 TFD. Hey steht einfach für ›hey‹.

391

Von Zeit zu Zeit ertönt ein Alarm. Tsemach, ihr Kommandant, stellt die Sirene an, und die Soldaten müssen hoch und runter rennen, schwere Gegenstände hieven und tragen. Einmal geht ein kleineres Schiff längsseits, und ein »verletzter Soldat« wird auf die Biene überführt.

Lustig.

Hin und wieder gibt es eine »Zigaretten- und Wasserpause«.

»Ein Freund von mir«, erzählt mir eines der rauchenden ›wilden Tiere‹, »leistet seinen Dienst in der Nähe palästinensischer Städte ab. Er berichtet mir, dass er und die Palästinenser Kaffee zusammen trinken, dass sie zusammen essen und dass die Palästinenser sehr schöne Häuser haben. Waren Sie schon einmal in palästinensischen Städten?«

Ja.

»Stimmt es, was mein Freund erzählt?«

Ja, Ihr Freund hat recht. Zumindest ist es das, was ich gesehen habe.

»In den Medien lesen wir nie etwas darüber. Was werden Sie schreiben?«

Ich werde schreiben, was ich sehe.

»Würde es Ihnen etwas ausmachen, mir zu schicken, was Sie geschrieben haben, wenn es veröffentlicht ist?«

Diese ›gnadenlosen Killer‹ sind kleine Babys, die Angst vor europäischen Journalisten haben.

Ich nehme mir einen Augenblick Zeit, um diese Kinder zu betrachten – ja, es sind nur Kinder. Die Welt jedoch weigert sich, sie als das zu sehen, was sie sind, und hält sie lieber für den Inbegriff des Bösen.

Heute ist ein zusätzlicher Offizier an Bord. Er leistet hier seinen Reservedienst ab und ist der ranghöchste Soldat auf dem Schiff. Seine Aufgabe besteht darin, zu kontrollieren, ob der Kommandant dieser Biene seine Sache gut macht.

Seine Schwester, erzählt er mir, während er das Schiff steuert, ist aus Israel ausgewandert und lebt jetzt in München.

Die Wurzeln ihrer Familie liegen in Berlin, und sie ist zu ihren Wurzeln zurückgekehrt.

Die See ist heute zu rau, um scharf zu schießen, informiert uns der Sajeret-Kommandant, wir sollen ›trocken‹ weitermachen.

Nach ungefähr sechs Stunden meiner Bienenfahrt nähern wir uns wieder der Küste, und ich betrachte das ausgedörrte Land um mich herum. Hier ist Haifa. Hier ist Kirjat Schmona. Hier ist Akko. Und da ist der Libanon.

Vor einigen Monaten, als ich im American Colony Hotel in Jerusalem speiste, sagte ein Empfangsmitarbeiter zu mir: »Unser Palästina ist klein. Sehr klein.« Er sprach vom »historischen Palästina«, das vom Fluss (Jordan) zum Meer (Mittelmeer) reicht. Und ich, der ich in Küstennähe auf der Biene stehe und Ausschau halte, kann es bezeugen. Palästina ist, alles in allem, wirklich sehr, sehr klein.

44. STATION *Juden sind Barbaren*

Um mir ein besseres Bild von der Größe dieses Landes zu machen, besuche ich Eilat, die südlichste Stadt Israels.

Willkommen im Le Meridien Eilat, das zu David Fattals Fattal-Hotelkette in Israel gehört.

David Fattal, der seine Karriere im Hotelgeschäft als Empfangschef begann, besitzt heute 31 Hotels in Israel, 45 in Deutschland und ein paar weitere hier und da.

Mir gefällt dieses Le Meridien. Es ist nicht eines der glamourösesten Hotels, die ich kenne, verfügt aber über eine bestimmte Atmosphäre, die einem das Gefühl vermittelt, in der Wohnung eines Freundes und nicht in einem Hotel zu sein. Ich habe einen großen Balkon mit Blick auf Jordanien, direkt über dem Meer (Golf von Akaba/Golf von Eilat), was den Reiz des Zimmers zweifellos erhöht. Auf der jordanischen Seite springt mir etwas ins Auge: eine gigantische arabische Flagge. Ich frage mich, warum die Jordanier das Bedürfnis verspüren, eine so riesige Fahne zu hissen. Vielleicht aus demselben Grund, aus dem die Palästinenser ihre Riesenfahne in Rawabi flaggen – um es den Israelis zu zeigen? Ich weiß es nicht.

Um mir einen Eindruck von meiner Umgebung zu verschaffen, gehe ich runter ins Hotelcafé. Ich bestelle einen Café Hafuch, eine Mischung aus Cappuccino und Caffè Latte, und die Bedienung, eine junge Israeli, deren Eltern aus Russland einwanderten, als sie noch ganz klein war, nimmt sich die Zeit für einen Schwatz mit mir. Für sie sehe ich wie ein klassischer Europäer aus, und sie würde gerne da leben, wo ich lebe. »Ich bin keine Zionistin«, erklärt sie mir stolz, sie wäre lieber nicht hier. Warum sie das Bedürfnis verspürt, mir das mitzuteilen, begreife ich beim besten Willen nicht.

Ich mustere die Touristen um mich herum. Als ich noch ein Teenager war, erinnere ich mich, war Eilat voller europäischer Touristen, die allesamt Fremdsprachen sprachen. Die Touristen, die ich hier sehe, sind nahezu ausschließlich Israelis. Die ›internationale‹ Sprache hier ist Hebräisch.

Ich mache einen Spaziergang durch die Straßen von Eilat.

Wie im Hotel sind auch die Touristen hier draußen alle Israelis.

Als ich ein Teenager war, lagen die Europäer, die ich in Israel sah, nackt am Strand und bräunten ihre bleiche Haut. Die Europäer, die ich dieser Tage in Israel, wenn auch nicht in Eilat sehe, sind voll bekleidet und rennen wie die Besessenen auf der Suche nach einem schlechten Juden herum.

Hat sich Europa verändert? Haben sich die Juden verändert?

Ich lerne ein paar Einheimische kennen, Juden, die mir Eilat erklären: eine Stadt, die zwischen Jordanien und Ägypten eingekeilt ist. Man fährt nur fünf Minuten bis an jede Grenze, fünf Minuten in dieser Richtung nach Ägypten und fünf Minuten in der Gegenrichtung nach Jordanien. An einem klaren Tag kann man sogar bis nach Saudi-Arabien hinübersehen, heißt es.

Ich sehe Saudi-Arabien gerade nicht, aber ich sehe Zoltan. Zoltan ist Straßenkomiker und Wettanbieter. Seinen Lebensunterhalt verdient er damit, 20 Schekel zu 100 mit Ihnen zu wetten, dass Sie es nicht schaffen, ihn und sein Fahrrad zu schlagen.

Zoltan fährt vor Ihren Augen mühelos auf seinem Fahrrad und fordert Sie heraus, es ihm gleichzutun. Die Abmachung ist: Sie geben Zoltan 20 Schekel, Sie kriegen das Fahrrad, und Sie müssen vier Meter auf ihm fahren, so wie er sein Rad fährt. Wie fährt er es? Ganz einfach: Er setzt sich auf den Sattel, ergreift mit beiden Händen die Lenkstange und tritt in die Pedale. Pillepalle, oder? Tja, wenn Sie das schaffen, bekommen Sie 100 Schekel von Zoltan; wenn nicht, sind Sie Ihre 20 los. Natürlich ist dabei ein kleiner Trick im Spiel: Zoltan hat sein Rad mit einem gegensinnigen Lenker versehen. Dreht man ihn nach rechts, fährt das Rad nach links, dreht man ihn nach links, fährt das Rad nach rechts. Viele Passanten, vor allem Machos, die mit ihren Freundinnen unterwegs sind, sind sich sicher, dass sie diesen Zoltan schlagen und einen schnellen Schekel machen können. Mit breitem Grinsen steigen sie aufs Rad, um in dem Moment, in dem sie losradeln, ihr Gleichgewicht zu verlieren und ihr Grinsen auch. Nicht einem einzigen Kandidaten gelingt es, den Fehler zu vermeiden, den Lenker in die falsche Richtung zu drehen, obwohl Zoltan allen vorher erläutert hat, wie dieses Fahrrad beschaffen ist. Es ist ein erstaunliches Experiment, weil es zweifellos beweist, dass die Macht der Gewohnheit stärker ist als die Logik.

Ich brauchte diesen Zoltan, um zu verstehen, warum die Europäer Israel nicht mehr wegen seiner Strände aufsuchen. Es ist viel aufregender, einen Juden zu erjagen, als der Sonne nachzujagen. Man nennt es »Gewohnheit«. Man kann seinen Hass aufgrund eines unangenehmen Intermezzos namens Auschwitz bremsen, wie die Europäer dies vor einigen Jahrzehnten taten. Den Hass aber ganz zu überwinden, ist ein viel schwierigeres Unterfangen.

Zoltan erzählt mir, dass er Monate brauchte, um sich an dieses Fahrrad zu gewöhnen, dass er aber, sobald er diese neue Gewohnheit um eine winzige zusätzliche Herausforderung ergänzt, etwa die, bei der Fahrt eine Zigarette zwischen den Fingern zu halten, sofort wieder die Kontrolle über das Rad verliert. Wow.

Ich gehe ins Hotel zurück, setze mich an den Pool, trinke Kaffee und rauche.

Jehuda gesellt sich mit seiner 16-jährigen Tochter Lea und seinem 13-jährigen Sohn Avi zu mir an den Tisch. Lea sagt, dass sie bald nach Deutschland ziehen wird, und Avi sagt, dass er das auch gerne täte.

Lea, die jüngst einen deutschen Pass erhalten hat, lernt gerade Deutsch in der Oberstufe ihrer Schule in Eilat. Sie sagt: »Die Israelis respektieren andere Menschen nicht. Die Israelis sind ungehobelt. Etwa gegenüber Kellnern. Die Israelis sagen nie danke. Wenn ein Kellner kommt, um sie zu bedienen, dann sagen alle: Das ist nicht, was ich bestellt habe! Sie sind nie zufrieden. Die Deutschen aber sind anders. Die Deutschen sagen immer danke und bitte, sie sind immer geduldig und immer nett.«

Jehuda: »Die Israelis sind Barbaren. Nach der Sommersaison müssen die Hotels in Eilat zerschlagene Türen, Fenster und alles Mögliche reparieren, weil die israelischen Touristen alles kaputtmachen. Früher, als hier noch die Europäer Urlaub machten, gab es keine Probleme, aber jetzt sind die Touristen Israelis, und die haben keinen Respekt.«

Ich habe das starke Verlangen, mich jetzt sofort von diesen sich selbst hassenden Geschöpfen loszusagen.

Ich verlasse das Hotel, steige in ein Taxi und bin Minuten später in Akaba, Jordanien.

Willkommen in Jordanien, begrüßt mich ein Schild über meinem Kopf. Willkommen in Akaba, begrüßt mich ein anderes.

Ich stehe in Akaba, den Blick nach Israel gerichtet, und starre die Landschaft an, die mir gegenüber auf der anderen Seite des Golfs liegt. Ich fühle, wie mein Herz rast. Da, auf der gegenüberliegenden Seite, ist Israel. Ich habe mittlerweile Monate in Israel zugebracht, mit hunderten, wenn nicht tausenden seiner Einwohner gesprochen, und jetzt sind sie alle so ferngerückt.

Von ferne spiele ich mit dem Gedanken, dass ganz Israel, jetzt nur noch ein kleiner Fleck, in meine Hand passen würde. Was würde ich machen, frage ich mich, wenn Israel tatsächlich in meinem rechten Handteller landete – würde ich es mir weiter eng ans Herz drücken, oder würde ich es einfach angewidert ins Wasser schmeißen?

So klein, mein Palästina, so klein, mein Israel!

Ich starre das winzige Land in meiner Hand an und möchte
mit ihm reden, aber meine Lippen bewegen sich nicht. Nur meine Augen sprechen mit ihm, meine nassen Augen.

Ich kehre dem Golf den Rücken.

Nach exakt zwei Stunden bin ich wieder in Israel. Es gibt hier
noch lose Enden, die ich nicht verknüpft, Puzzleteile, die ich noch
nicht eingesetzt, und Antworten, die ich noch nicht gefunden
habe.

Meine Zeit in Israel ist noch nicht um. Noch nicht.

45. STATION *Ein Professor findet heraus, wer die wahren Juden sind: die Araber*

Prof. Shlomo Sand von der Universität Tel Aviv, dessen jüngs-
tes Buch, *Warum ich aufhöre, Jude zu sein*, in diesem Frühjahr
herausgekommen ist, sitzt mir gegenüber in einem Tel Aviver
Café, der natürlichen Denkfabrik von Leuten wie ihm.

Shlomo liebt steile Thesen.

»Es ist gut möglich, dass die wahren Nachkommen der ursprünglichen Juden die Palästinenser sind, die heute hier leben.
Ein in Hebron lebender Palästinenser ist mit größerer Wahrscheinlichkeit ein direkter Nachkomme der Juden des Altertums
als Tuvia.«

In Sachen Israel hat Shlomo harte Worte auf Lager.

»Israel wird nicht aufhören, bevor es nicht ein großes Auschwitz im Nahen Osten angerichtet hat.«

Was ist es, das Israel so grausam, so dumm macht?

»Ihr, die Deutschen, seid dafür verantwortlich.«

Ich habe komplett vergessen, dass ich ein Deutscher bin, zumal er mich unter dem Namen Tuvia kennt. Gut, dass er mich
daran erinnert.

Jedenfalls: Wir, die Deutschen, machten »jüdisch« zu einer
Rasse, und dann begannen einige komische Menschen, sich

selbst als »Juden« zu bezeichnen, und die echten Juden, die Palästinenser, werden nun von den »Juden« getötet.

Ich mag Shlomos Bonmots, hier ist eines: Juden und Araber leben in Jerusalem, Israelis leben in Tel Aviv.

Nur wenige Meter von uns liegt der Zavta-Saal, in dem der ehemalige Knessetabgeordnete Uri Avnery gleich seinen 90. Geburtstag feiern wird. Das von Uri gewählte Thema des Abends lautet: »Wird es Israel in 90 Jahren noch geben?«

Shlomo und ich gehen auf die Party.

Ich gratuliere Uri und wünsche ihm weitere 90 Jahre, »um den Job zu Ende zu bringen«.

»Ich hoffe, dass es nicht so lange dauern wird«, sagt er.

Ich nehme meinen Platz in einer der vorderen Reihen des Zavta-Saals ein. Zu meiner Linken sitzt Dr. Angelika Timm, die Leiterin des Büros der Rosa-Luxemburg-Stiftung in Israel, vor mir sitzt Gideon Levy. Ich frage Gideon, was aus seinem Versprechen geworden ist, mich auf einen seiner Streifzüge durch die palästinensische Welt mitzunehmen. »Es war noch nicht möglich«, antwortet er mir. Was daran ist ein so großes Problem?, frage ich ihn. Rufen Sie mich einfach an, bevor Sie losfahren, und ich komme vorbei. »Mache ich«, sagt er.

Die Bühne ist leer, mit Ausnahme eines projizierten Bildes, das Uri und andere zeigt, wie sie in dem arabischen Dorf Bilin auf

dem Boden liegen und sich offensichtlich vor einem Tränengas-
angriff der IDF schützen.

Die Leute hier lieben dieses Bild: ein Bild der jüdischen Brutalität und Grausamkeit.

Bin ich in einer Fabrik zur Herstellung jüdischen Selbsthas-
ses, oder ist dies ein palästinensisches Kulturereignis mit zwei
widerspenstigen Juden und 300 in sich selbst verliebten Arabern
in der Hauptrolle?

Ich schaue mich im Publikum um und sehe eine einzelne arabische Dame. Unter den Sprechern heute: kein Araber. Anders
gesagt: Mit einer Ausnahme sind hier alle jüdisch.

Der Abend verläuft zäh, wie man es von ›intellektuellen‹ Veranstaltungen so kennt. Einmal wird Shlomo wütend und ruft in
den Saal, es sei eine Schande, dass man keinen arabischen Redner eingeladen habe. Drei Reihen hinter mir versucht jemand,
Shlomo zu beruhigen: »Wir haben sie eingeladen, aber keiner
wollte kommen.«

Psychologisch jedoch kann Shlomo den Gedanken nicht zulassen, dass sich die Araber schlicht und einfach geweigert haben,
an der Geburtstagsfeier eines Juden teilzunehmen, und so ignoriert er den Zwischenrufer einfach.

Die ›jüdische‹ Prof. Asma von der Al-Quds-Universität, die ich
in meiner ersten Woche in Israel kennengelernt habe, hatte recht:
Es sind die Deutschen, die eine Leidenschaft für die Palästinenser
haben, nicht die Israelis. Die intellektuellen israelischen Linken
akzeptieren die Palästinenser kein bisschen, auch wenn sie hoch-
trabend verkünden, »ich liebe die Palästinenser«. Mit Ausnahme
einer arabischen Lady liebt hier niemand einen Palästinenser.
Wie auch? Wenn du ein Selbsthasser bist, wenn du nicht einmal
die Fähigkeit hast, dich selbst zu lieben, wie kannst du dann jemand anderen lieben? In deinem Herzen ist kein Platz für Liebe,
Mann, leb endlich damit.

Und während ich hier sitze und diese Selbsthasser betrachte,
höre ich, wie mich eine innere Stimme fragt: Gibt es irgendjemanden da draußen, der diese Juden einer Hirnwäsche unter-
zieht, damit sie sich selbst hassen?

Gute Frage.

Ich überlasse die Juden von Zavta sich selbst und begebe mich auf die Suche nach den potentiellen Manipulatoren des Juden.

46. STATION *Raten Sie mal, welches Land am meisten Steuergelder für antiisraelische Kampagnen ausgibt?*

Ich bleibe noch in Tel Aviv und treffe mich mit David Lipkind vom Israelischen Filmfonds, dem größten israelischen Filmsponsor, der mit Hilfe großzügiger ausländischer Investoren vornehmlich Spielfilme mit vielen Millionen Schekel fördert. David sollte in der Lage sein, mir einen Überblick über die Gelder zu verschaffen, die in die Produktion der zahlreichen israelischen Selbsthassfilme fließen. Künstler, tut mir leid, das zu sagen, sind ein Haufen egoistischer, egozentrischer Kinder, die ihre Seelen an den Meistbietenden verkaufen. Wenn ein Filmemacher weiß, dass Sie ein reicher »Anti-X«-Vertreter sind, der sein nächstes Projekt großzügig unterstützen wird, sofern es eine starke Anti-X-Botschaft transportiert, dann wird sich dieser Filmemacher mehr als glücklich schätzen, Ihren Wunsch Film werden zu lassen.

Ich hoffe, dass ich heute herausfinde, welche Finanziers hinter diesen Filmen stecken.

Wir sprechen, David und ich.

In den letzten zehn Jahren, informiert David mich, hat es mindestens 25 Koproduktionen zwischen Deutschland und Israel gegeben.

Wie viele der 25 Filme hatten mit Politik zu tun?

»Ich schätze rund 60 Prozent.«

Gibt es irgendwelche Koproduktionen proisraelischen Inhalts?

»Nein.«

Mit anderen Worten, Deutschland gibt sich einige Mühe, um die israelischen Gemüter zu beeinflussen, ganz zu schweigen von denen der ausländischen Zuschauer. Deutschland. Wieder einmal.

Noch fehlt ein weiteres Stück in meinem Puzzle: Dokumentarfilme. Ich muss herausfinden, welche Organisation für dieses Genre und seine Macher zuständig ist.

Bis ich sie gefunden habe, will ich aber etwas anderes wissen, nämlich wer hinter den nichtfilmischen antiisraelischen Aktivitäten steckt. Anders gesagt: Wer finanziert die diversen NGOs, die hier operieren?

Von Tel Aviv fahre ich nach Herzlia Pituach, der Hightech-Hauptstadt.

Nein, ich habe nicht vor, Google oder Microsoft zu besuchen; von denen habe ich mehr als genug in den Staaten. Ich habe andere Pläne. Ich werde mit einem Offizier der israelischen Armee, der heute in Herzlia Pituach ist, in einem Strandcafé Kaffee trinken. Das Treffen wurde auf meinen Wunsch vom Büro des Sprechers der IDF arrangiert, von dem auch zwei Soldaten an unserem Gespräch teilnehmen.

Oberstleutnant S., dessen Spezialgebiet die »Kommunikation zwischen der internationalen Gemeinschaft und den Palästinensergebieten« ist, teilt mir Folgendes mit:

»Die internationale Gemeinschaft hat 600 Millionen Euro im C-Gebiet investiert.« Das C-Gebiet, in dem rund fünf Prozent der Palästinenser leben, steht vollständig unter israelischer Kontrolle.

Sprechen Sie von der gesamten Summe, die seit 1967 bis heute hier investiert wurde?

»Nein. Von jetzt, von dem, was jetzt auf dem Tisch liegt.«

Und wie viel seit 1967?

»Milliarden.«

Welche Länder haben am meisten investiert?

»Die beiden mit dem größten Einfluss: die USA und Deutschland. Und natürlich die UN über verschiedene Behörden.«

Warum investieren diese beiden Länder so viel?

»Das ist eine sehr heikle Frage.«

S. hat eine Theorie dazu, möchte sie aber nicht öffentlich machen.

Als wir wieder zum offiziellen Teil übergehen, frage ich ihn: Wie viele NGOs engagieren sich im israelisch-palästinensischen Konflikt?

»300. Diese Schätzung bezieht sich ausschließlich aufs Westjordanland, also ohne Gaza.«

Und wie viele in Gaza?

»100.«

Zum Einfluss einzelner NGOs führt er aus: »Das Rote Kreuz (IKRK) ist in humanitären Fragen die einflussreichste NGO.«

Wie kommt es, dass sie am einflussreichsten sind?

»Weil sie nichts an die Presse geben.«

Das Ganze funktioniert so: Dass sie »nichts an die Presse geben«, hat seinen Grund darin, dass sie die Presse als Drohmittel benutzen. Sie kontaktieren die Israelis und verlangen bestimmte Dinge, und wenn die Israelis nicht täten, was das IKRK von ihnen verlangt, dann würde sich das IKRK an die Presse wenden und Israel anklagen.

Da fällt mir ein: Das IKRK und ich haben ausgemacht, dass ich an einem ihrer Einsätze teilnehme. Ich mache mir eine Notiz als Gedächtnisstütze und wende mich dann wieder dem Oberstleutnant zu.

Bei staatlichen Investitionen liegen die USA an erster und Deutschland an zweiter Stelle. Wer sind die größten NGO-Akteure?

»In der NGO-Welt liegen ebenfalls die USA an erster und Deutschland an zweiter Stelle.«

Viele der amerikanischen NGOs werden von Bürgern finanziert, das heißt von reichen Bürgern, die ihre kleinen Projekte mit Geld nur so zuschütten. George Soros, ein extrem linker jüdischer Milliardär, ist so ein Beispiel, wie auch der extrem rechte Tycoon Irving Moskowitz. In Deutschland aber verhält es sich anders. Die deutschen NGOs werden zum Großteil von den politischen Parteien getragen – erklären kann ich Ihnen dieses seltsame Phänomen nicht –, aber auch von kirchennahen Organisationen, die vom Staat unterhalten werden. Was nichts anderes bedeutet, als dass die deutschen NGOs vom deutschen Steuerzahler finanziert werden, von Millionen deutschen Steuerzahlern.

Wie kommt es, dass der durchschnittliche Deutsche sein Geld lieber für die endlose Jagd nach einem Juden ausgibt als für ein angenehmes Wochenende in Florida oder Bad Gastein? Fragen Sie ihn selbst. Alles, was ich weiß, ist: Wenn er oder sie nicht wollte, dass sein oder ihr Geld auf diese Weise ausgegeben wird, dann würden sie auf die Straße gehen und dagegen demonstrieren. Die Deutschen lieben doch Demonstrationen, wie jedermann weiß. Und wenn sie nicht demonstrieren wollen, weil es vielleicht gerade zu kalt ist oder schon zu viele andere Demonstrationen stattfinden, warum lassen sie ihrem Ärger dann nicht in Netzkampagnen und Onlinepetitionen freien Lauf?

Oberstleutnant S. nennt mir ein überaus interessantes Detail: »Pro Kopf erhält ein Palästinenser mehr finanzielle Unterstützung als irgendein Bürger irgendeines anderen Landes auf der Welt.«

Was ist der tiefere Grund für eine solche Hilfe, ist es Antisemitismus? Ist es –

»Ich möchte darüber nicht sprechen.«

Wie viele israelische NGOs sind in den Palästinensergebieten tätig?

»Rund ein Dutzend.«

Wer finanziert sie?

»Das meiste kommt aus dem Ausland.«

Das deutsche Engagement in Israel ist kein neues Phänomen. Diverse Deutsche haben sich für diesen Teil der Welt interessiert, lange bevor es eine Palästinenserfrage gab. Die deutschen Templer von der Tempelgesellschaft waren im 19. Jahrhundert hier zugange. Das Haus in Jerusalem, in dem ich gegenwärtig wohne, ist ein Templerhaus, das meine Katzen ungemein genießen. Nicht weit von hier, im Zentrum von Tel Aviv, gründeten diese Templer zudem eine Kolonie namens Sarona. Templer gibt es dort nicht mehr, weil sie wie andere ihrer Glaubensbrüder im Land von den Briten deportiert wurden. Aus Sarona wurde in der Folge HaKirja, wo heute das Gehirn und das Nervenzentrum der israelischen Armee und Sicherheitsdienste beheimatet ist.

Die Geschichte ist origineller als jede Fiktion.

Meine nächste Station ist das alte Sarona, die wahrscheinlich am besten gesicherte Liegenschaft auf dem Planeten.

Unter seinem Militärstützpunkt, wollen Gerüchte wissen, befindet sich eine gewaltige ›Stadt‹ im Bauch der Erde: Stockwerke über Stockwerke und Straßen über Straßen. Stimmt das? frage ich eine Soldatin, als ich die Basis betreten habe, und bekomme zur Antwort, dass »nur sehr wenige wissen, was sich unter unseren Füßen befindet«.

Wenn man hier herumläuft, in einer ›Kleinstadt‹, die in einer Stadt im Herzen von Tel Aviv liegt, ist man beeindruckt. Ein großer Platz, eine faszinierende Anlage, Gebäude unterschiedlichster Art, Straßen, die ›normal‹ aussehen, auf denen man aber nicht einen Schritt ohne explizite Genehmigung tun kann.

Erneut hat das Büro des Sprechers der IDF diesen Besuch auf meinen Wunsch arrangiert.

Ich darf nur ein einziges Gebäude betreten, keine Fotos bitte, und dort nur einen bestimmten Raum, in dem Oberst D. von der Militär-Generalanwaltschaft auf mich wartet. D. ist ein Rechtsbeistand des israelischen Militärs im Westjordanland, und ich bin hier, um alles über die Rechtmäßigkeit der ›Besatzung‹ zu lernen.

Ich bekomme eine kurze Einführung:

1967 nahm Israel eine »militärische Okkupation« vor, wie es im Juristenjargon heißt. Was bedeutet das? Nun, das ist nicht so einfach, aber im Kern heißt es: Israel behauptet, dass die Genfer Konvention auf die 1967 von ihm eroberten Gebiete nicht anwendbar ist, operiert aber dennoch innerhalb der Rahmenbedingungen der Konvention, als akzeptierte es ihre Anwendbarkeit.

Warum? Das ist eine politische Frage außerhalb des Verantwortungsbereichs dieses Offiziers.

Oberst D. liefert diese Zusatzinformation:

Im Westjordanland, das besetzt zu haben Israel weder einräumt noch bestreitet, weil es dessen Status als fragwürdig betrachtet, wendet Israel die Rechtsordnungen an, die dort vor 1967 galten und weit in die Vergangenheit zurückreichen. Das bedeutet, dass die osmanische Rechtsordnung, die Rechtsordnung des britischen Mandats und die jordanische Rechtsordnung ein integraler Bestandteil des derzeitigen Rechtssystems im Westjordanland sind, während zugleich auch völkerrechtliche Regeln Anwendung finden, als wäre dieses Gebiet ein besetztes Gebiet. Auf den Golanhöhen annektierte Israel das Territorium, während es Jerusalem israelischem Recht unterstellte, was juristisch nicht dasselbe ist wie eine »Annexion«.

Man muss schon einen höheren Abschluss von der juristischen Fakultät in Harvard haben, um da durchzublicken.

Ich mag es gerne klar und deutlich und frage den Mann: Ist eine Besatzung nicht an sich illegal?

»Sie ist völkerrechtlich legal. Sonst gäbe es ja keine Gesetze für besetzte Territorien.«

Der Mann scheint in Harvard studiert zu haben.

Wie ist es mit den Siedlungen? Sind sie nicht nach Artikel 49 des Vierten Genfer Abkommens illegal? (»*Zwangsweise Einzel- oder Massenumsiedlungen [...] sind [...] verboten. [...] Die Besatzungsmacht darf nicht Teile ihrer eigenen Zivilbevölkerung in das von ihr besetzte Gebiet deportieren oder umsiedeln.*«)

»Erstens behauptet Israel, dass es seine Bewohner nicht in das umstrittene Gebiet umgesiedelt hat, sondern dass diese von sich aus dort hingezogen sind, im Unterschied zu einer Zwangsumsiedlung. Zweitens: Israel behauptet, dass es das Gebiet nie als besetzt definiert hat. Drittens: Israel behauptet, dass sich kein Gericht einmischen sollte, solange Israel mit der anderen Seite über den Status des Lands verhandelt.

Hinzu kommt: Israel behauptet, dass das strittige Gebiet, also das Westjordanland, nie zu Jordanien, Syrien oder Ägypten gehört hat. Es gibt einen UN-Beschluss zur Aufteilung des Lands zwischen Arabern und Juden unter britischem Mandat, aber in diesem Beschluss ist nicht spezifiziert, wer diese ›Araber‹ sind.«

Wie ich ebenfalls erfahre, wird diese Position permanent vor israelischen Gerichten angefochten, wobei die meisten Klagen gegen die Armee von auslandsfinanzierten israelischen NGOs angestrengt werden. Alles in allem aber, beteuert Oberst D., »operiert Israel im Rahmen des internationalen Rechts«.

405

Was ist das internationale Recht?

»Das ist die große Frage.«

Wir diskutieren weiter bis ins kleinste Detail über diese Frage und ergehen uns in haarspalterischen Argumenten wie zwei Talmudgelehrte, um am Ende bei der Zauberformel zu landen: ›Niemand weiß es.‹

Ich bleibe mir selbst überlassen, um über all das auf eigene Faust nachzudenken.

Wer entscheidet, was internationales Recht ist? Wenn man nur tief und lang genug darüber nachdenkt und sich dahin treiben lässt, wohin einen die eigenen Augen und Überlegungen führen, dann landet man bei den Sitzen des UN-Sicherheitsrats in New York, auf denen vier Bleichgesichter und ein Chinese ihre Ärsche wärmen. Sorry wegen der Wortwahl. Die Repräsentanten der Siegermächte des Zweiten Weltkriegs, also jener Leute, die Bomben aus schnellfliegenden Flugzeugen auf die dunklen Schlafzimmer schlafender Zivilisten abwarfen, sind genau dieselben, die dem Rest von uns sagen, was in Konfliktgebieten rechtlich zulässig ist und was nicht, und verlangen, dass wir uns ihren Befehlen beugen.

Ja, ich weiß. Der Feind, dem sie damals gegenüberstanden, war nicht gerade ein Schätzchen. Würden sie sich aber heute anders verhalten, wenn sie nicht einem Mann wie Wolfi respektive Adolf Hitler gegenüberstünden?

Tun sie es denn?

Die Zahlen für den Oktober 2013 im Irak, dem Land, in dem die gesetzestreuen Nationen des Westens ein einziges Schlamassel veranstaltet haben, sind gerade veröffentlicht worden: 979 Tote in nur 30 Tagen. In dieser Zahl sind die Opfer von Verkehrsunfällen, Krankheiten oder ›gewöhnlichen‹ Verbrechen nicht enthalten.

Ich blase zum Rückzug aus diesem Militärstützpunkt. Als ich zum letzten Mal über sein Gelände gehe, kommt mir ein Wort in den Sinn: Sarona. Ich wünschte, ich könnte die Einwohner Saronas fragen, was sie dazu bewegte, hierherzukommen. Leider kann ich das nicht, die Briten deportierten sie lange vor meiner Geburt.

Vielleicht könnte ich zum Ausgleich dafür das Kloster Tabgha am See Genezareth besuchen, wo es den Deutschen nämlich gelang, die Briten auszutricksen.

47. STATION *Wo Jesus Christus einst die Armen speiste, füttert heute ein deutscher Mönch den Besucher mit seinen tiefsten Gedanken über die Juden*

Ich bin im Kloster Tabgha, wo mich ein lebhafter Bruder mit zwei funkelnden Augen mit einem Händeschütteln und einem Lächeln begrüßt. Nennen wir ihn Bruder Lukas.

Das Benediktinerkloster Tabgha ist im Besitz des Deutschen Vereins vom Heiligen Lande, der im Jahr 1895 gegründet wurde. Deutsche Mönche eines anderen Ordens waren sogar noch früher hier. Die Mönche wurden nach dem Ausbruch des Zweiten Weltkriegs von den Briten inhaftiert. Während ihrer Haftzeit bat der in Köln ansässige Verein nichtdeutsche Mönche, hierherzukommen und sich um das Anwesen zu kümmern. Der in Kroatien geborene Pater Jerome, der seit 1933 vor Ort war, kam ihrer Bitte nach und nahm dies in die Hand.

Das war ein kluger Schritt. Als der Krieg zu Ende war, befand sich der Deutsche Verein immer noch im Besitz des Anwesens, während die deutschen Templer in Sarona die ihren verloren hatten.

Pater Jerome, inzwischen ein wirklich alter Mann, ist immer noch hier, und als ich ihn frage, ob es nicht besser gewesen wäre, wenn er in Italien geblieben wäre, wo er sich seinerzeit aufhielt, antwortet er nicht.

Ich setze mich mit dem jüngeren Mönch, Bruder Lukas, auf ein kurzes intimes Gespräch zusammen.

Bruder Lukas, verraten Sie mir eines: Was macht ein Deutscher wie Sie hier unter den Juden?

Bruder Lukas braucht seine Zeit, um diese Frage zu beantworten. In seiner Jugend, erzählt er mir, dachte er nie an Israel. »Ich muss zugeben«, sagt er, »dass ich Jahre brauchte, um mich im Herzen und im Geist auf Jerusalem und Israel und die Realität dieses Landes einzulassen.«

Was ist passiert?

Er gibt mir eine komplexe Antwort, die eher ein langatmiger Bewusstseinsstrom ist als eine Antwort, findet dann den Weg zurück und spricht über die Belagerung Bethlehems durch die israelische Armee »im Herbst 2000, die mich nachdenklich machte«.

Ich bitte ihn, mir zu schildern, was damals geschah und was er darüber dachte.

»Eine Gruppe palästinensischer Milizionäre stürmte in die Geburtskirche und nahm die Zivilisten, die sich dort aufhielten, gefangen, woraufhin die IDF die Kirche belagerte.«

Das war also der Moment, wo die »Realität dieses Landes« an Ihr Herz rührte, wie Sie sagten. Was meinen Sie mit ›Realität‹?

»Die Realität eines Lebens unter Besatzung.«

Lassen Sie mich das verstehen, Bruder: Als die Muslime ihre christlichen Brüder und Schwestern gefangen nahmen und deren Leben in einem der heiligsten Schreine Ihres Glaubens aufs Spiel setzten, wechselten Sie die Seiten, und Ihre ursprüngliche Loyalität, die Loyalität gegenüber ihren christlichen Brüdern, ging nun offensichtlich auf jene Muslime über. Nicht nur Loyalität, sondern Sie trafen ja eine noch viel größere Entscheidung zu ihren Gunsten, indem Sie hierherkamen. Ergibt das einen Sinn für Sie? Mir erscheint es aberwitzig. Nehmen Sie es nicht persönlich, aber manchmal denke ich, dass sich Sinn und Logik auf mysteriöse Weise in Luft auflösen, wann immer ein Deutscher über Juden spricht. Habe ich unrecht?

Bruder Lukas starrt mich an, starrt dann einen unsichtbaren Punkt irgendwo hinter mir an, dann platzt es nach einigen Minuten absoluter Stille aus ihm heraus:

»Ja, es ist aberwitzig.«

Ich glaube, ich lasse das Thema ›Juden‹ und ›Deutsche‹ lieber auf sich beruhen und spreche mit ihm über den Mann unter der Kutte von Bruder Lukas. In Erinnerung an den Mönch, den ich am Heiligen Grab traf, und seine heißen Küsse stelle ich diesem Mönch eine intime Frage.

Sagen Sie, Bruder, als Mönch haben Sie keinen Intimpartner. Was tun Sie, wenn Sie sexuelle Begierden überkommen? Wie gehen Sie mit ihnen um?

»Manchmal weine ich.«

Lassen Sie mich etwas fragen, und Sie müssen es natürlich nicht beantworten, masturbieren Sie?

Bruder Lukas antwortet mit leiser Stimme: »Das ist, was Mönche tun.«

Diese Fähigkeit des Deutschen, noch die intimsten Fragen ehrlich zu beantworten, die mir schon häufig aufgefallen ist, liebe ich an den Deutschen. Ich bin vielleicht sehr kritisch ihnen gegenüber, aber ich bewundere sie auch oft.

Bruder Lukas führt mich nun zu der Kirche, die täglich von 4- bis 5000 Menschen besucht wird, außer sonntags. Als wir sie betreten, und es ist Gott sei Dank Sonntag, fällt mir ein felsähnlicher Stein auf, der hier völlig deplatziert wirkt. Was ist das? Tja, das glauben Sie nie im Leben! Dieser Stein war es, auf dem Jesus saß oder stand, als er fünf Laibe Brot und zwei Fische mit 5000 hungrigen Menschen teilte und sie alle damit sättigen konnte.

Es gibt Jesus Christus, und es gibt die Christen. Im Hebräischen sagt man nicht Christen, sondern Notzrim (muslimische Araber wiederum sagen Nasrani), was Nazarener bedeutet, und Jesus Christus heißt Jesus der Nazarener. Jesus lebte nicht weit von hier, in Nazareth. Ich verlasse diesen Ort seiner Wundertätigkeit und mache mich auf den Weg, um mir seine Stadt anzuschauen.

48. STATION *Jesus der Nazarener lebte hier, was heute aber kein Jude mehr darf*

Ich nehme mir ein Zimmer im Fauzi Azar Inn, einem flippigen Hotel in der Altstadt von Nazareth. Die Hotelgäste sind echte

Freigeister, und man bekommt kostenlos Getränke und Kuchen, so viel man möchte. Am Empfang stehen zwei junge Christinnen, eine finnische und eine amerikanische, die beide die Araber mehr lieben als die wirklich-nicht-so-netten Juden. Wie mir eine von ihnen sagt: »Gott hat die Juden nicht deshalb auserwählt, weil sie so nett sind.«

Was für eine nette Begrüßung. Ich vermute mal, hier bin ich besser ein Christ. Kein Abu Ali und kein Tuvia. Nur Tobi, Tobi der deutsche Christ.

Ich mache mich auf den Weg, um an einer Messe mit den Einheimischen teilzunehmen.

Wenige Augenblicke später befinde ich mich in einer riesigen Kirche mit massiven Säulen aus Zement. An den Wänden sehe ich, dass die Araber hier Jerusalem als Jerusalem bezeichnen und nicht als Al-Quds. Interessant. Der Gottesdienst wird auf Arabisch gehalten, nur ein hebräisches Wort hört man hier: »Halleluja.« (Halleluja bedeutet ›Lobet den Herrn‹ auf Hebräisch.)

Nach dem Gebet treffe ich mich mit dem Pfarrer, um herauszufinden, was er auf dem Herzen hat. »Dies ist ein besetztes Land. Die Juden besetzten es zweimal: 1948 und 1967.«

Na prima.

Ich mische mich unter die Einheimischen, um zu erfahren, was sie auf dem Herzen haben, und entdecke etwas ziemlich Interessantes: Kein Jude lebt in dieser Stadt, und kein Einheimischer wird sein Haus an einen Juden verkaufen.

Dies ist Nazareth, innerhalb der Grenzen Israels vor 1967.

Ich gehe zurück ins Hotel und lege mich schlafen, der einzige Jude in der Stadt Jesu.

Am nächsten Morgen führt Lubna, deren sehnlichster Wunsch es ist, zu heiraten, und das sehr bald, Inschallah, eine Gruppe von uns Fauzi-Azar-Gästen durch die Altstadt von Nazareth. Auf dem Weg sehe ich große Plakate, die für den abgesetzten ägyptischen Präsidenten Mohammed Mursi von der Muslimbruderschaft werben. Während seiner kurzen Regierungszeit war er ein unerschütterlicher Unterstützer der Hamas, jetzt aber sitzt er im Gefängnis. Die Leute hier, israelische Staatsbürger, wollen, dass er wieder an die Macht kommt. Hamas erkennt Israel nicht an, will nicht weniger als Israels Auslöschung, und diese Leute unterstützen die Hamas.

Na prima.

Wir machen Halt bei einem alten Haus, in dem niemand lebt, und studieren seine Architektur. Lubna erklärt uns, dass »hier niemand lebt, weil die Eigentümer von den Besatzern (den Israelis) vertrieben wurden«. Lubna zeigt zur Decke, an der verbrannte Holzbalken zu sehen sind, und erklärt: »Das ist, was Menschen vor Jahrhunderten getan haben.«

Wann wurde dieses Haus erbaut?

»Das Haus stammt aus dem ersten Jahrhundert und gehörte den ursprünglichen palästinensischen Einwohnern, die in dieser Stadt unter den osmanischen Herrschern lebten.« Das müssen dieselben Osmanen sein, vermute ich, die Alsra im Negev gründeten, Halils von Adalah so gut beschütztes Dorf.

Die Türken waren im ersten Jahrhundert hier?

»Ja. Sie waren die ersten Besatzer Palästinas. Dann besetzten die Briten Palästina, und heute ist es Israel.«

Das ist eine höchst aufschlussreiche geschichtliche Darstellung. Dieser Erzählung zufolge hat es hier keine Römer und keine Kreuzfahrer gegeben. Und die Türken, die in Wirklichkeit zum ersten Mal 1517 hier auftauchten, werden um anderthalb Jahrtausende zurückverlegt.

Ich sage Lubna, dass kein Osmane im ersten Jahrtausend, geschweige denn im ersten Jahrhundert auch nur davon träumte, hier zu sein, da das Osmanische Reich erst über zwölf Jahrhunderte später gegründet wurde.

Mitglieder aus unserer Gruppe, gebildete Westler, die ins Heilige Land gekommen sind, um ihre Sympathien für die »armen Palästinenser« zum Ausdruck zu bringen, wie einer von ihnen mir gesagt hat, wünschen, dieser Deutsche möge den Mund halten. Sie stellen Lubna keine Fragen und nehmen alles, was sie hören, einfach so hin. Sie kaufen es ihr pauschal ab und brauchen niemanden wie mich, der ihre friedliche morgendliche ›Erkundung‹ stört.

Wer sind diese Menschen, westliche Menschen, unter denen ich in den vergangenen drei Jahrzehnten gelebt habe?

Ich verabrede mich mit dem Leiter des Auslandsbüros der Konrad-Adenauer-Stiftung in Jerusalem, Michael Mertes. Vielleicht kann er mir ja ein oder zwei Dinge erklären.

Sein Büro liegt nur Minuten von meiner Wohnung in Jerusalem entfernt, wohin ich als Nächstes fahre.

Als meine Katzen mich auf der Straße vor dem Haus sehen, flitzen sie zu der Stelle, an der ich sie üblicherweise mit Milch versorge, und schauen mich dankbar an. Nadia, die berühmte Sängerin, dankt denen nicht, die sie versorgen, meine Katzen aber tun das schon.

49. STATION *Wer bin ich? Ein typischer Rechter oder ein linker Querulant?*

»Wir unterstützen die Stärkung von Demokratie und Rechtsstaatlichkeit in Israel«, heißt es auf der Website der hiesigen Niederlassung der Konrad-Adenauer-Stiftung. Ich persönlich finde es zwar bizarr, dass eine deutsche Stiftung hierherkommt, um den Juden beizubringen, was Demokratie ist, aber ich glaube, diese Worte stammen nicht aus der Feder von Michael Mertes, der das Auslandsbüro der KAS in Jerusalem leitet.

Ich bin Michael schon früher begegnet, und der Mann hat mich zum Lachen gebracht. Er erzählte mir einen Witz, den ich nicht vergessen kann:

Ein Mann sitzt in einem Tel Aviver Straßencafé und schreibt. Kommt ein Passant vorbei und fragt ihn, was er da schreibt.

Autor: Ich bin Autor und schreibe ein Buch über Israel.

Passant: Das ist ein gewaltiges Vorhaben! Wie lange wollen Sie denn hierbleiben?

Autor: Ich bin gestern gelandet und fliege morgen zurück.

Passant: Sie wollen ein Buch über ein Land schreiben, in dem sie keine vollen drei Tage lang waren?

Autor: Ja.

Passant: Und wie wird Ihr Buch heißen, wenn ich fragen darf?

Autor: *Israel – gestern, heute und morgen.*

Bevor ich in Michaels Büro eintrete, um ihn zu begrüßen, entschließe ich mich, so ehrlich zu ihm zu sein, wie Bruder Lukas es mit mir war, und Michael freimütig zu sagen, was ich denke. Dies wird ein Gespräch unter Deutschen.

Ich teile Michael mit, was ich im Zuge meiner Teilnahme an verschiedenen KAS-Veranstaltungen beobachtet und miterlebt habe. Ich habe festgestellt, sage ich ihm, dass die Juden, mit denen die KAS zusammenarbeitet, Leute sind, die glauben, Israel stünde auf der falschen Seite der Geschichte und der Gerechtigkeit, und dass die Palästinenser, mit denen die KAS zusammenarbeitet, zufälligerweise derselben Meinung sind. Was für einen Sinn hat es, Geld auszugeben, um gerade diese Araber und diese Juden zusammenzubringen? Und was die von der KAS gesponserten Araber angeht, habe ich eine weitere Frage: Ich habe mit einigen von ihnen gesprochen und dabei festgestellt, dass sie nicht nur stark antiisraelisch sind, sondern auch klassische Antisemiten. Warum hält es eine deutsche Stiftung, gerade angesichts der schwierigen Geschichte zwischen Deutschen und Juden, für nötig, solche Leute zu unterstützen?

Michael gefallen meine Fragen nicht. Er sagt mir, dass er sich von mir beleidigt fühlt, dass er enttäuscht von mir ist und dass ich wie ein typischer Rechter rede.

Zufälligerweise flüsterte mir gerade erst eine vertrauliche Quelle, dass meine Anfrage nach einem Interview mit Benjamin Netanjahu und Avigdor Lieberman abgelehnt wurde, weil ihre Mitarbeiterstäbe zu dem Schluss kamen, ich sei ein »linker Querulant«.

Zurück in meinem Templerhaus bei meinen Katzen schaue ich in den dunklen Himmel und frage mich: Warum zieht dieses Land und zieht besonders diese Stadt seit so vielen Jahren so viele Menschen magnetisch an? Ich persönlich bin hin- und hergerissen, was Israel betrifft. Ich bin hier aufgewachsen, aber weggegangen. Natürlich spricht das Land meiner Jugend, spricht vor

413

allem Jerusalem zu mir, diese Stadt, in der ich viele Jahre verbracht habe. Seltsamerweise spricht sie eher in der Sprache der
Bibel zu mir – obwohl ich gar kein religiöser Mensch bin – als in
den gegenwärtigen Klängen, die ich auf ihren Straßen höre. Hier
in Jerusalem ›fühle‹ ich, wie die biblischen Charaktere gehen, at-
men, sprechen, tanzen und Liebe machen. Über den Mauern dieser Stadt und tief unten in ihren Sanden höre und sehe ich sie. Ja,
so ist es. Ich sehe ihre früheren Könige mit ihren Höfen, ihre
Gelehrten und ihre Krieger, ihre Händler und ihre Propheten; all
ihre Bewohner, die einst hier lebten, sich aber bis auf den heutigen Tag hartnäckig zu sterben weigern.

Nir Barkat, Jerusalems quirliger Bürgermeister, rät mir, ich
solle einen Spaziergang durch Jerusalems Davidsstadt machen,
die Bibel mitnehmen und selbst sehen, wie sich beides Punkt für
Punkt, Seite für Seite gegenseitig stützt. Ich mag die Idee, mit
dem alten Jerusalem in Berührung zu kommen, und ziehe los.
Ich wünschte, Dr. Hanan Aschrawi würde mich begleiten, habe
aber das starke Gefühl, dass sie das nie im Leben täte.

50. STATION *Eine Begegnung mit der Geschichte: Könige, Professoren und eine Toilette*

Ich glaube nicht, dass Nir Barkat, der nicht gläubig ist, mit einer
Bibel durch die Davidsstadt stapft. Wie dem auch sei, ich jeden-
falls gehe lieber in Begleitung eines Mannes namens Assaf als in
Begleitung eines Buches namens Bibel. Ich mag keine Stadtplä-
ne, die nicht von der japanischen Regierung gedruckt wurden.
Punkt.

Assaf Avraham von der israelischen Behörde für Natur und
Parks, Davidsstadt, ist ein Archäologe, der gerade seine Doktorarbeit über letztere schreibt.

Er spricht leise in meine Ohren:

»Der Name Jerusalem ist Uruschalem, die Stadt Schalems,

eines kanaanitischen Gottes der mittleren Bronzezeit, um 2000 v. Chr.

Jerusalem ist die Erfindung König Davids und wurde ca. 1000 v. Chr. erbaut. Zeitlich früher im biblischen Text durfte jeder einen Schrein für Gott errichten, wo es ihm gefiel, König David aber verfügte, dass es nur einen Ort geben sollte, an dem Gott gehuldigt wird. Das war eine politische Entscheidung.

Im Jahr 722 v. Chr. besiegten die Assyrer, die Vorfahren der heutigen Iraner, Israel und zerstörten das Königreich Israel. Wir nehmen an, dass Jerusalems Einwohnerzahl zwischen 722 und 701 v. Chr. enorm anstieg, weil die israelitischen Flüchtlinge in den Süden ins Königreich Juda strömten, nachdem ihr eigenes Königreich nicht mehr bestand. So vermutet es jedenfalls Prof. Israel Finkelstein von der Universität Tel Aviv.

Was nun die Davidsstadt betrifft: Hier lebten von 1000 bis 586 v. Chr. die alten Israeliten, und wir nehmen an, dass ein Großteil der Bibel hier geschrieben wurde.

Die meisten der archäologischen Funde in der Davidsstadt datieren auf die Zeit zwischen dem 8. und dem 6. Jahrhundert v. Chr. An einigen Stellen haben wir jedoch auch Zeugnisse aus der Zeit zwischen dem 10. und dem 8. Jahrhundert gefunden, die das Königreich Davids umspannt. Frühere Funde stammen aus dem Bereich Ophel nördlich der Davidsstadt. Dr. Eilat Mazar von der Hebräischen Universität in Jerusalem, die Enkeltochter Prof. Benjamin Mazars, entdeckte Befestigungen aus dem 10. Jahrhundert v. Chr., die sie als Salomon-Mauer bezeichnet. Und sie hat die Fundamente eines gewaltigen Bauwerks im Zentrum der Davidsstadt entdeckt, ebenfalls aus dem 10. Jahrhundert v. Chr., von denen sie annimmt, dass sie zum Palast von König David gehörten.«

Die Davidsstadt nahe der Westmauer/Al-Aqsa ist eine Schatzkammer für die Juden und eine echte Plage für die Araber. Ein Streifzug durch diese Gegend scheint in der Tat verschiedene Passagen der Bibel zu erhärten, worüber Leute wie Hanan Aschrawi nicht glücklich sind. Während die Araber aber in der Davidsstadt nicht viel unternehmen können, da sie von Israel kontrolliert wird, können sie im Bereich Al-Aqsa/Westmauer jede Menge unternehmen, da Israel die Zuständigkeit für diesen Bereich vollständig der Awaqf, einer islamischen religiösen Stiftung, überlassen hat. Alte Entdeckungen dort wie der Stein vom Tempelberg mit der Inschrift »Zu dem Ort [oder Haus] des Trompetens« bzw. »Ort des Schofarblasens«, die Prof. Benjamin Mazar vor Jahrzehnten machte, sind ein Problem für die Araber, da sie bestreiten, dass die Al-Aqsa auf den Ruinen eines jüdischen Tempels errichtet wurde. Wann immer sie können, vernichten sie Zeugnisse antiken jüdischen Lebens auf dem Heiligen Berg. Assaf erwähnt diverse Manöver dieser Art. So nahm die Awaqf in den späten neunziger Jahren, als sie eine zusätzliche Moschee im Al-Aqsa-Komplex errichten ließ, Ausgrabungen in dem sensiblen archäologischen Bereich des Tempelbergs/der Al-Aqsa vor, die keiner israelischen Aufsicht unterlagen. Damals verluden sie tonnenweise Mutterboden auf 400 Lastwagen und kippten sie an verschiedenen Stellen ab. Einige Israelis folgten den Lastwagen, um zu sehen, wohin das Erdreich verbracht wurde. Später trug Israel den entsorgten Boden an einem Ort zusammen. Bis auf den heutigen Tag durchsieben seitdem Archäologen und ihre Helfer diese Erde.

Dr. Eilat Mazar ist eine ganze Reihe von Entdeckungen geglückt, die hier nicht ausgebreitet werden können und die Kollegen von der archäologischen Fakultät der Universität Tel Aviv zum Teil bestreiten. Der Grund für die Meinungsverschiedenheit ist, wie so oft in der Wissenschaft, politischer und religiöser Natur: Dr. Eilat Mazar ist von der Bibel inspiriert, die Tel Aviver Archäologen sind es nicht.

Bei Ausgrabungen am Fuß des Westmauer/Al-Aqsa-Komplexes, die früher in diesem Jahr durchgeführt wurden, fand Dr. Eilat 36 antike Münzen, unter ihnen ein Goldmedaillon, das mit dem Symbol für die Menora (Tempel-Kandelaber) verziert war und das Archäologen auf das 7. Jahrhundert datieren. Ein bedeutender Fund, den die Tel Aviver meines Wissens noch nicht angezweifelt haben.

Assaf bietet mir an, einen Rundgang über das Al-Aqsa-Gelände mit mir zu machen, da er mich über einige weitere archäologische Sachverhalte ins Bild setzen möchte, was ich gerne annehme. Er fordert mich auf, mich vor 7.30 Uhr einzufinden, wenn der Eingang für die ›Ungläubigen‹ geöffnet wird. Assaf hat offensichtlich keine Lust, die Fatiha zu rezitieren, wie ich es vor einigen Monaten versuchte.

Am nächsten Morgen steht Assaf schon um zehn nach sieben vor dem Eingang zur Al-Aqsa und scheint darauf zu brennen, hineinzugehen. Er erzählt mir, dass die Westmauer 500 Meter lang ist, was ich schon vor einigen Monaten zu hören bekam, und von König Herodes um 20 v. Chr. als Teil des Tempels errichtet wurde. Dieser Tempel ist auch als der Zweite Tempel bekannt, sagt Assaf, während der Erste Tempel das Werk von König Salomon war. »Wir wissen nicht, wie dieses riesige Areal vor Herodes' Tempelbau aussah, weil wir hier kaum archäologische Untersuchungen vornehmen können.« Der Erste Tempel »entstand nach biblischer Darstellung ungefähr 1000 v. Chr.«.

Um halb acht stehen rund 1500 Touristen Schlange, darunter vielleicht fünf Juden. »Das Areal ist heute hochsensibel«, sagt uns ein israelischer Polizist, bevor wir eintreten.

Drinnen sehe ich überall Wachpersonal der Awaqf. Was hat es damit auf sich? Wenn sie Juden entdecken, erklärt mir Assaf, heftet sich ein Wachmann an ihre Fersen, um dafür zu sorgen, dass sie hier nicht beten.

Von irgendwoher höre ich, wie eine Gruppe »Allahu Akbar!« ruft. Ich dachte, um diese Zeit seien nur Ungläubige hier, womit ich offensichtlich falsch lag.

An einigen Stellen der Al-Aqsa und des Felsendoms sehe ich Araberinnen, die einfach nur herumsitzen. Als wir am Dom vorbeigehen, gerät Assaf in Fahrt. »Der Durchmesser des Doms entspricht exakt dem der Grabeskirche«, hebt er an, und sofort springt eine Palästinenserin von ihrem Sitz auf und kommt auf uns zu, um mitzuhören. An anderen Orten und unter anderen Umständen wäre das völlig bedeutungslos, hier aber ist nichts normal. Sie könnte eine Awaqf-Mitarbeiterin sein, und wenn sie irgendetwas hört, das dem islamischen Glauben widerspricht, könnte sich daraus sofort eine internationale Krise entwickeln. Es wäre nicht das erste Mal. Um sie zu besänftigen, grüße ich sie auf Arabisch, was sie sofort milde stimmt. Woher kommen Sie? fragt sie. Aus Deutschland, antworte ich. Willkommen in der Al-Aqsa, erwidert sie mit einem liebevollen Lächeln.

Der Gott des Islam liebt die Deutschen.

Nachdem wir wieder in Sicherheit sind, fährt Assaf fort: »Architektonisch betrachtet, hat der Dom eine byzantinische Struktur und ist achteckig. Es scheint, dass das Gebäude früher eine Kirche war. Ein weiterer wichtiger Umstand ist, dass jede Seite des Achtecks 20 Meter misst, genau wie bei anderen Kirchen in dieser Gegend. Während ihres Mandats fanden die Briten ein byzantinisches Mosaik unter der Al-Aqsa, was darauf hindeutet, dass irgendwann eine Kirche auf diesem Areal stand.« Der jüdische Tempel, erzählt er mir auch, »war genau da, wo der Dom jetzt steht, doch wurden zu keiner uns bekannten Zeit irgendwelche wissenschaftlichen Grabungen unter dem Dom vorgenommen«.

Er unterbricht seine Ausführungen, und wir hören eine weitere Runde von »Allahu Akbar!«-Rufen, die dieses Mal lauter sind und aus viel mehr Kehlen zu kommen scheinen. Und warum? Drei alte jüdische Damen und ein barfüßiger Mann, offenbar ihr Reiseleiter, gehen vorbei. Drei Schritte hinter ihnen folgen ihnen ein israelischer Polizist und ein Awaqf-Wächter auf dem Fuße. Und warum? Wenn einer dieser vier ein jüdisches Buch aufschlägt und betet, brechen Unruhen aus. Und das gilt es unter allen Umständen zu verhindern.

Eine Reinemachfrau kommt aus dem Dom, um seinen Eingangsbereich zu putzen. Dies ist eine seltene Gelegenheit, einen Blick in das Bauwerk zu erhaschen. Als ich mich dem Eingang nähere, verschwindet die Dame aber blitzschnell im Dom und schließt und verriegelt seine Tür, sodass ich rein gar nichts sehen kann. Ein Fremdenführer in unserer Nähe erzählt seiner Gruppe, dass sich im Dom drei Strähnen von Mohammeds Bart befinden.

Einige Schritte vom Dom entfernt steht ein Gebilde, das Assaf als »Taufbrunnen« bezeichnet, komplett mit dem Zeichen des

Kreuzes, wie es scheint. »Warum ist das hier«, fragt er, »wenn das keine Kirche war?«

In Wahrheit benutzten die Kreuzritter, die Jerusalem im Jahr 1099 eroberten, diese Moschee als Kirche, und es könnte sein, dass sie auch den Brunnen bauten. Ich weiß es nicht.

Die Atmosphäre ist ausgesprochen angespannt, als würde jeder auf eine Explosion warten. Man kann die Spannung förmlich mit den Händen greifen. Regelmäßige »Allahu Akbar!«-Rufe signalisieren, dass ein ›potentieller‹ Jude des Weges kommt.

Dass sich dies in Jerusalem zuträgt, im Zeitalter der Menschenrechte, ist erschreckend.

Assaf verabschiedet sich. Ich hingegen steuere die öffentlichen Toiletten an, woraufhin ein paar Awaqf-Wächter sofort ganz unruhig werden.

»Wer ist er?«, fragt der eine.

»Deutsch«, antwortet der andere.

Mir wird gestattet, in der Al-Aqsa-Toilette zu pinkeln. Endlich!

Frisch erleichtert begebe ich mich zum Tempelinstitut im jüdischen Altstadtviertel, einer Organisation, die sich »allen Aspekten des heiligen Tempels in Jerusalem« widmet. Das Tempelinstitut bietet Rundgänge in seinen Mauern an, bei denen Interessierte ein Modell des Tempels sowie viele der in ihm befindlichen Gegenstände in Augenschein nehmen können. Das bietet mir vielleicht die Gelegenheit, endlich einen Blick auf die Cherubim zu werfen, nach denen ich vergeblich gefragt hatte, als ich frisch in Israel angekommen war. Also schließe ich mich einem Rundgang in der Ausstellung des Allerheiligsten an, und ja, ich bekomme die beiden vollständig vergoldeten Cherubim zu sehen! Es handelt sich um zwei Geschöpfe, die beide ein menschliches Antlitz haben, das eine ein männliches und das andere ein weibliches, und sich gegenüberstehen. Der Rest ihrer Körper sieht aus wie eine Kombination aus Kleintieren und Vögeln, ergänzt um enorme Flügel.

Heute habe ich zwei Fliegen mit einer Klappe geschlagen: Ich habe die Al-Aqsa-Toilette benutzt, und ich habe die Cherubim gesehen. Hat mich fast ein halbes Jahr gekostet!

Die Cherubim, und ich möchte weder Araber noch Jude beleidigen, sind Al-Buraq recht ähnlich: halb ein Geschöpf, halb das andere. Bevor es eine Al-Aqsa gab, behauptet Assaf, war da eine Kirche. Bevor es Al-Buraq gab, behaupte ich, war da ein Cherub.

Ich bin der einzige Meisteragent auf dem Planeten, der sich glücklich schätzt, zwei goldene Cherubim gefunden zu haben!

Ich verlasse das Institut und treffe mich später wieder mit Assaf, diesmal in der Davidsstadt.

Assaf zeigt mir eine Nachbildung der »Siloam-Inschrift«, deren Original in der Davidsstadt gefunden wurde. Die Inschrift auf einem Stein ist in althebräischen Lettern und stammt aus dem Jahr 701 v. Chr. Obwohl das moderne Hebräisch und das biblische Hebräisch ziemlich ähnlich klingen, unterscheiden sich ihre Buchstaben erheblich. Die Buchstaben des modernen Hebräisch, erläutert Assaf, »sind assyrisch und entsprechen der in Assyrien, dem heutigen Iran, gebräuchlichen Schrift«.

Die Siloam-Inschrift beschreibt den Durchbruch zweier Gruppen von Tunnelgräbern, die sich aufeinander zugegraben hatten. Die eine Gruppe grub von der Gihon-Quelle aus, die andere vom Siloam-Teich in Jerusalem aus. König Hiskija, der eine assyrische Belagerung Jerusalems befürchtete, ließ diesen Tunnel graben, um eine Wasserzufuhr nach Jerusalem zu gewährleisten. Die Bibel erwähnt dieses Ereignis im zweiten Buch der Könige: »Was mehr von Hiskija zu sagen ist und alle seine tapferen Taten und wie er den Teich und die Wasserleitung gebaut hat, durch die er Wasser in die Stadt geleitet hat, siehe, das steht geschrieben in der Chronik der Könige von Juda.«

Dies ist eine bedeutende Entdeckung, die den historischen jüdischen Anspruch auf dieses Land untermauert, da sie die Existenz eines antiken jüdischen Königreichs an diesem Ort bestätigt. Es handelt sich bei der Inschrift mithin um einen extrem wichtigen Text in den Annalen der jüdischen Geschichte, der von großer Seltenheit ist, weil in jenen Tagen so wenig geschrieben wurde.

Sind die Juden glücklich?

Nun ja, nicht ganz: Ihnen fehlt das Original des Steins.

Und wer hat es? Die Türkei.

Wir dürfen nicht vergessen, dass diese Gegend einmal unter osmanischer Herrschaft war.

Das Original dieser Inschrift, erzählt Assaf mir, befindet sich im Archäologischen Museum Istanbul. Vor Jahren bemühte sich Israel einmal darum, es von den Türken zu bekommen, natürlich vergeblich.

Die Türkei, ein Land vieler Muslime, besitzt einen der wichtigsten Beweise für die jüdische Geschichte in Israel.

Assaf ist ein dunkelhäutiger, wirklich dunkelhäutiger Mann. Er sieht aus wie das Klischee eines Linken und spricht wie das Klischee eines Rechten.

Mitunter jedoch überrascht er mich.

»Wenn ich die Araber sehe«, sagt er mir, »bin ich manchmal neidisch. Ich sehe, wie sie sich begrüßen, wenn sie sich treffen, wie sie sich umarmen, wie sie sich küssen. Manchmal sieht man sie Händchen halten. Sie sind eine große Familie. Dies ist der Orient. Dies ist eine orientalische Kultur. Der Westen ist anders. Der Westen ist kalt. Jeder für sich. Es gibt sehr starke soziale Unterschiede zwischen beiden Kulturen, und sie vermischen sich nicht. Wäre Israel kulturell ein orientalisches Land gewesen, dann könnten wir meiner Meinung nach als ein Ganzes zusammenleben. Meine Eltern stammen aus Indien, ich aber bin ein Westler. Ich kenne die Unterschiede.«

Während wir uns unterhalten, spielen arabische Kinder Fußball und andere Spiele auf dem Gelände dieser archäologischen Ausgrabungsstätte. Assaf betrachtet sie und sagt, dass er die Polizei holen muss, um die Kinder wegzuschicken. Ich sehe einen Wachmann am Eingang und frage Assaf, warum dieser die Kinder überhaupt hereingelassen hat. »Weil er Angst vor den arabischen Kindern hat«, lautet die Antwort. Eine ähnliche Geschichte, wie seltsam, wie in Hebron, wo es steinewerfenden Kindern gelingt, die israelische Armee zu vertreiben.

Die Straße hinunter liegt Silwan, ein arabisches Viertel in Jerusalem. Silwan – sein Name leitet sich von dem hebräischen Namen Siloam her – ist ein interessantes Viertel. Mit Ausnahme zweier Häuser, die rund um die Uhr von bewaffneten israelischen

Wachleuten geschützt werden, setzt kein Jude einen Fuß dort hinein.

Ich schon. Eine große palästinensische Fahne begrüßt mich im Zentrum von Silwan, als wollte sie sagen: Wir sind hier nicht in Israel.

Während ich herumspaziere, kommt ohne Vorwarnung eine Gruppe arabischer Jugendlicher auf mich zu, von denen einer mir meine Baseballmütze vom Schädel reißt. Er will wissen, vermute ich, ob sich eine Kippa darunter verbirgt.

Er findet keine, gibt mir aber trotzdem meine Mütze nicht zurück und geht mit ihr weg. Er dreht sich um, um zu schauen, ob ich hinter ihm herrenne, was ich nicht tue. Hinter ihm herzurennen, würde hier als ein Zeichen von Angst verstanden werden. Keine gute Idee. Stattdessen verfluche ich ihn und seine Gruppe auf Arabisch.

Damit hatten die Jugendlichen nicht gerechnet.

Ein Araber. Genau wie sie.

Ein Älterer aus der Gruppe entschuldigt sich, und ich bekomme meine Mütze zurück.

Silwan im Herzen Jerusalems will judenfrei sein, wie Nazareth, und erfreut sich der Unterstützung diverser NGOs. Und während ich weiter durch Silwan laufe, glaube ich endlich zu verstehen, warum es so viele NGOs hier gibt. Wo sonst könnte man seinem geheimsten Wunsch nach judenfreien Territorien frönen und immer noch für liberal gehalten werden?

Klingt diese meine Schlussfolgerung für Sie übertrieben, irreal, voreingenommen?

Ich wünschte, ich hätte unrecht. Aber wenn Sie mit mir einen Rundgang durch dieses Silwan machen, oder eine Rundreise durch dieses Land, und mit mir einige dieser Gegenden durchstreifen, in denen die NGOs herrschen und in die sich nicht einmal der Teufel traut, werden Sie zu demselben Schluss kommen. Tut mir leid.

51. STATION *Eine Begegnung mit den guten Europäern*

Nes Ammim (Zeichen für die Völker) ist ein christliches Dorf bei Akko, das vor einigen Jahrzehnten mit der expliziten Absicht gegründet wurde, dass Christen von Juden lernen sollten, anstatt sie zu kritisieren. Ich muss doch irgendwo ein paar gute Europäer auftreiben, sage ich mir, und fahre dorthin.

Es ist Freitagabend, der Beginn des jüdischen Sabbats, und diese Christen, vorwiegend Niederländer und Deutsche, werden stolz vorzeigen, was sie von den Juden gelernt haben.

Zunächst einmal segnen sie den Sabbat auf Hebräisch. Sozusagen. Ihr Hebräisch klingt wie eine andere Sprache, eine Sprache, die es noch nicht gibt, aber man muss die gute Absicht loben.

Nach dem Sabbatsegen kommt das Essen auf den Tisch. Nach dem Essen beginnen die Gespräche.

Nes Ammim stellt seine Einrichtungen ›Dialoggruppen‹ zur Verfügung, erfahre ich. Welche Art Dialoge führen sie? Arabisch-jüdische, beispielsweise. »Ich habe mich auf den Konflikt zwischen Israelis und Palästinensern spezialisiert«, sagt mir eine Frau.

Wie kommt's?

»Es ist die UN, die Israel geschaffen hat.«

Und?

»Wir haben Israel geschaffen und sind für das verantwortlich, was Israel tut.«

Die Gruppe pflichtet dieser Aussage bei.

Ich vermute, dass die ›Von den Juden lernen‹-Absichtserklärung dieses Dorfes genau das ist: eine Erklärung.

Ich unterhalte mich mit einem jungen deutschen Freiwilligen. Er ist seit drei Monaten in Israel und hat eine Menge gelernt.

Was haben Sie gelernt?

»Dass Israel Minen vor drusische Grundschulen legt.«

Wie rührend.

In der Altstadt des benachbarten Akko, das ebenfalls im israelischen Kernland liegt, lebt nicht ein einziger Jude. Straßenschilder, die auf historische jüdische Häuser hinweisen, wurden von den Einwohnern entfernt und durch Schilder ersetzt, auf denen Koranverse stehen. Diese Einwohner und die Leute aus Nes Ammim sind gute, freundschaftliche Nachbarn.

Auf den Straßen des schönen Akko begegne ich einer Deutschschweizerin. »Wir müssen uns erinnern, was im Zweiten Weltkrieg geschah, und Verantwortung übernehmen. Aus diesem Grund bin ich hier, um den Menschen zu helfen«, sagt sie mir.

Kraft meiner Dummheit lasse ich mich in ein Gespräch verwickeln.

Welchen Leuten helfen Sie?

»Ich arbeite zumeist mit israelischen Juden zusammen.«

Was machen Sie mit ihnen?

»Wir beschützen die arabischen Kinder in Hebron davor, von jüdischen Siedlern gesteinigt zu werden.«

Diese Dame gehört wahrscheinlich zu EAPPI. Falls nicht, sollte sie sich Michèle anschließen, die beiden ergäben ein perfektes Paar.

52. STATION *Das Rechtssystem 1: Wer im israelischen Parlament am lautesten schreit, hat gewonnen*

Während der amerikanische Außenminister John Kerry dieser Tage seinen pendeldiplomatischen Druck erhöht und von Zeit zu Zeit nach Israel einfliegt, um sich mit Ministern zu treffen, gehe ich lieber regelmäßig in die Knesset. Kein größerer politischer Kurswechsel wird ohne die Zustimmung des Parlaments erfolgen; warum also nicht die MKs treffen?

Heute findet eine Ausschusssitzung zur Beduinenfrage statt, an der ich teilnehmen möchte. Ich habe die Beduinen gesehen, jetzt möchte ich auch sehen, wie die Parlamentarier über ihr Los entscheiden.

Vor einigen Jahren veröffentlichte die von der israelischen Regierung eingesetzte sogenannte Prawer-Kommission ihre Empfehlungen bezüglich der ›nicht anerkannten‹ Beduinenlager im Negev. Unter dem Namen Prawer-Plan bekannt geworden, liefen sie auf den Vorschlag hinaus, einige Beduinen in ›anerkannte‹ Siedlungen umzusiedeln. Die Regierung beauftragte den früheren Minister Benny Begin, den Sohn des verstorbenen Ministerpräsidenten Menachem Begin, die Empfehlungen zu prüfen, was zu einigen Änderungen am ursprünglichen Prawer-Plan führte. Der Prawer-Begin-Plan, wie er jetzt heißt, wurde früher in diesem Jahr vorgestellt, und die Knesset muss nun entscheiden, ob sie ihm zustimmt oder nicht. Was den menschlichen Aspekt betrifft, berührt dieser Plan das Schicksal von rund 30 000 Beduinen, die umgesiedelt würden. Was die finanzielle Seite betrifft, bietet die Regierung an, dafür mehr als zwei Milliarden Schekel zur Verfügung zu stellen. Was die Lebensbedingungen betrifft, würde eine Verwirklichung des Plans die schlimmen Verhältnisse, in denen manche Beduinen leben, beseitigen, da ihre Gemeinschaften in den Genuss einer angemessenen Infrastruktur kämen. Auf der anderen Seite müssten manche Lager verlegt werden, und, wichtiger noch, dieser Plan würde im Fall seiner Annahme der Praxis einen Riegel vorschieben, im Negev Lager zu errichten. Das heißt, dass jemand, der eine besondere Verbundenheit mit irgendeinem Berg verspürt, nicht mehr einfach einen Verschlag oder ein Zelt auf ihm aufbauen und den Berg zu seinem Privateigentum erklären könnte.

Woher ich das alles weiß? Nein, ich bin kein Beduinenspezialist und auch nicht der Rechtsberater irgendeiner der streitenden Parteien. Ich habe die obigen Ausführungen aus Materialien zusammengestellt, die ich von beiden Seiten erhielt, vor allem von Adalah und Regavim. Um der Wahrheit die Ehre zu geben, stellen beide Seiten in recht ähnlichen Worten fest, dass der Plan und seine Auswirkungen ausgesprochen komplex und kompliziert sind. Lässt man aber die diversen Anwälte und Aktivisten aus dem Spiel und untersucht die Angelegenheit in aller Ruhe, dann scheint sie eigentlich relativ einfach zu sein.

Was nicht sehr einfach ist, sind die politischen Motive, die mächtig in ihrem Hintergrund rumoren. Die Beduinenfrage könnte sich nämlich in eine »Wiederkunft« der »Palästinenserrechte«-Religion verwandeln. Verschiedene israelische Regierungen, denen dies bewusst war, sind entsprechend kopflos an sie herangegangen. Aller Erfahrung nach wird es kein abschließendes Votum der Knesset zu diesem Thema geben, bevor nicht Jesus und Mohammed auf demselben Kamel vor den Toren Jerusalems stehen. Aber verraten Sie das keinem der Abgeordneten hier, die wären sonst schwer beleidigt.

Die Ausschusssitzung beginnt. MK Miri Regev leitet sie; Benny Begin sitzt zu ihrer Linken. Die Abgeordneten sitzen in einem inneren Kreis von Tischen, während die Nicht-MKs, Gesichter, die schwer nach NGO aussehen, einen äußeren Kreis bilden. Welcher dieser Kreise verfügt über mehr Macht? Weil das hier Israel ist, lautet die Antwort: der NGO-Kreis.

»Die Geschichte der Araber nach dem Nakba-Angriff von 1948«, sind die einleitenden Worte, die ein arabisch-israelischer Abgeordneter spricht. Nakba heißt Katastrophe, und so bezeichnen die Araber die Gründung des Staates Israel. Dieser Abgeordnete beschuldigt die israelische Regierung, arabische Dörfer zu zerstören, während sie gleichzeitig damit fortfahre, jüdische Siedlungen zu errichten. Die Methode, mit der die Juden in seinen Augen vorgehen, ist diese: 1948 haben sie das Land durch die Macht des Gewehrs erobert, heute machen sie weitere Eroberungen durch die Macht des Gesetzes.

Nachdem er fertig ist, ergreift ein israelischer NGO-Vertreter das Wort. Er fordert, dass alle israelischen Bürger gleich behandelt werden, einschließlich der Araber, und behauptet, dass der vorliegende Plan dies nicht tut.

Der dritte Redner sagt im Wesentlichen dasselbe.

So auch die vierte Sprecherin, eine israelische Jüdin, die dieser oder jener NGO angehört.

Zu meiner Linken sitzt eine Vertreterin von Amnesty International, die sich mit ihrem Smartphone beschäftigt und von dem ganzen Prozedere ziemlich gelangweilt scheint.

Meine Wenigkeit spielt gerade mit dem Gedanken, eine Zigarettenpause einzulegen. Aber als ich gerade aufstehen will, sehe ich, wie Rabbi Arik, der Menschenrechtsrabbiner, hereinkommt. Ich möchte keine rabbinische Segnung verpassen und bleibe sitzen.

Der fünfte Sprecher hat nun seinen Auftritt und sagt mehr oder weniger dasselbe wie seine Vorgänger, nämlich: Israel ist rassistisch.

Der sechste Redner: dito.

Die siebte Rednerin: dito.

Dann erhält der achte Redner, ein Beduine aus Al-Arakib, wie er sagt, seine Chance. Es wäre schön gewesen, wenn er seine Ausführungen mit dem »No, no, we shall not be moved«-Song eingeleitet hätte, aber leider brüllt er nur herum.

Dann ist der neunte Redner, ein jüdischer Knessetabgeordneter mit Kippa, an der Reihe. Er sagt, dass er überrascht darüber ist, so viele NGOs hier zu sehen, und sich fragt, warum sich keine NGO blicken ließ, als er vor Israels Rückzug aus Gaza aus seiner dortigen Heimat vertrieben wurde.

Es hagelt Zwischenrufe.

Nachdem die Zwischenrufe abgeflaut sind, führt er aus, dass der hier zur Diskussion stehende Gesetzesentwurf eigentlich ohne Belang ist, weil Israel immer Angst davor hat, seinen Gesetzen in der beduinischen Gemeinschaft Geltung zu verschaffen, wofür er das Beispiel anführt, dass beduinische Männer mehrere Frauen heiraten. Polygamie verstößt gegen das israelische Gesetz, sagt er, und wieder hagelt es Zwischenrufe, sodass er nicht weitersprechen kann. Unter uns gesagt, ist es wirklich lustig, Feministinnen dabei zu erleben, wie sie voller Inbrunst die Polygamie verteidigen.

Der zehnte Redner ist dran und wiederholt mehr oder weniger, was schon achtmal gesagt wurde.

Die elfte Rednerin, eine religiöse jüdische Abgeordnete von der Rechten, spricht. Sie ist kaum zu verstehen. Zwischenrufe unterbrechen sie, dann mehr und mehr Zwischenrufe.

Hier ist ein klares Muster zu erkennen: Wenn jemand von der Linken spricht, dann spricht er oder sie ohne Probleme. Wenn jemand von der Rechten spricht, gehen seine oder ihre Worte im Lärm unter.

Die zwischenrufenden MKs hier könnten einen an die stürmischen britischen MPs erinnern, wenn da nicht zwei eklatante Unterschiede wären: In Großbritannien schreien sich beide Seiten an. Und: Die Briten haben Sinn für Humor.

Ich gehe raus, um eine zu rauchen. Anschließend brauche ich einen Kaffee und begebe mich in den Speisesaal der MKs, wo ich MK Ahmad Tibi mutterseelenallein an einem Tisch sitzen sehe. Ganz offensichtlich braucht er meine Gesellschaft.

53. STATION *Das Rechtssystem 2: Darf ein Mitglied der Knesset versuchen, Ihr iPhone zu demolieren?*

MK Ahmad Tibi, ein ehemaliger Gynäkologe, ist einer der bekanntesten Abgeordneten der Knesset. Der Name dieses von den Liberalen bewunderten und den Konservativen zutiefst verhassten arabischen Parlamentariers ist immer wieder in den Medien. Ich habe ein Faible für Gynäkologen und setze mich auf einen Plausch zu ihm, einen Plausch zwischen einem Doktor und einem Deutschen.

Ich bitte ihn, mir zu erklären, was ich gerade gesehen und gehört habe: dass rechte Redner durch Zwischenrufe der Linken am Reden gehindert werden. Ich möchte wissen, warum er und seine Freunde so aggressiv waren.

»Wir stehen auf der Seite der Opfer, deren Land gestohlen wurde, sie stehen auf der Seite der Räuber, die das Land der Palästinenser und der Araber stahlen. Zweitens: Einer von ihnen (den rechten MKs) bezeichnete die arabischen MKs als ›Tiere‹. Das ist ein sehr unparlamentarisches Wort, und er hätte des Ausschusses verwiesen werden müssen, wurde aber nicht einmal gerügt.«

Sie hätten darauf reagieren können, ›Hallo!‹ sagen können. Warum stattdessen dieser Hagel an –

»Wir sind hier im Parlament.«

Wenn Sie von dem Land sprechen, das geraubt wurde, sprechen Sie von dem Land von 1948?

Statt meine Frage nach dem geraubten Land grundsätzlich zu beantworten, spricht MK Ahmad lieber über die Wortwechsel im Ausschuss.

»Als ich mich an MK Kalfa (von der extrem rechten Partei Jüdische Heimat, der unterbrochen wurde) wandte, sprach ich über Gaza. Das wurde 1967 gestohlen und besetzt.«

Aber grundsätzlich, wenn Sie sagen, »wir stehen auf der Seite der Opfer, deren Land gestohlen wurde«, sprechen Sie dann von 1967 oder von 1948?

»Hier spreche ich von 1967, aber als ein innerisraelisches Opfer, ja, leidet die einheimische arabische Minderheit unter der Zwangsenteignung des Landes vom Moment der Gründung Israels im Jahr 1948 an, und diese Gebiete wurden den Arabern weggenommen und an Juden übertragen. Das ist Rassismus.«

Glauben Sie, dass die Juden das Land vor 1967 raubten? Bezeichnen Sie auch 1948 (die Gründung Israels) als einen Raub?

»Es war eine Enteignung von Land von dessen Besitzern, ursprünglichen Besitzern, von arabischen Besitzern. Mindestens 500 Dörfer wurden zerstört und niedergerissen.«

Glauben Sie, dass das israelische Land von vor 1967 legal ist, oder betrachten Sie es als zwangsenteignetes Land?

»Als Mitglied der israelischen Knesset erkenne ich den Staat Israel an, aber ich bin und wehre mich total gegen die Besetzung von 1967 und die rassistische Umgangsweise mit Nichtjuden in Israel. Israel ist ein rassistisches Land!«

Ich versuche, eine klare Antwort von MK Ahmad zu bekommen, der er allerdings ausweicht, und so frage ich noch einmal genauer nach.

Meine Frage ist die: Glauben Sie, dass Israel den Arabern Jaffa, Akko und all diese Städte (von 1948) zurück –

Jetzt wird MK Ahmad Tibi gewalttätig. Er schlägt nach meinem iPhone, mit dem ich dieses Interview aufzeichne, als wolle er es vom Tisch fegen, und sagt wütend: »Sie stellen von Anfang an immer wieder dieselbe Frage. Ich antworte Ihnen, aber Sie insistieren – das ist kein Journalismus! Sie stellen zum vierten Mal dieselbe Frage. Ist das voreingenommen, oder was? Sie wollen mich dazu drängen, etwas zu sagen, das ich nicht sagen will!«

Der Mann rastet aus. Er ist es nicht gewöhnt, von einem Journalisten kritisch hinterfragt zu werden, und war nicht darauf vorbereitet, dass ein Deutscher wie ich darauf bestehen würde, von einem Araber wie ihm Antworten zu bekommen.

Tja, jemand hätte ihm sagen sollen, dass nicht alle Deutschen gleich sind.

Zu meinem Glück hat, nebenbei bemerkt, der gute alte Steve Jobs seine Handys robust genug konstruiert, um wütenden Arabern standzuhalten.

Nur wenige Schritte entfernt sehe ich MK Moshe Feiglin, den Fahnenträger der extremen Rechten, einen Mann, der von den meisten Medien gehasst wird.

Diese beiden MKs, MK Ahmad Tibi und MK Moshe Feiglin, bilden die beiden absoluten Gegenpole in der politischen Landschaft; mit beiden an ein und demselben Tag zu sprechen, könnte einen zu einem psychiatrischen Notfall machen. Für mich aber geht ein Traum in Erfüllung, wenn ich sie beide unmittelbar hintereinander vor dem Mikrofon habe.

Ich stelle Moshe dieselbe Frage, die ich auch Ahmad stellte. Moshe, stellvertretender Sprecher der Knesset und Vorsitzender der Fraktion »Jüdische Führung« innerhalb des Likud-Blocks, beginnt damit, über die Juden zu plaudern, über jene Art Juden, die ihn nicht sprechen lassen wollten.

»Die Juden haben ein Problem.«

Was für eines?

»Man sagt ihnen: Wir verbrennen euch in Auschwitz, wenn ihr in den Zug einsteigt, und sie steigen trotzdem in den Zug ein. Die Juden fliehen vor der Wahrheit.«

Ich halte mein iPhone fest, nur falls MK Moshe ganze Arbeit leisten will, wo MK Ahmad erst einen Anfang gemacht hat, aber MK Moshe ist gar nicht in der Stimmung, irgendetwas zu zerbrechen. Er lädt mich in sein Büro ein, was ich gerne annehme.

Willkommen in Moshe Feiglins Königreich.

Hinter seinem Thron steht die Flagge des Staates Israel. Zu seiner Rechten hängt ein Gemälde von Jerusalems Altstadt, in dem die Al-Aqsa und der Felsendom durch den jüdischen Tempel ersetzt sind. Die Palästinenser glauben nicht, dass die Juden jemals hier waren, Moshe glaubt nicht, dass die Palästinenser es jetzt sind.

Ich versuche mir vorzustellen, wie Ahmad Tibi hier hereinspaziert und das sieht. Was er mit meinem iPhone machen wollte, ist gar nichts gegen das, was er in diesem Zimmer veranstalten würde. Ich würde ihn nur allzu gern hierherlocken, aber leider fällt mir nichts Gescheites ein.

Manche Dinge bleiben besser der Fantasie vorbehalten.

Ich betrachte MK Moshe. MK Moshe sieht aus wie ein gewöhnlicher weißer Intellektueller, nur mit einer Kippa auf dem Kopf. Er schaut mich konzentriert an und spricht leise, wenn auch bestimmt. Der Mann, der jedem israelischen Medienkonsumenten als abscheulich, hässlich und abstoßend bekannt ist, ist in Wirklichkeit alles andere als das.

Wofür steht er, und wie kommt es, dass er so viele Feinde hat? Zeit, das herauszufinden.

Als Erstes bitte ich ihn, mir zu erklären, was ich heute in der Sitzung des Knessetausschusses erleben musste: der ganze Pulk linksgerichteter NGOs und ihr Geschrei, sobald ein rechtsgerichteter Politiker den Mund aufmachte. Ist das normal?

»Im israelischen Parlament ist das normal. Die Linken, die sich lautstark für Demokratie, für eine Kultur des Diskutierens und der fairen Debatte einsetzen, erweisen sich selbst immer als das genaue Gegenteil. Man konnte das heute beobachten, und zwar sehr deutlich: Sobald die Araber und die Linken sprachen, herrschte auf der Gegenseite Stille. Das war sehr respektvoll. Mir fiel es nicht leicht, anzuhören, was sie sagten, ich respektierte aber ihr Recht, zu sagen, was sie denken. Wenn wir aber zu reden begannen, wenn wir an der Reihe waren, dann sahen Sie, was passierte. Nebenbei bemerkt: In Vergleich zu anderen Tagen war es heute eigentlich nicht einmal so schlimm.«

Moment. Wie erklären Sie sich das? Die liberale Welt, die intellektuelle Welt, liebt angeblich Debatten –

»Ich bitte Sie. ›Liberalismus‹ ist lediglich Tarnung. Es ist ein Wort ohne echte Bedeutung. Die Linke steht weder für Liberalismus noch für Kommunismus. Im Gegenteil: Wie ich schon vor langer Zeit herausgefunden habe, rechtfertigen die Linken Gewalt. Liberal sind sie nur, wenn man mit ihnen einer Meinung ist. Wenn Sie Menschen sehen wollen, die zusammensitzen und gegensätzliche Ansichten diskutieren und wo jeder die gleiche Möglichkeit und Freiheit zu sprechen hat, dann müssen Sie in eine charedische Jeschiwa gehen.«

Meinen Sie das im Ernst? Glauben Sie wirklich, dass man mit den Charedim über alles diskutieren kann? Wissen Sie nicht, dass die –

»Ich spreche von den Charedim, die einen Kopf auf ihren Schultern haben. Versuchen Sie's. Sie können alles mit ihnen diskutieren, einschließlich der Frage, ob es Gott gibt oder nicht. Versuchen Sie hingegen einmal, mit einem Linken über die Idee zu diskutieren, dass der Tempelberg den Juden zurückgegeben werden sollte. Versuchen Sie, mit ihnen darüber zu diskutieren, dass die Oslo-Abkommen erwiesenermaßen gescheitert sind. Könnten Sie auch nur Ihren ersten Satz beenden? Nein.«

Wie kommt es, dass fast alle NGOs heute der Linken angehören? Wo sind die rechten NGOs in diesem Land?

»Der Grund ist einfach: Geld. Für eine NGO braucht man Geld, und diejenigen, die die israelischen NGOs unterstützen und unterhalten, sind Ausländer, allen voran Europäer, die nur die Linke unterstützen. Die rechte NGO, die Sie sahen, Regavim, wird nur von Israelis finanziert, nicht von Europäern. Das ist nicht so bei linken NGOs, die nicht nur von Ausländern gefördert werden, sondern auch von ausländischen Regierungen, einschließlich Deutschlands. Es gibt eine unmittelbare Einmischung ausländischer Regierungen in die inneren Angelegenheiten Israels. In den Vereinigten Staaten ist diese Art von Einmischung verboten, hier aber unpassenderweise nicht.«

Was interessiert die Welt an diesem winzigen Land?

»Jetzt berühren Sie die metaphysische Ebene, und ich weiß nicht, ob Sie das wirklich wollen.«

Will ich.

»Schauen Sie: In Israel gibt es im Verhältnis zur Zahl der hier lebenden Menschen mehr Auslandskorrespondenten als in jedem anderen Land der Welt. Es herrscht ein immenses weltweites Interesse an dem, was hier geschieht, das nicht im Verhältnis zur Größe dieses Landes steht.«

Aber warum?

»Die Menschheit erlebt einen moralischen und ethischen Zusammenbruch und wartet und hofft daher auf Führung durch Israel, durch die Juden.«

Ich habe keine Ahnung, wovon er spricht, aber diese Betrachtungsweise ist mir neu, und ich möchte sie mir gerne anhören.

In diesem Moment betritt sein Assistent das Zimmer und bringt zwei Portionen Jogurt. Moshe hat heute noch nichts zu essen gehabt und einen Mordshunger.

Moshe schaut mich an, während er isst. »Sie wollen, dass ich Ihnen intelligente Antworten gebe, nehme ich an, aber von einem Mann mit leerem Magen können Sie keine intelligenten Antworten erwarten.«

Er isst bedächtig, und während er genießerisch seinen Jogurt löffelt, spricht er über Ahmad Tibi, die Liebe seines Lebens, und sagt Dinge, die ich diesen Seiten nicht anvertrauen werde. Als er mit seinem Jogurt fertig ist, bitte ich ihn, mir zu erklären, warum die Ausländer so sehr an diesem Land interessiert sind.

»Man kann nicht verstehen, was in diesem Land geschieht, wenn man die hiesige Landschaft nicht durch die Brille des Glaubens betrachtet.«

Erklären Sie mir das.

»Sie sitzen hier nicht etwa einem menschlichen Lebewesen gegenüber. Ihnen gegenüber sitzt ein Dinosaurier. Stellen Sie sich vor, wie Sie am Morgen, nachdem Sie gefrühstückt haben, den Müll rausbringen. Sie treten vor die Tür und sehen plötzlich einen niedlichen Dinosaurier, der eine hübsche Krawatte trägt. Das wäre seltsam, nicht wahr? Dieser Dinosaurier sollte gar nicht mehr existieren, aber wissen Sie was? Er existiert, vor Ihren eigenen Augen, und er spricht Sie an, der Dinosaurier spricht mit Ihnen, ein Dinosaurier, der schon mit Assyrern und Philistern und vielen anderen zusammengelebt hat, die Sie nur aus alten Geschichtsbüchern kennen. Keiner dieser Stämme ist mehr da, aber ich, der Jude, bin es. Ist das nicht merkwürdig?«

Ich weiß nicht, ob dieser Knessetabgeordnete jemals in einem Museum war und gesehen hat, wie die Besucher auf einen Dinosaurier blicken. Wenn ja, dann hätte er gesehen, dass sie dieses Lebewesen liebevoll betrachten und nicht voller Hass. Will er etwa sagen, dass der Westen Israel liebt?

»Nehmen wir Amerika beispielsweise, um vom Westen zu sprechen. Viele Amerikaner, die, die Amerika aufgebaut haben, hatten einen starken Bezug zu Israel.«

Vor 40, 50 Jahren war Amerika ziemlich antisemitisch. Viele Clubs hatten Schilder an der Eingangstür hängen, auf denen stand: »Keine Schwarzen, keine Juden«.

»Es gibt gemischte Gefühle gegenüber den Juden auf der Welt. Nehmen Sie England. Historisch gab es dort etwas, das ich als Bibelromantik bezeichne. Die Balfour-Deklaration beispielsweise hätte nie aus Deutschland kommen können.«

MK Moshe spricht von dem Brief, den der britische Außenminister Arthur James Balfour im November 1917 an Lord Roth-schild schrieb und in dem es heißt: »Ich bin sehr erfreut, Ihnen im Namen der Regierung Seiner Majestät die folgende Erklärung der Sympathie mit den jüdisch-zionistischen Bestrebungen über-mitteln zu können, die dem Kabinett vorgelegt und gebilligt wor-den ist: Die Regierung Seiner Majestät betrachtet mit Wohlwollen die Errichtung einer nationalen Heimstätte für das jüdische Volk in Palästina.« Diese Erklärung war es, die letztlich zur Staatsgrün-dung Israels im Jahr 1948 führte.

MK Moshe führt nun aus, dass der Westen, motiviert durch sein christliches Erbe, dazu beigetragen hat, Israel zu erschaffen, um »ein Gleichgewicht zwischen Körper und Geist« der Nationen zu finden, in der Hoffnung, dass »das Heilige Buch neu geschrie-ben würde« und dass die schiere Existenz Israels dazu dienen würde, »den Rest der Welt zu erlösen«. MK Moshe zufolge dachte der Westen, Israel würde eine Brücke bilden zwischen »dem Christentum, das an sexuelle Enthaltsamkeit glaubte, und dem Islam, der die Sexualität glorifizierte, wie etwa im islamischen Himmel mit seinen Jungfrauen«. Israel aber habe den Westen enttäuscht. »Hätten wir positiv auf die Hoffnungen reagiert, die die Welt in uns setzte, dann hätte die Welt uns unterstützt.«

Er erinnert mich an den Immobilienmakler Aryeh King. Aryeh behauptet, dass dieses Land Frieden fände, wenn der Dritte Tem-pel gebaut würde. MK Moshe hat ähnliche Vorstellungen, zieht es aber vor, sich ausgerechnet mit den Linken zu verbünden. Wenn Israel lediglich ein weiterer westlicher Staat ist, sagt er mir, dann handelt es sich um eine »Kolonisierung«, wenn man dieses Land auf Kosten der Araber mit Juden bevölkert. Wenn sich Israel von seinen Verpflichtungen gegenüber diesem Land abwendet, die »auf der Zukunft aufbauen und nicht auf der Vergangenheit, dann wird Israel sein Existenzrecht verlieren«.

Während nahezu jeder andere Vertreter der Rechten das jüdi-sche Recht auf dieses Land mit der jüdischen Geschichte hier be-gründen würde, spricht MK Moshe emphatisch von der Zukunft, nicht von der Vergangenheit. Für ihn wurzelt das, was den Juden das Recht gibt, in diesem Land zu sein, in der Zukunft, nicht in der Vergangenheit.

MK Moshe ergänzt: »Auf einer gewissen Ebene verstehe ich die Antisemiten sogar. Nicht, dass ich auch nur die geringste Nachsicht mit ihnen habe, vor allem nicht mit den Deutschen. In Wirklichkeit fällt es mir nicht leicht, dieses Interview für ein deutsches Publikum zu geben. Ich fliege nie nach Deutschland, verwende nie irgendein deutsches Produkt. Verstehen Sie mich nicht falsch. Ich werde auch nie nach Polen reisen. Und nein, ich verschließe die Augen auch nicht vor dem Antisemitismus, den es überall auf der Welt gibt. Aber ich sage sehr wohl: Die Menschheit insgesamt ist nicht total antisemitisch. Es gibt eine Liebe-Hass-Beziehung zwischen Juden und Nichtjuden, und es ist unsere Pflicht, dafür zu sorgen, dass die Liebe gewinnt. Es ist an uns, das zu tun. Wenn wir an unserem Grund und Boden festhalten, keine Territorien aufgeben – und uns daran erinnern, dass sich die meisten biblischen Geschichten im Westjordanland zutrugen –, dann werden wir die Liebe der Welt zu uns vergrößern. Was ist Israel ohne Tempelberg, ohne Jerusalem, ohne Hebron?«

Als ich ihn bitte, seine Gefühle gegenüber Polen und Deutschland zu erläutern, sagt er:

»Der Pole saugt den Antisemitismus mit der Muttermilch auf, sein Antisemitismus ist vulgärster Natur. Mit Deutschland aber ist es eine andere und viel gefährlichere Geschichte. Der Antisemitismus des Deutschen ist die Essenz seiner Kultur. Der Deutsche befindet sich auf einem extrem hohen geistigen Niveau und ist darin dem Juden sehr ähnlich – nur als sein genaues Gegenteil.«

Wenn es prinzipiell Antisemitismus in der Welt gibt, dann ist der Jude daran schuld.

»Als Israel im Sechstagekrieg von 1967 zehntausende ägyptische Soldaten tötet, die Golanhöhen und das Westjordanland einnimmt, was passiert da? Große Liebe zu Israel in Europa! Prüfen Sie nach, was ich Ihnen gerade gesagt habe. Es ist erstaunlich! Wenn die Juden in ihr Land zurückkommen und sich wie die Eigentümer des Lands gebärden, geht der Antisemitismus zurück. Wenn die Juden aber bereit sind, das Herzstück ihres Lands den Arabern zu geben, nimmt der Antisemitismus zu. Auf die Oslo-

Abkommen folgten islamische Selbstmordattentäter. Ohne den Handschlag zwischen Rabin und Arafat stünde das World Trade Center heute noch. Verstehen Sie, was ich Ihnen sage?«

Das tue ich, und jetzt fahre ich nach Tel Aviv, um Jitzchak Rabins Tochter, die frühere Knessetabgeordnete Dalia Rabin, zu treffen.

Ich bitte sie ganz allgemein, »Israel« für mich zu definieren, was sie bereitwillig tut.

»Nicht anders als andere Nationen, wo Menschen wegen eines Parkplatzes getötet werden, nur dass wir ein kleines Land mit einer geographisch und sozial sehr verdichteten Bevölkerung sind, wo jeder jeden kennt. Das ist es meiner Meinung nach, was uns eigentlich anders, einzigartig macht. Israel ist nicht Amerika, wo ein Kind in Atlanta seine Klassenkameraden erschießt und wir nicht wissen, um wen es sich handelt. Hier in Israel will jeder wissen, was Sie gefrühstückt haben. Es gibt noch etwas, das uns einzigartig macht: Wir ›mefarganim‹ nicht. Also, das ist ein so bezeichnendes Wort für uns, dass man es nicht einmal übersetzen kann. (Es wurzelt im jiddischen ›farginen‹, zu Deutsch ›vergönnen‹.) Wenn einer von uns mit irgendetwas Erfolg hat, fangen wir sofort an, über ihn herzuziehen. Wir denken: Wenn Sie gut abschneiden, dann müssen Sie etwas Schreckliches getan haben.«

Warum sind Sie so?

»Ich weiß es nicht. Das liegt in unseren Genen.«

Ehrlich. Erklären Sie mir, warum die Israelis so sind –

»Ich muss darüber nachdenken, ich weiß es wirklich nicht. Tatsache aber ist: Wir lieben nur die Underdogs. Wenn jemand scheitert, dann halten wir ihn für einen wundervollen Menschen.«

Aber warum?

»So sind wir eben. Und noch etwas ist typisch ›israelisch‹: Was immer ich mache, jeder mischt sich ein. Man geht die Straße entlang, und die Leute sagen Dinge wie: Ihre Frisur steht Ihnen nicht. Ihre Augen sehen so aus, Ihr Hintern so. Die Leute hier schleusen sich in Ihren Blutkreislauf ein und halten das für ihren

437

natürlichen Ort. Die Israelis haben dieses Zusammengehörigkeitsgefühl; wir stammen aus einem Volk, einer Familie, und wenn du dich mit jemandem triffst, ist das auch meine Sache. Es gibt hier keine Distanz.«

Da ich in Tel Aviv bin, nutze ich die Gelegenheit, mich um einen der Punkte auf meiner Liste zu kümmern: herauszufinden, wer israelische Dokumentarfilme finanziert.

Der auf Dokumentarfilmer zugeschnittene New Fund for Cinema and TV (NFCT) richtet heute eine Veranstaltung in der Stadt aus, bei der ich mit seinen Mitarbeitern ins Gespräch kommen möchte. Das sind die Leute, die zusammen mit Freunden aus der EU die Dokumentation *Five Broken Cameras* (*Fünf zerstörte Kameras*) finanzierten, die eine gewalttätige israelische Armee in Bilin porträtiert und für einen Oscar nominiert wurde.

Und das ist es, was der zuständige Mitarbeiter mir sagt: »Meine Schätzung: 80 Prozent der israelischen Dokumentarfilme, die politischen Charakter haben, werden von Europäern koproduziert, und wenn ich ›Europäer‹ sage, dann meine ich hauptsächlich die Deutschen, die im Durchschnitt 40 Prozent der Kosten eines Films tragen.«

Die Deutschen mal wieder.

Sie können es einfach nicht lassen, Juden anzuheuern, die sich selbst schlechtmachen.

Brächten deutsche Fernseh- oder Filmproduzenten solche Filme im eigenen Namen heraus, gäbe es einen Riesenaufschrei, und man würde sie – zu Recht – des Antisemitismus bezichtigen. Um diese Hürde zu umgehen, finanzieren gewitzte deutsche Produzenten Juden, damit sie die Drecksarbeit für sie erledigen. Traurig.

54. STATION *Vorhang auf: Journalisten finden sich mit Menschenrechtsaktivisten zu einer inszenierten Demonstration zusammen, bei der Brandsätze fliegen und zur Tötung der Juden aufgerufen wird*

Aus heiterem Himmel erhalte ich eine E-Mail von Lina, Dschibril ar-Radschubs treuer Assistentin. Sie schreibt mir, dass Dschibril mich am kommenden Freitag zu sich einlädt, um den palästinensischen Unabhängigkeitstag mit ihm zu feiern. Es klingt merkwürdig für mich, dass die Palästinenser Ausländer dazu einladen, einen Unabhängigkeitstag mit ihnen zu feiern, da sie nach wie vor jedem Ausländer damit in den Ohren liegen, dass sie keinen Staat haben, auch wenn sie unter sich sehr wohl sagen, dass sie einen Staat haben, aber wenn Dschibril mich einlädt, gehe ich natürlich hin.

Bekannte raten mir davon ab. Dschibril muss inzwischen wissen, wer du bist, argumentieren sie, und seine Einladung ist eine Falle.

Das klingt vernünftig, also beschließe ich, ihren Rat in den Wind zu schlagen.

Am Freitag geht's los. Ich kenne den Ablauf der Feierlichkeiten nicht, die bald beginnen sollen, so wenig wie übrigens Lina. Alles, was ich weiß, ist: Lina wird mich am Grenzübergang Kalandia abholen, von wo aus wir ins Mövenpick-Hotel in Ramallah fahren.

Als ich am Grenzübergang Kalandia eintreffe, sehe ich zwei junge Leute, Weiße, die ganz den Eindruck des klassischen europäischen Menschenrechtstypus machen. Tut mir leid, das zu sagen, weil es so rassistisch ist, aber Menschenrechtler haben diesen Glanz in den Augen, der sie aussehen lässt wie begnadete Idioten. Nein, im Ernst.

Sei's drum. Ich spreche sie an. Ich liebe junge weiße Leute.

Es sind Hannah und Andy aus Norwegen beziehungsweise England, und sie stehen an diesem Grenzübergang, um dafür zu sorgen, dass die Araber von den Israelis nicht schlecht behandelt werden. Sie gehören zur kirchennahen EAPPI, erzählen sie mir, und stehen hier vier Tage die Woche jeweils für viele Stunden. Sie haben kleine mechanische Zähler, mit denen sie jedes Mal klicken, wenn jemand die Grenze passiert. Warum sie wissen müssen, wie viele Araber nach Israel hereinkommen, das weiß vielleicht die Muttergottes, aber nicht ich.

Und wie viele Personen sind es derzeit?

»Die durchschnittliche Zahl von Personen, die nach Israel hereinkommen, liegt heute bei 200 in der Stunde«, sagen sie.

Mit durchgedrücktem Rücken stehen sie da, wie Herrscher, und benehmen sich nach Gutsherrenmanier. Sie sorgen dafür, dass sich die Juden wie Menschen verhalten, sonst werden sie Maßnahmen ergreifen. Wer diese Jugendlichen zu Hütern der Gerechtigkeit ernannt hat, ist mir schleierhaft, doch darf man Europäer grundsätzlich nicht in Frage stellen, ganz gleich welchen Alters. Sie sind die Herren.

Lachen Sie nicht, aber mir kommt gerade in den Sinn, dass Menschenrechtsaktivisten die größten Rassisten überhaupt sind. Ehrlich jetzt, kein Spaß. Der ›normale‹ Rassist kämpft auf seinem eigenen Territorium, das er von all jenen gesäubert sehen möchte, die er hasst. Er ist irregeleitet, und seine Gedanken und Taten sind beklagenswert, aber er hat wenigstens ein eigennütziges Motiv: Er möchte, dass sein Land allein sein Land ist. Kein Ku-Klux-Klan-Mitglied verbringt beispielsweise sein Leben damit, die Türkei von den Türken zu befreien.

Die europäischen NGOler sind anders. Der Jude, den sie bekämpfen, lebt nicht auf ihrem Territorium, sondern tausende von Kilometern entfernt, und doch reisen diese Europäer tausende von Kilometern, um den Juden zu erwischen – wo immer sie ihn finden. Die NGO-Aktivisten verstehen sich als rechtschaffene Leute. Sie sind aber in Wirklichkeit Menschen, die an einem Überlegenheitsgefühl gegenüber anderen kranken, und ihr Judenhass ist unerträglich.

Jedenfalls versuche ich, noch etwas weiter bei diesen liebenswürdigen Jugendlichen nachzuhaken.

Was hat Sie überhaupt ins Heilige Land geführt? War es eine Art religiöse Berufung, eine Offenbarung?

Die Antwort lautet, nun ja, ja und nein.

Andy ist ein Kirchgänger, und dies hier ist Teil seines Gottesdienstes, sagt er mit einem beseelten Lächeln. Israel behandelt die Beduinen schlecht, und er ist hier, um ihnen zu helfen.

Ich sehe keinen einzigen Beduinen hier, aber warum überhaupt nachsehen? Wir sind alle Beduinen.

Der Junge weiß nicht einmal, dass er die Beduinenfrage mit der Palästinenserfrage verwechselt. Was ihn betrifft, gibt es einen Juden da draußen, und er will ihn kriegen.

Fischer lieben Fisch, Europäer lieben Juden, und beide mögen das Objekt ihrer Liebe gut durchgebraten und frittiert.

Hannah ist Agnostikerin, wie sie sagt, hat sich aber den menschenrechtlichen Aktivitäten der Kirche verschrieben und ist so zu EAPPI gekommen. Sie erzählt mir, dass sie einen jüdischen Freund hatte, aber sie trennten sich, und jetzt hilft sie den Arabern.

Warten wir mal ab, was mit den europäischen Mädchen passiert, wenn sie sich von ihren palästinensischen Freunden trennen. Ob sie dann zu chassidischen Jüdinnen mutieren?

Ein bisschen erinnert sie mich an die Deutsche, auf die ich an der Al-Quds-Universität traf. Jene junge Frau half den Palästinensern, weil sie sich »in das jüdische Volk verliebte«.

Wie auch immer, vier Tage die Woche ergeben im Leben unserer herzigen Weißen noch keine Siebentagewoche. Fangen sie mit ihrer kostbaren Zeit auch noch etwas anderes an, als mit ihren Zählern zu zählen?

Ja, tun sie. Wenn sie nicht hier Wache stehen, ziehen sie in arabische Dörfer, verteilen Visitenkarten und sagen den Arabern: Wenn Sie irgendwelche Probleme mit den Israelis haben, rufen Sie uns bitte an.

Wow.

Ich hätte gerne den ganzen Tag mit diesen Jugendlichen zugebracht, aber die »Beduinin« Lina trifft ein, und ich muss mich von den kleinen Rassisten verabschieden.

Die Beduinin und der Deutsche fahren zum Mövenpick.

Wir kommen rechtzeitig zum Frühstück dort an. Ich habe keinen Hunger, gönne mir aber Kaffee und Kuchen. Der Kaffee ist köstlich. Ich kann es kaum erwarten, dass die Feierlichkeiten beginnen!

Mein guter Freund Dschibril ar-Radschub ist hier. Wir umarmen uns. Ich mag den Kerl wirklich. Wieder sage ich ihm, was ich ihm schon einmal gesagt habe: Du solltest der Palästinenserpräsident sein!

»Hätte ich es gewollt«, entgegnet Dschibril, »wäre ich es geworden. Ich will aber nicht. Ich habe Abu Mazen (Mahmud Abbas) zum Präsidenten auserkoren. Mir reicht es, Königsmacher zu sein.«

Dieser Dschibril ist ein interessanter Typ. Langsam dämmert mir, dass er fast ein so guter Agent sein könnte wie ich. Wenn ich mich hier so umsehe, stelle ich fest, dass die Gäste in diesem Mövenpick zumindest heute keine normalen Hotelgäste sind. Ich halte Ausschau nach Menschen mit Koffern und Stadtplänen, dem üblichen Erkennungsmerkmal eines Touristen, kann aber keinen einzigen entdecken. Dieses Mövenpick, registriere ich befremdet, könnte Dschibrils Hauptquartier sein. Jeder, der hier herumwuselt, steht witzigerweise auf die eine oder andere Weise mit »Abu Rami« in Verbindung, wie Dschibril ar-Radschub auch heißt.

Ich bestelle mir eine Cola light. Der Mann an der Bar fragt mich nach meiner Zimmernummer, worauf ich nur antworte: Dschibril ar-Radschub. Der Mann beeilt sich, mir meine Cola zu geben, als ob »Dschibril ar-Radschub« die Zimmernummer einer Suite wäre.

Ich möchte mir dieses Hauptquartier von einem Hotel näher ansehen, aber Lina drängt zum Aufbruch, weil wir nach Jericho fahren. Jericho? Gut, warum nicht. Vielleicht kriege ich endlich die biblische Hure Rahab zu sehen. Eine Hure ist besser als 100 Colas.

Eine gute Minute später erhält Lina die Mitteilung, dass wir nach Nilin fahren und nicht nach Jericho. Weiß der Teufel, wo das ist, aber ich hoffe, dass sie auch da ein Mövenpick haben, ein Mövenpick oder eine Hure.

Als wir das Hotel verlassen, sagt Lina, dass die Busse schon auf uns warten.

Busse? Ich passe durchaus in ein Auto, wofür brauche ich Busse?

Nun, keine Zeit für Fragen. Auf dem Hotelparkplatz stehen ein paar Busse, in die sich haufenweise Leute drängen. Ich spreche einige von ihnen an. Wie sich herausstellt, hat Dschibril im Namen seines Olympischen Komitees Gäste aus dem Ausland eingeladen, eine tolle Zeit in Palästinas Nobelhotels zu verbringen. Das Budget dafür hat er.

Wer sind diese Leute? Mit wem zusammen werde ich den palästinensischen Unabhängigkeitstag feiern? Also, hier hätten wir einen Afrikaner aus Tansania, der in Deutschland studiert hat und gut Deutsch spricht. Als weltläufiger Deutscher unterhalte ich mich natürlich auf Englisch mit ihm. Spielt er Fußball? Nicht wirklich. Er arbeitet für das Außenministerium von Tansania. Und hier ist ein Südafrikaner. Was ist sein Sport? Nun, sein Vater ist Diplomat. Neben ihm sitzt diese Dame aus Mexiko; ihre sportliche Spezialität besteht darin, dass sie einer linken Partei in ihrem Heimatland angehört. Und dann gibt es noch andere, die üblichen Verdächtigen: Europäer. Keiner dieser Menschen hier ist ein Sportler, aber was soll's?

Lina und ich steigen in einen der Busse, dann setzen wir uns in Bewegung, ein Bus nach dem anderen.

»Abu Ali«, sagt Lina nach etwa zehn Minuten Fahrt, »wir fahren nicht nach Nilin, sondern nach Bilin.«

Bilin. Ist das dasselbe Bilin wie in Yoavs Film, mit diesem Jonathan Shapira und dem Tränengas? Der Ort, von dem auch der Film *Five Broken Cameras* handelt? Der Ort, den Uri Avnery auf seiner Geburtstagsfeier im Großformat zeigte?

Ja, genau der.

Nachdem ich Yoavs Film gesehen hatte, hatte ich mir die »Bilin-Proteste« anschauen wollen, jene wöchentlichen Demonstrationen gegen die Trennmauer in Bilin. Ich versuchte mich über sie zu informieren, auch darüber, wie man dort hinkommt, als ich auf einen Artikel aus der *New York Times* vom Juni 2011 stieß, in dem es hieß, die Mauer sei verlegt und die wöchentlichen Demonstrationen seien eingestellt worden.

Was gibt es in Bilin? frage ich Lina.

»Protest.«

Proteste? Sind wir nicht alle auf dem Weg zu einer Party aus
Anlass des Unabhängigkeitstags?

Sekunden später fällt bei mir der Groschen. Das *ist* die Party.

Die *New York Times* mag ja vor zwei Jahren beschlossen haben, dass die Demonstrationen in Bilin eingestellt wurden, nur
lesen die hiesigen Demonstranten offensichtlich die *NYT* nicht.

In unserem Bus herrscht entschieden Feierlaune. Ein palästinensischer Partygast, der sich uns angeschlossen hat, fragt mich,
woher ich komme. Ich, Abu Ali, komme aus Deutschland, antworte ich ihm. Und wie üblich schließt er mich sofort ins Herz.
»Hitler hätte uns beibringen sollen, was man mit den Juden
macht, wie man gründlich ist«, verkündet er mir leidenschaftlich.
Ich bin die Verweise auf Hitler gewöhnt, die ich praktisch jedes
Mal zu hören bekomme, wenn ich einem Palästinenser sage, dass
ich Deutscher bin. Er hat aber einen neuen Weg gefunden, den
Zusammenhang zwischen Hitler und Deutschland zu formulieren: Hitler als Lehrer.

Die Landschaften, die sich uns auf unserer Fahrt darbieten,
sind atemberaubend: Straßen, die sich an Hügel schmiegen,
wunderschöne Häuser aus weißem Naturstein, von grünlichbräunlichen Olivenbäumen umstanden, eine beindruckend fantasievolle Architektur. Wie vielfältig ist dieses Land, wie schön sind
seine Hügel, wie herrlich ist sein Sand! Ich wünschte, die Fahrt
würde nie enden, aber als jeder von uns eine palästinensische
Flagge in die Hand gedrückt bekommt, weiß ich, dass sie bald
enden wird. Wofür die Flaggen? Nun, wir sollen mit einer Palästinafahne über die kargen Hügel von Bilin stapfen, damit alle uns
sehen können.

Ich habe noch nie in meinem Leben eine Flagge irgendeines
Landes getragen. Aber irgendwann muss man ja mal einen Anfang machen.

Unsere Busse halten an, wir steigen aus; weitere Autos und

Vans treffen in Bilin ein und entladen ihre Passagiere. Unter ihnen sehe ich viele Weiße: »Kriegsveteranen« aus den USA, Franzosen, Iren und, natürlich, norwegische und deutsche NGO-Engel. Gott segne den Westen. Manche dieser Weißen kombinieren Hermès-Kleidung mit palästinensischen Accessoires wie etwa einer Kufija (Palästinensertuch), die sie mit besonderer Liebe tragen.

Werde ich es noch erleben, dass europäische Menschenrechtsaktivisten chassidische Kleidung tragen und auch noch stolz wie Bolle darauf sind? Wäre echt cool, einen norwegischen Aktivisten mit Schtreimel und Zizit und einen deutschen Aktivisten mit dieser ganz speziellen Me'a-Sche'arim-Uniform der auserwählten Goldenen zu sehen. Wahrscheinlich werde ich aber eher Al-Buraq reiten, als dass meine Augen europäische Aktivisten mit solchen Schtreimels erblicken.

Langsam aber sicher zeichnet sich hier ein Schauspiel ab, und die verschiedenen Akteure gehen auf ihre Positionen. Die ersten sind die europäischen und arabischen Nachrichtenjournalisten. Mit großen Kameras, kleinen Mikrofonen und weiterer Ausrüstung nehmen sie ihren Platz auf der ›Bühne‹ ein. Eines der hier vertretenen Medien erkenne ich sofort, nämlich die britischen

Sky News. Ich dachte immer, dass die Nachricht auf das Ereignis folgt, es scheint aber doch andersherum zu sein. Wie ich hier sehen kann, sind die Journalisten in Wirklichkeit die entscheidenden Akteure, und erst nachdem sie ihre Position bezogen haben, tun es die anderen auch. »Fernsehproduktion« bekommt hier eine lustige neue Bedeutung.

Direkt neben mir verkaufen Kinder interessante Artikel, etwa Atemschutzmasken.

Wie bitte?

Ja. Die Atemschutzmaske, erklärt mir einer der Kleinen, der mich davon überzeugen will, ihm meine Schekel zu überlassen, schützt mich vor den Gaskanistern, die die Juden bald in unsere Richtung werfen werden.

»Protest«, lerne ich, ist hier ein Geschäft. Um mich herum verkaufen die Dorfbewohner aus Bilin diverse Artikel: Atemschutzmasken, Kufijas, weitere Flaggen, Zwiebeln gegen Tränengas und andere tolle Sachen.

Jeder einzelne hier, wird mir nach und nach klar, hat seine Rolle in der Vorführung zu spielen. Mit anderen Worten: Jeder hier ist ein »Akteur«. Und alles vollzieht sich in Phasen: Die Journalisten beziehen Posten, die Kinder verkaufen ihren Krimskrams, und nun begibt sich auch der Chor an seinen Platz, eine Gruppe von älteren Betern. Diese letzte Gruppe nimmt ihre Position auf Gebetsmatten ein, die noch vor unserer Ankunft unter einem Baum ausgelegt wurden.

Die Bühne ist der nackte Erdboden, eine enorme Bühne.

Nicht uninteressant.

Und das ist die Raumaufteilung: Die Journalisten stehen mit ihren großen »Presse«-Westen in erster Reihe, neben ihnen bauen sich die »Schabab«, die arabischen Jugendlichen, auf, und hinter ihnen sammeln sich die Touristen und der Chor. Der betende Chor, allesamt Araber, befindet sich unter dem Baum, die Touristen zu seiner Rechten.

Nun beginnt das Vorspiel zu diesem Stück. Die Touristen machen Fotos von sich selbst und von einander, inklusive Flaggen und Kufijas, während die Araber der Freitagspredigt eines Imams lauschen. Der Imam hält ein Mikrofon in der Hand, das mit großen Lautsprecherboxen auf einem Transporter verbunden ist, und ruft: »Dies ist unser Land, ein heiliges Land, das einzig und allein arabischen Muslimen gehört. Niemand sonst soll hier sein. Dies ist arabisches Land. Dies ist muslimisches Land. Dies ist das Land des Propheten!«

Gut, diesen Soundeffekt zu haben, eine gute Show braucht einen guten Sound.

Zur Rechten halten linke Weiße genau in dem Moment große Spruchbänder gegen den jüdischen Rassismus hoch, in dem der Imam saftige rassistische Köstlichkeiten auf Arabisch herausschreit.

Die beiden Gruppen, die betenden Araber und die in Kufijas gewandeten Ausländer, ergeben eine wirklich interessante Kombination.

Das Vorspiel geht weiter. Die arabischen Gebetschoristen bleiben, wo sie sind, während sich die Ausländer in Bewegung setzen. Die meisten von ihnen sind jung, es gibt aber auch ein paar ziemlich Alte, denen das unebene Hügelgelände zu schaffen macht. Einer von ihnen manövriert sich in einem Rollstuhl zwischen Steinen hindurch und bietet somit ein bewegendes Schauspiel des Trotzes gegen die furchtbaren Juden, die unten an einem der nahe gelegenen Hügel stehen.

Ja, es sind Juden hier. Soldaten. Zehn etwa.

Die Journalisten machen den letzten Ton- und Lichtcheck. Gleich kann es heißen: Vorhang auf.

Zeit für Szene 1.

Mit meiner palästinensischen Flagge gehe ich näher an die Soldaten heran, um bessere Sicht zu haben.

Vorhang auf.

Die Jugendlichen, Schabab, beginnen mit ihrer Zwillenshow und schleudern so viele Steine auf die Soldaten, wie sie nur können.

Nichts passiert.

Nun werden schwerere Steine auf die Soldaten geworfen, diesmal in der ältesten und einfachsten Form, Steine zu werfen: Die Schabab heben möglichst große vom Boden auf und werfen sie auf die Soldaten.

Noch immer keine Reaktion von den Juden.

Szene 2, Akt 1:

Die Schabab werfen Brandbomben auf die Soldaten.

Ein Soldat schießt Tränengas in die Luft. Ich vermute, es handelt sich um einen Warnschuss.

Szene 2 ist zu Ende, gleich beginnt Szene 3.

Die Fernsehkameras laufen.

Die Schabab schleudern und werfen weiter, die IDF-Soldaten antworten mit einem Sperrfeuer von Tränengas.

Und ich Dummerchen, warum habe ich daran nicht gedacht, kriege die erste Ladung ab.

Ich mache mich schnell vom Acker, bin aber inmitten des Sperrfeuers. Ich atme schwerer und schwerer, meine Augen sind tränenüberströmt. Ich habe nie darüber nachgedacht, ich Dummerchen, aber es hat seinen Grund, warum das Ganze Tränengas heißt.

Rechts vor mir steht ein palästinensischer Krankenwagen, der Palästina vom Schweizer Volk gestiftet wurde, diesem auf dem ganzen Planeten für seine Neutralität bekannten Volk. Ich steige

in den Krankenwagen und spüre, wie es mir hochkommt. Ich kotze die Schweizer Ambulanz von oben bis unten voll. Zum Glück ist das nicht Al-Quds hier, sonst würde mich die Awaqf wegen Blasphemie erschießen.

Ich muss an den Krankenwagen in Zfat denken, der von amerikanischen Juden gestiftet wurde und dabei hilft, syrische Bürgerkriegsverletzte zu retten, während dieser Krankenwagen, ein Geschenk der Schweiz, dabei hilft, auf Israelis zu schießen.

Jedenfalls bekomme ich ein Stück alkoholgetränkten Stoffs, das ich mir unter die Nase halten soll. Was für ein Wunderheiler dieser Alkohol doch ist. Binnen Sekunden sind die Folgen des Tränengases verflogen. Das Team dieses Krankenwagens kümmert sich liebevoll um naive europäische Idioten wie mich. Natürlich bin ich den Sanitätern wirklich dankbar dafür, dass sie mir beigesprungen sind, und steige bald wieder aus.

Ich komme an den betenden Akteuren vorbei, die dem Tumult fernbleiben, und begreife, wie gescheit sie sind. Warum sollten sie etwas abbekommen? Sollen doch die Ausländer die Rübe hinhalten, ist doch das Beste für die Sache! Und tatsächlich klappt das ganze wie am Schnürchen. Der in Deutschland ausgebildete Mitarbeiter des tansanischen Außenministeriums sagt: »Wenn man die Juden kritisiert, sagen sie, dass man ein Antisemit ist, jetzt aber sehe ich, dass es stimmt, was man über die Juden sagt!«

Ich bin nicht sicher, in welchem Akt und welcher Szene wir gerade sind. Ich habe im Krankenwagen den Überblick verloren. Da aber der Austausch zwischen Steinen, Brandbomben und Tränengas aus immer größeren Mengen an fliegenden Objekten auf beiden Seiten besteht, nehme ich an, dass wir den Höhepunkt der Vorführung erreicht haben. Wir sind wahrscheinlich irgendwo im 3. Akt.

Ich setze mich zu den Arabern, abseits von den Touristen und der Schabab, und spreche ein paar Worte mit Dschibril. »Hitler könnte von ihnen lernen«, sagt er und meint die Juden. Ich habe diesen Spruch schon von ihm gehört, hier aber ist er von besonderem Gewicht.

Nun ist fröhliche, immer lauter werdende Musik aus den beweglichen Lautsprechern zu vernehmen, und die Feuershow verwandelt sich in ein Musical.

Linas Tochter ist am Telefon. »Warum hast du mir nicht gesagt, dass du nach Bilin fährst?«, fragt sie ihre Mutter. »Ich wäre so gerne dabei gewesen!« Das ist aber mal lustig! Auf der einen Seite beschweren sich die Palästinenser, dass die IDF sie mit Tränengas beschießt, auf der anderen sind sie traurig, wenn sie ihr Tränengas verpassen.

Für einen kurzen Moment pausiert die Musik. Wir sind wahrscheinlich immer noch in Akt 3.

»Allah ist mit euch. Tötet sie!« ist nun aus den Lautsprechern zu hören, so laut, dass Rahab davon wieder zum Leben erwacht wäre, fände dieses Theater in Jericho statt.

Immer und immer wieder wiederholen es die auf die Schahab gerichteten Lautsprecher: »Allah ist mit euch. Tötet sie! Allah ist mit euch. Tötet sie! Allah ist mit euch. Tötet sie! Allah ist mit euch. Tötet sie!«

»Euch« sind die Araber, »sie« die Juden.

Allahu Akbar.

Ich zünde mir eine Zigarette an. Dann noch eine. Und noch eine.

Einer der betenden Araber, die da so reizend unter einem Baum sitzen, drängt mich, zu den Ausländern zu rennen und

Steine auf die Juden zu schmeißen. Ich erwidere ihm, was ich vor langer Zeit von Israels Charedim gelernt habe: Gebete sind stärker als Raketen. Dumm bin ich nicht. Ich bin Abu Ali.

3. Akt, 4. Szene.

Sky News zieht sich aus dem Geschehen zurück.

3. Akt, 5. Szene.

Nach und nach blasen auch die anderen Journalisten und Kamerateams zum Abmarsch.

Five Broken Cameras, der oscarnominierte Film über die Proteste in Bilin, »zeigt das Leben in einem palästinensischen Dorf«, schreibt die *New York Times* in einer verklärenden Rezension des Films. Wenn man in New York sitzt und sich diesen Dokumentarfilm ansieht, mag man vielleicht glauben, dass er die Wirklichkeit zeigt. Wenn man aber in Bilin ist und Arabisch versteht, weiß man es besser. »Die Bilin-Proteste« sind ein einziges Schauspiel, ein verabscheuungswürdiges Schauspiel von »Allah ist mit euch. Tötet sie!«. Ich persönlich glaube weder an »Tod den Arabern« noch an »Tod den Juden«, auch wenn die zweite Variante für einen Oscar nominiert wurde.

Es ist Zeit, nach Hause zu meinen Katzen zu gehen und diese betenden Juden, Shlomo-Sand-Juden, sich selbst zu überlassen.

Was für ein wundervoller Unabhängigkeitstag.

Unser Bus bringt uns zurück zum Mövenpick-Hotel, und ich verabschiede mich von Dschibril. Mir ist bewusst, dass dies unsere letzte Begegnung sein dürfte. Er muss eines Tages herausfinden, dass ich nicht der Arier bin, für den er mich hält, und an diesem Tag wird es mit unserer kurzen Freundschaft endgültig vorbei sein. Trotzdem mag ich ihn, und zu wissen, dass ich diesen Mann nicht mehr drücken werde, tut mir weh. Ich werde ihn vermissen, diesen Mann voller Stolz und Charisma. Er bestellt einen Wagen, der mich zurück nach Jerusalem bringt, und wir gehen auseinander. Auf dem Weg nach Jerusalem halte ich kurz an einem palästinensischen Lebensmittelladen, um mir ein gutes palästinensisches Olivenöl zu kaufen. Im Auto studiere ich das Etikett und entdecke den folgenden Hinweis: Dieses Produkt wurde nicht von den Besatzern hergestellt.

Zurück in der Stadt, steige ich in Jerusalems einzige Straßenbahn, die von den jüdischen Vierteln im Westen durch das Herz der Stadt bis in die arabischen Viertel im Osten fährt. An jeder Haltestelle gibt es Durchsagen in drei Sprachen: Hebräisch, Arabisch und Englisch. Diese drei Sprachen leben, o Wunder, in dieser Tram in völliger Harmonie zusammen. Das rührt mich zutiefst.

Es gibt noch ein Wunder, auf das ich jetzt plötzlich aufmerksam werde, nachdem ich schon Monate hier bin: Hebräisch. Millionen Menschen sprechen von der Wiederauferstehung Jesu, fast niemand aber achtet auf die andere Wiederauferstehung, die Wiederauferstehung der hebräischen Sprache. So viele hier sprechen Hebräisch, Juden wie Nichtjuden, eine Sprache, die praktisch vor 2000 Jahren ausgestorben ist.

Die Straßenbahn ist brechend voll mit Arabern, Juden und Touristen, die alle aufeinanderhocken. Ich mag dieses Sardinenbüchsengefühl: Wenn wir gegeneinandergedrückt werden, ob sanft oder massiv, registrieren und fühlen wir, dass wir alle aus demselben Material gemacht sind: aus Fleisch, Blut und Nerven.

Diese Straßenbahn sollte der Traum, das Symbol eines jeden sein, dem ernsthaft an Menschenrechten gelegen ist, da dieses kleine Wunder auf Schienen Menschen auf die denkbar menschlichste Weise zusammenbringt. Aber nein, die Menschenrechtsfans sind absolut gegen diese Bahn. Der UN-Menschenrechtsrat stellt in einer Resolution, die mit 46 zu 1 (USA) Stimmen angenommen wurde, fest: »In Anbetracht der Tatsache, dass Israel Vertragspartei des Vierten Genfer Abkommens ist [...], drückt [der Menschenrechtsrat] seine tiefe Besorgnis [über] die israelische Entscheidung aus, eine Straßenbahn zwischen Westjerusalem und der israelischen Siedlung Pisgat Zeev zu bauen und zu betreiben, was eine klare Verletzung des Völkerrechts und maßgeblicher UN-Resolutionen darstellt.«

Auf welche Weise genau steht das Vierte Genfer Abkommen im Widerspruch zu einer Straßenbahn? Das Internationale Komitee vom Roten Kreuz, das sich als »Hüter des humanitären Völkerrechts« versteht und alle vier Genfer Abkommen verfasst hat, ist eine Organisation, die ich besser kennenlernen sollte. Sie ist

»die einflussreichste NGO«, wie Oberstleutnant S. seinerzeit zu mir sagte, und das Wort ›einflussreich‹ gefällt mir.

Ich steige aus der Straßenbahn aus und spaziere zu meinen streunenden Katzen.

55. STATION *Das Ende. Das Rote Kreuz gegen den jüdischen Staat: Wie weiße Vans mit kleinen roten Kreuzen auf einem Kreuzzug dieses Land durchkreuzen, um alle seine Juden zu vertreiben*

Ein neuer Morgen, und ich finde mich in der Niederlassung des Internationalen Komitees vom Roten Kreuz in Scheich Dscharrah, Jerusalem, ein. Das IKRK hat auch ein Büro in Tel Aviv, aber »nur aus politischen Gründen, um zu demonstrieren, dass wir die israelische Souveränität über Jerusalem nicht anerkennen«, wie mir einer seiner Vertreter sagt.

Scheich Dscharrah. Ich kenne dieses Viertel noch aus der Zeit, als ich in Jerusalem lebte, und habe auch lange danach immer wieder von ihm gehört.

Scheich Dscharrah ist ein Stadtteil Ostjerusalems unmittelbar an der Grenze von 1967, die Jerusalem damals zweiteilte. Auch nach der Übernahme Ostjerusalems durch Israel im Krieg von 1967 blieb Scheich Dscharrah jahrelang rein arabisch. Doch vor etlichen Jahren erhob eine israelische Organisation der sephardischen Gemeinschaft Besitzanspruch auf 17 Immobilien in diesem Viertel und legte Eigentumsdokumente vor, die bis in die osmanische Zeit zurückreichten. Ihr Besitzanspruch wurde vor verschiedenen israelischen Gerichten angefochten, ein Prozess, der sich über Jahre hinzog, an dessen Ende aber 2009 eine Entscheidung des Obersten Gerichtshofs stand, der den Besitzanspruch bestätigte. Juden zogen in drei Häuser ein, was zu internationalen Verurteilungen und wöchentlichen Demonstrationen von Arabern und linken Juden führte. Die Völkergemeinschaft und die

Demonstranten verlangten, dass es Juden verboten werden sollte, irgendwo in Scheich Dscharrah zu leben. Warum sich die Völkergemeinschaft mit drei kleinen Häusern abgab, ist eine Frage, die bei Franz Kafka in besseren Händen gewesen wäre als bei mir.

Ein leitender Angestellter der Organisation begrüßt mich, und wir gehen zu einem Van, der uns nach Dschenin bringen wird, wo das IKRK seit 1975 aktiv ist.

Während der Fahrt erzählt der Mann:

»Wenn sie (die Israelis) Häuser zerstören, kommen wir mit dem PRH (Palästinensischen Roten Halbmond) zusammen und versorgen die Menschen, die gerade ihre Heimstätte verloren haben, mit Hygienesets und Zelten. Für alle Häuser in Scheich Dscharrah (außer den drei oben erwähnten) gibt es Räumungsbefehle, und Israel wird dort Siedler einziehen lassen.«

Ich kenne den Mann nicht, höre aber am Klang seiner Stimme, dass er Juden nicht mag. Gott sei Dank bin ich Deutscher.

»Sie (Israel) werden Ihr Haus abreißen, wenn Sie keinen Eigentumsnachweis erbringen können. Das aber ist sehr schwierig, weil die Originaldokumente bei den Osmanen, bei den Briten oder sogar bei den Israelis eingereicht worden sein können und jetzt irgendwo in irgendeinem Safe liegen. Wenn Sie Ihren Besitzanspruch nicht für die letzten 30 Jahre dokumentieren können, dann werden sie Sie hinauswerfen. Das ist noch nicht alles: Wenn Sie einen Balkon an Ihrem Haus anbringen, werden sie Sie zwangsräumen und Ihr Haus abreißen.«

Das ist wirklich übel. Wie viele Häuser wurden bisher in Scheich Dscharrah abgerissen?

Er gibt sich Mühe, sie alle im Kopf zusammenzuzählen, und kommt am Ende seiner Berechnungen zu einem exakten Ergebnis: keines.

Einer von uns beiden muss einen Schuss Brandy zu viel gehabt haben. Ich hoffe, nicht er, denn er sitzt am Steuer.

Wir gleiten durch bezaubernde Landschaften, die mein Herz höherschlagen lassen, während mein neuer Freund mich mit weiteren Informationen versorgt: »Um zu einem vollen Mitglied des IKRK zu werden, muss Israel all seine Rettungsstationen aus den umstrittenen Gebieten abziehen.«

Und was passiert, wenn jemand in den umstrittenen Gebieten plötzlich erkrankt?

»In Notfällen müsste Israel den Zutritt zu diesen Gebieten mit uns koordinieren.«

Mit anderen Worten: Wenn ein jüdischer Siedler auf irgendeinem Berg im Westjordanland einen Herzinfarkt erleidet, wird er warten müssen, bis das IKRK es genehmigt, dass ein israelisches Rettungsfahrzeug aus, sagen wir, Tel Aviv zu ihm kommt.

Schweizer Neutralität.

Mein neuer Freund fährt fort:

»Israel darf auch sein Emblem, den Davidstern, nicht außerhalb seines Landes verwenden, weil es sich bei ihm um ein religiöses Symbol handelt, es ist ein jüdisches Zeichen.«

Ist nicht der Halbmond, den der PRH verwendet, ein islamisches Symbol?

»Ja, das stimmt.«

Verwendet nicht der PRH dieses Emblem?

»Ja.«

Und der Halbmond kann überall eingesetzt werden?

»Ja.«

Erklären Sie mir das, ist nicht das IKRK gegen die Verwendung religiöser Symbole?

»Nein, dieser Fall ist anders.«

Inwiefern?

Er kann es mir nicht erklären, obwohl die Erklärung doch auf der Hand liegt: Islam beginnt mit einem ›I‹ und Judentum mit einem ›J‹.

Vor etlichen Jahren nahm ich in New York an einer Veranstaltung mit der damaligen US-Senatorin Hillary Rodham Clinton und jüdischen Gemeindevorstehern aus New York teil, auf der sie ihre Zufriedenheit über die Vollmitgliedschaft des Roten Davidsterns im IKRK ausdrückte. Damals hielt ich das Ganze für einen der üblichen Versuche einer New Yorker Politikerin, sich den Juden in ihrem Staat anzudienen. Jetzt aber, wo ich in diesem IKRK-Van mitfahre, macht mich die Frage der IKRK-Mitgliedschaft neugierig. Ich notiere mir, dass ich ihr nachgehen will.

455

Ansonsten unterhalten wir uns auf der Fahrt über das Vierte Genfer Abkommen und andere so heikle wie fröhliche Themen.

Wie die anderen Genfer Abkommen war auch das Vierte Genfer Abkommen das geistige Kind und die Schöpfung des IKRK im Jahr 1949; es ist zu einem Bestandteil des Völkerrechts geworden. Hier, in diesem Teil der Welt, diktiert es, was Israel in den 1967 von ihm eroberten Gebieten tun und was es nicht tun darf. Das IKRK, sagt der Mann mir, ist der »Hüter des humanitären Völkerrechts«. Die Entscheidungen des IKRK, die zwar rechtlich nicht bindend sind, werden dennoch in der Regel zu einem festen Bestandteil dessen, was als »Völkerrecht« oder »internationales Recht« bekannt ist. Interessanterweise erzählt mir mein neuer Freund, dass das IKRK auch Gaza, aus dem sich Israel 2005 zurückgezogen hat, immer noch als ein besetztes Gebiet betrachtet. Das heißt natürlich, dass Israel für Gaza und seine Einwohner verantwortlich ist. Wenn Sie in Gaza leben und fünf Jahre lang Musik studieren möchten, wie Nadia, dann muss Israel die Rechnung dafür übernehmen.

Israel ist aus Gaza abgezogen, warum ist es immer noch besetzt?

»Weil Israel seine Grenze zu Gaza geschlossen hat.«

Syrien hat seine Grenze zu Israel geschlossen. Hat Syrien, rechtlich gesprochen, Israel besetzt?

»Das ist etwas anderes.«

Warum?

»Israel verhindert den Zugang zu Gaza durch internationales Gewässer.«

Was ist der Unterschied zwischen Gewässern und trockenem Land?

Mein Mann kriegt Kopfschmerzen von mir und hat keine Idee, wie er mit mir umgehen soll.

Hat das IKRK auch Tibet und Zypern, um nur zwei Beispiele zu nennen, zu »besetzten Gebieten« erklärt?

»Da muss ich mich erst schlau machen. Kontaktieren Sie mich morgen.«

Werde ich.

Es ergibt sich einfach so, dass ich mit jedem neuen Berg, auf den wir zufahren, etwas Neues über das IKRK lerne. Zum Beispiel: Um in den Vorstand des IKRK zu kommen, muss man Schweizer sein, sonst kann man es vergessen. Auch sind die Vorstandssitzungen des IKRK, in denen Entscheidungen von erheblicher Tragweite getroffen werden, Privatangelegenheiten der Vorstandsmitglieder; die Protokolle dieser Sitzungen werden nicht öffentlich gemacht.

»Ich könnte mich da aber auch irren. Setzen Sie's auf die Fragenliste«, sagt er mir.

Mache ich.

Gibt es ein Aufsichtsgremium, das die Entscheidungen des Vorstands kontrolliert und prüft?

Nun, nicht wirklich. In den Ländern der Demokratie und des internationalen Rechts, in denen die gegenseitige Kontrolle zum festen Bestandteil des Systems gehören muss, gibt es Ausnahmen. Auf der höchsten Ebene entscheidungsberechtigter Gremien im Herzen demokratischer Gesellschaften herrschen die Diktatoren uneingeschränkt.

Wir fahren durch immer hinreißendere Landschaften, in denen sich kein Jude blicken lässt, bis wir das Flüchtlingslager Dschenin erreichen, das im Großraum der Stadt Dschenin liegt. Das Lager wird in erster Linie vom Hilfswerk der Vereinten Nationen für Palästina-Flüchtlinge im Nahen Osten (UNRWA) unterstützt, lerne ich, dem wiederum das IKRK assistiert.

Israel hat vor langer Zeit all seine Soldaten aus Dschenin abgezogen. Warum behält man ein Flüchtlingslager, jetzt, wo die palästinensische Regierung das Gebiet kontrolliert?

Ein alter Mann, ein Lagerbewohner, antwortet:

»Weil wir dahin zurückgehen wollen, wo wir herkamen!«

Und das wäre?

»Haifa.«

Wurden Sie in Haifa geboren?

»Nein, ich wurde hier geboren. Aber meine Heimat ist Haifa, das von terroristischen Zionisten erobert wurde.«

Haifa liegt innerhalb der Grenzen Israels von 1948. Ohne Haifa können wir Israel vergessen. Ist es das, was dieser Mann will?

Selbstverständlich.

Ich hätte MK Ahmad Tibi mitnehmen sollen. Würde mich interessieren, ob er auch dem Handy dieses Mannes irgendetwas anhaben wollte.

Statt MK Ahmad kommt ein Kind vorbei.

»Woher stammst du?« fragt der ältere Mann.

»Aus Dschenin.«

»Nein! Woher *stammst* du?«

»Aus Haifa!«

Das ist eine kranke Veranstaltung, die großzügig von den Vereinten Nationen finanziert wird. Die UN- und die IKRK-Mitarbeiter hier, Palästinenser wie Europäer, nicken jedes Mal zustimmend, wenn »Haifa« genannt wird, was allem und jedem widerspricht, das diese Organisationen öffentlich sagen. Ich ziehe es aber vor, dieses Fass jetzt nicht aufzumachen. Vielmehr frage ich den alten Mann: Glauben Sie, dass Sie dorthin zurückkehren, nach Haifa?

»So sehr, wie ich an Allah glaube!«

Weitere Leute kommen herbei, auch einige einheimische IKRK-Mitarbeiter, und wir unterhalten uns. Eine Gruppe von Männern aus Dschenin, jungen wie alten, erzählt mir, dass sie »Flüchtlinge aus Haifa« sind. Gut zu wissen.

Vor dem UNRWA-Gebäude im Flüchtlingslager sitzt eine einheimische IKRK-Mitarbeiterin, die mir erklärt, was das IKRK in Dschenin macht.

»Wir unterstützen die UNRWA-Aktivitäten in ihrem Gemeinschaftszentrum im Flüchtlingslager Dschenin. Heute streichen wir das Zentrum und seine Außenwände, außerdem versorgen wir die Jugendlichen mit Fußballtrikots, Bällen und was sie sonst noch zum Kicken brauchen. Grundsätzlich sagen wir den Leuten hier, wer wir sind und was wir machen, etwa die Zivilbevölkerung gegen Verletzungen des Völkerrechts durch die Israelis verteidigen. Wir sagen ihnen, um Ihnen ein Beispiel zu geben, dass, wenn einer von ihnen an einem Kontrollpunkt geschlagen wurde, er uns den Vorfall melden soll. Wir sagen ihnen auch, dass sie zu uns kommen sollen, wenn sie von den israelischen Truppen verletzt wurden.«

Oberstleutnant S., der mir verriet, dass das IKRK nichts an die Presse gibt, hat recht, aber nur zum Teil. Das IKRK rennt zu den Haifa-Flüchtlingen und stachelt sie gegen die »israelischen Truppen« auf. Das IKRK sagt ihnen nicht, dass Haifa nach dem »Völkerrecht« den »israelischen Truppen« gehört. Nein. Was sie hier lernen, ist, dass sie wachsam gegenüber den Truppen sein sollen wie das mit einem Videorekorder bewehrte Paar im jüdischen Teil Hebrons, wo Kinder Steine auf jüdische Mädchen warfen. Versuchen die »Truppen«, solches Steinewerfen zu unterbinden, dann nehmen sie sie auf und wenden sich an die guten Seelen des IKRK. Hinzu kommt: Ja, das IKRK gibt nichts an die Presse. Stattdessen organisieren sie lieber Veranstaltungen für die Presse wie die ›Veranstaltung‹, die sie gerade für mich organisieren.

Wie üblich erweisen sich die Juden als denkbar naive Geschöpfe.

Presse oder nicht, die Frage, die sich mir stellt, ist folgende: Beschützt das IKRK die Palästinenser oder stachelt es sie auf? Und was sind das genau für »UNRWA-Aktivitäten«, die das IKRK unterstützt? Soweit ich das sehen kann, sind die beiden hier im Übrigen so aufeinander eingespielt wie zwei siamesische Zwillinge.

UNRWA. Sie unterhalten Schulen für diese Haifa-Flüchtlinge, aber was unterrichten sie in diesen Schulen?

Das UNRWA-Gemeinschaftszentrum könnte vielleicht einen Hinweis liefern.

Ich betrete den Hauptsaal des UNRWA-Zentrums, der gerade vom IKRK frisch gestrichen wurde. Am Eingang befindet sich eine Tafel mit seinem Namen: Saal der Märtyrer. Ich gehe ein paar Schritte weiter und sehe einen weiteren Saal, wieder einen der Märtyrer. »Märtyrer« steht in der palästinensischen Kultur für Personen, die bei Kämpfen mit israelischen Soldaten ums Leben kamen, oder für Personen, die jüdische Zivilisten etwa durch Selbstmordattentate töteten. Ich gehe weiter zur Bibliothek, die es hier auch gibt, und sehe auf den Regalen ein Buch, das ich vor geraumer Zeit in Amman kaufte und von dem ich weiß, dass es antisemitisch ist.

Das UNRWA, das beansprucht, »fünf Millionen palästinensischer Flüchtlinge Beistand und Schutz zu gewähren«, ist eines der gerissensten Tiere im Menschenrechtszoo. Es weitet die Definition des Wortes »Flüchtling« auf die Enkel- und die Urenkelgeneration aller Araber aus, die je hier lebten.

Um diesen Prozess besser zu verstehen, interviewe ich einen Spitzenbeamten des UNRWA, der mir erklärt, der UN-Flüchtlingsstatus erstrecke sich auch auf andere internationale Flüchtlinge, nicht nur auf die Palästinenser, nur dass er mit Details geizt und mich stattdessen an Google verweist. Als ich ihn frage, ob Deutsche und Ungarn, die im Laufe des Zweiten Weltkriegs aus bestimmten Gegenden flohen oder am Ende des Kriegs ihre Heimat zwangsweise verlassen mussten, auch Flüchtlinge sind, einschließlich ihrer Urenkel, schaut er mich an, als hätte ich den Verstand verloren. Meine Frage, wie viele palästinensische Flüchtlinge es insgesamt gibt, nicht nur beim UNRWA registrierte, beantwortet er mit der Schätzung, es seien heute elf Millionen. Und dann stelle ich ihm die wichtigste Frage, die man diesem Mann überhaupt stellen kann: Wie viele arabische Flüchtlinge gab es 1948? Anders gefragt: Wie viele ›ursprüngliche‹ Flüchtlinge – von denen die UNRWA-Leute die Zahl von fünf oder elf Millionen ableiten – gab es damals tatsächlich? Tja, das kann das UNRWA leider so leicht nicht sagen. Ich werde sofort aufgefordert, dass unser Gespräch vertraulich bleibt, was bedeutet, dass ich den interviewten Beamten nicht beim Namen nennen und nicht wörtlich zitieren kann. Und so kommt hier die Antwort ohne wörtliches Zitat: Es gab das UNRWA 1948 noch nicht, folglich hat das UNRWA diese Zahlen nicht. Trara! Einfach so. Sehr interessant und sehr aufschlussreich. Die Tatsache, dass man feststellen kann, es gebe fünf (oder elf) Millionen Urenkel, ohne dass man die geringste Möglichkeit hat, das zu beweisen, ganz abgesehen davon, dass dies ohne Ausgangszahlen eine mathematische Unmöglichkeit ist, zeigt zweifellos, dass das UNRWA mathematische Genies beschäftigt, die Albert Einstein weit in den Schatten stellen. Wenn das UNRWA natürlich auch weiterhin jedem Enkelkind eines jeden Palästinensers, von dem es annimmt, er habe einmal gelebt, Flüchtlingsstatus gewährt – und alle Anzeichen sprechen dafür, dass die UNRWA-Leute genau das tun werden –, dann wird es bald mehr palästinensische Flüchtlinge auf der Welt geben als Amerikaner und Europäer zusammengenommen.

Aber genug vom UNRWA, zumindest für den Moment.

Ein IKRK-Vertreter spricht mich an, um mir mitzuteilen, dass es eine Gruppensitzung geben wird und die IKRK-Leute davon ausgehen, dass ich an ihr teilnehmen möchte. Ich sage, dass ich das gerne täte.

Bevor die Gruppensitzung beginnen soll, lerne ich noch einige Leute kennen, Einheimische allesamt. Sie alle, wird bald deutlich, waren schon einmal in oder haben einen Verwandten in einem ganz bestimmten Land: Deutschland. Ja. In Ost-Dschenin gibt es sogar ein Viertel namens »Deutschland«, erzählt mir ein Haifa-Flüchtling stolz. Und eine der Frauen hier berichtet mir ganz aufgeregt: »In der Innenstadt von Dschenin steht ein Denkmal für ein abgestürztes deutsches Flugzeug aus dem Weltkrieg. Das sollten Sie sich ansehen!«

Wie bei so vielen anderen Begegnungen in Palästina bekunden mir auch diese Haifa-Flüchtlinge unablässig, wie sehr sie Deutschland lieben, das einzige Land, das wusste, wie es mit seinen Juden umzugehen hatte. Hier in Dschenin vertrauen mir die männlichen Flüchtlinge an, wie sehr sie auf deutsche Frauen stehen, falls ich darüber noch im Dunkeln tappte.

Eine Gruppe Teenager spielt Fußball in Sportkleidung, die ihnen das IKRK zur Verfügung gestellt hat. Nachdem das Spiel binnen weniger Minuten zu Ende ist, sagen mir die IKRK-Vertreter, ich möge mich doch mit diesen Jugendlichen unterhalten. Warum ein so kurzes Fußballspiel? Nun, es war bloß eine Vorführung, nur für mich und ganz zu meinem Vergnügen.

Hast du eine Freundin? frage ich einen der Jugendlichen.

»Nein«, antwortet er.

Hättest du gern eine?

»Ja.«

Hättest du gerne eine Freundin aus Dschenin?

»Nein. Ich hätte lieber eine Freundin aus Deutschland.«

Während ich mit den Jugendlichen zusammensitze, gesellen

sich IKRK-Vertreter zu uns, um zu sehen und zu hören, was ich mit ihren Kids so anstelle.

Ich mache einfach weiter. Ich frage auch die anderen Jungs: Hättet ihr auch gerne deutsche Freundinnen? Jeder, auf den das zutrifft, hebt die Hand!

Sie heben alle die Hände.

»Deutsche Frauen haben zwei Weltkriege durchgemacht und sich trotzdem gut um ihre Kinder gekümmert«, sagt mir ein älterer Mann, der bei uns sitzt.

Und mir, Abu Ali, fällt nichts mehr ein. Außer: Ja, wir, die Deutschen, sind die besten.

Während dieser Unterhaltung stecken die IKRK-Vertreter etwas abseits die Köpfe zusammen. Ich weiß nicht, worüber sie reden, dann aber kommt einer zu mir und sagt: »Die Gruppensitzung wurde auf nächsten Monat verschoben. Tut uns leid.« Einer von ihnen muss zur Vernunft gekommen sein, ich rieche das, und den anderen gesagt haben, dass sie sich zum Narren machen. Haifa. Deutschland. Nazis. Ist es das, was das IKRK gerne öffentlich gemacht sähe? Es wäre besser für sie, viel besser, wenn sie dieses Schauspiel sofort beenden.

Das UNRWA ist für den Schulunterricht hier zuständig. Das IKRK ist dafür zuständig, den UNRWA-geschulten Kindern ihre Rechte zu erklären. Bald werden diese Kinder, mit ihren Familien, in Haifa und in Jaffa leben, in Jerusalem und in Tel Aviv.

Viertes Genfer Abkommen.

Völkerrecht.

Ich ziehe mich mit meinem iPad zurück und nehme mir die Zeit, mehr über das IKRK in Erfahrung zu bringen, was nicht ganz leicht ist. Die Vorgehensweise des IKRK gleicht eher der eines finsteren Regimes als der einer Organisation, die sich als Vorkämpferin für Menschenrechte und Demokratie ausgibt. Beim Studium der Materialien auf ihrer Website wird mir deutlich, dass sich diese Organisation, die von führenden Juristen unterstützt wird und erfahrene Linguisten in Lohn und Brot hat, einer Sprache bedient, die auf Verschleierung zielt und nicht auf Offenheit. Wunderbarerweise aber genießt das IKRK höchste Wertschätzung, und seine Entscheidungen werden blind akzeptiert.

Beispiele:

– 1990 räumte die UN-Vollversammlung dem IKRK einen »Beobachterstatus« in der UN ein.

– Die Resolution 446 des UN-Sicherheitsrates »bestätigt einmal mehr, dass die Vierte Genfer Konvention [...] anwendbar ist auf die arabischen Gebiete, die von Israel seit 1967 besetzt sind, einschließlich Jerusalems«. Diese Interpretation des Genfer Abkommens kann nur aus einer Quelle stammen: vom IKRK, dessen Vertreter das Abkommen vor Urzeiten aufsetzten und zugleich diejenigen sind, die seitdem seine diversen Artikel interpretieren, je nach dem Lauf der Zeiten und ihrem eigenen Gusto.

Ein mächtiges Kreuz.

Diese Leute sind mächtige Akteure, nicht nur die Fahrer schnieker Vans, und sie lassen ihre Muskeln spielen. Wenn ich mich nicht irre, war das IKRK, das sich selbst (Artikel 2 – rechtlicher Status) als »Rechtspersönlichkeit« bezeichnet, die erste Organisation, die das Westjordanland, Gaza und Ostjerusalem als »besetzte Gebiete« definierte.

Ich notiere mir, auch diesen Punkt morgen in meiner E-Mail anzusprechen.

Während ich in demselben Rotkreuz-Van nach Jerusalem zurückgefahren werde, der mich hierherbrachte, spüre ich die Muskeln, die der Wagen auf der Straße spielen lässt: Jeder Jude hat Angst vor uns. Jeder Araber respektiert uns. Gott ist tot, das IKRK aber lebt.

Ich sollte nicht allzu stolz darauf sein, aber so langsam gewöhne ich mich an dieses ›Machtding‹. Wenn man in Israel in einem Rotkreuzfahrzeug unterwegs ist, fühlt man sich mächtig. Niemand hält ein Rotkreuzauto an. Dies ist kein Krankenwagen, meine Lieben; dies ist eine Schweizer Maschine, die dich in König Herodes verwandelt. Wenn man in einem Rotkreuzwagen sitzt, blickt man verächtlich auf einen israelischen Soldaten herab, wie man auf einen Sklaven herabblicken würde. Man selbst ist der Herrscher hier, nicht sie.

Was soll ich sagen? Wenn Sie zufälligerweise ein geltungsbedürftiger Fanatiker oder ein rabiater Kerl sind und sehen wollen, wie Ihr Traum von Ländern ohne Juden Wirklichkeit wird, dann kommen Sie nach Israel und schließen Sie sich dem Roten Kreuz an. Sollten Sie aus irgendeinem Grund keine kleinen roten Kreuze mögen, aber trotzdem nach Macht gieren, dann können sie all Ihre sadistischsten Herzenswünsche erfüllen, indem Sie ein EAPPI-Menschenrechtsaktivist mit einem Zähler werden. Egal, bei wem Sie am Ende mitwirken, dem Roten Kreuz oder EAPPI, Sie werden allen Nationen und all ihren Bewohnern als die Güte, Liebenswürdigkeit und Menschenfreundlichkeit in Person gelten.

Nach meiner Exkursion mit dem IKRK setze ich mich mit Israels Stellvertretendem Außenminister, Zeev Elkin, zusammen. Im Laufe unseres Gesprächs erzählt er mir, dass der Rote Davidstern (MDA – Magen David Adom auf Hebräisch), eine private Organisation, Vollmitglied beim IKRK ist, nachdem sich der MDA und der Palästinensische Rote Halbmond PRH vor Jahren darauf einigten, dass der MDA nicht im Westjordanland und in Ostjerusalem operieren würde. Wie Zeev mir sagt, sind viele Ostjerusalemer Araber sehr verärgert darüber, dass die PRH-Krankenwagen Patienten nur in arabische Krankenhäuser einliefern und nicht in jüdische, die einen viel besseren Ruf genießen. Zeev sagt mir im Übrigen auch, dass der amerikanische Außenminister John Kerry, der nach wie vor alle paar Tage in Israel vorbeischaut, durch europäisches Denken geprägt ist und dass darin der Grund für seine Entschlossenheit liegt, den arabisch-israelischen Konflikt auf Biegen und Brechen zu lösen. Interessant.

Von meinem Jerusalemer Wohnsitz mit meinen Katzen aus reiche ich wie angekündigt schriftlich meine Fragen beim IKRK ein. Anfangs versuchen sie, sich um detaillierte Antworten zu drücken, aber nach einem heftigen persönlichen Gespräch mit dem Leiter der Delegation des IKRK »in Israel und den besetzten Gebieten«, Juan Pedro Schaerer, und dem Leiter der Rechtsabteilung des IKRK, Anton Camen, verspricht man mir, dass das IKRK

all meine Fragen konkret und ohne Umschweife beantworten
wird. Wenig überraschend wird dieses Versprechen nur bedingt
eingelöst. Im Folgenden einige Auszüge aus meiner Korrespon-
denz mit dem IKRK:

Kann ein Nichtschweizer im Vorstand des IKRK sitzen?
»Nein.«

Sind Zypern und Tibet, um zwei Beispiele zu nennen, dem
IKRK zufolge besetzte Gebiete?

»Das IKRK wird seine rechtliche Lesart grundsätzlich zunächst bilateral und vertraulich den Parteien in einem Konflikt
mitteilen. [...] Das IKRK kann seine Einstufung später öffentlich
machen.«

Würde die Feststellung zutreffen, dass das IKRK die 1967 von
Israel eroberten Gebiete öffentlich als »besetzt« erklärte, während
es dasselbe nicht mit Zypern und Tibet tat?

»Ich habe nichts hinzuzufügen.«

War das IKRK der erste Akteur, der die 1967 von Israel eroberten Gebiete als »besetzte Gebiete« definierte?

»Nein. Der erste Akteur, der diese Gebiete als besetzte Gebiete
betrachtete, war wahrscheinlich die IDF.«

In Gesprächen mit der israelischen Armee hat die IDF diese
Behauptung bestritten. Wenn wir dies jedoch für den Augenblick
beiseitelassen, war das IKRK der ›zweite‹, der die fraglichen Gebiete zu »besetzten« erklärte?

»Zum Nachteil Ihrer dauernden Anfragen muss ich die
Hauptpriorität nun anderen Dingen zuwenden.«

Könnten Sie mir bitte, ohne Notfallaufwendungen (wie bei
Überschwemmungen, Erdbeben usw.) zu berücksichtigen, eine
Liste der zehn Länder zur Verfügung stellen, in denen das IKRK
in den vergangenen zehn Jahren aktiv war und am meisten Geld
ausgegeben hat?

In der Antwort empfiehlt man mir, das doch selbst herauszufinden.

Wie mich eine der E-Mails vom IKRK wissen lässt, teilt das
IKRK seine Analyse »mit den staatlichen Vertragsparteien des
Genfer Abkommens, und sie folgen unserer Rechtsauffassung,
mit Ausnahme Israels«.

465

Man muss kein Jurist sein, um zu verstehen, was das heißt. China und das IKRK sind in Sachen Tibet völlig einer Meinung. Russland und das IKRK sind über den Krieg in Tschetschenien völlig einer Meinung. Das IKRK ist tatsächlich mit allen Nationen völlig einer Meinung, egal worum es geht, »mit Ausnahme Israels«.

Verdammte Juden.

Das IKRK tut in vielen Teilen der Welt viel Gutes, wofür ihm viele von uns sehr zu Dank verpflichtet sind. Die guten Werke des IKRK sind kein Geheimnis, sondern den meisten von uns bekannt. Leider aber habe ich in diesen Tagen die andere Seite und das andere Gesicht des IKRK kennengelernt – und das Bild, das sich hier abzeichnet, ist nicht gerade schön. Anders als viele Menschen glauben, ist das IKRK auch eine politische Organisation, und als solche versagt es jämmerlich. Zunächst einmal ist mir nicht klar, wie es dazu kam, dass eine Gruppe von ausschließlich Schweizer Staatsangehörigen, Personen, die nie in irgendeinem demokratischen Prozess gewählt wurden und deren Sitzungen praktisch geheim sind, eine solche Macht erlangen konnte. Die Tatsache, dass irgendetwas, das ein Land mit dem IKRK vertraglich beschlossen hat, nicht auf die gleiche Weise behandelt werden soll wie irgendeine Vereinbarung, die ein Land mit Google oder Apple unterzeichnet, und dass ein mit dem IKRK geschlossenes Abkommen durch diverse UN-Resolutionen oder -Aktionen durchgesetzt wird, ist meines Erachtens absurd. So absurd, dass es nicht mehr witzig ist. Aber ganz gleich, was ich sage, das IKRK verfügt über eine beispiellose Macht. Und was fängt das IKRK mit seiner Macht an? Es investiert erhebliche Geldsummen und Anstrengungen in sein kontinuierliches Bestreben, etwas an den Israelis, den Juden zu bekritteln. Seine Vertreter durchqueren dieses Land der Länge und der Breite nach und suchen es unermüdlich nach Situationen ab, in denen Israel als Kriegstreiber und Kriegsverbrecher dastünde, seine »Ambulanzen« schweifen über die Berge und Hügel dieses Lands, um Haifa-Flüchtlinge zu beschützen, die es nach jungen deutschen Frauen gelüstet, und seine Wissenschaftler wärmen ihre Bürostühle, während sie von judenfreien Ländern träumen und ausgeklügelte, als Sachberichte getarnte Märchen ausbrüten, die ihren Hass auf raffinierte Weise verbergen. Ich weiß, diese Zeilen werden einigen als polemische Übertreibung erscheinen, insbesondere all jenen, die in dem Glauben aufgewachsen sind, das IKRK sei die heiligste aller Kühe. Leider aber übertreibe ich nicht. Für mich, der ich IKRK-Mitarbeiter begleitet und ihre Arbeit aus größtmöglicher Nähe beobachtet habe, spiegelt das, was ich gerade geschrieben habe, einfach nur das wider, was ich gerade erlebt habe. Es ist die Realität, eine Beschreibung von Tatsachen, traurigen Tatsachen allerdings.

An sich ist die IKRK-Geschichte nicht so wichtig. Warum sollten wir schließlich unsere Zeit mit ein paar Schweizer Schokoladenbankiers verschwenden? Nichts aber ist bezeichnender für unseren Zeitgeist als das Bild, das unsere Kultur sowohl vom IKRK als auch von Israel hat. In diesem unserem Internetzeitalter, in dem die Menschen glauben, dass ihnen sämtliche Informationen zugänglich sind, entscheiden sie sich dafür, das Rote Kreuz als eine Gesellschaft von Engeln in Menschengestalt und Israel als einen Haufen tierischer Teufel zu betrachten.

Wir, das Menschengeschlecht, haben eine makellose Bilanz in Sachen Selbstbetrug, ob mit oder ohne Internet.

Das IKRK ist natürlich nicht allein in seinem fragwürdigen Vorgehen.

Das UNRWA und die diversen europäischen NGOs, die hier aktiv sind, sind ihre natürlichen Verbündeten. Die uralte Geschichte des europäischen Judenhasses setzt sich bis auf den heutigen Tag fort, mit einer kleinen Anpassung: In früheren Tagen mussten die Europäer kein Flugzeug besteigen, um Juden zu bekämpfen, die damals als Gäste in ihren Ländern lebten und ihnen ausgeliefert waren. Heute müssen sie mehr als ein paar Bonusmeilen verfliegen, um ihre unstillbare Lust danach zu befriedigen, den Juden zu verletzen. Man würde hoffen, dass die Europäer in unserem ›aufgeklärten‹ Zeitalter nicht mehr so viel Hass in sich tragen und dass sich Deutschland, mit seiner Vergangenheit als Anführer der Judenvernichtung, nicht an die Spitze dieser europäischen Herde von Judenhassern setzen würde – aber der un-

erklärliche Hass auf den Juden weigert sich zu verschwinden. Summiert man diesen sinnlosen Hass noch mit dem jüdischen Selbsthass in diesem Land, dann wundert es einen nicht, dass Michele, der katholische Architekt, der mit einer jüdischen Israeli verheiratet ist, ein Flugticket ins Ausland will. Die einzige Frage, die ich an ihn hätte, falls er vorhat, seine jüdische Frau auf die Reise mitzunehmen, lautet: Wo wollen Sie sie eigentlich verstecken?

Die Israelis bekennen sich selten zu ihren Ängsten, vor allem nicht zu der um ihre schiere Existenz. Um herauszufinden, was sie tief im Innern fühlen, auf unbewusster Ebene, muss man sie ›nackt‹ erwischen. Ran Rahav, der PR-Mann der Reichen, bietet mir eine solche Gelegenheit nur wenige Tage bevor ich Israel verlasse. Freundlicherweise verschafft er mir einen Platz in einem ausverkauften Konzert des israelischen Superstars Eyal Golan in Israels wichtigster Konzerthalle, dem Kulturpalast in der Innenstadt von Tel Aviv. Eyal war jüngst in verschiedene polizeiliche Untersuchungen verwickelt, die gut situierten Israelis aber, diejenigen, die sich die astronomischen Eintrittspreise zu Eyals Konzerten leisten können, haben ein Bedürfnis danach, mit ihm zu-

sammen zu sein, komme, was da wolle. Überdeutlich wird das bei einem von Eyals Liedern, dem letzten des Abends, als die Tausenden sich erheben, um wie eine Person dazustehen und diese Worte mit Eyal mitzusingen: »Das wichtigste ist, keine Angst zu haben ... Der König des Universums wird uns vor allen anderen beschützen ... Die israelische Nation wird niemals aufgeben; wir bleiben auf der Landkarte. Für immer!«

Was ist los mit diesen Leuten? frage ich mich. In diesem Jahr, 2014, ist der 66. Jahrestag der Gründung des Staates Israel, warum also verspüren diese Leute das Bedürfnis, gemeinschaftlich zu verkünden, sie »bleiben auf der Landkarte«? In diesem Moment, dem Moment, in dem die Wohlhabenderen der Gesellschaft praktisch geloben, dass sie sich nicht von der Landkarte löschen lassen, wird die unbewusste Angst der Israelis schonungslos deutlich. Konzertbesucher in New York und Berlin, Moskau und Tokio geloben nicht, dass sie sich nicht von der Landkarte ausradieren lassen. Die Juden in Tel Aviv tun es.

EPILOG

Die Lederhosen sind wieder im Koffer – eine große Hilfe waren sie nicht –, und ich bin startklar. Ich habe meine Reise inmitten der großartigsten Architektur in Jerusalem begonnen und beende sie an einem der geschändetsten Orte in Dschenin. Ich begann mit Königen, David und Herodes, und ende mit Haifa-Flüchtlingen. Als ich diese Reise begann, war ich beeindruckt, jetzt, da ich sie beende, bin ich bestürzt; als ich meine Reise begann, war Gelächter mein ständiger Begleiter, jetzt, da ich sie beende, kommt mir eine Träne; als ich diese Reise begann, war die Hoffnung mein Freund, jetzt, da ich sie beende, starrt mir die Verzweiflung ins Gesicht.

Mitzuerleben, wie die Europäer, von den Deutschen ganz zu schweigen, enorm viel investieren und sich unablässig bemühen, um das Leben der Juden in diesem Land, in Israel zu untergraben, war eine extrem verstörende Erfahrung. Von Arabern mit Liebe überschüttet zu werden, nur weil sie mich für einen Arier hielten, einen Deutschen, war ausgesprochen unbehaglich. Die Juden zu beobachten und zu sehen, wie ohnmächtig sie sind, selbst jetzt, wo sie ihren eigenen Staat haben, war qualvoll.

Logisch betrachtet, wird Israel nicht überleben. Kein Land, das so von äußerem und innerem Hass belagert wird, kann sehr lange überleben.

Wie durch ein Wunder haben die Juden eines der hochentwickeltsten, außergewöhnlichsten, schönsten Länder unserer Zeit geschaffen. Was aber tun sie, um es zu behalten? Sie hassen sich selbst, sie belügen sich selbst, sie sind voller Ängste, und viele von ihnen haben nichts Eiligeres zu tun, als sich einen ausländischen Pass zu besorgen. Sie wollen nach Polen, Österreich oder Deutschland zurück – in die Länder, in denen ihre Ahnen gejagt und ermordet wurden.

Und was mache ich? Genau dasselbe: Ich kehre nach Deutschland zurück.

Bin ich ein Jude wie sie? Bin ich nicht Tobi der Deutsche? Bin ich nicht Abu Ali? Mein Name ist, Entschuldigung, Tuvia. Die Güte Gottes. Was für ein Witz. Ein Witz, fürchte ich, den nur das auserwählte Volk wirklich verstehen kann.

Adiós, meine süßen Katzen. Von allen Lebewesen in diesem Land habt wenigstens ihr ein klares und nachvollziehbares Ziel: Milch und Thunfisch. Ich bin dankbar dafür, eure Bekanntschaft gemacht zu haben, denn ihr habt mir Gesellschaft geleistet in einem Land, in dem ich mich so alleine gefühlt habe. Ich verlasse dieses Land, und ich verlasse euch. Ihr werdet es hier besser haben. Ihr seid jüdische Katzen, bleibt unter euresgleichen. Genießt dieses Land, meine streunenden Katzen, solange es noch existiert. Ich werde euch furchtbar vermissen. Schalom.

SCHLUSSBEMERKUNG

Dieses Buch ist kein Werk der Fiktion; alle hier erwähnten Personen und geschilderten Begebenheiten sind real. Wenn nicht anders angegeben, sind alle Namen von Personen und Orten real.

Die diversen in diesen Seiten enthaltenen Schilderungen historischer oder anderer Natur habe ich so wiedergegeben, wie sie mir von den Menschen anvertraut wurden, deren Bekanntschaft ich machte; sie spiegeln nicht unbedingt meine eigene Meinung wider. Die Erkenntnisse dieses Buchs aber, etwa über die Wahrscheinlichkeit von Israels letztlichem Niedergang oder über die brutalen Kampagnen verschiedener NGOs gegen Israel im Land selbst, sind meine eigenen. Die wichtigsten Befunde dieses Buches, von denen mir keiner auch nur entfernt vor Augen stand, als ich meine Reise begann, basieren auf zahllosen Begegnungen an allen möglichen Orten, die manchmal unter Lebensgefahr stattfanden. Mir ist nur allzu bewusst, dass sich meine Ergebnisse von denen unterscheiden, zu denen andere beim selben Thema kommen – zu Recht. Die Erkenntnisse auf diesen Seiten, daran möchte ich erinnern, basieren nicht auf abstrakten Theorien und einfallsreichen Geschichten, die in der gemütlichen Umgebung abgeschiedener Labore oder buffetbewehrter Hörsäle ersonnen wurden.

Die hier geschilderte Reise dauerte viele Monate, von Mitte 2013 bis Anfang 2014.

Meinen herzlichen Dank an alle Interviewten, an die, die mir zu helfen, und an die, die mich zu manipulieren versuchten, an die, die ehrlich zu mir waren, und an die, die mich belogen, an die, die mich unter meinem wahren Namen kannten, und an die, die mich unter anderen Namen kannten: »Tobi der Deutsche« und »Abu Ali«.

Mein Dank gilt all denen, die mir die Türen zu den verborgenen Winkeln ihrer Herzen und Köpfe öffneten und mir damit halfen, mich in dem endlosen Labyrinth des Heiligen Lands zurechtzufinden: geistlichen Führern und Prostituierten, Professoren und Wundermännern, Kriegern und Geschichtenerzählern, Rednern und Machern, Rassisten und Liebenden, Friedensaktivisten aller Art und Politikern jeder Couleur, Menschen des Glaubens und Menschen des Zweifels, Wahrheitssuchern und Lügenhändlern, Frauen mit vielen Gesichtern und Männern mit vielen Facetten, Jungen und Alten, Reichen und Armen.

Zu ihnen zählen Dschibril ar-Radschub und Moshe Feiglin, David Batsri und Lars Faaborg-Andersen, Bruder Lukas und Amos Oz, Ahmad Tibi und Ayelet Shaked, Zeev Elkin und Gideon Levy, Hanan Aschrawi und Nir Barkat, Michael Ben-Ari und Aluf Benn, Shlomo Sand und Meir Porusch – um nur einige zu nennen.

Danken möchte ich auch meinem engagierten Videoteam: Debbie Meininger, Jan Sulzer und Florian Krauss, die mir zu jeder Tages- oder Nachtzeit mit ihren Linsen folgten; Dr. Ilse-Maria Sanger, die viele Tage opferte, um den Text durchzugehen und wohlwollend zu kommentieren; Winfried Hörning, meinem unermüdlichen und stets aufmunternden Lektor; sowie Michael Adrian, meiner Stimme und meinem Geist im Vaterland.

Ein besonderer Dank gebührt der besten Schwiegermutter, die man sich wünschen kann, Isa Lowy, die immer da ist, um zu helfen und alle Anwesenden mit ihrer Güte zu beschenken.

Tuvia Tenenbom